CÓDIGO FRANCISCO

Marcelo Larraquy

CÓDIGO FRANCISCO

Cómo el Papa se transformó en el principal líder político global y cuál es su estrategia para cambiar el mundo

Sudamericana

Larraquy, Marcelo
Código Francisco - 1ª ed. - Buenos Aires, Sudamericana, 2016.
480 p. ; 23x16cm. (Investigación periodística)

ISBN 978-950-07-5494-1

1. Investigación periodística. I. Título
CDD 070.4

Humberto I 555, Buenos Aires
www.megustaleer.com.ar

Printed in Argentina – Impreso en la Argentina

ISBN: 978-950-07-5494-1

Queda hecho el depósito que previene la ley 11.723.

Esta edición de 8000 ejemplares se terminó de imprimir en Printing Books S.A., Mario Bravo 835, Avellaneda, Buenos Aires, en el mes de marzo de 2016.

Penguin
Random House
Grupo Editorial

A mis padres

Introducción

"Fratelli e sorelle, buonasera!"

Dice que estuvo en paz. Que se sucedían las votaciones, la primera y la segunda del martes, la tercera del miércoles, y mantenía la paz. Dice que en el almuerzo con otros cardenales, en la Casa Santa Marta, le pareció raro que le preguntaran por su salud, y que luego, en la tarde, mientras rezaba el rosario hubo otra votación en la Capilla Sixtina, y algunos cardenales electores lo miraban y ya empezaban a intuir que podía ser la persona que el Señor había elegido; el consenso se fue ampliando y los votos empezaron a converger hacia él. Sintió que se estaba cocinando el pastel, que podía ser irreversible. "No te preocupes, así obra el Espíritu Santo", le dijo Claudio Hummes, arzobispo emérito de la Arquidiócesis de San Pablo, Brasil, que estaba a su izquierda. Le causó gracia. Se sonrió.

Casi de una manera inconsciente continuaba en paz. Hasta que en otra votación, la segunda de la tarde, la quinta del Cónclave, la que al final de cuentas sería la definitiva, sacaron las papeletas de las urnas, las contaron y dijeron su nombre, y los cardenales se levantaron y aplaudieron, y él también se levantó. El cardenal Hummes lo abrazó y lo besó y le pidió que "no se olvidara de los pobres".

Le preguntaron si aceptaba su elección canónica como Sumo Pontífice. Se lo preguntó el cardenal italiano Giovanni Battista Re, que presidía el Cónclave, y dijo que sí.

El cardenal Re le preguntó cómo quería ser llamado. Le dijo "Francisco". Francisco. Ese solo nombre ya significaba un programa para la Iglesia. En la pequeña iglesia de San Damián, probablemente en el año 1205, Francisco de Asís recibió el mensaje desde el crucifijo de Jesús: "Ve y repara mi iglesia que está en ruinas".

Enseguida se cambió la sotana de cardenal en una pequeña sacristía a un costado del Altar Mayor y se puso la sotana blanca. No quiso que le colgaran la cruz de oro ni que le calzaran los zapatos rojos. Mantuvo los mismos que había traído de Buenos Aires. Y avisó que la estola solo la usaría para la bendición. Quería que el pueblo lo bendijera cuando saliera al balcón de la Basílica de San Pedro. Volvió a la Capilla Sixtina vestido de Papa. Lo veían sereno, sereno y expansivo. Se acercó a saludar al cardenal indio Iván Dias, que estaba en un rincón en su silla de ruedas, y le pidieron que se sentara en el trono de Pedro para recibir la obediencia que le empezarían a presentar los cardenales. Pero los esperó de pie y los saludó y abrazó uno por uno de manera amable y espontánea. Cantaron el Te Deum, un canto gregoriano de acción de gracias a Dios por la elección del nuevo Papa. Y mientras se preparaba la procesión de cardenales para acercarse al balcón, se encaminó hacia la capilla Paulina. Llamó al cardenal Agostino Vallini, vicario de la diócesis de Roma, y buscó al cardenal Hummes con la mirada y le pidió que lo acompañara a orar. Quería que estuviera con él en ese momento.

Desde la Plaza, ya habían visto el humo blanco de la chimenea de la Capilla Sixtina. Había dejado de llover. El cardenal francés Jean-Louis Tauran se asomó y anunció que la Iglesia tenía un nuevo Papa, *Eminentissimum ac Reverendissimum Dominum, Dominum Georgium Marium Sanctae Romanae Ecclesiae Cardinalem Bergoglio*, que había tomado el nombre de Francisco. Fue un momento de sorpresa y algarabía. El Papa dejó que terminara de sonar la banda de música en la explanada. Miraba en silencio a la gente, mezclada entre luces y reflectores, y luego saludó: "Fratelli e sorelle, buonasera!". Comentó que el deber del Cónclave era dar un obispo a Roma y que sus hermanos cardenales lo fueron a buscar casi al fin del mundo. Le pidió al pueblo que bendijera a su obispo y rezara por él.

—Recen por mí —dijo, y se retiró hacia la Basílica.

Su Pontificado acababa de empezar.

Capítulo 1

La geopolítica de Francisco: una nueva mirada para el mundo

Hubo un momento de su gobierno de la Santa Sede en que Francisco eligió su destino y cambió el Pontificado. Fue una bisagra. En septiembre de 2013, Estados Unidos amenazaba desde hacía varios meses con un bombardeo a Siria como respuesta al uso de armas químicas del gobierno de Bashar al-Assad contra los insurgentes sobre la zona oriental de Damasco. Francisco decidió escribir una carta al líder ruso Vladímir Putin. Quizás un Papa europeo, o más decididamente occidental, hubiese apelado a Alemania, Francia o Inglaterra para que persuadieran a Estados Unidos, su aliado en la OTAN, de evitar el ataque a Damasco y promover la paz en Medio Oriente. Pero el Papa sorprendió. En su carta a Putin, en ese momento a cargo de la titularidad del G20 que se reunía en San Petersburgo, reclamó a los líderes de las veinte economías más poderosas, que retienen el 90% del PBI mundial, que abandonaran cualquier "vana pretensión de una solución militar" y se empeñaran en "perseguir, con valentía y determinación, una solución pacífica a través del diálogo y la negociación entre las partes interesadas con el apoyo de la comunidad internacional".

Putin la leyó frente al presidente de Estados Unidos, Barack Obama.

Con esta primera intervención en el escenario internacional, Francisco signó su Pontificado. Marcó el nuevo lugar de la Santa Sede en la geopolítica, junto a las potencias del mundo, y acompañó esa intención con una convocatoria de oración y ayuno global en favor de la paz. Dos días más tarde, la noche del 7 de septiembre de 2013 en Plaza San Pedro, el Papa repitió "Nunca más la guerra".

Sus palabras resonaron como las de Pablo VI en las Naciones Unidas en 1964, en contra de la Guerra de Vietnam, o las de Juan Pablo II en vísperas de la Guerra del Golfo Pérsico en 1991 o, doce años más tarde, las de la invasión de Estados Unidos a Iraq.

La Guerra Fría había quedado atrás con el papado de Juan Pablo II, y Benedicto XVI había intervenido con una voz apagada, casi inaudible, en el nuevo escenario globalizado.

Después de la caída del Muro de Berlín y de la condena al capitalismo neoliberal en la década del noventa, en los últimos años de Juan Pablo II, la Iglesia, en la práctica, no fue gobernada por nadie. Un poco con humor, pero también con realismo, en el estado Vaticano se decía que estaban atravesando "el cuarto año del Pontificado de monseñor Stanislaw Dziwisz", el secretario del Papa Wojtyla, quien gran parte del día dormía o descansaba por el tratamiento con barbitúricos contra el mal de Parkinson.

Aun ganado por la enfermedad y el padecimiento —reconocido como un martirio de su ministerio—, Juan Pablo II se manifestó en contra de la intervención militar unilateral de Estados Unidos en Iraq, por la inestabilidad que provocaba en Medio Oriente, además del odio que generaría contra los cristianos en la región. Pero la invasión ocurrió.

Benedicto XVI, por su naturaleza reflexiva, prefirió expresarse a través de encíclicas y libros, y enfrentó el secularismo cultural, el laicismo y el relativismo, por sus consecuencias sociales en la educación o la economía. Pero su concentración en Europa y un equipo de colaboradores directos sin formación en la diplomacia vaticana, hizo que su papado tuviera una influencia geopolítica menor.

Los problemas internos de la Iglesia que Ratzinger heredó de Juan Pablo II, y que la opinión pública de Occidente puntualizó con mayor énfasis —el "lavado de dinero", la corrupción, el silencio sobre los abusos sexuales y la pedofilia, y las luchas de poder en el interior de la curia romana—, lo condujeron a defender la sacralidad de su papado, ofreciéndole a la Iglesia su producción teológica y pastoral, mientras los cardenales de la curia se enfrentaban entre sí y el gobierno pontificio se desmoronaba.

Ya sin fuerzas para luchar contra esos males, decidió renunciar para salvar el ministerio papal, y permitir que su heredero afrontara los desafíos.

Joseph Ratzinger abre las puertas a la iglesia latinoamericana

Aunque tenía una formación intelectual eurocéntrica, Benedicto XVI había entendido que estaba surgiendo algo nuevo en América Latina. En el Cónclave de 2005, el cardenal argentino Jorge Bergoglio fue su competidor más severo. No podía prescindir de esa lectura: había un núcleo en la Iglesia que buscaba otro rumbo. Bergoglio había sido su contrafigura. Le reconocía su ascendiente en la iglesia latinoamericana, que a su vez influía en sectores de críticos del conservadorismo de la iglesia europea, y también en la asiática y la africana. Benedicto XVI respetó a la oposición que no lo apoyó. Joseph Ratzinger, como pontífice, no era el mismo que, como titular de la Congregación de la Doctrina de la Fe, transmitía con rigidez los preceptos de la Santa Sede y marcaba límites a los sacerdotes que adherían las corrientes teológicas liberacionistas en América Latina en la década del ochenta.[1]

El 13 de mayo de 2007, en la V Conferencia General del Episcopado Latinoamericano y del Caribe (CELAM), junto a los obispos del continente que se habían reunido en el santuario de Aparecida, San Pablo, Brasil, Ratzinger dio una pista en su discurso de apertura. Expresó que todo lo que prescinde de Dios no es real. Y agregó: "Solo quien reconoce a Dios conoce la realidad. Quien excluye a Dios de su horizonte falsifica el concepto de 'realidad'. Dios es la realidad fundante".

Parecía casi una precondición de Roma para los obispos latinoamericanos para abrirles las puertas de la Basílica San Pedro.

A diferencia de otros sacerdotes y obispos que realizaban análisis de la realidad con la mediación de las ciencias sociales, casi desprendidos de la propia Iglesia, el cardenal Bergoglio, titular de la comisión redactora del documento conclusivo de Aparecida, estaba en comunión con la lectura de Ratzinger. Resaltaba la perspectiva de la fe: "Ver, juzgar, actuar, y decidir, pero con la mirada del discípulo, con la mirada del que tiene a Dios en sí mismo", explicaría más de una vez como pontífice.[2]

---

[1] Véase en este capítulo, p. 107. Nota al pie 106.

[2] En el párrafo 19 del documento de Aparecida se explica: "Este método (ver, juzgar y actuar) nos permite articular, de modo sistemático, la perspectiva creyente de ver la realidad; la asunción de criterios que provienen de la fe y de la razón para su discernimiento con sentido crítico; y, en consecuencia, la proyección de actuar como discípulos misioneros

En su historia como jesuita, sus crisis con los intelectuales de la Compañía de Jesús se fundaron en esa tensión. La realidad, para el Provincial Bergoglio, no partía de las leyes científicas de las ciencias sociales, sino de Dios, y desde ahí, venía todo el resto. Dios era el centro. Sin Él, la Iglesia no tendría razón de ser. Aún más: cuando se refirió a la canonización del jesuita Pierre Favre, teólogo francés, compañero de Ignacio de Loyola, el Papa Francisco expresó que "solo si se está centrado en Dios es posible ir hacia las periferias del mundo".[3]

La apertura voluntaria de Benedicto XVI a la nueva iglesia latinoamericana, que había puesto su semilla en Aparecida, era diferente a la de Juan Pablo II, que la había desafiado en la reunión de la CELAM precedente en Santo Domingo, en 1992.

Ese año, la Santa Sede observó el documento final de los obispos por temor a que aún continuaran posiciones cercanas a la Teología de la Liberación, por lo que sus sugerencias y observaciones sobre el documento de la CELAM condujeron a un texto híbrido, sin un claro sujeto de reflexión.

Juan Pablo II veía la realidad del mundo con los ojos de la Guerra Fría y trasladaba esa visión hacia América Latina. En su enfrentamiento con el marxismo, reprendió a los que no estuviesen alineados con la Santa Sede, como ocurrió con el sacerdote Ernesto Cardenal, ministro de Cultura de la Revolución Nicaragüense, al que amonestó delante de las cámaras de televisión del mundo por su participación en el gobierno local, cuando este lo esperaba arrodillado

---

de Jesucristo". Véase Documento conclusivo, V Conferencia General del Episcopado Latinoamericano y del Caribe (CELAM), Aparecida, 2007.

[3] Véase www.news.va, 3 de enero de 2014.

al pie del avión que lo trajo al aeropuerto de Managua en 1983. También Wojtyla tendió un cerco sobre la Compañía General de Jesús, a partir de que establecieron, en la Congregación 32°, que el servicio a la fe debía ser inseparable de la promoción de la justicia en el mundo. Cuatro años más tarde, Juan Pablo II daría personalmente la comunión al dictador Augusto Pinochet en Chile, a quien le dispensaba mayor comprensión por su lucha contra el comunismo.[4]

Ratzinger, en cambio, a los obispos latinoamericanos, solo les puso como condición la primacía de la centralidad de Dios. Y en tanto Dios, como centro, estuviera presente en el documento de Aparecida, no presentaría objeciones. La Santa Sede lo aprobó.[5]

Esta nueva iglesia latinoamericana que proyectaba a Bergoglio como su emergente tenía raíces en la Teología del Pueblo (TdP). ¿Qué era? ¿Qué representaba? ¿Cuál era su novedad?

El eurocentrismo cristiano no entendía bien de qué se trataba. Era una teología extraña a su lenguaje, que llamaba a estar cerca del pueblo que Dios le había confiado y ponía en primer plano, con una praxis evangelizadora, la dimensión misionera de los discípulos de Jesús. Una iglesia que, sin el marxismo como herramienta para el análisis social, inclinaba su preferencia por los pobres e iba al encuentro de las "periferias existenciales" con los más débiles, privados del amor de Dios.[6]

En Aparecida, Bergoglio agregaba un componente adicional a la eclesiología latinoamericana: la pastoral urbana. Buenos Aires, como otras metrópolis y ciudades del con-

---

[4] Sobre la Congregación 32°, véase en el capítulo 2, p. 157.

[5] Entrevistas a Luis Badilla Morales y a Carlos Galli.

[6] Para la Teología del Pueblo, véase en este capítulo p. 74 y capítulo 2, p. 148.

tinente, expresaba el lugar de la cultura moderna, diversa, dinámica, migrante y también pobre, sumergida —con sus tres millones de habitantes, más los doce millones del área metropolitana— en una vida cotidiana compleja y agobiante, en la que anunciar a Dios como realidad suprema se volvía un desafío pastoral.[7]

La Iglesia, con la mirada de Dios, a través de la fe de Dios, y no con las leyes sociales como punto de partida, fue el canal de encuentro entre Ratzinger y Bergoglio.

Apuntes para la caída del papado de Benedicto XVI

Entonces, los dos vivían realidades diferentes en su ministerio. El cardenal Bergoglio actuaba como una cabeza política en Argentina que intentaba frustrar la tentación de dominio sobre los poderes institucionales del gobierno de Néstor Kirchner, mientras fortalecía su pastoral social en las villas miseria. Tras regresar de Aparecida, radicalizaría sus homilías con denuncias contra la corrupción, el narcotráfico, el trabajo esclavo y la explotación sexual en Buenos Aires.[8]

Desde el papado, Benedicto XVI daba pasos en falso. Una cita a un emperador bizantino del siglo XV, que vinculaba al Islam con la violencia, en su discurso en la Universidad de Ratisbona, Alemania, había despertado reacciones

---

[7] "La cultura suburbana es fruto de grandes migraciones de población en su mayoría pobre, que se estableció alrededor de las ciudades en los cinturones de miseria. En estas culturas, los problemas de identidad y pertenencia, relación, espacio vital y hogar son cada vez más complejos". Véase párrafo 58 del Documento conclusivo, V Conferencia General del Episcopado Latinoamericano y del Caribe, *op. cit.*

[8] Véase capítulo 3, p. 331.

del mundo árabe, que luego la Santa Sede intentó saldar con una cumbre católica-musulmana. La misma política fallida tendría con los hebreos, cuando en enero de 2009 anuló la excomunión de cuatro obispos lefebvrianos, uno de los cuales había negado la existencia del Holocausto.[9]

Ratzinger padecía las comparaciones. De un gobierno de trazos definidos, ejercido por una personalidad vigorosa como la de Juan Pablo II, había pasado a otro gobierno débil, y más grande era su debilidad cuando más poder cedía a la curia romana que —como en los últimos tiempos de enfermedad de Wojtyla— actuaba como un gobierno casi autónomo del Papa, al que debía servir.

Al mismo tiempo que la iglesia latinoamericana se expandía y ganaba vigor para anunciar el Evangelio a los pobres, el Vaticano eurocentrista enfatizaba a sus fieles las prohibiciones que emanaban de la doctrina y se encerraba en sus guerras internas.

El paso del tiempo fue deteriorando el mundo benedictino. Reñido por las querellas de sus cardenales, la fidelidad y la lealtad al Papa se fueron relajando y eso afectó su ministerio. La información sobre temas en proceso, sujetos a discusiones, trascendía en la prensa con bastante anticipación al anuncio oficial.

Como no ocurrió nunca en la historia de un papado, los documentos se filtraron desde el escritorio de Benedicto XVI. Su ayudante de cámara, Paolo Gabriele, se ocupó de reproducirlos en una fotocopiadora y entregarlos a un periodista para que el mundo conociera las inmundicias, conspiraciones y luchas de poder internas de la curia ro-

[9] La cita del emperador bizantino Manuel II Paleólogo (1350-1425) indicaba: "Mostradme qué ha traído Mahoma que fuera nuevo, y allí solo encontraréis cosas malignas e inhumanas, con su orden de difundir mediante la espada la fe que predicaba". Véase capítulo 3, p. 319. Nota al pie 322.

mana que rodeaban al Papa y lo mantenían atrapado en la Santa Sede.[10]

Gabriele mostró la decadencia interna de un ministerio que avanzaba sin rumbo ni brújula, con la credibilidad de la Iglesia minada, cuando simultáneamente la Santa Sede perdía protagonismo en el escenario internacional. El 11 de febrero de 2013, Benedicto XVI se declaró sin fuerzas ni vigor para "gobernar la barca de San Pedro y anunciar el Evangelio". Dijo basta. El Cónclave del 13 de marzo eligió a Bergoglio.[11]

La gestación del "Código Francisco"

El mundo había cambiado durante los dos pontificados de Juan Pablo II y Benedicto XVI. De un enfrentamiento bipolar, simétrico, entre dos potencias mundiales, se habían incorporado en el escenario nuevas potencias emergentes.

---

[10] Paolo Gabriele era un doméstico. Servía el almuerzo, llevaba el agua a la mesa, ayudaba al Papa a tomar sus baños, a vestirse. Era un servidor de confianza. Había entrado de muy joven a trabajar en el Vaticano limpiando el mármol de las escaleras y fue haciendo carrera. Cuando Benedicto XVI pidió un ayudante, un cardenal de la curia recomendó a Gabriele. Algunos periodistas lo recuerdan en el bar Lattería, sobre Borgo Pío, a pasos del Vaticano, relatando sus tareas junto al Papa delante de periodistas o clientes que lo escucharan. Los documentos filtrados por Gabriele se compilaron en el *Vatileaks* y sacudieron al Vaticano. El comandante de Gendarmería Domenico Giani, responsable de la seguridad, y uno de los primeros que sospechó de Gabriele, dejó un documento marcado con una cruz, que el doméstico hizo llegar a la prensa. Fue la prueba que faltaba para detenerlo. (Entrevista a Luis Badilla Morales.) El periodista que recibió los documentos era Gianluigi Nuzzi, que los reprodujo en *Sua Santità. Le carte segrete di Benedetto XVI*, Milán, Chiarelettere, 2012.

[11] Véase capítulo 3, p. 364.

En esa transición de un mundo a otro, la diplomacia vaticana había quedado opacada. Francisco, con aquella carta a Putin en la reunión de San Petersburgo del G20, se presentaba por primera vez en ese nuevo escenario global. "Que los líderes de los Estados del G20 no permanezcan inertes frente a los dramas que vive desde hace demasiado tiempo la querida población siria y que corren el riesgo de llevar a nuevos sufrimientos a una región tan probada y tan necesitada de paz", concluía el Papa. Y el G20 retiraría su apoyo a Obama para un ataque a Siria.

Francisco fue el primer pontífice que provino del sur en la historia de la Iglesia. Desde que asumió, intentó tomar el control directo y centralizado de la comunicación. Con muchos enemigos internos dentro de la curia romana —que aspiraban a un Papa italiano o extranjero, surgido de sus propias filas—, se propuso ordenar la información, para que se conociese en el momento en que la Santa Sede, a través de los órganos oficiales de difusión o el Papa, en entrevistas o conferencias de prensa en las giras internacionales, la diera.

Con la creación de este nuevo modelo —comunicar los hechos una vez consumados, para evitar que trascendiesen sus procesos internos—, a la prensa vaticana le resultó difícil captar información sensible o secreta de su gobierno. Pero este paradigma, que funcionó sin fallas durante más de dos años, comenzó a mostrar sus fisuras cuando se filtró el borrador de la encíclica *Laudato si'*, cuando se publicó la carta, de carácter privado, de un grupo de cardenales al Papa en ocasión del Sínodo Ordinario de 2015, y, más aún, cuando dos libros publicaron documentos internos de la Pontificia Commissione Referente di Studio e di Indirizzo sull'Organizzazione della Struttura Economico-Amministrativa della Santa Sede (su sigla simplificada es COSEA), que detallaba el despilfarro y la corrupción de la curia romana, en noviembre de 2015.[12]

En su largo trabajo para la reforma de la curia, Francisco intentó trascender el mundo de rumores, resistencias y conspiraciones que anidan en ella, para evitar subsumir su Pontificado al agobio de males que ya habían consumido las fuerzas de Benedicto XVI.

Al comando de la Iglesia, volvió a darle una dimensión universal. Retomó la misión evangelizadora hacia las periferias y trabajó sobre temáticas que la curia había abandonado o mantenido la distancia: el hambre, las víctimas del tráfico humano y la trata de personas, los refugiados de las guerras y excluidos del mercado. En resumen: la nueva esclavitud moderna. Ningún líder mundial denunciaba los dramas humanos, que no tienen nación ni diócesis, como lo hacía el Papa a partir de 2013. No bastaba la caridad cristiana para afrontarlos. Con su impronta de pastor, el Papa dio a esa agenda un carácter político y la introdujo en el centro de su geopolítica pastoral.

Con esa intención se fue gestando el "Código Francisco".

El Papa fue construyendo prestigio y liderazgo con su carisma. Daba ejemplos de austeridad personal, pedía el cuidado de los ancianos, abrazaba a un enfermo con la cara deformada. Los creyentes lo percibieron como alguien que había recibido la señal de paz y libertad del Espíritu Santo.

Francisco utilizó los instrumentos religiosos y políticos del Pontificado para hacerse oír en los poderes mundiales.

---

[12] Para la encíclica *Laudato si'*, véase este capítulo, p. 113. Para el Sínodo Ordinario de 2015, véase el capítulo 4, p. 409 y p. 412. Los libros que publicaron documentos internos de la comisión COSEA fueron Gianluigi Nuzzi, *Via Crucis,* y Emiliano Fittipaldi, *Avaricia.* Ambos fueron editados en Italia en noviembre de 2015. Véase el capítulo 4, p. 423.

Lo hizo con urgencia. Demostró su necesidad de ser escuchado. Repitió, recordó, insistió. Lo hizo cada mañana, en cada homilía de la capilla de la Casa Santa Marta, con discursos que se transmitieron al mundo. Lo hizo en sus giras continentales. No buscó un mensaje para la historia, o para consolidar su legado. Su mensaje era para que el mundo lo escuchara "aquí y ahora".

Vaticano, el servicio de inteligencia mejor informado del mundo

El retorno de la Santa Sede a los escenarios internacionales obligó a un trabajo más dinámico de su estructura diplomática. El gigante volvió a moverse. Quizá no haya Estado en el mundo que tenga mejor servicio de inteligencia que el Vaticano. Centraliza un tipo de información capilar que puede nacer desde un barrio, llegar a un sacerdote y extenderse al obispo, quien si lo considera necesario, se la transmite al nuncio de la Santa Sede de su país, y a través de este llega a Roma. El Vaticano está presente en cada uno de los 179 países con los que mantiene relaciones diplomáticas plenas. La información que llega a la Santa Sede se procesa en la Secretaría de Estado y sus funcionarios analizan si tiene valor suficiente para transmitírsela al secretario de Estado, y este al Papa.

El Vaticano posee una red que, si se la activa de manera adecuada, le permite saber qué está sucediendo en el lugar más alejado del mundo, en tanto haya un representante diocesano, religioso, laico, o miembro de cualquier comunidad relacionada con la Iglesia.

Los nuncios cumplen un rol clave en esta red. Representan los ojos y los oídos del Papa en el mundo. Benedicto XVI los conocía cuando asumían su cargo y luego la Secretaría de

Estado continuaba la relación orgánica con ellos. Lo mismo sucedía con su vocero, Federico Lombardi: lo veía cada dos semanas. Benedicto XVI redujo su capacidad de recibir información.

Francisco, para demostrar que le interesa saber qué sucede en cada país y en la Iglesia de manera directa, recibe a los nuncios una vez al año en una audiencia fija. Desde que asumió su Pontificado, quizá no pasó más de dos o tres días sin que dialogara con uno. Les requería competencia y habilidad, y no centrarse en la carrera curial.[13]

La Secretaría de Estado volvió a activar su rol diplomático-profesional. Dejó de ser un faro para las nueve congregaciones —también llamadas "dicasterios"— de la curia romana, que terminó por hacerle sombra al mismo Papa.

Esta Secretaría está estructurada de manera jerárquica con tres cabezas visibles: su secretario, Pietro Parolin, designado casi en el cuarto mes del Pontificado de Francisco, en reemplazo del cardenal Tarcisio Bertone. Y por debajo, dos secciones. La Primera Sección, que se ocupa de los Asuntos Generales, a cargo del sustituto, el arzobispo italiano Angelo Becciu. Y la Segunda Sección, que se ocupa de las Relaciones con los Estados, donde fue designado el arzobispo inglés Paul Gallagher.

De los 2.400 empleados administrativos dependientes del Vaticano, alrededor de trescientos trabajan en la Secretaría de Estado. La mayoría son sacerdotes que se ocupan de la relación con un país o grupos de países —se los llamaba "minutantes"— y van creando un dosier con la información que toman del nuncio, la que recogen por medio de la prensa de ese país y de sus reuniones con diplomáticos o

[13] Entrevista a Gianni Cardinali.

conversaciones personales. En el caso del dosier argentino, el encargado es el monseñor italiano Giuseppe Laterza.

La misma labor realiza el nuncio en cada embajada de la Santa Sede en el mundo. Acumulan información periodística, del diálogo con dirigentes políticos, empresarios o sociales, del Episcopado de la iglesia local, de obispos o comunidades religiosas. El nuncio actualiza en forma constante la información eclesial y sociopolítica de un país y la traslada al minutante, en su despacho del primer piso de la Secretaría de Estado.

Si la información es necesaria, delicada o urgente, el Papa se entera por un único canal, el de su secretario de Estado. Solo él está autorizado a hablar con el Papa. Sin embargo, el Papa puede hablar con quien quiera de toda la estructura diplomática, incluso con el minutante y pedirle aclaraciones de un informe.

Benedicto XVI era más respetuoso de los mecanismos burocráticos y difícilmente se involucraba en un tema sin la mediación de la Secretaría de Estado. Francisco se sintió más libre para gobernar, como lo venía haciendo como Provincial de los jesuitas o arzobispo de Buenos Aires.

El Papa decidió sus viajes internacionales en base a un objetivo pastoral —de componentes geopolíticos e intraeclesiásticos— para llevar su palabra evangélica y promover la fe, pero también para marcar una señal o una guía en determinado conflicto de un país o región. Sus discursos se preparan con antelación hasta lograr el texto definitivo. Se elaboran de acuerdo a la agenda programada, los eventos en los que participará: una homilía callejera, un encuentro con sacerdotes o una exposición en las Naciones Unidas. En una primera instancia, los obispos del país que el Papa visitará proponen una lista de temas que les interesaría que fuesen tratados —según las problemáticas locales—, que llegan, a través del nuncio, al minutante en la Secretaría de

Estado. A partir de ese momento, se empieza a desarrollar un borrador que inspeccionan los oficiales de la curia y se envía al Papa, quien lo puede reducir, ampliar o reclamar otros argumentos para su discurso. Tras la primera revisión pontificia el texto borrador vuelve a los obispos locales, que lo revisan y lo reenvían a la Secretaría de Estado. La aprobación final puede demandar muchos meses, hasta que el contenido final se traduce a distintas lenguas y se entrega a la prensa vaticana unos días antes de que el Papa lo pronuncie, con promesa de embargo. Este trabajo puede resultar de relativa utilidad si el Papa suspende su lectura en determinado momento —porque en base a la oración y a su comunión con Dios, tuvo otra intuición y la quiere anunciar—, se aparta del discurso y habla "a corazón abierto", como suele hacerlo a menudo.[14]

El valor de la oración para las decisiones geopolíticas

En la toma de decisiones, la oración es un elemento determinante para el Papa. Muchas de las críticas que recibe por la imprevisión de su gobierno se relacionan con ese espacio de silencio y quietud en el cual dialoga con Dios. Bergoglio reza para escuchar. Percibe la oración como una relación dialógica.

> No es un monólogo que uno recita y después no deja lugar a la respuesta del Señor. Puede ser en ese momento o después, pero fundamentalmente la actitud de oración es abierta a que me respondan. Ya sea que pida, que comente algo, que abra mi corazón, pero espero una respuesta. Y si orar es etimoló-

[14] Para funcionamiento interno de la Secretaría de Estado y elaboración de los contenidos del discurso, entrevista a Luis Badilla Morales.

gicamente entrar en juicio con Dios, también está la respuesta que entra en juicio conmigo. La oración que no escucha no es oración, es recitar fórmulas que no dicen nada. La oración tiene que dejar un sitio en silencio, a veces no se entiende nada, a veces te parece que pasa algo, que el Señor dice algo, o a veces la inspiración viene después, él se toma su tiempo para responder.[15]

La oración es su primera actividad de la mañana que asimismo practica al caer la tarde. En el silencio de la oración, el Papa trata de interpretar lo que Dios quiere para tomar una decisión. Esa interpretación sucede a través del discernimiento que marcó su vida religiosa, y también deja abierto un interrogante: si Francisco toma una decisión en base al discernimiento, tras su diálogo con Dios en el momento de la oración, ¿cómo interpreta la voluntad de Dios para volcarla a la diplomacia de la Santa Sede?

En el deber ser de la Iglesia, la naturaleza política de una decisión está en línea con el bien común, la paz, la reconciliación, la libertad religiosa, el progreso, una economía más justa y una vida más digna para el hombre.

Cuando el Papa interviene en un conflicto entre dos países o una guerra civil, no suele tomar partido por una u otra facción sino mostrar su voluntad de intervenir para que haya paz. Sobre la base de esta orientación, muchas de las decisiones claves del Pontificado de Francisco están unidas a la oración personal.[16]

Con este sistema de decisiones, criticado por su personalismo, quizá nadie escuche tanto y decida tan solo como el Papa. Escucha las partes, las propuestas, los reclamos, acepta

---

[15] Véase Bergoglio, Jorge Mario, Skorka, Abraham y Figueroa, Marcelo, *La Oración,* colección Diálogo Interreligioso, Buenos Aires, Santa María, 2012, pp. 16 y 18.

[16] Entrevista a Enrique Elías.

diálogos y sugerencias, pero decide solo, como jefe de un estado monárquico, regido por un dignatario pontificio, soberano absoluto, que detenta el poder judicial, legislativo y ejecutivo. La tiara papal, con los tres pisos, significa que el vicario de Cristo concentra esos tres poderes para la guía de la Iglesia católica universal.

El proceso de desgaste a la curia romana y la diplomacia paralela

El Papa desplazó la sede del gobierno vaticano cuando tomó el mando de la Iglesia. Rechazó el Palacio Pontificio y se hospedó en la Casa Santa Marta, junto con los obispos, sacerdotes y laicos que la utilizaban de hotel, como lo hizo él durante el Cónclave de 2013. Fue su manera de representar la autonomía de poder.[17]

En la Santa Sede, el único faro es él.

Francisco le impuso a la Secretaría de Estado una impronta dinámica —a veces vertiginosa— y le agregó sus contactos y conocimientos personales. En los encuentros "mano a mano" con líderes mundiales, por el respeto que genera su autoridad, logra captar la sinceridad de fondo de su interlocutor y llega a su corazón con su palabra.[18]

El Papa acoge, escucha y dialoga. Tiende a un sistema de gobierno en el que, en contraste con Benedicto XVI, el

---

[17] Durante la mañana, las audiencias del Papa son oficiales y están reguladas por la Prefectura de la Casa Pontificia. Algunas las realiza en la sala de reuniones de su habitación del segundo piso de Casa Santa Marta y otras en la Biblioteca Pontificia o en la Sala Pablo VI. Por la tarde, sus actos son libres y puede recibir en audiencia privada a quien desee. Estas audiencias no son informadas en la agenda de gobierno.

[18] Entrevista a Guzmán Carriquiry.

filtro y la influencia de los funcionarios vaticanos es acotada. Estos nuevos paradigmas recortaron el poder de la curia romana. El Papa les señaló en público, como ningún otro lo había hecho, su banalidad, sus modales de príncipes, sus modos de vestirse, sus autos de alta gama, y en privado, el despilfarro y la falta de transparencia de sus gastos, que los ubican a años luz de sus tareas de servicio y de evangelización. Fue una crítica a la estructura jerárquica y feudal de la curia, un territorio fértil para la ambición mundana, en busca de beneficios y reconocimientos personales, títulos honoríficos, mejores salarios o mejores destinos diocesanos.[19]

En la curia cuenta más servir al jefe inmediato en un dicasterio que a Dios y al Evangelio. El Papa intentó romper esa tradición eclesiástica en el Vaticano y les reclamó a sus funcionarios una conversión pastoral y misionera al servicio de pobres y excluidos.

Durante los primeros tiempos del Pontificado, no hubo confirmación para jefes de dicasterios ni tampoco nuevos nombramientos cuando se cumplían los mandatos quinquenales. El Papa alargaba los tiempos, los dejaba en suspenso. A la perplejidad por las críticas que les prodigaba, se sumaba la confusión y el desconcierto. Muchos funcionarios de curia de menor rango se preguntaron si valía la pena seguir complaciendo a un jefe en situación inestable, que recomendaba mantenerse quieto hasta que el "huracán Francisco" pasara o sumarse al nuevo rumbo pastoral que trazaba el Papa. Mientras tanto, sumidos en la incertidumbre, obispos y cardenales que vivían en el confort

---

[19] En su discurso por los tradicionales saludos de Navidad de 2014, a la vez que les agradeció por su compromiso cotidiano, les detalló quince enfermedades curiales. Véase el capítulo 4, p. 384. Para las críticas privadas del Papa a los gastos de la curia romana, véase Nuzzi, Gianluigi, *Vía Crucis*, Buenos Aires, Planeta, 2015, pp. 25-26.

de pisos y áticos de varios centenares de metros cuadrados y disponían de oficinas en Via della Conciliazione, a pocos pasos del Vaticano, empezaron a ensayar con más énfasis el ideario de Francisco —"misericordia", "periferia", "desigualdades sociales"—, para hacer de cuenta que se habían acoplado a los nuevos vientos de la Iglesia. Se transformaron en simpatizantes del Papa de un mes a otro, con un mensaje social y de reforma por el que nunca antes se habían interesado.

Para el Papa, el problema no radicaba en la imitación del discurso sino en lograr que los funcionarios de la curia iniciaran un cambio de mentalidad.[20]

¿Hasta qué punto el Papa necesitaba valerse de la curia romana, al margen del soporte de las tareas burocrático-administrativas que podían proveerle, para llevar adelante su gobierno? Francisco no lograría modificar costumbres eclesiásticas arraigadas en la comodidad y el bienestar personal. Al tiempo que constituyó comisiones para supervisar los movimientos económicos de los dicasterios, creó estructuras paralelas de gobierno.

La primera de ellas, por afuera de la curia romana, fue la instauración en abril de 2013 de la comisión de ocho cardenales (C8) —a la que más tarde se sumó el secretario de Estado Pietro Parolin y se denominó C9— como órgano consultivo de gobierno. El C9 podría brindarle una visión poliédrica y multifacética, que incorporara otras miradas de la Iglesia y del mundo para asimilar en su papado. La filosofía del C9 contenía su pensamiento geoestratégico representado en las imágenes de la esfera y el poliedro: "Me gusta imaginar la humanidad como un poliedro, en el cual las formas múltiples, a la hora de expresarse, constituyen

[20] Entrevista a Robert Gahl. Para la frustración sobre el cambio cultural en la curia romana, véase Nuzzi, Gianluigi, *Vía Crucis*, *op. cit.*, p. 20, nº 5.

los elementos que componen la familia humana en una pluralidad. Y esto es la verdadera globalización. La otra globalización, o sea, la de la esfera, es una homologación", afirmó el Papa.[21]

Francisco también delegó al C9 el estudio de la reforma de la curia romana, que incluye entre otros temas, la relación del Vaticano y las conferencias episcopales, y la presencia de los laicos, sobre todo de las mujeres, en el trabajo de los dicasterios.

La tarea del C9 supuso el replanteo de un sistema de gobierno de una institución milenaria en favor de la eficiencia administrativa para el servicio de la Iglesia y el mundo. Con reuniones cuatrimestrales en Roma, el C9 comenzó a trabajar, en un primer nivel, sobre las modificaciones de los organismos que no requieren una nueva constitución apostólica para implementarlo, y en otro nivel, de plazos más extensos, sobre la reestructuración más profunda de la curia romana.

La primera modificación que el Papa consideró imprescindible, con el enfoque del C9, fue la creación, en febrero de 2014, de la Secretaría para la Economía que colocó bajo su control al Instituto de Obras Religiosas (IOR), manchado por corrupción y "lavado de dinero" eclesial, entre otros organismos económicos y administrativos de la Santa Sede.[22]

---

[21] Véase el videomensaje del Papa en ocasión del III Festival de la Doctrina Católica de la Iglesia, Verona, 21-24 de noviembre de 2013. Un discurso similar reiteraría en el viaje a Filadelfia, Estados Unidos, en septiembre de 2015.

[22] Para la reforma de la curia véase Ivereigh, Austen, "Tentative plan for reform of curia out lined", *OSV Newsweekly*, 18 de abril de 2015. Para la creación de la Secretaría para la Economía, véase el capítulo 4, p. 383. La reforma de la curia requiere la modificación de la constitución *Pastor Bonus*, promulgada por Juan Pablo II en 1988. Casi al tercer año del

Para su gobierno, el Papa no dependió de la reforma de la curia romana y tampoco permitió que esta lo condicionase. Los funcionarios de algunos dicasterios obedecieron convencidos al Papa; otros, con más o menos entusiasmo, se fueron adecuando a su conducción; un tercer grupo, en resistencia pasiva, quedó fuera del sistema, a la espera de que el "nuevo rumbo" se consumiese con el tiempo. Del mismo modo, algunos funcionarios, disgustados por el trato que el Papa daba a la curia, prefirieron volver a las diócesis de sus países.[23]

Apenas asumió como Pontífice se creyó que su trabajo en favor de la transparencia interna de la Santa Sede sería desgastado por los sutiles mecanismos burocráticos de la curia, que Bergoglio desconocía, y que en el corto o largo plazo lo adaptarían a las costumbres eclesiales de siempre.

El Papa rompió con este teorema con un doble estándar de gobierno. Utilizó el canal tradicional de la curia para ciertas tareas que le encomendaba, y también trabajó con canales alternativos, privados y personalísimos, que le servían para verificar, incluso, si lo que le informaba la curia era veraz o legítimo. El Papa usaba a la curia pero no ataba su gobierno a ella. Como si su Pontificado se moviera sobre dos tableros de ajedrez. Uno para la partida oficial y otro para jugadas más personales, que luego se ocupaba de comunicar para sorpresa del mundo y desconcierto de la propia curia romana.

El comienzo del Pontificado de Francisco recordó al de Juan Pablo II. Los cardenales sostenían que no comprendía a la curia ni a la realidad eclesial italiana —"la mira con

---

Pontificado, esa tarea, para la cual la C9 requirió el servicio de auditorías internacionales, se reveló lenta y con obstáculos internos. La presentación de la reforma se prevé para 2017.

[23] Entrevista a Robert Gahl.

ojos polacos", decían—, pero Wojtyla tampoco se involucró en sus intrigas. El primer Papa no italiano en cinco siglos comenzó su Pontificado en un contexto de inestabilidad interna.

Wojtyla, como Bergoglio, también tenía planes y proyectos que preservaba de la curia.

Cuando era sacerdote y arzobispo de Cracovia, fue considerado un "opositor ideológico peligroso". La policía política lo vigilaba a través de curas cercanos. Wojtyla asumió el Pontificado con la sensación de que algunos sacerdotes colaboraban con espías rusos. Y aunque no sabía precisamente quiénes eran, no dudaba que había información que se filtraba desde el Vaticano hacia la Unión Soviética.

Juan Pablo II había montado un espacio reservadísimo en su departamento pontificio. Si tenía un encuentro relacionado con el "dosier Polonia" no trasladaba las actas de las reuniones a la Prefectura de la Casa Pontificia o la Secretaría de Estado: las guardaba en su armario. Se presuponía que desde allí también manejaba dinero para financiar las actividades del grupo Solidaridad de Lech Walesa.

Wojtyla era el jefe de la diplomacia "paralela" de la Santa Sede.[24]

---

[24] Entrevista a Robert Gahl. Su secretario de Estado, Agostino Casaroli, actuaba sobre la esfera pública de las relaciones internacionales de la Santa Sede. Casaroli, durante el pontificado de Juan XXIII, había sido el artífice de la "Ostpolitik" ("política del este", en alemán), centrada en la distensión y la búsqueda del diálogo con los gobiernos comunistas, tendiente a la protección de las iglesias más débiles como las de Yugoslavia, Hungría o Checoslovaquia, con los que se establecieron relaciones diplomáticas. Esa política prosiguió con Pablo VI, que recibió a funcionarios soviéticos en el Vaticano, en un tiempo en que, como había declamado su predecesor, "en la Iglesia hay muchos enemigos, pero la Iglesia no es enemiga de nadie". Cuando Juan Pablo II lo puso al frente de la Secretaría de Estado en 1979, Casaroli creyó que el comunismo instalado en Europa

Bergoglio trabajó sobre una diplomacia realista, discreta y paciente para encontrar soluciones posibles. Sin despreciar el aparato burocrático de la Secretaría de Estado, se reservó, como Wojtyla, canales alternativos para la geopolítica de la Santa Sede con un estilo personal y la impronta del "aquí y ahora", que signó la fuerza motriz de su Pontificado, el "Código Francisco".

Su vocación para intervenir en los conflictos del mundo y trabajar los procesos para erradicarlos —con el estilo jesuita, de trabajo a "tiempo completo"— está fundada en una realidad: un reloj de arena pende sobre su Pontificado. Bergoglio tenía 76 años, casi veinte más que Wojtyla cuando asumió en 1978.

La alianza táctica con Vladímir Putin en Medio Oriente

La carta al G20 de septiembre de 2013 fue producto de la urgencia de la coyuntura, hija de una oportunidad, decidida por el Papa en el tiempo que no tuvo secretario de Estado: el cardenal Tarcisio Bertone, en el que nunca confió, ya ha-

---

se prolongaría mucho más, y continuó la política de distensión como un instrumento de supervivencia, y también en busca de espacios de libertad religiosa para los católicos del Este. La diplomacia de Wojtyla y Casaroli estaban pensadas desde velocidades diferentes. El Papa confiaba que una política de corrosión intensa frente a los regímenes comunistas daría resultados más rápidos. Conocía las debilidades del sistema. Entrevista a Gianni Cardinali. Véase Uría, Ignacio, "La estrategia geopolítica de la Iglesia Católica", *Nueva Revista,* nº 147, Universidad Nacional de La Rioja (UNIR), España, marzo de 2014. Para profundizar sobre las diferencias entre Juan Pablo II y Casaroli, véase también Weigel, George, *La fine e l'inizio. Giovanni Paolo II: la vittoria della libertà, gli ultimi anni, l'eredità*", Siena, Cantagalli, 2012.

bía sido despedido y Parolin no había asumido todavía. La carta tuvo el cálculo, carácter y visión de juego. Francisco advirtió que su interlocutor para frenar las bombas sobre Siria no podía ser, de manera unilateral, Europa o Estados Unidos. En las horas cruciales previas al ataque, Obama estaba en una posición de debilidad. Había anunciado la acción militar a partir del 31 de agosto y esperaba la autorización del G20 para el uso de la fuerza, sin que hubiera logrado el consenso de la opinión pública de su país ni de sus aliados europeos.

Francisco era un emergente del sur del mundo, sin participación en el epicentro de la Guerra Fría. Era occidental, pero Rusia no lo percibía como un apéndice de la OTAN, como sí lo juzgaban a Juan Pablo II. Incluso Francisco había denunciado las consecuencias desastrosas de las intervenciones bélicas en Medio Oriente de potencias europeas y Estados Unidos, transmitida de generación en generación en la memoria de los musulmanes.

El Papa encontró en Putin un interlocutor válido para disuadir a Obama y retirar el apoyo de una acción armada en Siria. Rusia, que vendía armas a Siria y apoyaba al régimen de gobierno, logró que Bashar Al-Assad destruyera, o pusiera a su resguardo, las armas químicas. Fue el inicio de una convergencia objetiva entre Francisco y Putin en la geopolítica internacional.

Desde entonces, Rusia es un actor clave para la Santa Sede en Medio Oriente. Putin protegió no solo a cristianos ortodoxos de distintos patriarcados, sino también a cristianos que, sobre todo en Siria, ya padecían la discriminación de algunas etnias y que luego sufrieron la persecución del grupo Estado Islámico (EI o ISIS, por su denominación en inglés).

Como una muestra del ataque a los cristianos que sobrevendría en Siria, el mismo día de la oración global propiciada por Francisco por la paz en ese país, un grupo de milicianos islámicos de Al Nusra, vinculado a Al Qaeda, tomaron Malula, una pequeña aldea cristiana a 50 kilómetros de Damasco en la que todavía se habla arameo, la lengua de Jesús. Los milicianos llamaron con altavoces a la población cristiana a convertirse al islam si querían continuar vivos, e irrumpieron en los monasterios por primera vez en la historia, posicionándose en las colinas altas para resistir las patrullas del ejército sirio, que más tarde recuperó Malula para proteger a la minoría cristiana.[25]

En reiteradas ocasiones, el Papa denunció las persecuciones contra cristianos en Medio Oriente y pidió la colaboración internacional: "Ellos son nuestros mártires de hoy, y son muchos. Podemos decir que son más numerosos que en los primeros siglos. Espero que la comunidad internacional no asista muda e inerte frente a estos inaceptables crímenes (...) y que no dirija la mirada para otra parte".[26]

---

[25] Véase *El País*, 8 de septiembre de 2013.

[26] Véase *El País*, 7 de abril de 2015. La avanzada del fanatismo yihadista, con su declarada guerra a Occidente a través de la conformación del Estado Islámico, fue la primera emergencia global que enfrentó el Pontificado de Francisco. Sus combatientes habían integrado la resistencia aliada a Al Qaeda en la invasión de Estados Unidos en 2003 a Iraq, y luego formaron ISIS, un ejército conformado por terroristas, insurgentes y luego musulmanes que residían en Europa, que comenzó a obtener sorpresivas victorias sobre fuerzas iraquíes, kurdas y sirias en Medio Oriente. ISIS impuso su interpretación extremista de la Sharía, como código de conducta, con ejecuciones públicas, destrucciones de templos y mezquitas, y persiguieron a islámicos moderados u "occidentalizados" y a cristianos de distintas confesiones. Forzaron la huida de distintas poblaciones de los territorios que conquistaron. Utilizaron las redes sociales y otras tecnologías para su propaganda de terror. Desde su irrupción, anunciaron la restauración del Califato como una autoridad religiosa estatal que comprendiese a distintas naciones para formar una única y excluyente nación islámica.

La Santa Sede —que no tiene ejército, ni puede declarar la guerra contra nadie y que en los conflictos proclama la voluntad política de las partes— debe valerse de las fuerzas internacionales para proteger a sus fieles en zonas de guerra. Rusia fue una de ellas.[27]

Desde que estalló la rebelión social en Siria en 2011, lo que se suponía que significaría la continuidad de la Primavera Árabe ya iniciada en Egipto y Libia, pero ahora contra el régimen de Al-Assad, se extendió en la región, alimentó el extremismo y generó un escenario de confrontación internacional en un país de confesiones religiosas heterogéneas.

En Siria, el 80% de la población profesa la religión musulmana, que incluye otras minorías confesionales, y un 15% es de religión cristiana, de credo greco-ortodoxo y

---

[27] La alianza con Rusia se mantuvo también en el este asiático. Aunque le incomodara que Putin tendiera a convertir al homosexual en un sujeto penal punible, en contradicción con su mensaje de misericordia, la defensa de valores cristianos del líder ruso representó un blindaje en las antiguas naciones soviéticas, la mayoría de ellas islámicas. La misma posición de cautela frente a Rusia se reiteró en Ucrania, donde se enfrentan nacionalistas ucranianos y rebeldes separatistas prorrusos. Su negativa a condenar, de manera convincente, la provisión de armamento de Putin a insurgentes que combaten al gobierno prooccidental ucraniano, le valió la crítica de la propia comunidad greco-católica local. Cercado entre dos fuegos —la iglesia ucraniana, fiel a Roma, que denuncia la agresión rusa, y el patriarcado de Moscú, que apoya a Putin—, Francisco optó por un llamado a la pacificación que no convenció a ninguna de las partes. Su alianza con Putin quedó en evidencia cuando el Grupo de los 7 (G7), al considerar que Rusia provee armas y soldados a los rebeldes, decidió sanciones económicas. Francisco recibió al líder ruso en el Vaticano pocas semanas después, en junio de 2015, como señal de que no adhería al frente "antirruso" del G7. Véanse Peloso, Francesco, "Da Ucrania e IS una sfida alla leadership del Papa", *Limes*, 29 de agosto de 2014, y Valente, Gianni, "Las convergencias entre el Papa y Putin", www.vaticaninsider.it, 6 de septiembre de 2015.

católico. A partir de 2011, la tolerancia interreligiosa, que aseguraba al menos una aún frágil cohesión socio-cultural, se desbandó hacia un conflicto georreligioso que giró en torno a la supervivencia o la caída de Al-Assad.[28]

Estados Unidos y otras potencias de la OTAN, incluida Turquía y también Arabia Saudita, apoyaron a las fuerzas insurgentes locales para forzar la caída del dictador sirio, como había sucedido ese mismo año con Muammar Khadafy en Libia. Rusia, que tiene su única base naval en el Mediterráneo en el mar territorial sirio, apoyó a Al-Assad y se opuso —junto con China— a la intervención militar desde el Consejo de Seguridad de la ONU. Al cuarto año, el conflicto ya había provocado alrededor de 250.000 muertos.

Otra razón para la convergencia entre la Santa Sede y Rusia fue la falta de uniformidad de las fuerzas rebeldes a Al-Assad: había grupos que combatían al régimen y que asimismo se enfrentaban entre sí, y células rebeldes que eran apoyadas por Al Qaeda y otras que simpatizaban con el ISIS.

Las bombas, el caos y la anarquía podrían crear condiciones favorables para que una caída de Al-Assad permitiera al ISIS la anexión de Damasco, cuando ya había ocupado regiones de Irán, Iraq, Egipto y la propia Siria.

El ISIS y la tercera guerra mundial "en etapas"

El Papa se negó a promover la "guerra santa". Combatir al ISIS de manera frontal y directa, suponía, fortalecería al yihadismo y facilitaría el reclutamiento de musulmanes

[28] Véase Ferreyra, Matías, "Las fuerzas profundas y rivalidades confesionales en el escenario sirio", *Contexto Internacional*, nº 37, Centro de Estudios Políticos e Internacionales de la Fundación para la Integración Federal (FUNIF), diciembre 2013.

para la constitución del Califato como estado trasnacional y entidad política única. Su encrucijada fue cómo frenar la persecución y no dar paso a una respuesta militar reclamada por la presión occidental y también por grupos católicos europeos y estadounidenses.

De regreso del viaje a Corea del Sur, el 18 de agosto de 2014, cuando un periodista le dijo que Estados Unidos había comenzado a bombardear a los terroristas de Iraq "para evitar el genocidio" y "proteger el futuro de las minorías", entre los que había católicos, y le preguntó, de manera clara: "¿Usted aprueba el bombardeo americano?", el Papa sostuvo esa delgada línea.

> En estos casos, en los que hay una agresión injusta, solo puedo decir que es lícito "detener" al agresor injusto. Subrayo el verbo "detener", no digo bombardear, hacer la guerra, sino detenerlo. Los medios con los que se puede detener deberán ser evaluados. Detener al agresor injusto es lícito. Pero debemos tener memoria; cuántas veces bajo este pretexto de detener al agresor injusto las potencias se han adueñado de los pueblos y han hecho la guerra de conquista. Una sola nación no puede juzgar cómo se detiene a un agresor injusto. Después de la Segunda Guerra Mundial nació la idea de las Naciones Unidas, es allí en donde se debe discutir y decir: ¿Hay un agresor injusto? Parece que sí. Entonces, ¿cómo lo detenemos? Solo esto, nada más.[29]

[29] Véase www.vaticaninsider.it, 18 de agosto de 2014. La referencia del Papa a los bombardeos tenía relación con los ataques aéreos ordenado por Estados Unidos contra posiciones del ISIS cercanas a Erbil, en el Kurdistán iraquí, el 8 de agosto de 2014. Fueron los primeros bombardeos estadounidenses en ese país después de la invasión de 2003; contaron con el apoyo de Francia y de Gran Bretaña.

En defensa de la multilateralidad de la comunidad internacional, como mayor garantía de justicia, el Papa se refirió tres meses más tarde, en otra conferencia de prensa aérea, al ISIS y la protección de las minorías religiosas: "Cuando una situación se vuelve crítica, cada Estado, por su cuenta, siente que tiene derecho a masacrar a los terroristas, y con los terroristas caen muchos inocentes. Esta anarquía de alto nivel es muy peligrosa. Hay que combatir el terrorismo pero, repito, cuando hay que detener al agresor injusto, hay que hacerlo con el consenso internacional", afirmó.[30]

La Santa Sede estructuró su propio eje de análisis sobre la emergencia del ISIS. Asumió que la fuerza yihadista tenía orígenes fundamentalistas históricos; que no debía instrumentalizarse la religión como centro del conflicto; que había que combatir las fuentes de financiamiento del ISIS, el tráfico clandestino de petróleo y el abastecimiento de armas y tecnología, que provenían de Occidente.

Intentó evitar que se presentara al ISIS como un conflicto entre el islam y Occidente. En forma alternativa a la "solución militar", promovió el diálogo interreligioso e intercultural entre líderes hebreos, cristianos y musulmanes, a favor de la comprensión de que el ISIS no agredía a una comunidad religiosa o grupo étnico en particular, sino que su violencia estaba dirigida a una "única familia humana", a la que se debía proteger.[31]

[30] El texto completo está archivado en www.aciprensa.com, 26 de noviembre de 2014.

[31] Información obtenida en entrevistas a Gianni Valente y Fabrizio Mastrofini. En su intento por mantener un delicado equilibrio en su relación con el islam, Francisco no levantó la voz como en otros temas en que lo hizo con total libertad. El temor a que un mensaje altisonante a favor de una cristiana condenada a muerte en Pakistán provocara reacciones contra los cristianos en ese territorio, lo inhibió de manifestaciones más decididas, como ocurrió con Asia Bibi, una campesina, madre de

Francisco intentó que Rusia no quedara aislada en Medio Oriente por fuerzas occidentales, como sucedió en los años noventa. Por ese entonces, Estados Unidos, con el papel secundario de Europa y la complacencia de la Santa Sede, se había convertido en el "gendarme" de Medio Oriente. La diplomacia vaticana intentó impedir una nueva "santa alianza" en la suposición de que una intervención armada, sin un acuerdo de la ONU, profundizaría la fragmentación étnico-religiosa interna, y provocaría mayor tensión entre el islam y el cristianismo en una región donde los cristianos son visibilizados como "occidentales".

Debajo de las bombas, en Iraq continuaba el drama de cientos de miles de miles de cristianos católicos y ortodoxos en fuga, expulsados de Mosul o Qaraqosh, entre otras ciudades conquistadas por el ISIS. La población cristiana en Iraq se había reducido en un tercio, de 1,5 millones a medio millón, en la última década.[32]

En el campo de guerras en Medio Oriente, Francisco marcó un delicado equilibrio para que no se propagaran sentimientos islamofóbicos como sucede en Europa. Se distanció de la teoría de la "guerra justa", no bendijo los ataques aéreos de franceses y rusos sobre Raqqa, señalada como la "capital" del ISIS en Siria, que siguieron a los atentados yihadistas en París, y provocaron 130 muertos en noviembre de 2015. Del mismo modo, cuando el ISIS

---

cinco hijos condenada a la horca, acusada de haber insultado al profeta Mahoma. Arrestada desde 2009, Asia Bibi no aceptó convertirse al islam para salir de la prisión. Benedicto XVI, en 2010, pidió por su libertad en un mensaje leído en la audiencia general. Cinco años después, Francisco, saludó al marido y a la hija de Asia Bibi apenas quince segundos en la audiencia, sin que el video permitiera deducir que el Papa les dijera nada. Entrevista a Sandro Magister.

[32] Véase *La Stampa*, 3 de agosto de 2014.

anunció que alzaría sus banderas negras sobre la basílica de San Pedro, su consejo fue no blindarse y mantener las "puertas abiertas" de la Iglesia.

La Santa Sede sostuvo su posición inicial frente al conflicto: ahogar las finanzas yihadistas, basada en la venta de petróleo, e impedirles la compra de armas, como mencionó en el Capitolio en la gira por Cuba-Estados Unidos en septiembre de 2015. Tres meses más tarde, su posición lograría resultados: el inmediato "alto al fuego" y un plan de paz para Siria, con el gobierno y los rebeldes en la mesa de negociaciones, establecido por el Consejo de Seguridad de la ONU, con el aval de Rusia, Estados Unidos y otras potencias.[33]

---

[33] En el Capitolio, frente a los legisladores estadounidenses, el Papa dijo: "¿Por qué las armas letales son vendidas a aquellos que pretenden infligir un sufrimiento indecible sobre los individuos y la sociedad? Tristemente, la respuesta, que todos conocemos, es simplemente por dinero; un dinero impregnado de sangre, y muchas veces de sangre inocente. Frente al silencio vergonzoso y cómplice, es nuestro deber afrontar el problema y acabar con el tráfico de armas". Véase w2.vatican.va, 24 de septiembre de 2015.

La guerra y los negocios que encubren el tráfico de armas sería una denuncia recurrente en su Pontificado. "Las guerras son una industria, en la historia hemos visto tantas veces que un país con balances que no van bien decide hacer una guerra y se ajusta el balance. La guerra es un negocio. Los terroristas ¿fabrican armas? ¿Quién les da las armas? Hay toda una red de intereses y detrás está el dinero, o el poder." Véase *Rome Report*, 30 de noviembre de 2015.

El ISIS controla alrededor del 60% de la producción de petróleo en Siria, que vende en el "mercado negro" con ganancias de entre dos mil y tres mil millones de dólares anuales. Para profundizar sobre la economía de ISIS, véase Napoleoni, Loretta, *ISIS. Lo statu del terrore. Chi sono e cosa vogliono le milizie islamiche che minacciano il mondo*, Milán, Feltrinelli, 2014. Para la constitución del Califato, véase Consiga, Anna María y Bonarota, Federico, "Si lo Stato Islamico diventa davvero uno

El Papa describió este nuevo escenario geopolítico como una nueva guerra fría o la continuidad de la "tercera guerra mundial en etapas", en el este de Asia, el norte de África y Medio Oriente, proyectada sobre Europa, con potencias que confrontan sus intereses en algunas regiones y promueven su colaboración en otras.

En el punto de partida de esta "guerra fragmentada", las rebeliones sociales que auguraban la caída de regímenes autocráticos aumentaron la inestabilidad política en Medio Oriente y abrieron la puerta para la conformación y el despliegue ofensivo del ISIS sobre distintos países.

Las guerras generaron una catástrofe humana con la peor crisis de migración después de la Segunda Guerra Mundial: en 2015, casi un millón de refugiados llegaron desde África y Medio Oriente por tierra y mar a Europa, una cifra que cuadruplicó la del año precedente.

De Matteo Ricci a Francisco, el desafío de la evangelización de China

Otra línea de acción política y evangélica de la Santa Sede en el Pontificado de Francisco fue China. Una oportunidad perdida por el cristianismo, frustrada a través de los siglos.

En 1582, el jesuita italiano Matteo Ricci había ido al encuentro del Extremo Oriente con un modelo de evangelización cultural y diplomática que incluía el diálogo con el Emperador y su corte imperial, quien lo autorizó a fundar

---

Stato", *Limes*, 16 de julio de 2015. Para la diversidad de la oposición siria con lazos con el ISIS, véase *The Guardian*, 20 de diciembre de 2015. Sobre ISIS, Rusia y Medio Oriente se obtuvo información en entrevistas a Gianni Valente, Massimo Franco y Gustavo Sierra.

la catedral de la Inmaculada Concepción en Pekín para predicar la fe de Cristo.

Las posteriores persecuciones a misioneros y comunidades cristianas locales impidieron la continuidad de la obra y China redujo la presencia de la Iglesia. A lo largo de los siglos, como lo confirmó con la Guerra del Opio del siglo XIX, percibieron al cristianismo como un apéndice de la colonización occidental. Los identificaron con los bombardeos de la flota inglesa y las condiciones de sumisión de los acuerdos de posguerra: la indemnización, la apertura del comercio a Occidente y la cesión de Hong Kong a Inglaterra.

En la memoria china, el catolicismo fue una herramienta de potencias extranjeras, que con el dinero que obtuvieron de la devastación bélica del país construyeron iglesias para convertirlos al cristianismo. En el transcurso de su papado, durante la Primera Guerra Mundial, Benedicto XV intentó desmoronar la idea del catolicismo como arma occidental y acusó a misioneros ingleses y franceses: no habían devastado China como cristianos, sino por sus propios intereses como naciones.

Antes de la Segunda Guerra Mundial, aún con el ambiguo mea culpa de la Iglesia, se suponía que el gobierno de la República podría ser permeable a un proceso de inculturación del catolicismo sobre la civilización china. El triunfo de Mao Zedong en 1948 desterró esta hipótesis. La política religiosa de la Revolución Cultural, que las autoridades declararon "laica y atea", identificó a la Santa Sede como "enemigo occidental", un perro guardián del imperialismo, gobernada por el Papa Pío XII, un líder anticomunista que propiciaba su destrucción.

Mao rompió relaciones con la Santa Sede, expulsó a su nuncio, a misioneros y religiosos extranjeros. Para controlar la fe, creó la Asociación Católica Patriótica China

(CCPA, por sus siglas en inglés) y ordenó sus propios obispos. Roma los consideró ilegítimos. La persecución contra la comunidad católica —por entonces de tres millones de fieles— significó la cárcel, la tortura, detenciones sin proceso jurídico y traslados a campos de trabajo forzado.

Fue una represión sistemática.

Algunos obispos aceptaron la subordinación al Estado para continuar con la vida eclesial, quizá para salvar lo que pudiera salvarse y la fe no fuese sofocada. Otros rechazaron las imposiciones y la vigilancia: mantuvieron la fidelidad a la Iglesia universal, aun con el calvario de la cárcel.

Después de Mao la persecución se relajó. Deng Xiaoping liberó sacerdotes —algunos de ellos llevaban veinticinco años en prisión—, y la iglesia local formó un cuerpo episcopal respetuoso de las formas canónicas. Aun con la subordinación al Estado, por debilidad o cálculo personal, prefirieron seguir siendo sacerdotes, con la devoción secretamente puesta en algún retrato del Papa. También continuaron su pastoral los obispos chinos rebeldes, designados de manera clandestina, quienes debieron ocultar su vínculo jurídico-canónico con la Santa Sede, un vínculo que muchas veces ni siquiera pudieron comunicar a Roma.

Los obispos "nacionales" y los "rebeldes" estaban divididos en dos. La aceptación de la vigilancia estatal y las acusaciones de traición generaban recelo, aunque los fieles profesaban su fe en una u otra iglesia, sin que existieran en ellas distinciones doctrinales. La Santa Sede atendió estas particularidades para iniciar un cambio de política e intentar mantener el vínculo con ambos sectores.

Durante el Pontificado de Juan Pablo II, el secretario de Estado Casaroli buscó una reconciliación: admitió a los obispos chinos como legítimos pastores y les concedió el ejercicio de la jurisdicción episcopal a todos. A los "clandestinos", ordenados entre sí para mantener íntegra la fe, y a los designados por el organismo político estatal, la CCPA, sin mandato pontificio, aunque leales a la fe católica. Todos habían tenido una designación irregular, pero tenían el poder de los sacramentos y desarrollaban una actividad pastoral, por lo cual, no eran obispos inválidos.

Con la historia de persecuciones y padecimientos que arrastraban, y para no alimentar las divisiones, Roma no podía exigirles más: invocó a la unidad.

China continuó considerando a la Iglesia como instrumento de penetración occidental y cualquier influencia de Roma en la designación de obispos fue considerada una interferencia política de una "potencia extranjera" contra un Estado soberano. A esto se sumaba el reconocimiento de la Santa Sede a Taiwán, con una representación apostólica de máximo nivel, con el que China mantenía —y mantiene— un conflicto independentista.

La Iglesia intentó dar un paso en favor del diálogo. Benedicto XVI, con su carta apostólica a la Iglesia católica en China en 2007, reconoció transformaciones positivas de la situación religiosa. Aseguró al gobierno que la Santa Sede no ocultaba ningún objetivo político para cambiar la administración ni las estructuras del Estado chino. Solo quería anunciar a Cristo en libertad.

La carta también pidió la reconciliación interna de la comunidad eclesial. La Santa Sede los consideraba a todos, clandestinos u oficiales, devotos de la fe católica, como ellos lo habían demostrado cuando se congregaron a rezar tras la muerte de Juan Pablo II en 2005. Dotada de una flexibilidad superior a la de su antecesor frente a la problemática religiosa en China, la carta de Benedicto XVI tenía el sello del subsecretario de la Segunda Sección, para las Relaciones con los Estados, Pietro Parolin, que guiaba las tratativas con viajes privados a China.

Fue un período en el que la línea de diálogo a cualquier precio prevalecía por encima de los obstáculos. Entonces, casi el 90% de los obispos chinos contaba con el doble reconocimiento del Estado chino y el mandato apostólico de Roma. Era un mecanismo bilateral tácito, una solución provisoria, consensuada, que podría concluir con un compromiso de aprobaciones episcopales mixtas. Más de un centenar de obispos esperaban su nómina en diócesis vacantes.

Sin embargo, bastó un incidente para que el canal diplomático se viniera abajo. En 2010, la CCPA realizó una ordenación sin la aprobación de la Santa Sede, que fue considerada ilícita, con pena canónica de excomunión. La hoja de ruta de la "no confrontación" sellada con la carta de 2007 quedó en el olvido. La Santa Sede exigió a los obispos subordinados al Estado su fidelidad absoluta y el abandono de su vínculo con la CCPA. Aun a expensas del sacrificio del diálogo, la Santa Sede no quiso que fuese sacrificada su intervención en la designación de obispos.

La línea dura, de presión hacia las autoridades, decidida cuando ya Parolin había abandonado el "dosier China" y servía como nuncio en Venezuela, fue respondida con peor dureza.

En 2011, China continuó con las consagraciones ilegítimas e incluso obligó a subordinarse al aparato gubernamental a aquellos sacerdotes en comunión con el Papa. Para los relacionados con Roma, hubo acosos, extorsiones, restricciones, persecución y cárcel, y, en cambio, hubo compensaciones económicas y beneficios para la carrera eclesial de los obispos y sacerdotes que integraban la CCPA.

Con su política de represión selectiva, China dejaba en claro que, por más que la Santa Sede considerara ilegítimas las designaciones, tenía posibilidad de sobra para crear sus propios obispos. Si la respuesta de Roma era la excomunión y la mano de hierro, disponía de poderes coercitivos rigurosos para ejercerlos sobre una comunidad eclesial debilitada.

Fue un tiempo de guerra fría.[34]

La designación de Francisco cambió el clima de la relación. Desde la perspectiva china, en sintonía con la de Rusia, el Papa argentino no podía ser identificado como un guardián de Occidente ni ser acusado de apéndice del colonialismo, el imperialismo o el anticomunismo. Por el contrario, su discurso en favor de las periferias está relacionado con América Latina, África y Asia antes que con el hemisferio norte de Occidente.

China tampoco era la misma que la de los tiempos de la persecución religiosa de Mao. Convertida en un gigante por su crecimiento económico y su peso en el comercio mundial, alcanzó en menos de tres décadas un rol determinante en los acontecimientos internacionales. El Papa podría convertirse en una opción estratégica, de realismo político, para afianzar vínculos con Occidente.

En este tiempo de deshielo, la mecánica del diálogo entre China y la Santa Sede otra vez fue conducida por Parolin, ahora como secretario de Estado. Aun con las limitaciones en el apostolado de obispos "clandestinos" y la encarcelación que sufrieron los obispos que renunciaron a la CCPA, las comunicaciones comenzaron a dar resultado. Hubo gestos puntuales. La autorización para que el Papa utilizara el espacio aéreo chino para volar hacia Vietnam, que incluyó saludos telegráficos al presidente Xi Jinping, fue uno de ellos. En dos oportunidades, se la habían negado a Juan Pablo II. Incluso sin el establecimiento de relaciones diplomáticas con el Vaticano,

[34] Información obtenida en entrevistas a Gianni Valente y a Luis Badilla Morales. Véanse también González Medero, Lenier, "El pez en la tierra del dragón", *Espacio Laical*, año 3, nº 10, febrero de 2007; Magister, Sandro, "Diarios de mártires en la China de Mao", www.chiesa.espressonline.it, 23 de mayo de 2015, y Sisci, Francesco, "La Cina, il Vaticano e il rischio dello scisma", *Limes*, 22 de julio de 2011.

China reconoció a Francisco como un jefe de Estado. Además la televisión china emitió el momento del Ángelus —el 17 de agosto de 2015— en que el Papa ofreció su solidaridad y sus plegarias a las víctimas de la tragedia en el depósito industrial de Tianjin. Pero lo que signó la nueva etapa de la relación bilateral fue el retorno de las ordenaciones episcopales conjuntas, con obispos reconocidos por ambas partes en el año 2015, después de tres años de la ruptura del "consenso paralelo".[35]

El este asiático, periferia de tradiciones culturales y filosóficas distintas a Occidente, como ya había sido concebido por Matteo Ricci hace más de cuatro siglos —hoy con más de 12 millones de católicos, apenas el 1% de la población—, se transformó en el centro de gravedad geopolítica, que le permitirá avanzar con la evangelización en el resto del continente.

Benedicto XVI nunca había viajado a Asia durante su papado. Francisco, en cambio, la tomó como su geografía privilegiada. Lo demostró con la creación de cinco cardenales asiáticos en los dos primeros consistorios y sus peregrinaciones a Corea del Sur (agosto de 2014), Vietnam, Sri Lanka y Filipinas (enero de 2015). Aun cuando el catolicismo representa una ínfima minoría —excepto en Filipinas—,

---

[35] Véanse *Catholic Herald*, 21 de noviembre de 2014; Matzuzzi, Matteo, www.formiche.net, 11 de marzo de 2015; Valente, Gianni, www.vaticaninsider.it, 25 de octubre de 2012, y Galeazzi, Giacomo en el mismo medio, 7 de marzo de 2015. En febrero de 2016, en un reportaje en el *Asia Times*, Francisco saludó al presidente Xi Jinping y al pueblo chino por el Año Nuevo, y declaró su admiración por ese país: "China siempre ha sido un punto de referencia de grandeza. Más que un país, una gran cultura, con una sabiduría inextinguible". En medio de las negociaciones con las autoridades locales por el inminente nombramiento de tres obispos por parte de Roma, y con la clara intención de recuperar el vínculo diplomático, Francisco no hizo mención a las restricciones de los católicos. La cancillería china saludó el gesto de acercamiento del Papa.

el Papa intentó presentar la fuerza del cristianismo social, su humanismo, como una expresión universal, cercana a hombres y culturas de cualquier país del mundo.[36]

Tierra Santa: entre el olivo de paz y las bombas

Su comunicación en las entrevistas, su naturalidad en homilías multitudinarias, los gestos de desprendimiento y su figura paternal —Benedicto XVI se asemejaba más a un intelectual europeo— fueron componentes que Francisco utilizó para tender puentes en zonas de tensión y conflicto. Todo esto lo representó con testimonios proféticos y urgentes, de su geopolítica del "aquí y ahora".

En mayo de 2014, visitó las ciudades de Amman (Jordania), Belén (Palestina) y Jerusalén (Israel y Palestina), una región signada por el conflicto palestino árabe-israelí, en la que los cristianos representan solo el 2% de la población.

Fue la primera gira internacional de su Pontificado, si se descuenta la Jornada Mundial de la Juventud en Brasil, en la reprodujo la histórica visita de Pablo VI a Jerusalén en 1964, el primer viaje de un Papa por el mundo.

El mensaje de la Santa Sede fue simbolizado con el abrazo en el Muro de los Lamentos, el lugar de culto más relevante para el pueblo judío, entre tres argentinos que habían predicado el diálogo interreligioso en Buenos Aires: el Papa Francisco, el rabino Abraham Skorka y el musulmán Omar

---

[36] En el consistorio de 2014, Francisco designó cardenal a Orlando B. Quevedo, arzobispo de Cotabato (Filipinas) y Andrew Yeom Soo-Jung, arzobispo de Seúl (Corea del Sur). Al año siguiente, a Pierre Nguyên Văn Nhon, arzobispo de Hà Nôi (Vietnam), Charles Maung Bo, S.D.B., arzobispo de Yangon (Myanmar) y Francis Xavier Kriengsak Kovithavanij, arzobispo de Bangkok (Tailandia).

Abboud. Este evento se denominó el "abrazo de las tres religiones".

Fue una gira con mensajes religiosos múltiples: debido a la reconciliación entre judíos y cristianos —una de las consecuencias del Concilio Vaticano II, que relevó a los judíos de acusaciones del deicidio de Jesús—; a su visita a los dos grandes rabinos —el asquenazí y el sefardí— en el Gran Rabinato de Israel; a su encuentro con el patriarca Bartolomé I, con quien oró en el Santo Sepulcro, como signo del fortalecimiento del vínculo de la Iglesia de Roma y el patriarcado ecuménico de Constantinopla, en busca de una todavía lejana unidad confesional cristiana.

La Santa Sede no esquivó el mensaje político para Tierra Santa en un contexto de conflicto exacerbado entre grupos ultranacionalistas judíos —que participan de la coalición del gobierno israelí de Benjamin Netanyahu— y Hamas y Al Fatah, que integran el gobierno palestino. La tensión del viaje quedó expuesta en los días previos.[37]

El mensaje pontificio exigió una delicada arquitectura. Desde esa perspectiva, se preparó la recorrida al campo de refugiados palestinos cercano a Belén, la visita a la tumba del fundador del Movimiento Sionista, Theodor Herzl, y a la lápida dedicada a las víctimas del terrorismo en Israel, como también el mensaje al islam desde la Explanada de las

---

[37] Antes de que llegara el Papa, la municipalidad de Jerusalén exigió a la Iglesia católica local que retirara un cartel de bienvenida a Francisco expuesto en la calle. A esto se sumaron, como una muestra de la división en el credo cristiano, las pintadas de grupos ultraortodoxos contra iglesias y monasterios de comunidades católicas en Tierra Santa en rechazo a la posibilidad de que el gobierno israelí cediera al Vaticano la administración de la Basílica del Santo Sepulcro, donde Jesús con los apóstoles habrían celebrado la Última Cena, que hoy está en posesión de la Iglesia ortodoxa. Véase Lima, Ariel, *Un abrazo, tres religiones. Gira del Papa Francisco por Medio Oriente*, Buenos Aires, Claretiana, 2014, pp. 24-26.

Mezquitas de Jerusalén, en el que reclamó a los musulmanes comprender el dolor del otro y no instrumentalizar el nombre de Dios para la violencia.

Para los cristianos ortodoxos, en el encuentro del Santo Sepulcro, en el que pudo celebrar misa por sobre las divisiones y recelos, el Papa mencionó el ecumenismo de sangre: "Aquellos que matan, que persiguen a los cristianos por odio a la fe, no les preguntan si son ortodoxos o si son católicos: son cristianos. La sangre cristiana es la misma".[38]

Como en cada viaje pontificio, hubo situaciones imprevistas. Cuando viajaba hacia Cisjordania, el Papa pidió detener la marcha del Papamóvil e ir hacia el muro que separa Israel de la Autoridad Nacional Palestina. Puso su frente contra el cemento y oró. Los palestinos lo entendieron como una crítica a los israelíes por haber construido el muro de más de cinco metros. Incluso el primer ministro israelí Benjamín Netanyahu le preguntó al rabino argentino Skorka por qué el Papa se había detenido.[39] Otro episodio inesperado sucedió en el campo de refugiados palestinos de Dheisheh, en las afueras de Belén. Luego de un recibimiento con canciones al Papa, un joven habló en términos duros sobre la realidad que vivían y mencionó los sufrimientos que padecía su pueblo. El Papa, de una manera muy calma, en español, afirmó que había que tener memoria, pero que el odio había que superarlo con amor y entendimiento. "No dejen que el pasado detenga su futuro. No dejen que

---

[38] Véase w2.vatican.va, "Discurso del Papa Francisco en la Basílica del Santo Sepulcro, Jerusalén", 25 de mayo de 2014.

[39] La respuesta de Skorka al primer ministro israelí Benjamín Netanyahu sobre la detención del Papa en el muro, que sorprendió a custodios y peregrinos, tenía dos interpretaciones: podía ser una crítica a la construcción de la pared o quizás haya rezado por la paz en ese lugar. Entrevista a Abraham Skorka.

les determine la vida. La violencia no es el camino. Vayan siempre adelante. Luchen por las cosas que quieren".

Francisco dejó establecido que reconocía a los dos Estados en conflicto, el israelí y el palestino, posición que fue consolidada en mayo de 2015, cuando concretó el reconocimiento oficial al Estado palestino, que superaba el "Acuerdo básico" de 2000 que la Santa Sede había firmado con la Organización para la Liberación de Palestina (OLP).

Durante la gira estaba previsto que se plantase un árbol de olivo por la paz entre palestinos e israelíes. La ceremonia iba realizarse en un hotel para peregrinos, propiedad del Vaticano en Jerusalén. Sin embargo, el presidente de la Autoridad Palestina, Mahmud Abbas, admitió que la situación política era muy delicada para el acto conjunto. Por lo tanto, como corolario de la gira por Medio Oriente, el Papa invitó al presidente de Israel, Simón Peres, y a Abbas a un rezo conjunto, como nunca había sucedido, en los jardines del Vaticano, donde plantaron el árbol de olivo. Francisco lo hacía no como conductor de un proceso de paz, sino como una primera instancia de acción de paz, para abrir espacios de acuerdos a futuro entre las dos partes.

Pero las oraciones pronto fueron acalladas por las bombas. Las fuerzas militares israelíes, en reacción al secuestro seguido de muerte de tres jóvenes colonos israelíes en Cisjordania, atacaron Gaza en un enfrentamiento que se prolongó varios meses.[40]

---

[40] La reacción israelí, denominada operación "Margen Protector", se inició con el bombardeo a varios objetivos en Gaza, que fueron respondidos por cohetes de Hamás sobre Israel. Cuando los tres cadáveres de los jóvenes secuestrados aparecieron, Netanhayu anunció una represalia aérea contra posiciones civiles que incluyó una escuela de la ONU, y continuó con el ataque de fuerzas terrestres israelíes sobre Gaza para desmantelar los "túneles" de Hamás donde se escondían armas y ex-

El rebrote de la violencia cuestionó los resultados de la gestión del Papa. Como si la dinámica de la región en donde nació el cristianismo marcase una distancia profunda, una gramática de entendimiento diferente, entre las oraciones por la paz y las decisiones del poder político de las naciones, que incluían el movimiento de tropas de infantería, el apoyo a los bombardeos, el lanzamiento de cohetes, y sus consecuencias de destrucción y muerte, que no atienden ruegos ni rezos.

El Papa no lo consideró un fracaso diplomático. Creyó que la oración era una vía alternativa simultánea a las negociaciones, que había logrado abrir una puerta. "Ahora el humo de las bombas y de las guerras no nos deja ver la puerta, pero la puerta permanece abierta desde aquel momento. Y como yo creo en Dios, yo creo que el Señor mira aquella puerta y a todos los que rezan y le piden que nos ayude", explicó. Confiaba en que si se trabajaba a favor de la paz, tarde o temprano, los resultados llegarían.[41]

La memoria del genocidio armenio: el "ecumenismo de sangre"

Francisco también se involucró con el genocidio armenio. En noviembre de 2014, visitó Turquía, donde el 90% de la población es musulmana. Fue un viaje pastoral y religioso —antes que de estricto enfoque político— para fortalecer la relación con el patriarcado de Constantinopla de Bartolomé I, guía espiritual de alrededor de 300 mi-

---

plosivos. El alto el fuego dejó un saldo de 2.100 muertos palestinos, la mayoría civiles. También perdieron la vida 67 israelíes, 64 de los cuales eran militares.

[41] Véase *La Nación*, 19 de agosto de 2014.

llones de cristianos ortodoxos. En el regreso a Roma, el genocidio, que no había sido mencionado en Turquía, fue motivo de consulta de una periodista:

—No he oído nada sobre los armenios. El próximo año será el centenario del genocidio de los armenios y el gobierno turco tiene una posición negacionista. Quisiera saber qué piensa sobre esto.

El Papa no mencionó la palabra "genocidio" en Turquía. Tampoco lo haría en el vuelo de regreso de ese país. Sí comentó una carta que el presidente turco Recep Tayyip Erdogan había enviado unos meses antes a los armenios "sobre el recuerdo de este episodio", que juzgó como un "gesto pequeño", pero, dado que para el año próximo se habían previsto "muchos actos conmemorativos de este centenario", dijo que esperaba que se llegara "al acercamiento por un camino de pequeños gestos". "Esto es lo que yo diría en este momento", resumió.

Es decir, en esa oportunidad, dijo muy poco.

Sin embargo, Francisco volvió a mencionar en la conferencia de prensa aérea el "ecumenismo de sangre", para que quedara claro que los cristianos muertos por motivos religiosos, los tomaba como suyos. La mención ganaba relevancia porque en el genocidio de 1915, tanto católicos como gregorianos habían sufrido la masacre.[42]

Bergoglio ya había mencionado el genocidio armenio cuando fue cardenal. En ocasión del 89ª aniversario, había expresado: "Unidos en el dolor por un genocidio, el primero del siglo XX, un genocidio en el que, actualmente, por todos los medios de los imperios poderosos se pro-

---

[42] Entrevista a Franca Giansoldati. La periodista de *Il Messaggero* realizó la pregunta al Papa sobre el "genocidio armenio" al regreso de Turquía. Véase también en www.vatican.va la conferencia de prensa de Francisco en el vuelo de regreso a Roma, 30 de noviembre de 2014.

cura silenciar y tapar" y en 2010, cuando colocó una cruz de piedra armenia ("Khachkar") en la Catedral de Buenos Aires, le expresó al arzobispo de la iglesia ortodoxa armenia Kissag Mouradian su deseo de ser enterrado bajo esa piedra. De modo que el 12 de abril de 2015, cuando en la Basílica San Pedro se refirió a "crímenes atroces", "masacres sangrientas" o a los que son "asesinados decapitados, quemados vivos a causa de su fe en Cristo o su pertenencia étnica" lo relacionó con el genocidio del pueblo armenio, el "primero del siglo XX".

Pidió un reconocimiento que el gobierno turco se resiste a aceptar. "Si no hay memoria significa que el mal todavía tiene abierta la herida", y sigue sangrando.

La posición frente al genocidio tenía una dimensión histórica en la Santa Sede.[43] No obstante se haya mencionado en las declaraciones pasadas en forma escrita el "exterminio" y luego el "genocidio" armenio, el acto diferenciador

---

[43] En septiembre de 1915, el Papa Benedicto XV escribió una carta al sultán del Imperio otomano Mehmet V cuando los cristianos armenios (católicos y ortodoxos) eran asesinados o deportados a Siria, y morían por el hambre o las enfermedades, o los obligaban a convertirse a la fe musulmana. Fue una persecución sistemática. Benedicto XV pidió al sultán detener la masacre y brindar misericordia a los perseguidos. Cuando su intervención fracasó, dos meses después, Benedicto XV se refirió en el consistorio de cardenales al "afligido pueblo armenio, ya casi completamente llevado al exterminio". En esa época el "genocidio" como concepto jurídico no existía. Fue elaborado por las Naciones Unidas en 1948. Después, en septiembre de 2001, Juan Pablo II en una declaración conjunta con el patriarca armenio Karekin II utilizó esa definición para hacer referencia "al exterminio de un millón y medio de cristianos armenios, en lo que se considera, generalmente, como el primer genocidio del siglo XX". Wojtyla reconoció el genocidio aunque nunca leyó en público la declaración conjunta. Véase w2.vatican.va, "Declaración común de Su Santidad Juan Pablo II y su Santidad Karekin II", 27 de septiembre de 2001.

se manifestó cuando Francisco lo dijo con su propia voz, por primera vez en la historia de la Santa Sede.

La interpretación de su acto no escapaba a la geopolítica: el Papa tiene menos compromisos que Juan Pablo II al hemisferio norte occidental —Turquía que forma parte de los aliados de la OTAN— y pudo darle una dimensión mundial a un reclamo sobre el que ya existían antecedentes históricos.[44]

Las previsibles reacciones que suscitarían sus palabras en Turquía —Erdogan afirmaría que "el Papa dice estupideces"— no lo abdujeron para la denuncia, en la misma homilía de la Basílica San Pedro, de "una especie de genocidio causado por la indiferencia general y colectiva", y para darle actualidad a aquella masacre, la relacionó con otras que suceden en el mundo, "a causa de la fe en Cristo".

Un mensaje para Europa desde sus periferias

Francisco es el primer Papa no europeo de la historia del Pontificado. No es la única brecha que lo separa del viejo continente. Mientras en la Edad Moderna el papado era en la práctica un monopolio de las familias de la aristocracia italianas y, durante el siglo XX, Europa sostuvo la universalidad de la Santa Sede, Francisco realizó un cambio radical: rompió con el eurocentrismo eclesiástico y orientó su gobierno hacia las periferias.

Hasta su designación, Benedicto XVI dialogaba con la Europa secularizada sobre razón, ciencia y fe. Era un diálogo fecundo sobre Dios en el mundo secular, que

[44] Véase Tokatlian, Juan, "El Papa y el genocidio armenio", *El País*, 21 de abril de 2015.

incluía a académicos e intelectuales, y que tomaba difusión en cartas y libros. Era un diálogo cómodo para la conciencia europea. Benedicto XVI lo creía necesario porque el cristianismo, habiéndose desarrollado en Europa, entendía que solo desde Europa podría recomenzar una evangelización que luego se irradiaría hacia otros continentes.[45]

No fue ese el plan maestro de su sucesor.

Con un copernicano desplazamiento del lenguaje de la cultura etnocentrista, Francisco incomodó la conciencia europea que antes dialogaba con Benedicto XVI sobre razón y fe.

Buscó una Iglesia joven, renovada, como pulmón del nuevo tiempo. Y apeló a sus "pastores" para la conversión misionera de los cristianos. En una corte de príncipes, como definía a la curia romana, llamó a tener "olor a oveja".

Francisco creyó que no encontraría eco en esa reconversión que promovía y sería poco lo que habría de rescatar de Europa. Habituada a pensarse a sí misma y desde sí misma con su estilo de vida mundano, veía a Europa como una sociedad perdida, vencida por la secularización, que también afectaba a las confederaciones episcopales del continente, con la fuga de fieles y la caída de vocaciones. No habría, en Europa, tierra fértil para una revolución evangélica.

En forma progresiva, la sociedad europea había ido perdiendo interés en la Iglesia. En Francia se vendían parroquias que las comunidades religiosas no podían mantener. Las demolían y vendían sus tierras. Descendía el número de sacerdotes y la mayoría de ellos superaban los

[45] Véanse Riccardi, Andrea, *La sorpresa del papa Francisco. Crisis y futuro de la Iglesia*, Buenos Aires, Ágape, 2014, p. 60, y la entrevista del autor a Riccardi, "El Papa no se deja manipular por el miedo ni el entorno del Vaticano", *Clarín*, 19 de julio de 2015.

70 años. En Bélgica algunas iglesias se transformaron en mercados de frutas y verduras. Frente a la amplia gama de oferta para el consumo y el entretenimiento de la vida cotidiana, algunos fieles se habían alejado. Les resultaba más atractivo el paseo de los días domingos en las cadenas de supermercados antes que ir a escuchar la misa del párroco. Sin una Santa Sede como referencia misericordiosa, distanciada de los pobres y vaciada de espiritualidad, los fieles fueron tomando opciones seculares o inclinándose hacia otras confesiones religiosas.[46]

---

[46] Entrevistas a Matteo Matzuzzi y a Marianella Perroni. Véase también Politi, Marco, "Papa Francesco e l'Europa che non esiste", *L'Huffington Post*, 30 de julio de 2015. Hasta avanzado el siglo XX, Europa fue una fortaleza para el catolicismo. A partir de entonces, el rechazo de la Iglesia a las nuevas costumbres sociales y culturales en cuestiones de familia y de vida sexual fue apurando la caída de fieles. La Iglesia se opuso a los nuevos tiempos de la sociedad con rigor doctrinal, con fundamentos morales de rechazo a la anticoncepción fundados en la encíclica *Humanae Vitae* de 1968, que contó con la influencia de Wojtyla, entonces obispo de Cracovia, para su elaboración. A partir de entonces, sostenida por el proselitismo católico de carácter en apariencia triunfalista, la Iglesia reforzó su sistema de autoridad e impidió la apertura y el debate con otras corrientes teológicas. A medida que enfatizaba su doctrina y crecía el clericalismo, perdía prédica social. Después del gobierno de Juan Pablo II, cuando se apagaron el esplendor de las peregrinaciones por el mundo, quedó en evidencia la falta de credibilidad y de autoridad moral de la Iglesia. La crisis que estallaría en el pontificado de Benedicto XVI, ya se había filtrado previamente en el catolicismo europeo. Para la encíclica *Humanae Vitae,* véase en este capítulo p. 77. Para un parámetro del descenso de la población católica en la última década del siglo XX, en Europa se redujo de 285 a 280 millones, mientras que en el mismo período en América Latina creció de 460 a 520 millones, y en África, de 88 a 130 millones, según datos del Center for Applied Research in the Apostolate (CARA), Georgetown University, Washington DC, 2015.

Francisco no renovaría, con la agenda de Benedicto XVI, el diálogo con Europa. En parte porque no era su territorio teológico ni tampoco la praxis de su Pontificado. Se hubiese generado una zona de incomprensión mutua.

Francisco enviaría a Europa mensajes desde la periferia del continente, no como un sentido de conquista o colonización, sino como la toma de conciencia de otras realidades existenciales, los aglomerados marginales de las periferias que al Papa le obsesionan, mientras que Europa intenta protegerse de ellos.

Este contraste de visiones fue manifiesto en la exhortación apostólica *Evangelii Gaudium*. "Cuando la sociedad —local, nacional o mundial— abandona en la periferia a una parte de sí misma, no habrá programas políticos ni recursos policiales o de inteligencia que puedan asegurar indefinidamente la tranquilidad. Esto no sucede solamente porque la inequidad provoca la reacción violenta de los excluidos del sistema, sino porque el sistema social y económico es injusto desde su raíz", escribió el Papa (*EG*, 59).

En el primer viaje a un país europeo en su Pontificado, en septiembre de 2014, el Papa eligió Albania, que no pertenece a la Unión Europea, y donde la mayoría de la población es musulmana, que convive con católicos, ortodoxos y judíos. En una estadía de once horas, el Papa se desentendió de la posible amenaza de atentado yihadista, que trascendió esa misma semana, y llamó a no utilizar el nombre "de Dios para cometer violencia". En su regreso a Roma dijo que su viaje a Albania había sido un mensaje, una señal que había querido dar a Europa.[47]

---

[47] Véase w2.vatican.va, 21 de septiembre de 2014. Otra muestra de su interés por enviar mensajes desde las periferias ocurrió en febrero de 2015, en Roma. Camino a la parroquia de San Michele Arcanuelo, Fran-

Para sorpresa del catolicismo europeo, que poco o nada sabía sobre su formación teológica y práctica pastoral, Francisco cambió el eje del debate. Puso sobre la mesa temas de corrupción, mafias, tráfico humano y trabajo forzado. Habló de la crisis de solidaridad y de indiferencia frente al pobre.

Mafia e iglesia, el fin del silencio

La única metrópolis de Europa que el Papa visitó en tres años de su Pontificado fue la más pobre, Nápoles. Se internó en un barrio de la periferia, Scampia, golpeado por la violencia de los clanes de la Camorra, donde los jóvenes se inyectan heroína a la luz del día y son utilizados por el crimen organizado.

El Papa les habló a ellos, a los desempleados, abandonados por el Estado, que viven en una sociedad envilecida, contaminada por la mafia, constituida ya en un sistema de corrupción que envuelve a policías, jueces, políticos, infiltrados de tal modo en el Estado que componen un orden paralelo:

> La corrupción es sucia y la sociedad corrupta apesta —dijo el Papa cuando habló en Scampia en marzo de 2015—. Un ciudadano que deja que le invada la corrupción no es cristiano, ¡apesta! (...) La falta de trabajo nos roba la dignidad. En estos casos, la persona corre el riesgo de ceder a la esclavitud,

---

cisco pidió en forma imprevista a su chofer que detuviera su Ford Focus azul en el campo de refugiados inmigrantes en el barrio de Pietralata, una de las "periferias existenciales" de la capital italiana. Los saludó y oró con ellos. Una crónica del autor sobre una visita pastoral en otra periferia de Roma, puede leerse en "Un día en la vida del Papa: la intimidad debajo del altar", en *Clarín*, 7 de junio de 2015.

a la explotación. Sé de una persona que gana 600 euros al mes, y en negro, por trabajar 11 horas al día. ¡Eso no es trabajo, es explotación, esclavitud![48]

Ya había sacudido el corazón de la mafia N'drangheta, cuando visitó Cassano allo Jonio, en Calabria, en junio de 2014. En las diócesis de la provincia donde las misas no empiezan hasta que no arriba el capo del clan, quien suele compartir las procesiones cerca del sacerdote en una demostración de legitimidad y consenso, de sacralización de su poder. La mafia que importa cocaína y gestiona el tráfico humano de refugiados que llegan de África o Asia y los condena a trabajos forzados o explotación sexual, también va en busca del amor de Dios; los sacerdotes, por miedo o complicidad, le ceden la protección de la Virgen y los sacramentos. La parroquia es su casa. Allí se contraen matrimonios entre miembros de las familias, se sellan las alianzas entre los clanes. Allí reciben la comunión con Dios.

En septiembre de 1993, el sacerdote siciliano Giuseppe Puglisi, que había marcado la ruptura entre el Evangelio y el crimen organizado, que denunció y excomulgó a los mafiosos, fue asesinado de un tiro en la nuca por la Cosa Nostra. Era una voz solitaria. Por entonces, la curia de Palermo, que ni siquiera se constituyó como parte civil en el proceso judicial por el crimen de Puglisi, transmitía a sus sacerdotes que no debían "hacer política", como denominaban a la "lucha antimafia".[49]

Veinte años después, Francisco proclamó beato al padre Puglisi. Fue una señal de que, desde su Pontificado, no impartiría una admisión silenciosa de la mafia en las diócesis ni consentiría su connivencia. Señal que se confirmó

---

[48] Véase *La Repubblica*, 21 de marzo de 2015.

[49] Véase www.padrepinopuglisi.it.

cuando se reunió en la iglesia Gregorio VII, a metros del Vaticano, con 850 personas que habían perdido un familiar, víctimas del sistema de crimen y extorsión mafiosa, quienes fueron recibidas por primera vez por un Papa.

Sus denuncias contra las mafias que regenteaban el trabajo esclavo en talleres clandestinos de Buenos Aires, en una red de complicidad con funcionarios y policías, continuarían en su Pontificado.[50]

Si la voz del Papa ahora se propagaba en el mundo, también el poder de la mafia que denunciaba aumentaba en la misma escala. La Cosa Nostra siciliana, la calabresa N'drangheta y la Camorra napolitana perciben ingresos anuales de alrededor de 150.000 millones de dólares, según calculan las Naciones Unidas. Desde sus primeras homilías, Francisco denunció su influencia sobre la economía ilegal en Italia, dijo que la mafia esclavizaba y pidió a los mafiosos que se arrepintieran. Ya lo había hecho Juan Pablo II poco antes del crimen de Puglisi, y lo volvió a hacer Francisco en Cassano allo Ionio, después de que un niño de tres años, en ese mismo pueblo, apareciera muerto incendiado en un auto, junto a su abuelo y una joven marroquí, en un aparente ajuste de cuentas con la N'drangheta.

El Papa excomulgó a los mafiosos en aquella visita a Calabria de junio de 2014. "La N'drangheta es la adoración del mal, el desprecio del bien común. Hay que combatirla. Y la

---

[50] El Papa recibió a las víctimas de la mafia en un encuentro organizado por el sacerdote Luigi Ciotti, que dirige Libera, una asociación que combate el crimen y jamás había logrado el apoyo del Vaticano. En el encuentro se mencionaron, delante de Francisco, los nombres de 842 personas asesinadas por la mafia. Véase *La Nación*, 22 de marzo de 2014. Véase también reportaje a Ciotti, "La iglesia ha hecho la vista gorda ante la mafia", *El País*, 13 de julio de 2014. Para denuncias de trabajo esclavo en Buenos Aires, véase el capítulo 3, p. 331.

Iglesia tiene que ayudar más". Pero esa excomunión a los mafiosos, a sus prácticas y la cultura mafiosa también contenía el ofrecimiento de perdón y acompañamiento para los que se arrepintieran de sus pecados, como lo hizo con los presos de Castrovillari, entre los que estaba el padre del niño de tres años, condenado por tráfico de drogas. "Cuando vamos a confesarnos, el Señor nos dice: 'Yo te perdono. Pero ahora ven conmigo'. Y Él nos ayuda a retomar el camino. Jamás condena. Solo perdona y acompaña. (...) El Señor es un maestro de reinserción: nos toma de la mano y nos vuelve a llevar a la comunidad social", les dijo a los reclusos en el patio de la prisión.

La respuesta de la mafia calabresa al mensaje de reconversión del Papa demostró cuán arraigada es la connivencia de la mafia y la Iglesia. Bastaban pequeños gestos para explicarla.[51]

Hasta la llegada de Francisco, no existía una línea clara de cómo actuar frente a las mafias. En septiembre de 2015, la Conferencia Episcopal de Calabria decidió negar a los mafiosos condenados la posibilidad de ser padrinos

---

[51] Quince días después de la visita del Papa una procesión religiosa de la Virgen María que transitaba las calles del pueblo de Oppido Mamertita se detuvo frente a la casa de Peppe Mazzagatti, jefe mafioso condenado a perpetuidad por extorsión y asesinato. Mazzagatti permanecía en arresto domiciliario. Con una leve inclinación de la Virgen María hacia su casa, se demostró el respeto y reconocimiento al "capo" caído en desgracia. También, después de la excomunión del Papa a los mafiosos, en la prisión de Larino, región de Molise, doscientos detenidos se negaron a ir a misa en rechazo a su mensaje. El 20 de agosto de 2015, el "capo" Vittorio Casamónica, jefe del clan del mismo nombre establecido en Roma desde los años setenta, fue despedido en la iglesia San Giovanni Bosco. En su funeral, un helicóptero le envió pétalos de rosas como señal de identidad y poder. Véanse *El Mundo*, 20 de agosto de 2015 y "El Papa contra los padrinos", *El País*, 13 de julio de 2014. Para profundizar sobre la relación entre mafia e Iglesia en Italia, véase Gratteri, Nicola y Nicaso, Antonio, *Acqua santísima. La chiesa e la 'ndranghetta: storie di potere, silenzi e assoluzioni*, Mondadori, Milán, 2013.

de bautismo y llamó a evitar la infiltración de clanes mafiosos en las procesiones de piedad popular, aunque permitió la celebración religiosa a condenados por delitos de mafia "de forma simple", sin cantos, música ni flores.[52]

Si bien sacerdotes como Pino de Masi o Luigi Ciotti luchaban contra el crimen organizado y denunciaban en soledad la explotación de inmigrantes en campos mantenidos por la mafia para la recolección del tomate o en talleres textiles, la Santa Sede no tenía una relación cercana con inmigrantes y refugiados. Expresaban una solidaridad a distancia, en alguna homilía. El Vaticano ni siquiera había adherido al Protocolo de Palermo, patrocinado por las Naciones Unidas en el año 2000 contra la delincuencia trasnacional organizada, para prevenir y combatir los delitos de tráfico ilegal de personas u otras formas de esclavitud de migrantes desplazados.

En 2002, Juan Pablo II envió una carta al arzobispo Jean-Louis Tauran, a cargo de la Secretaría de Relaciones con los Estados, que planteó como una cuestión "de justicia internacional impostergable", para concertar una conferencia de "Esclavitud en el siglo XXI: la dimensión de los derechos humanos en la trata de seres humanos". También Benedicto XVI, mientras políticos europeos reclamaban políticas migratorias más estrictas, dijo en una homilía de enero de 2010 que "el inmigrante es un ser humano, diferente por cultura y tradición, pero de todos modos, digno de respeto". Ni la carta ni la homilía alcanzaban para mostrar activa a la Santa Sede frente a las condiciones de esclavitud de los inmigrantes.[53]

---

[52] Véase "Per una nueva evangelizzazione della pietà popolare", Conferencia Episcopal de Calabria (CDC), 3 de septiembre de 2015, Servicio de Informazione Religiosa, www.agensir.it.

[53] Véase Piqué, Elisabetta en un reportaje a monseñor Marcelo Sánchez Sorondo, "En la trata de personas, el anticristo se toca con la mano", *La Nación*, 3 de noviembre de 2013.

Francisco llamó a abrir los ojos frente al mar Mediterráneo, a abrir los ojos frente a las redes de traficantes que explotaban a los refugiados, que intentaban escapar de las guerras y la pobreza, en oleadas que se intensificaron a partir del 2011 por la Primavera Árabe, desde Túnez, Libia, Egipto, Siria o del África subshariana, y quedaban a merced del mar, a mitad de camino de su travesía, o caían en manos de mafias que los reducían al trabajo esclavo, la prostitución o incluso como víctimas del tráfico de órganos.

Hasta entonces la Unión Europea no tenía una política de conjunto frente a la inmigración que no fuera el blindaje que les proporcionaba la ley de cada país. Mientras Europa perfeccionaba la vigilancia en las fronteras en búsqueda de un Estado sellado frente a la marea de inmigrantes de Medio Oriente y África, el Mediterráneo se convertía en la frontera más peligrosa del mundo. Los que morían ahogados multiplicaban por diez a los que morían en el desierto de la frontera de México y Estados Unidos.

Con su mirada al Mediterráneo, el Papa señaló que el drama humano exigía otra visión, o, mejor dicho, una dimensión geopolítica relacionada con los conflictos políticos y la economía global.

Lampedusa, la globalización de la indiferencia

El 8 julio de 2013, antes de cumplir el tercer mes de su Pontificado, Francisco se embarcó en una nave y arrojó una corona de margaritas en memoria de los muertos que habían intentado llegar a Europa. En el muelle de la isla de Lampedusa, el mismo muelle en el que se descargaban los cadáveres de los naufragios, les habló a los refugiados, la mayoría musulmanes, para que el mundo los mirara a la cara; más tarde, en un campo de deportes de la isla, destacaría la frase que sonó como un despertador de conciencias para Europa y produjo un cambio de perspectiva frente a la inmigración: "La globalización de la indiferencia".

> Inmigrantes muertos en el mar, por esas barcas que, en lugar de haber sido una vía de esperanza, han sido una vía de muerte. Así decía el titular del periódico. Desde que, hace algunas semanas, supe esta noticia, desgraciadamente tantas veces repetida, mi pensamiento ha vuelto sobre ella continuamente, como a una espina en el corazón que causa dolor. Y entonces sentí que tenía que venir hoy aquí a rezar, a realizar un gesto de cercanía, pero también a despertar nuestras conciencias para que lo que ha sucedido no se repita. (…) ¿Quién ha llorado por la muerte de estos hermanos y hermanas? ¿Quién ha llorado por esas personas que iban en la barca? ¿Por las madres jóvenes que llevaban a sus hijos? ¿Por estos hombres que deseaban algo para mantener a sus propias familias? Somos una sociedad que ha olvidado la experiencia de llorar, de "sufrir con": ¡la globalización de la indiferencia nos ha quitado la capacidad de llorar![54]

Tres meses más tarde, en octubre de 2013, el naufragio de una barcaza que había partido del norte de África dejó 366 víctimas flotando en el mar. La alcaldesa Giusi Nicolini de Lampedusa preguntó a la Unión Europa cuánto más grande debía ser el cementerio del Mediterráneo que devolvía cadáveres en la isla, para que actuara.

El barco había quedado a la deriva en alta mar con omisión de socorro y para llamar la atención, los pasajeros ha-

---

[54] Véase w2.vatican.va, Homilía de Francisco, Campo de deportes Arena, 8 de julio de 2013. El párroco de la isla, Stefano Nastasi, había invitado a Benedicto XVI a visitar Lampedusa. El Papa le agradeció la invitación, pero no fue. Véase *Vida Nueva*, nº 2856, 12 de julio de 2013. Lampedusa es una isla de cinco mil habitantes, de 20 kilómetros cuadrados, ubicada a 205 kilómetros al sur de Sicilia, Italia, y a 113 de Túnez.

bían encendido una manta para ser localizados. Entonces no existía un "corredor humanitario" que los condujera a la costa. Nicolini le pidió al primer ministro italiano, Enrico Letta, que fuera a la isla para ayudar a contar los muertos. Además, dijo, no sabía qué hacer con los que habían sido rescatados y fueron llevados a la isla.[55]

A través de su viaje a la isla, Francisco anticipó que en su Pontificado sería un agente humanitario para excluidos y descartados de la economía de la globalización. Lo haría con una línea evangélica ya marcada en el encuentro de Aparecida de 2007: "Salir hacia fuera", hacia las fronteras de la existencia y comprometer a la Iglesia en un proyecto misionero universal.[56]

Su exhortación en Lampedusa y su protagonismo a favor de una "globalización de la solidaridad" desconcertó a sectores católicos europeos más conservadores, acostumbrados a los juicios aplacados de Benedicto XVI. A través de blogs o redes sociales, empezaron a transmitir un cuidado desacuerdo por su acento pastoral en favor de refugiados,

---

[55] A partir de este naufragio, la Organización Internacional de Migraciones (OIM) publicó un estudio sobre las muertes en el Mediterráneo. En el año 2014, murieron ahogadas 3072 personas, más de la tres cuartas parte de las muertes en las fronteras en todo el planeta en ese mismo período (4077 muertos). La OIM calcula que desde el año 2000 murieron 22.394 en las fronteras externas a Europa, mientras que en la frontera de México y Estados Unidos, desde 1998, murieron 6029 inmigrantes por intentar atravesar el desierto en forma ilegal. Véase De Lucas, Javier, "Morir en el Mediterráneo", *Anfibia*, 11 de septiembre de 2015. Después de la muerte de Aylan, el niño sirio de 3 años que apareció en una playa turca luego de que el bote se diera vuelta en el mar Egeo, y por la conmoción mundial que generó su imagen, distintos países de Europa abrieron cupos de inmigración para refugiados. Según la OIM, en 2015 ingresaron a Europa, como resultado de la crisis migratoria, 1.006.000 personas, 3406 habían muerto en su intento de trasladarse a ese continente. Véase *BBC News*, 22 de diciembre de 2015.

[56] Para la conferencia del CELAM en Aparecida en 2007, véanse en este capítulo, p. 88 y en el capítulo 3, p. 322.

inmigrantes y pobres de las periferias. Eran tareas que, decían, podría cumplir cualquier organización humanitaria mundial. La Iglesia no había sido fundada solo para ese compromiso ni estaba calificada para cumplirlo.[57]

Sin embargo, en la exhortación *Evangelii Gaudium*, la primera de autoría exclusiva de su Pontificado, el Papa los colocaría en el centro de su ministerio en la Santa Sede:

> Es indispensable prestar atención para estar más cerca de nuevas formas de pobreza y fragilidad donde estamos llamados a reconocer a Cristo sufriente, aunque eso aparentemente no nos aporte beneficios tangibles e inmediatos: los sin techo, los toxicodependientes, los refugiados, los pueblos indígenas, los ancianos cada vez más solos y abandonados, etcétera. Los migrantes me plantean un desafío particular por ser Pastor de una Iglesia sin fronteras que se siente madre de todos.[58]

Los excluidos del mercado, la nueva esclavitud del siglo XXI

Lampedusa fue apenas una marca dentro de la pintura mayor. Los "esclavos del siglo XXI" eran los excluidos del mercado, las víctimas de un sistema que la conciencia cristiana no debía admitir ni esconder por cuestiones económicas o culturales. El Papa los consideraba víctimas de un

---

[57] Entrevista a Sandro Magister.

[58] Véase párrafo 210 de la exhortación apostólica *Evangelii Gaudim*. Tres años antes, cuando era cardenal, Bergoglio había afirmado: "Los pobres son el tesoro de la Iglesia y hay que cuidarlos; si no tenemos esa visión, construiremos una iglesia mediocre, tibia, sin fuerza. Nuestro verdadero poder tiene que ser el servicio. No se puede adorar a Dios si nuestro espíritu no contiene al necesitado". Véase Bergoglio, Jorge y Skorka, Abraham, *Sobre el Cielo y la Tierra*, *op. cit.*, p. 163.

crimen de lesa humanidad. Lo planteó en una declaración conjunta de líderes religiosos contra la esclavitud firmada en diciembre de 2014 en el Vaticano:

> A pesar de los grandes esfuerzos de muchos, la esclavitud moderna sigue siendo un flagelo atroz que está presente a gran escala en todo el mundo, incluso como turismo. Este crimen de lesa humanidad se enmascara en aparentes costumbres aceptadas, pero en realidad hace sus víctimas en la prostitución, la trata de personas, el trabajo forzado, el trabajo esclavo, la mutilación, la venta de órganos, el mal uso de la droga, el trabajo de niños. Se oculta tras puertas cerradas, en domicilios particulares, en las calles, en automóviles, en fábricas, en campos, en barcos pesqueros y en muchas otras partes. Y esto ocurre tanto en ciudades como en aldeas, en las villas de emergencia de las naciones más ricas y más pobres del mundo. Y lo peor, es que tal situación, desgraciadamente, se agrava cada día más.[59]

El Papa llevó la esclavitud moderna al escenario mundial, respaldó organizaciones que la denunciaban y firmó acuerdos internacionales a favor de personas en situación de exclusión, que ya había expresado en los párrafos 210 y 211 de *Evangelii Gaudium*.

La Academia Pontificia de Ciencias y Ciencias Sociales de la Santa Sede fue la base orgánica de este cambio de orientación radical en temáticas sobre las que antes, en ese ámbito, no reflexionaba o no se involucraba.

Los seminarios y talleres en la Casina Pio IV del Vaticano, y los que promovió en el exterior, comenzaron a reunir expositores internacionales con estudios e investigaciones sobre trata de personas, narcotráfico y su vinculación con

[59] Véase w2.vatican.va, 2 de diciembre de 2014.

el lavado de dinero de organizaciones mafiosas que, provenientes de la ilegalidad, luego ingresaban a la economía formal. Se intercambiaba información sobre metodologías para el reclutamiento a trabajos forzados, la retención de documentos de identidad y de salarios, las rutas internacionales de la trata de personas, o el uso de instrumentos jurídicos para la confiscación de activos de empresas que producen bienes con la explotación de personas. En el mismo sentido, el economista italiano Stefano Zamagni, de la Universidad de Bolonia, en abril de 2015, denunció el mecanismo de compañías multinacionales que sostienen el trabajo esclavo para obtener servicios de producción a más bajo costo y reclamó la creación de una agencia antitrata mundial, con poder de ejecución sobre las organizaciones criminales mafiosas.

Las sesiones en la Casina Pio IV reflejaban el laboratorio de una realidad de víctimas de la esclavitud moderna y de intereses criminales que los habían transformado de sujetos a objetos, una realidad que era común a los cinco continentes y que el Papa, a partir del viaje a Lampedusa, había denunciado desde la economía y la geopolítica. La esclavitud moderna fue el centro de su ministerio social.[60]

En ese mensaje que unía la inmigración forzada y la trata de personas, el Papa no excluyó el narcotráfico como parte de las redes de mafias. Su manera de mostrar al

---

[60] Para la exposición de Stefano Zamagni, véase "How the fosters human trafficking". Para otras exposiciones en la Casina Pio IV, véase *Human Trafficking: Issues Beyond Criminalization*, Ciudad del Vaticano, 17-21 de 2015. También puede verse la entrevista del autor a Zamagni en *Clarín*, 13 de septiembre de 2015. Para el cambio de perspectiva económica de la Santa Sede a partir de la exhortación apostólica *Evangelii Gaudim*, véase este capítulo, p. 113. Nota al pie 113.

mundo a las víctimas de ese entramado fue la elección de Ciudad Juárez para su visita a México en febrero de 2016, con la que abordaba el drama de los femicidios, la corrupción y la violencia en torno a las drogas y los indocumentados que buscan huir de esa violencia, y mueren en el intento de ingresar a Estados Unidos. Con su visita a Ciudad Juárez, el Papa mostraba su intención de movilizar a algunos obispos de ese país para que salieran de la zona de confort y pasividad, y condujeran su magisterio hacia una agenda de justicia social, derechos humanos y pobreza. Asimismo, la utilizaba como una señal para la clase política y el Estado mexicano, para que no utilizasen la Iglesia ni a su propia figura como forma de identificación popular, pero, aun así, manteniendo impunes los mecanismos que reproducen el crimen organizado.[61]

---

[61] Según datos de la Agencia FIDES de 2014, en México viven 92,9 millones de católicos bautizados. Es el país con mayor cantidad de católicos de habla hispana y también en el que más sacerdotes murieron en hechos de violencia: once desde 2013. En diciembre de 2015, el obispo mexicano Raúl Vera entregó al Papa, poco antes de su gira por ese país, un informe sobre el narcotráfico y los 43 estudiantes desaparecidos en Iguala en septiembre de 2014. La distancia de Francisco y el cardenal Norberto Rivera Carrera, arzobispo de la Ciudad de México, quedó en evidencia cuando el Papa dijo: "Voy a México y lo primero será a visitar a la Señora, a la Madre de América (en referencia a la Virgen de Guadalupe), sino hubiera sido por ella, no habría ido a la Ciudad de México por el criterio del viaje", en la conferencia de prensa aérea de regreso de África. Véanse *Rome Report*, 30 de noviembre de 2015; Barranco, Bernardo, "Los retos de la visita del Papa Francisco a México", *La Jornada*, 7 de octubre de 2015, y Uribe, Mónica, "Papa Francisco y México. La iglesia católica en México durante el pontificado de un jesuita argentino: Jorge Mario Bergoglio", *El Cotidiano,* nº 187, septiembre-octubre de 2014, pp. 165-189. Para visita del Papa Francisco a México, véase en este capítulo, p. 128.

La respuesta del catolicismo europeo a Francisco: un papado "turbulento e impulsivo"

La nueva imagen del Pontificado alivió a católicos europeos que sufrían con la Iglesia envuelta en escándalos de corrupción o denuncias de abusos sexuales.

Francisco despertó una energía nueva, pero también su conducción en la Santa Sede generó perplejidad.

De la sabiduría y los modales apacibles, la pausa reflexiva antes de las decisiones, además de la "claridad teológica" que valoraban de Benedicto XVI, pasaron a un Papa de un estilo que consideraban "turbulento e impulsivo", con "declaraciones contradictorias e intempestivas", el gusto por lo caótico, inorgánico o guiños que los cristianos no entendían, y tenían razón en no entender. Estaban acostumbrados a posiciones doctrinarias definidas, "no negociables" de la Iglesia en temas de familia o género, y el empeño de Francisco por la defensa de pobres, refugiados e inmigrantes y su denuncia sobre la economía de la exclusión y "del descarte" —representada en *Evangelii Gaudium* (*EG*, 53 y 54)— despertaban una sensibilidad difusa.

Les molestaba también que el Papa se focalizara en temas "muy latinoamericanos", cuando el catolicismo también comprendía a los fieles de Alaska o las islas Fidji.[62]

El Papa, además, abrazaba una teología desconocida para los europeos, la Teología del Pueblo (TdP).

En América Latina, "pueblo" tiene una clara fuerza identitaria de idiosincrasia y pertenencia. "Pueblo" atiende a todos. La TdP se entiende como una teología espiritual,

---

[62] Entrevista Marco Tosatti. Sobre la "imprevisibilidad" del Papa, véase Messori, Vittorio, "I dubbi sulla svolta di Papa Francesco", *Corriere della Sera*, 24 de diciembre de 2014.

moral y pastoral, que toma distancia de las ciencias sociales, e intenta atender a todos sus fieles —en especial, a pobres y excluidos—, que conforman la Iglesia-pueblo, con los sacramentos como puerta de acceso.

La teología se expresa en una religiosidad popular que siente una atracción amorosa por las imágenes de santos, vírgenes y patronos, considerados instrumentos de bendición divina, que acompañan en peregrinaciones o le manifiestan su devoción en sus santuarios.[63]

"Pueblo", en Europa, es un término más abstracto. Benedicto XVI casi no lo utilizaba en sus discursos. Los ambientes católicos más acomodados son por lo general indiferentes, o a veces hostiles, a procesiones populares religiosas. No suelen caminar en procesión junto al santo patrón del pueblo, aunque esta tradición sea más frecuente en barrios de periferia o en pueblos del sur del continente.[64]

Después de la designación de Francisco, para evitar contradicciones entre teología y doctrina, el cardenal Gerhard Müller, titular de la Congregación para la Doctrina de la Fe, subrayó la fórmula de "hermenéutica de la continuidad" como reaseguro de un pasaje sin rupturas en el mensaje pontificio, respecto de los papados precedentes. Müller señaló que, dado que "Francisco era un pastor", su misión era desarrollar una "estructuración teológica de su Pontificado". Era una forma delicada de indicar que el Papa no debía involucrarse en cuestiones teológicas. Pero la pretensión de Müller de convertir a la Congregación para la Doctrina de la Fe en el instrumento responsable de la doctrina de su Pontificado negaba a Francisco su condición de "Pastor y Doctor Supremo de todos sus fie-

---

63 Véase monseñor Fernández, Víctor Manuel, "Una interpretación de la religiosidad popular", *Criterio,* nº 2300, diciembre de 2004.

64 Entrevista a Marianella Perroni.

les", como establece el canon 749 del Código de Derecho Canónico.[65]

Los pastores son proclives a entender la doctrina desde su resonancia pastoral, de otro modo, argumentan, la doctrina se convierte en un discurso teórico, lejano a los fieles. La pastoral les permite el acompañamiento a las familias para que puedan vivir el Evangelio en su vida diaria.

Aunque Francisco se reconociera como "hijo de la Iglesia" en la primera entrevista en *La Civiltà Cattolica,* de septiembre de 2013, sus posiciones pastorales dispararon la alarma de "doctores" como Müller, frente al temor de que el "nuevo rostro de la Iglesia" que promovía pudiera contradecir los fundamentos doctrinales, las "verdades de fe".

La pretensión de conducir a Francisco hacia un pensamiento teológico más preciso y sólido sobre la doctrina dejó en evidencia la fricción entre "doctores" y "pastores", como una dialéctica de oposición entre unos y otros.

El debate entre pastores y doctores en la Iglesia

El debate sobre doctrina y disciplina había sido varias veces cerrado durante los pontificados de Juan Pablo II y Benedicto XVI. La jerarquía eclesiástica tomó una dirección definida y excluyó líneas que pusieran en tensión las fronteras institucionales de la Iglesia católica.[66]

---

[65] Véase Tornielli, Andrea, "Müller sugiere una nueva tarea para la Doctrina de la Fe", www.vaticaninsider.it, 7 de abril de 2015. "La llegada a la Cátedra de Pedro de un teólogo como Benedicto XVI es probablemente una excepción. Juan XXIII no era tampoco un teólogo de profesión. El Papa Francisco es también más pastor y la Congregación para la Doctrina de la Fe tiene una misión de una estructuración teológica del Pontificado", afirmó Müller.

[66] Entrevista a Roberto Bosca.

La doctrina —en tanto mensaje de Jesús— no se podía cambiar. La disciplina —prácticas que fue adoptando la Iglesia a lo largo de los siglos, que no estaban incluidas en el Evangelio— sí podía modificarse. Sin embargo la resolución no es tan lineal. La complejidad se generó porque cuestiones consideradas "disciplinarias" en la Iglesia, fueron adheridas a la doctrina como leyes inmutables, de modo que es difícil distinguir una de otra.

En la encíclica *Humanae Vitae* (1968), el Papa Pablo VI, después de un arduo debate teológico, decidió que la Iglesia se opusiera a todo control artificial de la natalidad —la anticoncepción, sea cual fuera su naturaleza—, para aferrar a la doctrina eclesiástica cuestiones que hasta entonces eran de disciplina.

De este modo, la doctrina se fue transformando en un armazón más extensivo, intransigente e inmutable, que requeriría un profundo cambio de mentalidad y un amplio debate interno para posibilitarlos.[67]

El modelo eclesiológico de Francisco se diferenció de los pontificados precedentes. Entendió que la Iglesia debía salir de su autorreferencialidad, ir al encuentro del otro, ponerse en estado de misión y afrontar la pobreza, pero también asumir el desafío de abrirse al debate de reformas pastorales, aunque suscitaran tensiones y complejidad, porque podrían afectar la disciplina o la doctrina eclesial.

Los límites entre doctrina y disciplina fueron el nudo central de las discusiones en las preparatorias del Sínodo

---

[67] Entrevista a Fabrizio Mastrofini. Pablo VI mantuvo el veto a la anticoncepción artificial pese a los hallazgos de un grupo de expertos que él había designado. La publicación de la encíclica *Humanae Vitae* generó rechazo de la comunidad católica de clase media en Europa y también en América Latina, que comenzaron a emigrar de la Iglesia y, sin perder la fe, se convirtieron en "católicos no practicantes". Véase Ivereigh, Austen, *El Gran Reformador*, *op. cit.* p. 135.

Extraordinario y Ordinario de 2014 y 2015, que también se extendieron —con un cuestionario de preguntas sobre temas de familia, matrimonio y homosexualidad, entre otros— a las diócesis de todo el mundo, donde siempre significaban una discusión latente.[68]

Las preparatorias a los sínodos reflejaron la tensión entre una Iglesia de poder sagrado, respetuosa de los dogmas del derecho canónico, custodiada por los "doctores" de la doctrina, la esencia del ministerio de Ratzinger, y otra Iglesia misericordiosa, ya bosquejada en el Concilio Vaticano II, en la que sus pastores atendían al "Pueblo de Dios" y caminaban junto a los pobres.[69]

Francisco abrió, después de más de treinta años, la posibilidad de un debate entre esas "dos iglesias" para que expusieran y confrontaran opiniones. Habilitó el proceso, preparó las condiciones y alentó a los padres sinodales a pronunciarse con libertad. Fue el promotor del debate.

El Papa no presentó una postura centralista ni rígida como la que sostuvieron en su momento Pablo VI con la encíclica *Humanae Vitae* o Juan Pablo II con la sanción del nuevo Código de Derecho Canónico de 1983.

Ambos pontífices habían decidido *per se* el enfoque doctrinal que regiría en la Iglesia para evitar la incertidumbre o posibilidad de anomia que pudiera provocar el aperturismo del Concilio Vaticano II.[70]

Debido a su intención de facilitar el retorno de los fieles y el acceso a los sacramentos de la Iglesia, o para volver a

---

[68] Para las preparatorias y desarrollo de las asambleas sinodales de 2014 y 2015, véase el capítulo 4, p. 386.

[69] Entrevista a Leonardo Boff. Véase también reportaje del autor a Boff: "Francisco va a crear una dinastía de papas del Tercer Mundo", *Clarín*, 15 de marzo de 2015.

[70] Entrevista a Roberto Bosca.

acoger en forma misericordiosa a aquellos que se habían apartado, Francisco habilitó la discusión sinodal que incluyó a la comunión a los divorciados vueltos a casar. El grupo conservador de la Iglesia temía que contradijera la indisolubilidad del matrimonio, una verdad inherente de la doctrina mencionada en el Evangelio.

"¿Quién soy yo para juzgar?": la estrategia de la puerta abierta

El Papa no aspiraba a modificar la doctrina ni tampoco a promover cambios pastorales radicales. Incluso descartó esa posibilidad frente a los obispos en la Jornada Mundial de la Juventud en Brasil en 2013.

En un extracto de su discurso —que quedó fuera de la reproducción oficial de la Santa Sede— Francisco habló de las "tentaciones de la Iglesia", que también le sucedían a él, dijo, sobre cuestiones doctrinarias.

> La Iglesia tiene visiones corregidas y renovadas. Vulgarmente, a los que están en esta tentación, se los puede denominar católicos ilustrados, por ser actualmente herederos de la ilustración. Es decir, una agnosis desde la cual interpretan el Evangelio y la vida pastoral y todo. Una cosa interesante, con el inicio del Pontificado... uno recibe cartas, propuestas, le hacen llegar inquietudes. Este tipo de fieles, de católicos... las propuestas, los deseos, los nuevos aires que puede haber, todas esas cosas que dicen, que se casen los curas, que se ordenen las monjas, que se dé la comunión a los divorciados... no van al problema de fondo real. Sino a estas pequeñas posturas ilustradas que nacen precisamente de este tipo de hermenéutica.[71]

[71] El mensaje fue transmitido en la misa con obispos, sacerdotes, religiosos y seminaristas en la Catedral de San Sebastián de Río de Janeiro,

El Papa consideraba algunas de las propuestas de renovación pastoral y disciplinaria, como reclamo de "partes" (de los "católicos ilustrados"), que no hacían al fondo de los problemas de la Iglesia.

Pese a ello, con la convocatoria a los sínodos demostró que la Iglesia podía exponer, discutir y convivir con teologías y realidades sociales y culturales diferentes, como correspondía a una Iglesia universalista, diversa y unida en su credo.

Pero el Sínodo demostró la problemática de legislar con criterios comunes. No significaba lo mismo la monogamia en Francia que en un país de África —donde la poligamia es más frecuente y generalizada—, ni tampoco significaba lo mismo el reclamo por el acceso de las mujeres al sacerdocio en Occidente que en Líbano. A su vez, en ese mismo país, a diferencia de América Latina o Europa, los seminaristas católicos de rito oriental tienen la opción de casarse antes de ordenarse sacerdotes diocesanos, y si lo hacen, pueden ocuparse de su esposa y sus hijos, administrar sacramentos y permanecer en comunión con la Iglesia, algo que no se permite en la confesión católica de rito latino, en la que deben permanecer célibes para ejercer su magisterio.

Esta tradición para el rito oriental está legitimada por la Santa Sede y permanece en vigor "desde tiempos remotos". En cambio, para la iglesia de rito latino el celibato sacerdotal fue impuesto como obligación, en todos los niveles clericales, a partir del Concilio de Letrán I, en 1123. Hasta entonces, los apóstoles, incluso los primeros papas, como también muchas generaciones de obispos, podían estar casados y, de hecho, tuvieron hijos. Estaba contemplado en el Derecho Canónico.

---

sábado 27 de julio de 2013. Audio escuchado por el autor por gentileza de Fabrizio Mastrofini.

Más tarde, el celibato como disciplina fue instaurada para que pudieran centrar la vida en Dios y en la actividad pastoral, aunque también se consideró que su implementación estuvo relacionada con la conservación de bienes de la Iglesia, para heredarlos para sí, y no para los descendientes de los sacerdotes.[72]

Cuando regresaba de su viaje de Tierra Santa, en mayo de 2014, un periodista preguntó si la Iglesia católica tendría algo que aprender de las Iglesias ortodoxas, "me refiero a los sacerdotes casados, una pregunta que se hacen muchos católicos en Alemania".

La respuesta del Papa fue:

> La Iglesia católica tiene sacerdotes casados, ¿no? Los greco-católicos, los católicos coptos… ¿no? En el rito oriental, hay sacerdotes casados. Porque el celibato no es un dogma de fe, es una regla de vida que yo valoro mucho y creo que es un don para la Iglesia. No siendo un dogma de fe, siempre está la puerta abierta: en este momento no hemos hablado de esto, como programa, al menos por este tiempo. Tenemos cosas más fuertes de que ocuparnos.[73]

---

[72] Véase la nota del autor sobre el Vaticano y el celibato, *Clarín*, 8 de junio de 2014.

[73] Véase w2.vatican.va, conferencia de prensa de Francisco en el vuelo de regreso de Tierra Santa, 26 de mayo de 2014. Ese mismo mes, una carta firmada por 26 mujeres italianas que se reconocieron en una relación amorosa y oculta con sacerdotes le reclamaron al Papa una discusión por el celibato. "Como tú bien sabes —le escribieron— se usan muchas palabras de quienes están en favor del celibato opcional, pero poco se conoce del devastador sufrimiento de una mujer que vive con un sacerdote la fuerte experiencia del enamoramiento. Queremos con humildad, poner a tus pies nuestro sufrimiento para que algo pueda cambiar no solo para nosotras sino para toda la Iglesia (...) Nosotros amamos a estos hombres, ellos nos aman a nosotras." Véase el artículo citado, *Clarín*, 8 de junio de 2014.

La declaración alentó expectativas de cambio, aunque Bergoglio no hubiera dicho más de lo que ya expresara en el libro que registró sus conversaciones con el rabino Abraham Skorka.[74]

La tradición eclesiástica de convertir cuestiones de disciplina en doctrina y transformarlas en inmutables —como el caso del celibato, el sacerdocio para mujeres, la comunión para los divorciados vueltos a casar, o el mismo derecho canónico— convierte a la posibilidad de romper esa tradición en una utopía, aunque la astucia de Francisco de mantener la ilusión, de demostrar que "la puerta está abierta" y él puede ser un factor de cambio provocó atracción entre los que no formaban parte de la Iglesia o a los que la Iglesia, en el pasado, les había dado la espalda.

La frase "¿Quién soy yo para juzgar?", pensada en principio como un mensaje de apertura a la homosexualidad, se convirtió en el emblema de un Pontífice falible, tolerante, con experiencia de vida y sentido común, que podía conducir a las reformas pastorales.[75]

Francisco fue percibido como un líder religioso, civil y político, un fenómeno mundial que movilizó a católicos, creyentes de otras confesiones y también a agnósticos y ateos. Se convirtió en una personalidad atractiva

---

[74] "Por el momento, la disciplina del celibato se mantiene —afirmó el entonces cardenal Bergoglio—. Algunos dicen, con un cierto pragmatismo, que así se pierde mano de obra. En el caso hipotético de que el catolicismo occidental debiera revisar la cuestión del celibato, creo que lo haría por razones culturales (como en Oriente), y no tanto como opción universal. De momento, yo estoy a favor de que se mantenga el celibato, con todas las ventajas y desventajas que comporta, porque es objeto de diez siglos de experiencias positivas más que de errores." Véase Bergoglio, Jorge y Skorka, Abraham, *Sobre el Cielo y la Tierra*, *op. cit.*, p. 57.

[75] Para la génesis de esa frase, véase el capítulo 4, p. 389. Nota al pie 399.

para la audiencia universal, que generaba interés desde la tapa de *Rolling Stone*, *National Geographic*, *Time*, o cualquier revista, red social o programa de televisión del mundo.

La "puerta abierta" fue su estrategia para que el mundo laico volviera a mirar a la Iglesia, no ya como un imperio premoderno de costumbres anacrónicas, sino como un actor valioso para ofrecer una mirada pastoral política y social renovada de la realidad humana.

Tanto por su habilidad para el liderazgo como por su forma para abordar las controversias internas de la Iglesia, la diferencia de Francisco con Ratzinger fue radical. Benedicto XVI también consideraba el celibato como un testimonio de fe, pero lo enfatizaba como una prioridad para conducir a los hombres hacia Dios: "La fe en Dios se hace concreta en esa forma de vida [el celibato], que solo puede tener sentido a partir de Dios. Fundar la vida en él, renunciando al matrimonio y a la familia, significa acoger y experimentar a Dios como realidad, para así poder llevarlo a los hombres".[76]

Cuando fue cardenal de Buenos Aires, la doctrina no era tema de especial interés para Bergoglio. Le preocupaban más las soluciones pastorales para la problemática de sus fieles. En la realidad diocesana porteña funcionaba un doble estándar: los sacerdotes no renegaban del dogma a los que debían ceñirse, observados por el ojo lejano de la Santa Sede, pero se sentían libres para actuar en el campo pastoral. Roma quedaba muy lejos.

La prohibición canónica de dar la comunión a los divorciados vueltos a casar no impedía que pudieran comulgar en algunas parroquias.

---

[76] Véase discurso de Benedicto XVI a la curia romana, w2.vatican.va, 22 de diciembre de 2006.

En general, el cura no suele inspeccionar la situación marital del creyente que se acerca a su parroquia para mantener su comunión con Dios.

Lo mismo sucedía con los bautismos.

Desde la Arquidiócesis de Buenos Aires se transmitía la idea de que había que dar el sacramento a todos. En las peregrinaciones masivas a la Basílica de Luján, la arquidiócesis habilitaba carpas en las que se bautizaba y comulgaba a los que lo solicitaran, sin que se requirieran precisiones sobre si una persona era polígama, una pareja era concubina o si el niño listo para bautizar luego sería educado en la fe por sus padres.[77]

Esta administración más o menos laxa de los sacramentos es intrínseca a la tradición de la "pastoral popular" que entiende que el pueblo ya conserva la fe y la sabiduría, y el sacramento es la puerta de entrada a la "Iglesia-Pueblo", que no debe limitarse a los fundamentos doctrinarios para acoger a los hijos de Dios.

Este modelo paralelo —en el que se dice que se respeta la doctrina y se la contradice en la práctica pastoral— fue la línea del cardenalato de Bergoglio para la acción evangelizadora a los fieles. Existía una ley no escrita que indicaba que, en tanto no se transformara en un escándalo público, un párroco siempre debe dar la comunión. Y si no se da en una parroquia, porque el cura se opone, la comunión se puede pedir en la otra.[78]

---

[77] Entrevista a Gustavo Irrazábal.

[78] Véase el capítulo 4, p. 396 y p. 409. En Europa, y aún más Estados Unidos, hay menos tolerancia a la aplicación de este doble estándar. Se lo considera una hipocresía, aunque es cierto que los concubinos o divorciados vueltos a casar, en Europa, buscan con menos frecuencia la comunión que los latinoamericanos en su misma condición. Entrevista a Marianella Perroni.

La Iglesia en estado de misión

El Papa tenía una mirada definida sobre la sociedad y la política europea y la expresó en forma directa en diferentes ámbitos.

La primera vez fue en octubre de 2014, frente a la asamblea plenaria que reúne a los presidentes de las 33 conferencias episcopales europeas (CCEE). Les preguntó: "¿Qué pasa en el corazón de nuestra madre Europa? ¿Sigue siendo nuestra madre Europa o es la abuela Europa? ¿Es aún fecunda? ¿Es estéril? ¿No consigue dar nueva vida? Por otra parte, esta Europa ha cometido algún pecado. Tenemos que decirlo con amor: no ha reconocido una de sus raíces. Y por eso se siente y no se siente cristiana. O se siente cristiana un poco a escondidas, pero no quiere reconocer esta raíz europea".[79]

La otra intervención fue en el Parlamento europeo en Estrasburgo (Francia), al mes siguiente, en el que preguntó a 751 eurodiputados cómo devolver la esperanza en el futuro, para los jóvenes en busca de un continente unido, creativo y emprendedor frente a un mundo cada vez menos eurocéntrico. Una interpelación a una Europa que "perdía su alma y su humanismo a manos del individualismo" y el conformismo estéril, replegada en sus temores, vacía de ideales, que el Papa atribuyó al olvido de Dios.

En ese discurso, sumado al que realizó en la misma jornada frente al Consejo de Europa, los invitó a inspirarse en las raíces cristianas. Su presencia marcó una crítica al

[79] Véase Magister, Sandro, "¿Qué piensa de verdad Francisco de Europa?", www.chiesa.espressonline.it, 24 de noviembre de 2014. A los obispos europeos también les habló de una "Europa herida" —en analogía a su discurso de los "heridos sociales"—, que descartaba a los jóvenes sin trabajo.

cansancio y envejecimiento de un continente que entendía cegado por el consumismo, olvidaba a sus ancianos "muertos de soledad", y era indiferente frente al mundo, sobre todo frente a los pobres y a los inmigrantes, en la línea de lo que ya había marcado en Lampedusa.[80]

Los diputados del Parlamento europeo y los miembros del Consejo de Europa podían escuchar y aplaudir de pie, como lo habían hecho, lo que el Papa decía y pedía, pero hablaban lenguajes diferentes.

El catolicismo europeo se presenta como una comunidad pequeña y encerrada en sí misma en comparación con la dimensión evangelizadora a la que aspira Francisco. Europa carecía de un interés global y podría aportarle poco al "Pueblo de Dios", entendido como reunión de todos los cristianos a los que el Papa quiere llegar con su mensaje.

La diferencia no radica solo en la hermenéutica del cristianismo ni en su mensaje pastoral. También en la visión geopolítica. El Papa cree, y lo reitera siempre, que si la humanidad es poliédrica y plural, la realidad "se entiende mejor desde la periferia, no desde el centro", como diría desde una parroquia en las afueras de Roma.[81]

El mundo que piensa Bergoglio está en los pueblos de la periferia, en las naciones y continentes que pese a sus herencias coloniales de dependencia y atraso, de marginalidad y

---

[80] Frente a los eurodiputados, el Papa dijo que era "igualmente necesario afrontar juntos la cuestión migratoria. No se puede tolerar que el mar Mediterráneo se convierta en un gran cementerio. En las barcazas que llegan cotidianamente a las costas europeas hay hombres y mujeres que necesitan acogida y ayuda. La ausencia de un apoyo recíproco dentro de la Unión Europea corre el riesgo de incentivar soluciones particularistas del problema, que no tienen en cuenta la dignidad humana de los inmigrantes, favoreciendo el trabajo esclavo y continuas tensiones sociales". Véase w2.vatican.va, 25 de noviembre de 2014.

[81] Véase news.va, 26 de mayo de 2013.

subdesarrollo, fueron emergiendo hacia una integración política y económica, y hoy se convirtieron en actores cada vez menos subalternos de la economía mundial: China, los países del sudeste asiático, India, Medio Oriente, África y sobre todo el continente latinoamericano, que recogió la tradición católica europea, pero fue asimilada desde su propia singularidad, la espiritualidad popular, que desarrolló la TdP.[82]

El Papa tiene, en su génesis teológica, una visión mucho más totalizadora, dinámica e inclusiva que el concepto de comunidad católica cerrada, compuesta por fieles "duros y puros", que ganaron impulso en Europa con el Pontificado de Juan Pablo II, pero que en los años del ministerio de Ratzinger estaban sumidos en la desorientación, como la misma conducción de la Iglesia.

La religión popular latinoamericana, con su pluralidad de expresiones y devociones, con su predominio de pobres que privilegian los bailes y los ritos como un folclore propio, habilita a expresiones cristológicas desconocidas por la cristiandad europea.

El sacerdote argentino Carlos María Galli, perito teológico en la Conferencia de Aparecida, lo llama el "viento de Dios", que sopla desde el sur y terminará por constituir la nueva evangelización. "No se trata de exportar el modelo latinoamericano de Aparecida invirtiendo el centralismo pastoral, sino que cada iglesia asuma la misión universal desde su propio tiempo y lugar."[83]

---

[82] Para la TdP y la singularidad del pensamiento latinoamericano, véase el capítulo 2, p. 177.

[83] Véase Galli, Carlos, "Las novedades de la exhortación *Evangelii Gaudium*. Claves del pensamiento pastoral de Francisco", exposición presentada en la Universidad Católica Argentina (UCA), 13 de marzo de 2014. También de Carlos Galli, véase *Dios vive en la ciudad. Hacia una pastoral urbana a la luz de Aparecida*, Buenos Aires, Ágape, 2012.

Si Aparecida reflejó la base del programa de gobierno de Francisco, la distribución geográfica de la población católica también permite explicar sus desafíos geopolíticos. Casi el 70% de los católicos viven en el hemisferio sur: el 39% en América Latina, el 16% en África, el 12% en Asia y un 1% en Oceanía. Un siglo antes, el 70% de los católicos vivía en el hemisferio norte, la mayoría en el continente europeo. Según una estadística global de 2011, América Latina cuenta con el 48,8% de fieles católicos; Europa, con el 23,5%; África, con el 16%; Asia, con el 1,9%, y Oceanía, con el 0,8%. Sin embargo, aun cuando en América Latina el peso del catolicismo es considerable (69% del continente), muchos de los fieles que fueron perdiendo en las últimas décadas fueron atraídos por iglesias evangélicas —pentecostales, adventistas, metodistas o bautistas—, que ya alcanzan un 15% de la población.

El desafío de Francisco es que el apoyo a su prédica pastoral se traduzca asimismo en un freno al éxodo de fieles católicos a otras confesiones.[84]

Aparecida, como relanzamiento de la iglesia latinoamericana para situarse "en estado de misión", fue también la consecuencia de una visión teológica-política del Papa. Su origen se inscribe en la concepción de "Patria Grande", una familia de naciones de raíces católicas que entiende y aspira al continente como una unidad regional, integrada políticamente.[85]

---

[84] Datos extraídos de Pew Research Center, 13 de febrero de 2013 y 13 de noviembre de 2014; y de *Annuarium Statisticum Ecclesiae,* 2015.

[85] La idea de "Patria Grande" fue acuñada por los generales José de San Martín, Simón Bolívar y José Artigas, héroes independentistas del continente en el siglo XIX, como "Nación de naciones" o "Confederación de pueblos libres" para hacer frente a las potencias colonizadoras. Luego esta concepción persistió en el siglo XX como protección frente al poder imperialista inglés y estadounidense. Después de la caída del comunismo y los gobiernos neoliberales en Latinoamérica, la "Patria Grande" se re-

Esta idea de bloque regional, o de "estado-continente", que atraviese las fronteras del continente sudamericano y las naciones se unieran en un entendimiento estratégico para un destino común, fue delineada en los años setenta por Alberto Methol Ferré, un filósofo uruguayo apreciado por Bergoglio desde su tiempo de Provincial jesuita.[86]

Cuando fue cardenal de Buenos Aires, Bergoglio había advertido el desafío: "En las próximas dos décadas América Latina se jugará el protagonismo en las grandes batallas que se perfilan en el siglo XXI y su lugar en el nuevo orden mundial en ciernes. (...) El aislamiento lleva a un callejón sin salida que nos condenaría como segmentos marginales, empobrecidos y dependientes de los grandes poderes mundiales".[87]

---

definió con la creación de un bloque de integración económica regional en contrapeso a la economía globalizada.

[86] Alberto Methol Ferré reconocía la Teología de la Liberación por su opción preferencial por los pobres, su denuncia de necesidad de justicia para una inmensa masa de hombres del continente, y por haber resituado la política en servicio del bien común. Sin embargo, le reprochaba su dependencia hermenéutica de la lógica marxista, que subordinaba al cristianismo "a una concepción totalizante de origen diferente y contrario al cristianismo, y no al revés". De este modo, se diferenciaba del enfoque teológico liberacionista del peruano Gustavo Gutiérrez y del sacerdote brasileño Boff quienes marcaban lazos de convergencia entre marxismo y cristianismo, que hizo combustión en Latinoamérica a partir de la Revolución Cubana. Ferré sostenía el vínculo de religiosidad y la cultura popular, por encima de la sociología y las clases sociales. Véanse Scannone, Juan Carlos S.J., "Aportaciones de la Teología Argentina del Pueblo a la Teología Latinoamericana", en S. Torres González y C. Ábrigo Otey (coords.), *Actualidad y vigencia de la teología latinoamericana. Renovación y proyección*, Santiago de Chile, 2012, pp. 203-225 y Methol Ferré, Alberto y Metalli, Alver, *El Papa y el Filósofo*, Buenos Aires, Biblos, 2013, pp. 22-34.

[87] Véase Carriquiry, Guzmán, *Una apuesta por América Latina*, Buenos Aires, Sudamericana, 2005, p. 8.

La Conferencia de Aparecida de 2007 retomó el paradigma de la "Patria Grande" —a la que reclamó "con mayor justicia"— cuando definió la unidad latinoamericana como una "unidad desgarrada", surcada por "profundas dominaciones y contradicciones, todavía incapaz de incorporar 'todas las sangres' y de superar la brecha de estridentes desigualdades y marginaciones".

Los obispos latinoamericanos establecieron que los procesos de integración regional tienden a profundizar la pobreza y las desigualdades "mientras las redes de narcotráfico se integran más allá de toda frontera".[88]

Fue en la Conferencia de Aparecida —con el sello de Bergoglio—, donde se incorporaron las consecuencias de una globalización incapaz de interpretar y reaccionar en función "de valores que se encuentran más allá del mercado". "Una globalización sin solidaridad —indica el documento eclesial— afecta negativamente a los sectores más pobres. Ya no se trata simplemente del fenómeno de la explotación y opresión, sino de algo nuevo: la exclusión social. Con ella queda afectada en su misma raíz la pertenencia a la sociedad en la que se vive, pues ya no se está abajo, en la periferia o sin poder, sino que se está afuera. Los excluidos no son solamente 'explotados' sino 'sobrantes' y 'desechados'".[89]

Este largo trazado, desde la "Patria Grande" del siglo XIX al llamado a la integración regional comercial y política de América Latina en el siglo XXI, la iglesia lo establece desde las tradiciones comunes en el continente: la idiosincrasia cultural, la religión (católica) y la lengua. "El pueblo de América Latina es un pueblo cuya alma 'ha sido

[88] Véase Documento conclusivo, V Conferencia General del Episcopado Latinoamericano y del Caribe, *op. cit.*, párrafo 528.

[89] *Ibid.*, párrafo 65. Sobre la categoría "sobrantes" y desechados" del mercado, véase el capítulo 3, p. 326.

sellada por la fe de la Iglesia'", como indica el Documento de Puebla de 1979 (DP, 445). A partir de ese precepto, la religiosidad reúne a todos los cristianos bajo el signo de "Pueblo de Dios", en respeto a sus propias culturas y devociones religiosas, incluso paganas, pero que fueron "inculturadas" por la fe del Evangelio a partir de la conquista hispánica en 1492.[90]

La Conferencia de Aparecida marcó un cambio de perspectiva sobre la evangelización respecto a la Conferencia de Puebla de 1979 del CELAM. Mientras que en este documento se hablaba de "encuentro de la raza hispanolusitana con las culturas precolombinas y las africanas", en 2007 los obispos afirmaron que "el Evangelio llegó a nuestras tierras en medio de un dramático y desigual encuentro entre pueblos y culturas" y mencionó el "pecado de sus hijos que desdibujaron la novedad del Evangelio".[91]

El protagonismo de los pueblos, "la globalización de la esperanza"

Cuando concurrió a su reunión con los obispos en el santuario de Aparecida en 2007, Benedicto XVI manifestaría, a priori, una visión etnocéntrica frente a la conquista. En su discurso de inauguración indicó que "el anuncio de Jesús y de su Evangelio no supuso, en ningún momento, una alienación de las culturas precolombinas, ni fue una imposición de una cultura extraña".

La frase de Ratzinger generó sorpresa y confusión porque desconocía la violencia de la conquista colonial y el

---

[90] Entrevista a Carlos Galli.

[91] Documento conclusivo, V Conferencia General del Episcopado Latinoamericano y del Caribe, *op. cit.*, párrafo 4.

uso de la religión como instrumento político y económico. Una semana después, en Roma, Benedicto XVI matizaría el "equívoco" y recordaría "los sufrimientos y las injusticias que infligieron los colonizadores a las poblaciones indígenas".[92]

Cuando el Papa Francisco llegó a Santa Cruz de la Sierra, Bolivia, en su gira por América Latina de julio de 2015, haría mayor justicia con la historia del continente: "Se han cometido muchos y graves pecados contra los pueblos originarios de América en nombre de Dios. Pido humildemente perdón, no solo por las ofensas de la propia iglesia, sino por los crímenes contra los pueblos originarios durante la llamada conquista de América", y enseguida recordó a miles de sacerdotes y obispos que "se opusieron fuertemente a la lógica de la espada con la fuerza de la cruz. (...) Hubo pecado y abundante, pero no pedimos perdón, y por eso pido perdón".

En este discurso, Francisco marcó una visión social que tendía a un "cambio de estructuras", para sustituir la "globalización de la exclusión y la indiferencia". Dijo: "Este sistema ya no se aguanta, no lo aguantan los campesinos, no lo aguantan los trabajadores, no lo aguantan las comunidades, no lo aguantan los pueblos... Y tampoco lo aguanta la Tierra, la hermana Madre Tierra como decía San Francisco". Con esta mención, el Papa relacionaba la defensa del medioambiente —acababa de publicar la encíclica *Laudato si'*— con la lucha contra la exclusión, y la fragilidad del planeta, con la pobreza. Eran los pobres, denunciaba, a quienes más impactaba el cambio climático.[93]

---

[92] Véase w2.vatican.va, Homilía de Benedicto XVI, Audiencia General, 23 de mayo de 2007.

[93] Sobre el llamado a un "cambio de estructuras", Francisco agregó: "Ni el Papa ni la Iglesia tienen el monopolio de la interpretación de la realidad

A partir de la visita a los países más vulnerables de América del Sur —Ecuador, Bolivia y Paraguay—, la gira del Papa se identificó con "la periferia de las periferias". Tuvo el mismo sentido geoeclesial que la visita a Albania en su primer viaje europeo. La visita movilizó la memoria de pueblos latinoamericanos.

En Ecuador y Bolivia lo esperaba una masiva audiencia de fieles —en el Parque Bicentenario de Quito su homilía reunió a un millón de personas—, que expresaba su devoción católica, y otros que, con una variedad de creencias y religiones populares, eran herederos de una tradición intercultural y étnica indigenista.

La identificación con el socialismo andino y cristiano en el continente quedó representada con el regalo que el presidente de Bolivia, Evo Morales, le entregó al Papa: un crucifijo tallado sobre una hoz y un martillo, diseñado por el jesuita español Luis Espinal Camps, secuestrado y asesinado por un grupo paramilitar en 1980 por su lucha social y la defensa de los trabajadores mineros. Más tarde, el Vaticano —en palabras de su vocero Lombardi— aclaró que la escultura no representaba "una interpretación marxista de la religión, sino un diálogo abierto con otros que estaban buscando justicia y liberación".

---

social ni la propuesta de soluciones a los problemas contemporáneos. Me atrevería a decir que no existe una receta. La historia la construyen las generaciones que se suceden en el marco de pueblos que marchan buscando su propio camino y respetando los valores que Dios puso en su corazón. La primera tarea es poner la economía al servicio de los Pueblos: los seres humanos y la naturaleza no pueden estar al servicio del dinero. Digamos no a una economía de exclusión e inequidad donde el dinero reina en lugar de servir. Esa economía mata". Discurso de Francisco frente a los Movimientos Populares en Bolivia, 9 de julio de 2015. La encíclica *Laudato si'* sobre el cuidado de la casa común fue publicada el 17 de junio de 2015. Para el Papa y el cambio climático, véase en este capítulo p. 119.

Francisco recibió con sorpresa el crucifijo, pero después, entrada la noche, ordenó parar la camioneta que lo trasladaba a la Ciudad de La Paz y se detuvo a orar en el lugar donde arrojaron el cuerpo del jesuita. "El padre Espinal —dijo— predicó el Evangelio y ese Evangelio molestó, y por eso lo eliminaron. Que Jesús lo tenga junto a él."

En ese territorio de pobreza y exclusión, su crítica al sistema económico mundial, a cuatro mil metros de altura, recogió abrigo y hermandad. El Papa, sin embargo, no eludió situaciones conflictivas del continente, como el litigio que Bolivia mantiene con Chile por la salida al mar. Le bastaron un par de palabras en la catedral de La Paz para dejar su mensaje: "Estoy pensando en el mar. Diálogo, diálogo… es viable, es indispensable construir puentes en lugar de muros. Todos los temas, por más espinosos que sean, tienen soluciones compartidas y razonables".

En el declive del catolicismo en América Latina, que perdió entre un 20 y un 25% de feligreses en el último medio siglo, el vínculo de Paraguay con el credo católico se mantuvo casi inalterable: lo profesa el 90% de la población. En los barrios de Bañado Norte, en la ribera del río Paraguay, donde los vecinos reclaman la cesión de títulos de propiedad de los territorios que ocupan, y resisten el traslado que promueven inversores inmobiliarios, la presencia del Papa no hizo más que convalidar "las tres T de su Santa Trinidad": tierra, techo y trabajo. Allí, en la periferia de Asunción del Paraguay, la frontera de lo pastoral a lo político se atraviesa en un solo paso. "Escuchar sus historias y todo lo que han realizado para estar aquí, todo lo que pelean para una vida digna, un techo. Todo lo que hacen para superar la inclemencia del tiempo, las inundaciones de estas últimas semanas, me trae al recuerdo, todo esto, a la pequeña familia de Belén. Una lucha que no les ha robado la sonrisa, la alegría, la esperanza. Una pelea que no les ha sacado la solidaridad, por el contrario, la ha estimulado, la ha hecho crecer."[94]

---

[94] Véanse Homilía del Papa en Bañado Norte, www.zenit.org, 12 de julio de 2015, y Geddes, Diego y Semán, Pablo, "Besando la tierra de los líos", *Anfibia*, 13 de julio de 2015. La memoria de las luchas sociales en Paraguay le resultaba familiar desde su adolescencia. Esther Ballestrino de Careaga, su jefa en el laboratorio de química en los años cincuenta, donde Bergoglio realizaba el control bromatológico de las materias alimenticias, era militante política exiliada. Simpatizaba con el Partido Comunista. Ella lo había acercado a las primeras lecturas políticas, desde el marxismo, y le transmitió historias de abnegación y lucha de las mujeres de su pueblo. Poco más de veinte años después, Ballestrino de Careaga participaría de la fundación del movimiento de Madres de Plaza de Mayo y sería secuestrada en la iglesia Santa Cruz en diciembre de 1977 por un grupo de tareas de la Armada. La trasladaron al centro clandestino de detención de esa fuerza militar y después la arrojaron al mar en los "vuelos de la muerte". Su cuerpo apareció en la playa de Santa Teresita y fue enterrado como NN en el cementerio municipal de Partido de la Costa. Fue identificado en 2005. Bergoglio, como cardenal, autorizaría que las cenizas de Ballestrino de Careaga fuesen guardadas en el templo de donde había sido secuestrada. Véase Larraquy, Marcelo, *Recen por él. La historia jamás contada del hombre que desafía los secretos del Vaticano*, Buenos Aires, Sudamericana, 2013, pp. 40-41. "Ella me enseñó a pensar", le diría Francisco a dos de las hijas de su ex jefa del laboratorio de química en la nunciatura de Asunción del Paraguay. Véase www.vaticaninsider.it, 12 de julio de 2015. El Papa también resaltó el rol de la mujer paraguaya: "Es la más gloriosa de todas", dijo en su primer discurso de estadía en ese país. Ya lo había manifestado como cardenal de Buenos Aires, para destacar el rol de las mujeres que, tras la derrota de su país en la Triple Alianza (1865-1870) y la pérdida de hombres –quedaron uno por cada ocho mujeres—, decidieron tener hijos y criarlos para llevar adelante "la patria, la lengua, la cultura y la fe". También lo reiteraría en el santuario de Caacupé, en Asunción, frente a la virgen que los migrantes paraguayos trasladaron a las villas y barrios humildes de Argentina para su adoración. Véase el capítulo 3, p. 259.

Con Cuba y Estados Unidos: un juego a tres bandas

El cambio de rumbo de la iglesia gestado en la Conferencia de Aparecida había llegado a la Santa Sede. Las diferencias con el pasado eran ostensibles.

En los años setenta, las jerarquías eclesiásticas latinoamericanas permanecieron apegadas casi sin excepciones a dictaduras militares, a las que acompañaron como guía espiritual, al precio del silencio o la complicidad de la represión ilegal. En su batalla contra el secularismo y las prácticas modernas de la sociedad, confiaban en que solo un Estado católico podría asegurarles el monopolio religioso y su rol privilegiado como nexo entre la sociedad y las autoridades institucionales.

Al colocar su voz como fuente de legitimidad del poder militar, la iglesia latinoamericana perdió prestigio en la dimensión religiosa y también liderazgo político, moral y cultural entre las masas populares. A nivel intraeclesial, fue opacada por la Teología de la Liberación, y también por el marxismo de la Cuba revolucionaria, convertida en fuente de inspiración ideológica de movimientos guerrilleros, políticos y culturales latinoamericanos, que la adoptaron como eje simbólico del progresismo.

El cardenal cubano Jaime Ortega y Alamino, que hospedó en Cuba a los tres últimos pontífices, reveló que mantuvo una conversación con Bergoglio sobre la pérdida del rol de la Iglesia como conductora de cambios en aquellos años. Lo hizo pocas horas antes de que fuese consagrado Pontífice. "Tú vas a ser Papa hoy en la tarde, si no se vira la tortilla", le dijo.

Ortega, que había sido vicepresidente del CELAM (1995-1999), le recordó la época en que los documentos mencionaban la dependencia de América Latina con respecto a Estados Unidos.

Todavía la diferencia entre ricos y pobres sigue siendo grande pero no existe esa dependencia de Estados Unidos, a nadie se le ocurriría hoy hablar de eso en un documento. Toda la América Latina está unida —le indicó al cardenal Bergoglio, que había bajado a su habitación en la Casa Santa Marta, antes del almuerzo, ese 13 de marzo de 2013—. Esos cambios hubiéramos querido hacerlos con nuestra gente que estudió Doctrina Social de la Iglesia en nuestra universidades —prosiguió Ortega—, pero no fue así, fueron hechos por Hugo Chávez, Evo Morales, los Kirchner, Lula da Silva, Rafael Correa, Daniel Ortega, todos con una inspiración que viene desde atrás, de la Revolución Cubana de Fidel Castro. Y ante esos cambios, me parece ver la Iglesia como expectante. ¿Y qué espera la Iglesia...? Que pasen estos gobiernos y vengan otros que le den un lugar de privilegio y la favorezcan, y en ocasiones esta expectativa se vuelve crítica.

Bergoglio le respondió que la Iglesia no podía estar nunca a la expectativa. "Estos procesos la Iglesia los tiene que acompañar en diálogo", afirmó el cardenal argentino la lluviosa tarde de Roma en que fue designado Papa.[95]

---

[95] Véase Metalli, Alver, "Cuando Ortega le dijo a Bergoglio 'Tú vas a ser Papa hoy'", www.vaticaninsider.it, 15 de marzo de 2015. En 1998, como arzobispo de Buenos Aires, Bergoglio había publicado *Diálogos entre Juan Pablo II y Fidel Castro*, Buenos Aires, Ciudad Argentina, 1998. En el libro reflexionó sobre el primer contacto directo de la Santa Sede con el poder político y la sociedad cubana, después de la Revolución de 1959. Bergoglio escribió sobre las diferencias antropológicas entre socialismo y cristianismo, respecto del hombre, el marxismo, la justicia social, la propiedad privada y el neoliberalismo, en el contexto

En los inicios de la revolución cubana, centenares de sacerdotes y monjas habían sido discriminados, encarcelados o debieron exiliarse, y la Iglesia fue excluida de la enseñanza

---

de la apertura del diálogo entre marxismo y cristianismo. También registró el desmantelamiento que sufrió la iglesia durante casi cuarenta años, con una acción pastoral minimizada y desarticulada frente a la promoción de otros cultos y sectas. En el texto, Bergoglio valoró que Castro hubiera dejado atrás ese pasado y, desde 1990, con su propuesta de "una alianza estratégica entre cristianos y marxistas", buscó convergencias entre el catolicismo y la revolución. El libro retrata las finanzas vapuleadas, el endeudamiento externo y las trabas comerciales por el embargo estadounidense que entonces ya había significado una pérdida de 25.000 millones de dólares. Entendía que las razones del bloqueo ya habían sido superadas después de la caída de la Unión Soviética. Bergoglio también hacía una crítica a la ineficiencia de la economía comunista y a la lucha de clases como medio de acción. "Se reconoce que existen y han existido siempre motivos de disputa en la defensa de la justicia social, pero un pronunciamiento con decisión sobre el tema, como se exige al cristiano, no implica una lucha y sí compromete necesariamente un diálogo entre partes." Bergoglio respaldaba a Castro en su crítica a la deuda externa, que asfixiaba a los países del tercer mundo, y a las imposiciones desde los centros de poder de programas económicos y condiciones de pago. "La humanidad asiste a un cruel escenario donde se cristaliza el enriquecimiento de unos pocos merced al empobrecimiento de muchos", escribió, y llamaba a profundizar las palabras de Juan Pablo II en su visita a la isla: "Que Cuba se abra al mundo y que el mundo se abra a Cuba". Juan Pablo II reconoció a Fidel Castro como jefe de Estado legítimo y le reclamó moderación, mayor libertad de expresión y de asociación para su pueblo, para que Cuba pudiera reinsertarse en la comunidad internacional. Después de la caída de la Unión Soviética, Cuba necesitaba aliados y desarrolló políticas conciliadoras con el Vaticano, que le ofrecía un "pasaporte diplomático" con el mundo. Luego de su visita, liberaría a más de doscientos presos políticos y restablecería la Navidad como fiesta nacional. Sin embargo, no habría "cuenta regresiva" para el régimen socialista, como sucedió en el este europeo tras las peregrinaciones de Juan Pablo II.

educativa. Aun así, Cuba fue el único gobierno comunista que nunca expulsó a un representante de la Santa Sede.[96]

Durante los últimos treinta años, el cardenal Ortega había liderado la iglesia cubana. Antes que movilizar sus bases para provocar la caída de Castro, siempre alentó un acercamiento de Cuba con Estados Unidos que pusiera fin al bloqueo comercial.[97]

Ortega prefería que la iglesia se preservara para un rol estratégico, como aliado de Cuba en un futuro proceso de reformas y de apertura al mundo, como ya lo había sido cuando fue mediador en los acuerdos de liberación de presos a España en 2010. Si en el futuro habría una reconciliación entre la Cuba de la isla y la Cuba de la comunidad cubano-estadounidense, Ortega quería que la Iglesia trabajara para colocar los cimientos de esa nueva etapa.[98]

---

[96] En los orígenes de la Revolución, la Carta Constitucional local consagró el ateísmo y luego se admitió la "libertad religiosa y de fe". Sin protección legal ni vinculación directa con el Estado, la iglesia local estableció su relación con la Oficina de Asuntos Religiosos del Partido Comunista (PC) para que les autorizasen las procesiones, el ingreso de misioneros extranjeros o la percepción de fondos del exterior para ayuda caritativa. Aun con límites administrativos y jurídicos, la iglesia, pequeña como un bonsai, había logrado sobrevivir como la única institución independiente del Estado. Entrevista a Luis Badilla Morales.

[97] Las sanciones económicas a Cuba se habían reforzado en 1996 con las leyes Helms-Burton y Torricelli, que debilitaron todavía más a una economía que basó el 80% de su comercio con la desaparecida Unión Soviética. Los exiliados cubanos acusaban a Ortega de "lavarle la cara al régimen". No lo apreciaban, además, porque nunca había promovido un encuentro de la oposición con Juan Pablo II en 1997 ni con Benedicto XVI en 2012. Tampoco lo haría con Francisco en 2015.

[98] Exposición de Jorge Castro en el análisis del viaje de Francisco a Cuba, Buenos Aires Instituto de Cultura del Centro Universitario de Estudios (CUDES), 5 de octubre de 2015. Esta búsqueda de espacios, aunque fuesen minúsculos, con el gobierno cubano le permitió a Ortega,

Con el paso de los años, Estados Unidos parecía que mantenía una postura inflexible frente a Cuba. No era así. El cardenal Ortega, reconocido interlocutor de los hermanos Castro, fue considerado como el hombre necesario para Estados Unidos para continuar los contactos secretos que había iniciado con el Estado cubano. Estados Unidos buscaba un garante para un hipotético acuerdo; que no era él, sino el Papa Francisco.

A partir de la administración de Barack Obama, Estados Unidos fue abandonando tácticas de boicot de la inteligencia y buscó el deshielo con Cuba. Para ello debía lograr la liberación del contratista Alan Gross, detenido en 2009 y condenado a quince años de prisión en 2011.[99]

Su liberación podría generar una atmósfera apropiada para reiniciar el diálogo sobre la relación comercial, los vuelos aéreos, el turismo y las inversiones de capital. Era una agenda de posibles acuerdos que a Obama le resultaría difícil de presentar para su aprobación en el Congreso, si Gross continuaba detenido. Cuba, a su vez, reclamaba la liberación de sus prisioneros, supuestos espías condenados

---

además de la supervivencia de la iglesia y la libertad de culto, la tardía devolución de bienes que habían sido expropiados al comienzo de la Revolución y el ingreso de capitales extranjeros para construir templos.

[99] Alan Gross era un contratista del gobierno estadounidense que entregaba computadoras y equipos de comunicación satelital y servicios de Internet en la comunidad judía. Cuba lo había acusado de introducir en forma ilegal aparatos de telecomunicaciones como parte de un "proyecto subversivo" de la Agencia de Estados Unidos para el Desarrollo (USAID, por sus siglas en inglés). Según la agencia Associated Press (AP), USAID había creado una red de mensajería en Cuba con informaciones culturales y de ocio, que luego se ocuparía de promover el descontento social y acciones callejeras contra el gobierno. Estados Unidos no lo reconocía como agente del Estado sino como un proveedor privado de Internet. Véase *El Nuevo Herald*, 4 de agosto de 2014.

con cargos de espionaje y conspiración en 1998. Dos ya habían sido liberados, pero otros tres seguían en prisión.

Las negociaciones que mantenían Estados Unidos y Cuba no podían filtrarse, y necesitaban un garante internacional que las encausara, asegurara su continuidad y presentara el acuerdo frente al mundo, después de más de medio siglo de ruptura diplomática.

Juan Pablo II y Benedicto XVI ya habían señalado el camino del diálogo entre Cuba y Estados Unidos, pero fue Francisco el artífice del cambio, en un momento de debilidad de las partes en conflicto.[100]

El 27 de marzo de 2014, el Papa Francisco y Barack Obama se reunieron en el Vaticano.

El encuentro no develó indicios de la negociación en curso, de la que la Santa Sede ya estaba al tanto, luego de la reunión de Parolin con el secretario de Estado estadounidense John Kerry, dos meses antes. Kerry fue el primer secretario de Estado católico recibido en el Vaticano después de treinta años. Su visita era producto de un cambio de percepción de la Santa Sede sobre el funcionario y sobre el Partido Demócrata.[101]

---

[100] Raúl Castro había heredado el poder de su hermano Fidel en 2007 con la promesa de conducir un proceso de reformas económicas y burocráticas. Sin recursos, inversiones y logística, y con la mitad de sus tierras productivas sin explotar —debe importar el 80% de los alimentos que consume la población—, Cuba necesitaba un empuje exterior para provocar el despegue de su economía. Obama consideraba que el bloqueo solo era sostenido por fundamentos ideológicos anacrónicos. Las posibles repercusiones negativas por el acuerdo no tendrían consecuencias electorales: ya estaba en su segundo mandato.

[101] Sobre la reunión Parolin-Kerry del 15 de enero de 2014, la Embajada estadounidense informó que conversaron sobre "los derechos humanos en Cuba". Véase www.iipdigital.usembassy.gov. En 2004, Kerry había sido candidato demócrata a la presidencia. En ese tiempo, la Santa

Un Papa latinoamericano y un presidente de raza negra podían ser la consecuencia de ese cambio en la relación bilateral, pero las diferencias todavía subsistían.

La Santa Sede y Estados Unidos acordaron trabajar para la erradicación del tráfico humano y la regularización de cinco millones de indocumentados con la reforma migratoria —la mayoría de ellos latinoamericanos—, y también abordaron la agenda "pro-vida", que había dejado secuelas en la comunidad católica por la reforma sanitaria demócrata del "Obamacare".[102]

Según revelaría el cardenal Ortega, sobre la base de una conversación posterior con Francisco, Obama y el Papa

---

Sede lo caracterizaba como católico "permisivo" con peligrosa tendencia hacia el secularismo. Entre Kerry y el republicano George Bush, la Santa Sede no tenía dudas. Aun con su decisión unilateral de invadir Iraq y las torturas y abusos contra los detenidos árabes en la cárcel de Abu Grahib, Bush era un reaseguro en la defensa de leyes "pro-vida" y el rechazo al matrimonio homosexual que comenzaba a ser expuesto al referendo popular en algunos estados. Véase Franco, Massimo, *Imperi Paralleli. Vaticano e Stati Uniti: due secoli di alleanza e conflicto 1788-2005*, Milano, Mondadori, 2005.

[102] En la conferencia de prensa posterior, el presidente Obama relativizaría la jerarquía de esta mención en el diálogo con Francisco, pero prometió un "justo equilibrio entre la asistencia sanitaria y la libertad religiosa". Para el "Obamacare", véase en este mismo capítulo, p. 109. En conferencia de prensa, Obama hizo hincapié en los acuerdos sobre pobreza y exclusión, y presentó a Francisco como un líder mundial. "Nos pone ante los ojos el peligro de acostumbrarnos a la desigualdad. Y su autoridad moral hace que sus palabras cuenten. Con una sola frase, él puede focalizar la atención del planeta. La suya es una voz que el mundo debe escuchar." Véase *La Nación*, 27 de marzo de 2014; *Folha de São Paulo*, 28 de marzo de 2014, y reportaje a Barack Obama en *Corriere della Sera*, 27 de marzo de 2014.

coincidieron en que el bloqueo era una medida obsoleta. Francisco lo instó a dar el primer paso para la liberación de prisioneros cubanos de Florida y el presidente de Estados Unidos le explicó los obstáculos legales que se lo impedían. Entonces el Papa insistió: "'Mire, esto no es solo un bien para el pueblo de Cuba, que ha sufrido mucho, sino para su Gobierno y para su persona, para la política de su país con América Latina —dijo Francisco, según citó Ortega—. América Latina está unida y rechaza el bloqueo. La política de su país pasa por América Latina. Si no hay una solución, ustedes seguirán muy distantes de América Latina.' Eso hizo pensar mucho a Obama y de ahí en adelante se desató todo ese proceso".[103]

Después de la reunión con Obama, el Papa apoyó las negociaciones secretas entre Estados Unidos y Cuba, y escribió cartas para los dos mandatarios que puso en manos del cardenal Ortega para que se las entregara. Ortega fue a buscar a Raúl Castro a Cayo Largo, Cuba, donde pasaba las vacaciones. "Dígale a Obama que estoy de acuerdo", lo despidió Castro a Ortega.

Para la cita secreta con el presidente de Estados Unidos hubo que preparar una cobertura. El arzobispo emérito de Washington, Theodor Edgard Mc Carrick —habitual nexo entre la iglesia estadounidense y la Casa Blanca—, invitó al cardenal cubano a una conferencia en la universidad jesuita de Georgetown, en Washington DC. Cuando concluyó su exposición, Ortega fue llevado en un auto a la oficina de Obama y le entregó la carta del Papa el 18 de agosto de 2014, en un encuentro no registrado en la agenda del presidente. Aunque nunca fue publicada, trascendió que la misiva pontificia alentaba a los dos países a "resolver cuestiones

---

[103] Véase Menor, Darío, "En el proceso en que está Cuba, las marchas atrás serían imposibles", *Vida Nueva*, 30 de marzo de 2015.

humanitarias de interés común, incluyendo la situación de algunos prisioneros, para encaminar una nueva etapa en la relación". Además, el Papa ofreció la estructura de la diplomacia vaticana para el acuerdo.[104]

Estados Unidos y Cuba se colocaban por primera vez, después de más de medio siglo de antagonismo, en un nuevo escenario en el que ya no había amenazas militares sino una negociación directa. Las primeras reuniones se sostuvieron en Canadá durante tres meses. Luego, para superar obstáculos técnicos del acuerdo, Estados Unidos pidió que las negociaciones confidenciales continuaran en el Vaticano, en octubre de 2014, mientras se desarrollaba el Sínodo Extraordinario, que facilitó la distracción. En las reuniones de cubanos y estadounidenses en la Casina Pio IV se sumaron funcionarios de la Secretaría de Estado.

El 17 de diciembre de 2014, en una comunicación conjunta, Estados Unidos informó que ponía en libertad a los tres espías cubanos detenidos, a cambio de la liberación de un oficial de inteligencia estadounidense —su identidad no trascendió—, que llevaba veinte años detenido en Cuba. Por otra parte, la liberación de Gross fue incluida en el acuerdo por "razones humanitarias".

---

[104] Véanse Colonna-Cesari, Constante y Laurenso, John, "One pope, two letters, three carrdinals – the Vatican's crucial contribution to the end of the US/Cuba cold war", *The Tablet*, 19 de septiembre de 2015, y Badilla Morales, Luis, "Rivelazione sul negoziato segreto USA-Cuba. L'intervento di Papa Francesco e il ruolo del cardinale di L'Avana Jaime Ortega", www.terredamerica.com, 13 de agosto de 2015. El texto cita como fuente de información el libro *Black Channel to Cuba: The Hidden History of Negotiations Between Washington and Havana*, de Peter Kornblum y William M. Leogrande.

El anuncio acababa con la última huella de hostilidad que había dejado la Guerra Fría en el continente americano de la Revolución Cubana en adelante. El acuerdo contó con el apoyo de la iglesia estadounidense y de seis de cada diez personas de ese país, según los primeros sondeos. Sin embargo, el Papa no lograría blindarlo de las críticas de algunos dirigentes del Partido Republicano.[105]

El acuerdo cerraba también un juego a tres bandas.

Cuba aceptó a Francisco como garante. Fue el primer paso a una "salida al mundo" sin que nadie le imputara haberse convertido en un "lame botas del imperio". Los disidentes cubanos, como se esperaba, criticaron el reinicio del diálogo por considerarlo una "legitimación del régimen" que alargaría su permanencia en el poder.

Por su lado, Obama obtuvo el sello vaticano para una negaciación trabajosa. Además, acompañó la imagen y el discurso de Francisco como un aliado para algunos temas sensibles de su política interior y exterior.

A su vez, el Papa reconocía a Obama como un hijo de la periferia, parte de una minoría de raza negra, con el que coincidía —como quedaría establecido en la gira a Estados Unidos en septiembre de 2015— en posiciones sobre la desigualdad económica, el cambio climático y la reforma inmigratoria, que Obama no lograba destrabar en el Congreso. Con este acuerdo tácito se acababa la comunión de la

---

[105] Véase *The New York Times*, 17 de diciembre de 2014. El senador católico del Partido Republicano Marco Rubio —hijo de cubanos— y el también católico Jeb Bush atacaron a Obama por el acuerdo bilateral. Marco acusó al presidente de Estados Unidos de "tratar mejor a los enemigos de Estados Unidos que a sus aliados", y Bush lo calificó como "una nueva rendición de Obama ante el régimen de Castro". Véase www.miamidiario.com, 17 de diciembre de 2014. Bush criticaría al Papa en forma directa poco después, por la encíclica del medio ambiente *Laudato si'*. Véanse en este capítulo, p. 122, y *Huffington Post,* 18 de junio de 2015.

Santa Sede y el Partido Republicano, como había sucedido entre Juan Pablo II y Ronald Reagan, George H. W. Bush y George W. Bush.

Desde el punto de vista evangélico, con su mediación, Francisco lograba destrabar los obstáculos que lo habían imposibilitado. Desde el punto de vista político, demostraba que la Iglesia podría tener un rol estratégico a futuro para conducir procesos, e influir sobre Estados Unidos, Cuba y los pueblos latinoamericanos, un rol que había desaprovechado en las décadas del setenta y del ochenta, como lo había observado el cardenal Ortega a Bergoglio en aquella habitación de la Casa Santa Marta, horas antes de que fuera designado Pontífice.

La Iglesia volvía recuperar un espacio perdido.

La Santa Sede y Estados Unidos, de Juan Pablo II a Francisco

En los años setenta y ochenta, las jerarquías eclesiásticas latinoamericanas, así como también la Santa Sede, quedaron acopladas a dictaduras militares sostenidas por Washington en nombre del anticomunismo y la seguridad hemisférica. Había sucedido en Brasil, Bolivia, Chile, Uruguay, Argentina, Brasil, Perú, Paraguay, Nicaragua, Guatemala, El Salvador y Panamá. La elección de Wojtyla al Pontificado en 1978 encendió una luz de alarma en el Kremlin. Unido al republicano Ronald Reagan, que llegó a la Casa Blanca en 1980, afianzaron una alianza estratégica de intereses comunes: la desintegración del Pacto de Varsovia y la eliminación de la Teología de la Liberación en América Latina.

Estados Unidos entrevió, incluso antes que la Santa Sede lo hiciera oficialmente, el potencial peligro de esta corriente teológica en su compromiso con los pobres. El documento del Comité de Santa Fe, California, elaborado por encargo del Consejo para la Seguridad Interamericana a principios de la década de 1980, diseñó una política de "guerra contrainsurgente" para revertir el avance de la guerrilla latinoamericana y recomendó combatir "por todos los medios a la Teología de la Liberación". El documento acusaba a la comunidad católica que adhería a las corrientes liberacionistas, que consideraban más comunistas que cristianas, de ser un instrumento del marxismo-leninismo.

Como parte de su política de seguridad hemisférica, Estados Unidos comenzó a socavar las comunidades eclesiales de base con el aliento a iglesias evangélicas para que penetraran en sectores populares. Las iglesias fueron sostenidas desde el Instituto de Democracia y Religión creado en 1981. La doctrina político-religiosa de Reagan no excluía *per se* a la Iglesia católica: apoyaba económicamente a obispos conservadores opuestos a movimientos revolucionarios, como sucedió con monseñor Miguel Obando y Bravo, obispo de Managua, defensor político y moral de la contrarrevolución nicaragüense.[106]

Otra coincidencia de intereses fue focalizada en Polonia, el país políticamente más vulnerable del Pacto de Varsovia. Juan Pablo II realizó la primera visita en 1979 y la repetiría

---

[106] Recién en 1984, de manera oficial, la Congregación para la Doctrina de la Fe presidida por el cardenal Ratzinger expresó en la instrucción *Liberartis Nuntius* sus reservas sobre la Teología de la Liberación y alertó "sobre las desviaciones y los riesgos de desviación, ruinosos para la fe y para la vida cristiana, que implican ciertas formas de teología de la liberación que recurren, de modo insuficientemente crítico, a conceptos tomados de diversas corrientes del pensamiento marxista". En *Liberartis Nuntius,* Ratzinger llamaba a "liberarse de un espejismo (en referencia a la lucha de clases) para apoyarse sobre el Evangelio y su fuerza de realización". En los hechos, aquellos sacerdotes que adhirieron a la Teología de la Liberación, abandonados a su suerte por la Santa Sede, fueron perseguidos o asesinados por fuerzas de seguridad estatales o paraestatales.

ocho veces más durante su Pontificado. Sus mensajes en favor de la libertad de los pueblos y los derechos humanos excedían las bases católicas y lograrían desajustar las tuercas del sistema. La Santa Sede y Estados Unidos, a través de obras eclesiásticas, la banca vaticana o la CIA reforzaron al sindicato "Solidaridad" con ayuda económica. Con el foco en Polonia, Estados Unidos y la Santa Sede se convirtieron en el paradigma occidental de la Guerra Fría de los años ochenta.

El fundamentalismo religioso estadounidense —que fusiona Dios y patria como signo de la "excepcionalidad" de una nación elegida por la voluntad divina— influyó en este período para la cruzada de restauración. Durante los gobiernos de Reagan (1981-1989) y los de George H. W. Bush y su hijo George W. Bush (1989-1993 y 2001-2009), la derecha religiosa apoyó la política exterior binaria —dividida entre el Bien y el Mal—, en la que, entre las confesiones católicas y evangélicas, se mezclaban asociaciones filantrópicas, grupos económicos del complejo militar-industrial de Texas y empresas petroleras. Después del ataque de Al Qaeda a las Torres Gemelas en septiembre de 2001, los grupos religiosos neoconservadores acompañarían a George W. Bush en su retórica de guerra, con motivaciones patrióticas y profecías bíblicas, contra los "infieles musulmanes". Bush emprendió el combate contra el "Eje del Mal" con acciones militares preventivas, antes que las amenazas se materializaran.

Esta nueva estrategia de seguridad nacional, la "doctrina Bush", dejó atrás la diplomacia multilateral, y todo aquello que significara un control externo o freno al despliegue del poder militar. Estados Unidos se había convertido en la única potencia hegemónica de la tierra.[107]

---

[107] Véanse Somiedo García, Juan Pablo, "La influencia de la geopolítica estadounidense en la Teología de la Liberación latinoamericana

Sin embargo, tras el apoyo de la Santa Sede a la intervención armada en Afganistán en 2001, Estados Unidos perdió a Juan Pablo II como aliado para su expansión militar en Medio Oriente. La teoría de la "guerra preventiva" para la invasión a Iraq, fundada en la búsqueda de armas químicas que supuestamente ocultaba el régimen de Saddam Hussein, implicaba para la Santa Sede involucrarse en un conflicto georreligioso que podía detonar el fanatismo musulmán, provocar atentados contra iglesias y la persecución de cristianos en Iraq y Medio Oriente, además de la ruptura del diálogo interreligioso.[108]

La presidencia de Barack Obama representó un desafío para la derecha religiosa, que mantenía acciones comunes con los republicanos neoconservadores. Este "nuevo enfoque" sería más evidente y conflictivo con la reforma sanitaria que promovió Obama, la Ley de Asistencia Asequible, que concedió cobertura médica para prácticas anticoncep-

---

en el período 1960-1990", Área de Estudios Estratégicos e Inteligencia, Universidad Autónoma de Madrid, junio de 2014; Sánchez Vicente, Guillermo y Sánchez Peña, Juan Fernando, "El eje Washington-Vaticano", www.laexcepción.com, 11 de junio de 2003, y los libros de Porretti, Eduardo, *La nación elegida. El rol de la religión en la política exterior de los Estados Unidos de América*, Entre Ríos, Universidad Nacional del Litoral, 2010; Micklethwait, John y Wooldridge, Adrián, *Una nación conservadora. El poder de la derecha en Estados Unidos*, Buenos Aires, Debate, 2007 y Franco, Massimo, *Imperi Paralleli, op. cit.*

[108] La Santa Sede tomó una posición pacificadora sin confrontar con Estados Unidos, un disenso no estridente, alejado tanto de las invocaciones bélico-religiosas, como de las manifestaciones pacifistas de repudio. La diplomacia vaticana envió dos emisarios —el cardenal Roger Etchegaray a Iraq y el nuncio Pío Laghi a la Casa Blanca— para disuadir a ambas partes, sin obtener resultados. El "mai più la guerra" de Juan Pablo II, como última apelación, no tendría efecto sobre Estados Unidos. Cuatro días después, sin el mandato de la ONU, 150.000 soldados estadounidenses se desplegarían en Iraq.

tivas y de aborto, sin costos adicionales, incompatible con la doctrina de la Iglesia.[109]

En un país en el que el 86% de las personas profesa algún culto, la defensa de los "principios no negociables" de la doctrina católica excede la discusión intraeclesiástica o intrarreligiosa y atraviesa la sociedad civil y el sistema político estadounidense. Aunque la separación no es acabadamente lineal, los demócratas se apegan al ministerio social del Papa Francisco —justicia social, protección a inmigrantes, freno a las deportaciones, apoyo a las minorías sexuales y los encarcelados—, y los republicanos esperan que el Papa acompañe con más entusiasmo la batalla contra el secularismo cultural, la defensa de la vida desde la concepción y la libertad religiosa, como lo afirma la exhortación apostólica *Evangelii Gaudium* en párrafos poco recordados.[110]

---

[109] Dado que el mandato federal que obligaba al pago de pólizas de seguros médicos contradecía su fe católica, muchas entidades empleadoras de carácter religioso (hospitales o universidades) y empresarios de cualquier fe, resistieron con amparos a la Corte Suprema y amenazaron con incumplir la ley. El cuerpo episcopal estadounidense —United States Conference of Catholic Bishops (USCCB)— la caracterizó como violatoria de la libertad religiosa y de los derechos de conciencia. La reforma generó tensión entre los defensores de los derechos reproductivos y, en términos más generales, de las libertades individuales y los religiosos neoconservadores, que la calificaron como "persecución religiosa". Las críticas episcopales hicieron que el proyecto gubernamental se modificara y permitiera a las organizaciones religiosas desplazar la carga de los costos de la contraconcepción a compañías de seguro. En 2014 la Corte Suprema avaló la Ley de Asistencia Asequible. Un año más tarde convalidaría la legalidad del matrimonio homosexual en todo el territorio de Estados Unidos.

[110] Véanse Eugenio, Ludovica, "Stati Uniti, i cattolici in defensa dell 'Obamacare'", *Adista*, 14 de diciembre de 2013; "The Persecution Complex: The Religious Right's Deceptive Rallying Cry", *People for the American Way*, www.pfaw.org, y entrevistas a Massimo Franco, Gianni Cardinali y Francis Rocca.

En el Cónclave de 2013, los cardenales estadounidenses estaban unidos en su deseo de desplazar a la curia romana del control del Papado. Fue un objetivo que hicieron público en Roma. Bergoglio era casi un desconocido para ellos. Sabían que era moderado, religioso y —lo que más valoraban— no estaba contaminado por los vicios de la curia ni les debía favores. Los cardenales supusieron que el argentino podría conducir un gobierno ágil, de diálogo con iglesias locales, reformar la curia y devolverle legitimidad a la Iglesia. Entonces lo apoyaron. Cuando el Papa expresó su anhelo de una "iglesia pobre para los pobres" y promovió la "cultura del encuentro" y la defensa de los excluidos del sistema, y, en cambio, no remarcaba la agenda "pro-vida", se advirtió que la influencia de los purpurados estadounidenses en el Pontificado sería menor de la que se presuponía.

Francisco también afectó la matriz de la iglesia local (USCCB). La designación que generó más conflicto fue la del arzobispo Blase Cupich en la Arquidiócesis de Chicago, la tercera más grande el país, con dos millones de católicos, casi la mitad de ellos hispanos. Fue una elección personal del Papa, por encima de las preferencias de la USCCB, que también pasó por alto a la Congregación para los Obispos de la curia romana.[111]

---

[111] Fuentes eclesiásticas especularon que la designación de Blase Cupich fue por consejo del cardenal hondureño Óscar Rodríguez Maradiaga. Cupich rompió con la herencia de las "guerras culturales" del cardenal Francis George, nave insignia de la iglesia conservadora y asesor de primera línea de Benedicto XVI para la designación de obispos. Cupich no estaba entre los favoritos de George ni de la USCCB. Fue uno de los pocos eclesiásticos que mantuvo silencio en el debate por la reforma sanitaria. Francisco confió que podría impulsar la nueva agenda pastoral de la Santa Sede, que implicaba un desafío para la agenda "pro-vida" de los conservadores.

Acostumbrados a sostener principios morales desde el prisma ideológico republicano, a la iglesia estadounidense le costó aceptar la nueva hoja de ruta pontificia. Incluso fue difícil para la nueva conducción que asumió a fines de 2013, definida como "de centro moderado". Cuando el arzobispo Joseph Kurtz asumió la titularidad de la USCCB a fines de 2013, en la carta de saludo el Papa mencionó su inclinación a una iglesia pobre edificada por el amor de Cristo. "Esta es la vía maestra para sensibilizar a nuestra gente sobre la verdad de nuestro mensaje." Kurtz y Cupich marcaban dos universos distintos en la USCCB.[112]

---

[112] El arzobispo de Chicago Blase Cupich desalentó a sus sacerdotes a participar en rezos en las puertas de clínicas donde se autorizan prácticas contraconceptivas, como recomendó el titular de la USCCB, Kurtz, junto con otras arquidiócesis. Otro cardenal de confianza del Papa en Estados Unidos, integrante del C9, es Sean O'Malley titular de la Arquidiócesis de Boston, quien impulsó el castigo a los clérigos acusados de abusos sexuales y la protección de sus víctimas. Los escándalos sexuales provocaron el desplazamiento del cardenal Bernard Law de esa Arquidiócesis por haber protegido esos delitos. O'Malley sostiene la tradición latina desde que administraba un centro católico hispano en Washington con asistencia legal a inmigrantes. Algunos exiliados argentinos lo recuerdan cuando en un oficio religioso mencionó a los desaparecidos frente al embajador de la dictadura Jorge Aja Espil, que se retiró del sermón ofendido. Del mismo modo que Francisco en Lampedusa, O'Malley repartió la comunión a miles de mexicanos detrás los barrotes de la frontera de Estados Unidos y México, en Nogales-Arizona y recorrió con otros obispos el desierto en el que mueren los latinoamericanos que intentan ingresar a Estados Unidos. En este país, el 40% de los católicos son de origen latino. O'Malley busca acercarse a ellos con una pastoral más "hispana". Otra de las voces reconocidas del sector conservador es el arzobispo de Filadelfia Charles Chaput, quien declaró que el Papa no era del todo comprendido en Estados Unidos.

Evangelii Gaudium y *Laudato si'*: ¿dos visiones anticapitalistas?

El desencuentro entre el Papa y los grupos religiosos estadounidenses no concernía solo a la falta de énfasis en el Pontificado a los "principios éticos doctrinales". La tensión también radicó en la economía: a partir de Francisco se produjo un cambio de paradigma en la visión pontificia.

La línea conservadora —que se había consolidado en la iglesia estadounidense en tiempos de Wojtyla y Ratzinger— tenía posiciones comunes entre el capitalismo global y la enseñanza social católica. Uno de los propulsores de esta convergencia fue el católico liberal Michael Novak, asesor de Juan Pablo II en la escritura de la carta encíclica *Centesimus Annus* (1991).[113]

[113] La encíclica realizó una relectura de la *Rerum Novarum* del Papa León XIII (1881), que constituyó el ministerio social de la Iglesia. Escrita al calor de la caída del Muro de Berlín, Juan Pablo II reafirmó en *Centesimus Annus* el "compromiso imposible entre marxismo y cristianismo" y apuntó en forma constante a los beneficios de la economía de empresa, de mercado o "economía libre", en tanto estuviese asentada en un "sólido contexto jurídico" y no mellara la "libertad humana" (*CA*, 42). En otro párrafo, la encíclica se inclinaba a favor de la filosofía económica del neoliberalismo, como un proceso virtuoso: "La Iglesia reconoce la justa función de los beneficios, como índice de la buena marcha de la empresa. Cuando una empresa da beneficios significa que los factores productivos han sido utilizados adecuadamente y que las correspondientes necesidades humanas han sido satisfechas debidamente" (*CA*, 35). En los casos en que el mercado no fuese una salida, recomendaba ayudar a los necesitados para que desarrollaran aptitudes y mejoraran sus capacidades y recursos, y alertaba sobre los monopolios "que colocan a tantos pueblos al margen del desarrollo", para "asegurar a todos —individuos y naciones— las condiciones básicas que permitan participar en dicho desarrollo" (*CA*, 35). *Centesimus Annus* fue apreciada por sectores conservadores estadounidenses por haber asimi-

La publicación de la exhortación *Evangelii Gaudium* de Francisco (2013), en cambio, expresaría con claridad su rechazo al neoliberalismo y la teoría del "derrame".

En el párrafo 53 de la *EG*, el Papa define que "hoy tenemos que decir 'no' a una economía de la exclusión y la inequidad. Esa economía mata" y vuelve a la crítica de la "cultura del descarte", en la que los excluidos se convierten en "sobrantes" y "desechos".[114]

En el siguiente párrafo, la crítica a corrientes neoconservadoras —con sus políticas de desregulación y privatizacio-

---

lado la idea de la "libertad económica" y su admisión implícita al modelo neoliberal, aún con sus reservas, que emergía en la década de 1990 en oposición a la intervención del Estado en la economía e, incluso, el Estado de Bienestar. La encíclica social *Caritas in Veritate*, de Benedicto XVI (2009) comenzó a variar este paradigma y observó con mayor espíritu crítico el capitalismo financiero sin control ni reglas y los riesgos que implicaba la globalización. "El proceso de globalización, adecuadamente entendido y gestionado, ofrece la posibilidad de una gran redistribución de la riqueza a escala planetaria como nunca se ha visto antes; pero, si se gestiona mal, puede incrementar la pobreza y la desigualdad, contagiando además con una crisis a todo el mundo. Es necesario corregir las disfunciones, a veces graves, que causan nuevas divisiones entre los pueblos y en su interior, de modo que la redistribución de la riqueza no comporte una redistribución de la pobreza, e incluso la acentúe, como podría hacernos temer también una mala gestión de la situación actual" (*CV*, 42). El espíritu de la encíclica marcaba el giro de la visión conservadora de Novak hacia la del académico italiano de la Universidad de Bolonia Stefano Zamagni, promotor de la economía social y del bien común, y asesor del nuevo texto pontificio. Novak tomó distancia de la encíclica de Ratzinger como también lo hizo el influyente teólogo estadounidense y biógrafo de Juan Pablo II, George Weigel. Véase Tornielli, Andrea y Galeazzi, Giacomo, *Papa Francesco. Questa economía uccide. Con un'intervista esclusiva su capitalismo e giustizia sociale*, Milán, Piemme, 2015, pp. 119-127.

[114] Véase en el capítulo 3, p. 331.

nes y cuestionamiento al rol del Estado en la economía— que tuvieron fuerte arraigo en la economía, es determinante:

> En este contexto, algunos todavía defienden las teorías del "derrame", que suponen que todo crecimiento económico, favorecido por la libertad de mercado logra provocar por sí mismo mayor equidad e inclusión social en el mundo. Esta opinión, que jamás ha sido confirmada por los hechos, expresa una confianza burda e ingenua en la bondad de quienes detentan el poder económico y en los mecanismos sacralizados del sistema económico imperante. Mientras tanto, los excluidos siguen esperando. Para poder sostener un estilo de vida que excluye a otros, o para entusiasmarse con ese ideal egoísta, se ha desarrollado una globalización de la indiferencia. (*EG*, 54).

En otro párrafo, el Papa también expresa su desconfianza en el mercado como único ordenador de la vida social.[115] La exhortación apostólica anidaba un cambio radical. Para la Santa Sede, la autonomía absoluta del mercado ya no promovía el bienestar general, por efecto de la "teoría del derrame" de la riqueza, sino que era fuente del desequilibrio

[115] "Mientras las ganancias de unos pocos crecen exponencialmente, las de la mayoría se quedan cada vez más lejos del bienestar de esa minoría feliz. Este desequilibrio proviene de ideologías que defienden la autonomía absoluta de los mercados y la especulación financiera. De ahí que nieguen el derecho de control de los Estados, encargados de velar por el bien común. Se instaura una nueva tiranía invisible, a veces virtual, que impone de forma unilateral e implacable, sus leyes y sus reglas. (...) A todo ello se añade una corrupción ramificada y una evasión fiscal egoísta, que han asumido dimensiones mundiales. El afán de poder y de tener no conoce límites. En este sistema, que tiende a fagocitarlo todo en orden a acrecentar beneficios, cualquier cosa que sea frágil, como el medio ambiente, queda indefensa ante los intereses del mercado divinizado, convertidos en regla absoluta" (*EG*, 56).

entre ricos y pobres, por lo que estaba lejos de "garantizar el desarrollo humano integral y la inclusión social": "Mientras no se resuelvan radicalmente los problemas de los pobres, renunciando a la autonomía absoluta de los mercados y de la especulación financiera y atacando las causas estructurales de la inequidad —indica el texto—, no se resolverán los problemas del mundo y en definitiva ningún problema. La inequidad es raíz de los males sociales" (*EG*, 202).

No solo la derecha religiosa estadounidense, primer contribuyente de donaciones al Vaticano, sino también asociaciones de empresarios cristianos de distintos países del mundo quedaron desconcertados con el giro de la Santa Sede. Kenneth Langone, propietario de Home Depot y otros fondos de inversión, que estaba encaminado en la recaudación de fondos entre empresarios para un desembolso millonario para la restauración de la catedral San Patricio de Nueva York —que insumiría 177 millones de dólares—, fue uno de ellos. Lamentó que hombres ricos como él se sintieran condenados al ostracismo por los mensajes del Papa.

Las críticas pontificias a las desigualdades económicas y sociales provocaron malestar y resentimiento en ambientes católicos conservadores, de la comunidad financiera de Wall Street, y también del Partido Republicano, que habían consagrado una alianza política y religiosa con la Santa Sede, sobre la base de la "ética católica" y el "capitalismo democrático". Criticaron que la exhortación de la Santa Sede estuviera revestida de un "lenguaje marxista", "comunista" e incluso "pauperista". El argumento era que Francisco no había entendido la globalización porque era originario de un país "que no tuvo un verdadero capitalismo", tesis a la que adhirió Novak, que señaló la falta de mecanismos de movilidad social en Argentina.

El propio Langone buscó consuelo en el cardenal de Nueva York Timothy Dolan, al que considera su amigo.

Tras la publicación de *Evangelii Gaudium* le dijo: "Eminencia, esto es un obstáculo más del que no teníamos necesidad. Los estadounidenses están entre los filántropos más generosos del mundo, pero deben ser abordados en la manera justa. Se obtiene más con la miel que con el vinagre".[116]

Dolan intentó atenuar la incomodidad y tradujo la esencia de *Evangelii Gaudium* a los capitalistas estadounidenses en un artículo en *The Wall Street Journal*. Aclaró que cuando el Papa detallaba los problemas del libre mercado, no proponía el control estatal, sino que el sistema económico debía basarse en virtudes de compasión y generosidad. "La iglesia rechazó sistemáticamente los sistemas coercitivos del socialismo y el colectivismo, porque violan los derechos humanos inherentes a la libertad económica y la propiedad privada", escribió Dolan.[117]

El Papa no rescataba el virtuosismo ni la potencialidad creativa de la economía como la encíclica *Centesimus Annus* o como lo hacía Dolan. Si el texto pontificio podía ser objeto de diferentes interpretaciones, los hechos eran incontrastables. Tanto en el encuentro con los movimientos populares del 28 de octubre de 2014 en el Vaticano, como en el citado discurso en Bolivia del 9 de julio de 2015, cuando consideró sagrados los derechos a la tierra, el techo y el trabajo, predicaba a favor de una "economía al servicio de los pueblos".

---

[116] Véanse *La Stampa*, 2 de enero de 2014, *Perfil*, 5 de enero de 2014. Sobre las críticas al "marxismo" de la encíclica, véase Tornielli, Andrea y Galeazzi, Giacomo, *Papa Francesco*, *op. cit.*, pp. 73-90.

[117] En el artículo en *The Wall Street Journal*, el cardenal de Nueva York Timothy Dolan afirmaba que el virtuosismo, la justicia y la honestidad es la base de una actividad económica o negocio que puede producir la prosperidad general. Véase *The Wall Street Journal*, 22 de mayo de 2014.

En contraste con la "globalización de la indiferencia", instalaba la "globalización de la esperanza" en la que el protagonista ya no era la disposición de los capitales transnacionales en la escena mundial sino los "pueblos", con su tradición cultural e histórica, que debían organizarse para tal rol: "El futuro de la humanidad está en manos de los más humildes, los explotados, los pobres y excluidos, depende de su capacidad de organizarse y promover alternativas creativas, no solo en la búsqueda cotidiana de trabajo, techo y tierra ("las tres T") sino asumiendo una participación protagónica en los grandes procesos de cambio, nacionales, regionales y mundiales".[118]

Las acusaciones de "pauperismo", como caricatura de la misma pobreza, que suscitaban sus discursos, no las tomaba en cuenta: "No es pauperismo. Es el Evangelio. Si repitiera pasajes de las homilías de los primeros Padres de la Iglesia del siglo II o III sobre cómo se debe tratar a los pobres, cualquiera acusaría que la mía es una homilía marxista".[119]

---

[118] Véase el discurso de Francisco a los Movimientos Populares, www.aciprensa.com, 9 de julio 2015.

[119] Véase Tornielli, Andrea y Galeazzi, Giacomo, *Papa Francesco*, *op. cit.*, p. 212. Su visión sobre la economía tenía una impronta latinoamericana que Bergoglio no había concebido como Provincial jesuita, cuando frente a la "promoción de fe y justicia" como centro del apostolado de la Compañía de Jesús, prefirió una praxis pastoral acotada a la parroquia del barrio, antes que denunciar el sistema de "explotadores y explotados", como lo hacían otros sacerdotes latinoamericanos. Véase el capítulo 2, p. 216. Nota al pie 210. Una vez superada la Guerra Fría, desde la década del noventa, Bergoglio fue crítico del neoliberalismo y denunció la presión de organismos financieros sobre las economías vulnerables, que, condicionadas por los pagos de la deuda externa y obligadas a programas de ajuste, ponían en riesgo la paz social. Como cardenal de Buenos Aires advirtió sus consecuencias: desocupación, jóvenes sin estudio ni formación laboral, ancianos abandonados sin protección del sistema y una condición humana cada vez más degradada. Su postura fue más explícita a partir de la crisis

En 2015, el Papa abandonó algunas audiencias privadas en horas de la tarde en la Casa Santa Marta y comenzó a avanzar en estudios científicos sobre el cambio climático que condujeron a la elaboración de *Laudato si'*, la primera encíclica de la Santa Sede basada en estudios científicos y no en la fe. El medioambiente había sido ya incorporado en la encíclica *Caritas in Veritate*. Benedicto XVI relacionaba el capitalismo sin control con la ansiedad de las potencias mundiales por explotar los recursos minerales y energéticos no renovables, y llamaba a la redistribución global de recursos energéticos con los países más pobres, para hacer justicia con ellos.[120]

La narrativa de *Laudato si'* fue más convincente y vigorosa. Con un concepto de "ecología integral", el texto denunciaba una relación directa entre destrucción del medio ambiente, la pobreza y la explotación económica. Ponía en primer plano las consecuencias humanas y sociales del

---

económica y social de Argentina en 2001, que atribuyó a la aplicación de políticas neoliberales del gobierno peronista de Carlos Menem. Véase el capítulo 3, p. 226. Los riesgos de un retorno a estas políticas en el siglo XXI los suscribió en el prólogo del libro ya citado de Guzmán Carriquiry: "Los ingentes problemas y desafíos de la realidad latinoamericana no se pueden afrontar ni resolver reproponiendo viejas actitudes ideológicas tan anacrónicas como dañinas o propagando decadentes subproductos culturales del ultraliberalismo individualista y del hedonismo consumista de la sociedad del espectáculo". Véase Carriquiry, Guzmán, *Una apuesta por América Latina*, *op. cit.*, p. 10.

[120] "La acumulación de recursos naturales, que en muchos casos se encuentran precisamente en países pobres, causa explotación y conflictos frecuentes entre las naciones y en su interior. Dichos conflictos se producen con frecuencia precisamente en el territorio de esos países, con graves consecuencias de muertes, destrucción y mayor degradación aún" (*CV*, 49).

impacto del recalentamiento de la Tierra que recaerá sobre los países en desarrollo, por la íntima relación entre "los pobres y la fragilidad del planeta". Y pedía responsabilidad y reacción a las potencias mundiales, que, por su nivel de producción industrial, implicaba en forma directa a Estados Unidos y China.

"La misma lógica que dificulta tomar decisiones drásticas para invertir la tendencia al calentamiento global es la que no permite cumplir con el objetivo de erradicar la pobreza. Necesitamos una reacción global más responsable, que implica encarar al mismo tiempo la reducción de la contaminación y el desarrollo de los países y regiones pobres", expresa la encíclica. (*LS*, 75).

Además, reclamaba a los países más poderosos a resarcir la degradación ecológica y social que había producido su modo de producción industrial. "Como han dicho los obispos de Bolivia, los países que se han beneficiado por un alto grado de industrialización, a costa de una emisión de gases invernaderos, tienen mayor responsabilidad en aportar la solución al problema que han causado" (*LS*, 170).

El llamado al reemplazo progresivo de energías no renovables, "una de las mayores causantes del gas invernadero", suscitaría polémica por los intereses económicos que afectaba. "Sabemos que la tecnología basada en combustibles fósiles muy contaminantes —sobre todo el carbón, pero aun el petróleo, y en menor medida el gas— necesita ser reemplazada progresivamente y sin demora. (...) La política y la empresa reaccionan con lentitud, lejos de estar a la altura de los desafíos mundiales. (...) La reducción de gases de efecto invernadero requiere honestidad valentía y responsabilidad, sobre todo de los países más poderosos y contaminantes" (*LS*, 165 y 168).

Por último, en una intervención política y económica, recomendaba que las crisis cíclicas no fueran costeadas por las poblaciones. "La salvación de los bancos a toda costa, haciendo pagar el precio a la población, sin la firme decisión de revisar y reformar el sistema entero, reafirma un dominio absoluto de las finanzas que no tiene futuro y que solo podrá generar nuevas crisis después de una larga, costosa y aparente curación." En contraste, debía colocarse esa energía en el "problema de la economía real, la que hace posible que se diversifique y mejore la producción, que las empresas funcionen adecuadamente, que las pequeñas y medianas empresas se desarrollen y creen empleo" (*LS*, 189).

Laudato si' fue decepcionante para los mismos sectores que había molestado *Evangelii Gaudium*, sobre todo para las compañías petroleras u otras productoras de energía, y también para eclesiásticos que invertían dinero de sus fieles en acciones de empresas energéticas, que el mismo Papa señalaba como causantes del daño a la Tierra.[121]

En Argentina, la crítica pontificia al "salvataje" de los bancos también fue cuestionada. La revista *Noticias* valoró el rol de la actividad financiera y el crédito para sostener empresas que durante años estuvieron en pérdida, como había sido el caso de Amazon o Google. Desde ese enfoque, se mencionó la trascendencia de Bolsa de Wall Street que, "con todos sus defectos vino siendo la maternidad de gran parte de la innovación mundial". En Estados Unidos, desde el catolicismo tradicional, se destacó la "visión profundamente negativa" de la encíclica respecto del mercado libre, con una interpretación "Norte-Sur" de la economía global, propia

[121] Las Arquidiócesis de Chicago, y otras diócesis de los estados de Boston, Nueva York y Batilmore, reconocieron inversiones en acciones de empresas de gas y petróleo. Algunas de ellas prometieron modificar el perfil de sus inversiones. Otras resistieron la orientación de la encíclica. Véase *La Nación*, 13 de agosto de 2015.

de los años cincuenta, que ya había sido desacreditada.[122] El rechazo más explícito fue del precandidato republicano Jeb Bush: "Es una arrogancia sostener que con relación a los cambios climáticos exista una ciencia exacta", dijo y censuró a Francisco por sus intervenciones sobre economía y medioambiente en vez de ocuparse en "hacer mejores a las personas, y menos de cuestiones que tienen que ver con aspectos políticos".[123]

---

[122] Véanse Fontevecchia, Jorge, "Cómo descifrar a Francisco", *Noticias*, 19 de septiembre de 2015, y Gregg, Samuel, director de Acton Institute para el Estudio de la Religión y la Libertad, "*Laudato si'*, bien intencionada pero económicamente cuestionable", *La Nación*, 31 de julio de 2015.

[123] Véanse *La Vanguardia* y *Huffington Post*, 18 de junio de 2015. Según el arzobispo Marcelo Sánchez Sorondo, titular de la Pontificia Academia de Ciencias y Ciencias Sociales de la Santa Sede, "las críticas a la encíclica del Papa vienen de intereses petroleros". En respuesta a Jeb Bush, indicó que "el Papa habla de economía porque tiene relación con el hombre. Él sabe que el sistema de 'goteo' o 'teoría del derrame' no funciona porque en los países en los que se aplica a rajatabla, como fue Argentina, produjo más pobres. El dinero tiene que estar subordinado al interés de los hombres. El Papa tiene preferencia por una economía de participación social". Véase entrevista del autor en *Clarín*, 6 de septiembre de 2015. Para presentar *Laudato si'*, el Consejo Pontificio para la Justicia y la Paz —el "lápiz rojo" del Vaticano, según sus críticos— invitó a Naomi Klein, escritora canadiense inspiradora de movimientos antiglobalizadores de los años noventa, a exponer en la sala de prensa vaticana. En su libro *Esto lo cambia todo. El capitalismo contra el clima*, Buenos Aires, Paidós, 2015, Klein había acusado al "fundamentalismo de mercado" que bloquea reformas del modelo económico para atenuar el impacto del cambio climático, en acuerdo con la encíclica *Laudato si'*. Cualquier observador podía advertir el giro; en la década de 1990, cuando desde Roma se legitimaba la globalización capitalista, Klein era emblema de los movimientos que la resistían. Su presencia hubiera sido inimaginable en la presentación de una encíclica pontificia. Véase www.avvenire.it, 2 de julio de 2015.

Gira por Estados Unidos y Cuba: la ratificación del liderazgo global

Si muchas veces en su vida, Bergoglio conversaba junto con otros religiosos de cómo debía ejercerse un liderazgo, de su compromiso con los valores y la impronta que debía dejar en la historia, ese momento había llegado a nivel global en su vida. Quienes permanecieron cerca del Papa o compartieron momentos en su escritorio en la Casa Santa Marta, lo vieron concentrado en la preparación del viaje a Estados Unidos, que incluía la Casa Blanca, el Capitolio y las Naciones Unidas, donde se concentraba el poder real y simbólico del planeta, en una gira en la que él sería protagonista casi exclusivo.

Francisco decidió incorporar Cuba como anticipo de su viaje a Estados Unidos. Por un lado, en esa decisión, ratificaba su compromiso personal en la continuidad del diálogo, y por otro, al colocar a la isla en la primera etapa de la gira, transmitiría a Obama lo que Cuba le decía; y no al revés.

Su llegada a La Habana, el 19 de septiembre de 2015, demostró que cada palabra de su discurso había sido calculada y acordada entre la Santa Sede y las autoridades de la isla, para no alterar el delicado acuerdo que se había llegado con Estados Unidos. En el aeropuerto, el Papa llamó a Cuba a "recorrer los caminos de justicia, paz, libertad y reconciliación". Los disidentes apenas fueron mencionados, casi en forma subliminal, cuando el Papa saludó "a todas aquellas personas que, por diversos motivos, no podré encontrar y a todos los cubanos dispersos por el mundo". Incluso en la conferencia de prensa aérea posterior al viaje, Francisco dijo que no se había enterado sobre las detenciones de opositores durante su estadía, que mostraron las cámaras de televisión.

Aun así, en su diálogo con los jóvenes y en su homilía en el santuario de la Virgen de la Caridad del Cobre, la patrona de Cuba, llamó a una sociedad mucho más inclusiva y más compasiva.

El viaje era parte de un proceso que buscaba objetivos superiores. La prioridad inmediata de la Santa Sede en la isla, con sus omisiones y limitaciones, fue actuar sobre la base de los acuerdos diplomáticos que se habían negociado durante más de un año, y validar los espacios de diálogo abiertos no solo con Estados Unidos sino también con la propia iglesia cubana. El cardenal Ortega, en las vísperas de la visita de Francisco, fue entrevistado por la televisión cubana por primera vez en la historia. Con su estrategia de negociación, esperaba que la visita del Papa desencadenara, en el mediano y largo plazo, el fortalecimiento del culto católico, la apertura de parroquias, escuelas y hospitales.

En esa misma línea de un proceso a futuro se inscribió la reapertura del proceso de paz acordado entre el gobierno colombiano y la guerrilla de las Fuerzas Armadas Revolucionarias de Colombia (FARC) que contó con la mediación conjunta del Vaticano y Cuba, en un acuerdo que se hizo público un día después de la partida del Papa hacia Estados Unidos.

Juan Pablo II había cautivado a la derecha religiosa estadounidense por su compromiso para desmoronar el comunismo europeo. Ratzinger también, pero menos por su afán político que por su voz doctrinal: se había valorado su mensaje contra el relativismo que "en nada ayuda al verdadero diálogo intercultural", como indicó en *Caritas in Veritate*.

Francisco, en cambio, había provocado una diáspora entre los católicos de origen europeo y los de origen hispano. Entre estos últimos —relacionados cultural y políticamente con el Partido Demócrata— generó devoción y esperanza desde el primer día de su Pontificado. El Papa hablaba con valentía de temas que le preocupaban, la protección de sus derechos o el empleo, el futuro de sus hijos. Su palabra hacia ellos los revalorizaba.

Los que añoraban los papados de Juan Pablo II y Benedicto XVI desconfiaban del predominio de las críticas a las desigualdades sociales que Francisco colocaba por encima, en un parámetro de jerarquía de verdades, al "ataque de la libertad religiosa", en la que casi no se mencionaban las objeciones de conciencia a la reforma sanitaria, que admitía métodos anticonceptivos con los que se vulneraban los fundamentos de la doctrina católica.

Era la primera vez en su vida que Jorge Bergoglio viajaba a Estados Unidos, y también era la primera vez en más de medio siglo que un jefe de Estado llegaba desde La Habana a Washington.

En la ceremonia de bienvenida en los jardines de la Casa Blanca, junto a Barack Obama, marcaría las líneas de su ministerio social: la inmigración, los excluidos, los refugiados y el cuidado del medio ambiente. "Como hijo de una familia de inmigrantes, me alegra estar en este país, que ha sido construido en gran parte por tales familias", dijo, en una dedicada lectura de su mensaje en inglés. Luego mencionó la gravedad y la urgencia que acuciaban a los que padecían las injusticias del sistema económico, y las consecuencias de la tierra empobrecida con el cambio climático. Su palabra, que resonaba frente al mundo, era una voz de rechazo a la indiferencia global que ya había denunciado en Lampedusa.

Poco antes de la gira había trascendido que el Papa no estaba conforme con los discursos que se habían preparado. Le parecían genéricos, poco estructurados, y prefirió confiarlos a personas de su entorno que conocían mejor su pensamiento y su lenguaje para luego hacer una supervisión concentrada y rigurosa.[124]

---

[124] Véase Franco, Massimo, "Il Papa nelle Americhe, i segreti di un viaggio", *Corriere della Sera*, 15 de septiembre de 2015.

Francisco abordó su contacto con Estados Unidos desde la tradición histórica y cultural. En el Capitolio, llegó al corazón de los legisladores y se convirtió en la esperanza de los inmigrantes e indocumentados que viven en ese país al decir que "nosotros, las personas de este continente, no les tememos a los extranjeros, porque la mayoría de nosotros fuimos una vez extranjeros". Y enseguida tocó la sensibilidad del pueblo desde la "lengua materna" de su cultura. Habló del "sueño americano", de la tierra de "hombres libres y valientes". Con sencillez y humildad, recordó los sueños de un republicano como Abraham Lincoln en defensa de la libertad; la lucha por los derechos civiles y políticos de Martin Luther King por los afroamericanos; la pasión por la justicia y la causa de los oprimidos de la activista radical católica Dorothy Day, y mencionó a Thomas Merton, un monje y pensador, símbolo de la hospitalidad, que había reflejado la espiritualidad como pocos en sus escritos. Dos eran católicos, los otros dos no. Pero no dejó afuera la dimensión de sus sueños.

Su discurso fue una clara muestra de inculturación de la TdP.

El Papa no se dejó atrapar por el discurso doctrinario-conservador de confrontación de las "guerras culturales", que sostiene la derecha religiosa junto con la mayoría de los republicanos. Habló de la misericordia, de la obligación moral que el hombre tiene para acoger a los "heridos", de abrir los corazones y las mentes. Pero tampoco omitió, en su discurso en las Naciones Unidas, la defensa de la vida "desde la concepción y en todas sus etapas y dimensiones", o frente a Barack Obama, cuando dijo "que los esfuerzos por construir una sociedad justa y sabiamente ordenada" debía respetar "sus más profundas inquietudes y su derecho a la libertad religiosa", y llamó a defender esa libertad frente a todo lo que "pudiera ponerla en peligro o comprometerla", en el que aludía a la reforma sanitaria, que obliga a garantizar seguros a empleados de instituciones católicas que desearan abortar.

El cierre en el Encuentro Mundial de las Familias en Filadelfia, desprendido de un carácter geopolítico de su gira, era una muestra de su apoyo a la institución del matrimonio y de la familia "en este momento crítico de la historia de nuestra civilización". Sin eludir ningún tema controversial, daría un mensaje de unidad interna, y no de división, para la Iglesia. Por si alguna duda cabía, había dejado en claro que era católico y podía recitar el credo, como había aclarado antes de pisar Estados Unidos. También había demostrado que era una autoridad global que sabía ejercer su liderazgo carismático.

África y México: viajes hacia las geografías del dolor y la violencia

El Papa continuó su geopolítica pastoral por Kenia, Uganda y República Centroafricana, en su gira que entonces significaba la de mayor riesgo de su Pontificado. Se producía en un contexto de consternación mundial por los actos terroristas simultáneos de la yihad en París del 13 de noviembre de 2015, que provocaron casi doscientos muertos, y, en forma casi simultánea, de la toma de rehenes en un hotel de Malí, África.

El Papa —con su mensaje de reconciliación, perdón y paz— se introdujo en poblaciones de miseria e indigencia en Kenia y Uganda, con misas al aire libre y en un estadio, donde los atentados terroristas habían provocado más de cuatrocientos muertos en los últimos años. La etapa más riesgosa era, sin embargo, su permanencia de treinta y tres horas en Bangui, la capital de República Centroafricana, una zona de guerra en la que dos milicias extremistas —una musulmana y otra de cristianos y africanos tradicionalistas—, se enfrentaban desde hacía menos de dos años y convirtieron a la ex colonia francesa en un territorio de refugiados, salidas forzadas y violencia política y religiosa. En el último año, en un país donde en el mercado negro una granada se consigue por un euro y un fusil Kalashnikov por alrededor de cien, más de cinco mil personas habían muerto en hechos de violencia. Ni los cascos azules de la ONU ni casi un millar de tropas francesas podían asegurar el control de Bangui durante la estadía del Papa. Solo una tregua firmada pocos días antes de la gira por África por los dos grupos enfrentados de milicianos musulmanes y cristianos, tras la mediación de la gendarmería vaticana y la Comunidad de San Egidio, pudo asegurar permanencia en la ciudad.

Francisco tenía dos encuentros clave: con la comunidad musulmana en la mezquita central de Koudoukou, en la que también participaban delegaciones católicas y protestantes, y en la Catedral Notre Dame de Bangui, donde abriría la primera Puerta Santa del Jubileo de la Misericordia, como preludio al que luego se iniciaría en Roma. Y la Puerta Santa de madera y vidrio del templo en el corazón de África se abrió el domingo 29 de noviembre de 2015 junto a los más pobres, en medio de la guerra y la violencia. La geopolítica de la misericordia, colocada en el centro de la vida cristiana, no calculaba riesgos.

En su primer viaje de 2016, el Papa continuó su peregrinaje por las llagas sociales y políticas en el continente americano. Todas las heridas que enunciaba en su exhortación *Evangelii Gaudium*, en México se presentaban en carne viva. La exclusión, la miseria, la explotación, los femicidios, la discriminación indígena, la corrupción, el narcotráfico y el crimen organizado, capaz de hacer desaparecer a 43 estudiantes rurales de un solo golpe, y también las políticas de complicidad y silencio de la clase dirigente, que intentaban cubrirlas con impunidad para que no emergieran a la luz.

La visita del Papa a un país con la segunda mayor población de católicos en el mundo, que retomó la relación diplomática con la Santa Sede en 1992, podría implicar ese riesgo: proyectar aquellos males a la escena global.

Los meses previos, la preparación estuvo encerrada en la disputa. Por un lado, el poder político conservador, eclesiástico y empresario que prometía recibirlo con la alfombra roja para forjar un armonioso encuentro espiritual con el Papa, es decir, apropiarse de su imagen, mostrarse en comunión con la Iglesia y así obtener legitimidad para sus fines electorales. Por el otro lado, las organizaciones de víctimas buscaban por todos los medios tener acceso a Francisco para poner en evidencia la problemática política y social.

El viaje a México de Francisco estuvo precedido por esa grieta.

El Papa recorrió en cinco días la geografía dolorosa del México real, que clama justicia, y que nunca antes había sido visitada por Juan Pablo II ni Benedicto XVI: San Cristóbal de las Casas, en Chiapas; Morelia, en el estado de Michoacán; y Ciudad Juárez, en la frontera con Estados Unidos. La sola presencia de Francisco ya dejaba un mensaje. Y lo reforzó frente a los pueblos indígenas, sumidos en la pobreza extrema y el analfabetismo, a los que pidió perdón por la exclusión, el menosprecio a sus tradiciones y la constante búsqueda de despojarlos de sus tierras. No excluyó a la jerarquía de la iglesia mexicana ni al Vaticano de esas responsabilidades. Su visita a la tumba del obispo de San Cristóbal de las Casas, Samuel Ruiz García, teológico de la liberación, para rendirle honores, fue también un reconocimiento para quien fue repudiado por la clase política gobernante.

En Morelia, tierra fértil de las mafias del narcotráfico, les habló a los jóvenes para no dejarse desvalorizar, ser tratados como mercancías, ni dejarse seducir por "un carro nuevo y los bolsillos llenos de plata". "Jesús nunca los invitaría a ser sicarios", les dijo.

En Ciudad Juárez, frente a los detenidos del Centro de readaptación social, pidió abrir espacios de misericordia para los que vivieron y viven en la oscuridad. "Quien ha sufrido el dolor al máximo, y que podríamos decir 'experimentó el infierno', puede volverse un profeta en la sociedad", dijo, y en un mensaje directo a la clase política, expresó que "el problema de la seguridad no se agota solamente encarcelando, sino que es un llamado a intervenir afrontando causas estructurales y culturales de la inseguridad, que afectan a todo el entramado social".

En su homilía en Ciudad Juárez, junto al Río Grande, el punto crucial de la migración, los femicidios y el crimen organizado, en la frontera con Estados Unidos, frente a 250 mil personas denunció que la pobreza es "el mejor caldo de cultivo" para que los jóvenes caigan "en el círculo del narcotráfico y la violencia".

Quizá todos los mensajes de la travesía por México hayan resultado insuficientes y no hayan cubierto las expectativas que antecedían su visita. Francisco no mencionó los femicidios, ni a los 43 estudiantes de Ayotzinapa desaparecidos ni recibió a sus familiares, ni tampoco a las víctimas de los abusos sexuales cometidos por los curas, ni a las del fundador de la Congregación de Los Legionarios de Cristo, Marcial Maciel, que esperaban un resarcimiento para su dolor desde la Santa Sede. En la búsqueda del equilibrio diplomático, de los acuerdos que se establecen entre las autoridades del país, la iglesia local y el Vaticano antes de cada viaje, para no quemar las naves, quedaron marcados los límites de su primera visita a México. Pero en su viaje al país de la devoción de la Virgen de Guadalupe, que también es el país de los infiernos, quizá haya intentado sacudir a la iglesia burocrática, inmóvil, apegada al poder local, para que se comprometan con los problemas del país y asuman un proceso de transformación social y de justicia. Y haya querido, con su presencia, animar a sacerdotes, a fieles y a la sociedad civil a no resignarse en su lucha para que el país se enfrente a su propio espejo: la pobreza, la inmigración, la violencia, el narcotráfico. Quizá tan solo haya querido dejar esa huella, marcar esa nueva cruzada.

Capítulo 2

Tensiones en la provincia jesuita (1969-1992)

Escribe Jorge Mario Bergoglio en julio de 1976, cuando era Provincial de los jesuitas: "El fuego de la mayor gloria de Dios que consumió a Ignacio de Loyola —'ignis' en su nombrarse mismo— transita por nosotros quemando toda vana complacencia y lanzándonos a una hoguera que está en nosotros, que nos concentra y nos expande, nos agigante y nos empequeñece".

Ignacio de Loyola y los primeros compañeros crearon la Compañía de Jesús en 1534, que puso en el centro el trabajo apostólico, y generó un nuevo estilo de vida religiosa. Seis años más tarde, en 1540, la Orden fue aceptada por el Papa Paulo III y luego por Julio III en 1550.

En las cartas apostólicas, se los conminaba a enseñar la palabra de Dios, predicar ejercicios espirituales, instruir a niños en la doctrina cristiana, escuchar a los fieles, suministrar sacramentos, pacificar a los desavenidos, socorrer y servir con obras de caridad a presos en cárceles y enfermos en hospitales... para la gloria de Dios y para el bien universal.

Y entonces Ignacio de Loyola, primer Prepósito General de la Compañía de Jesús, hizo la profesión perpetua de pobreza, castidad y obediencia al Papa.

Mientras completaba el texto de las Constituciones, los compañeros de la Compañía comenzaron a abrirse al mundo —por Europa, India, Japón, China— para su labor misionera. Al momento de la muerte de Ignacio de Loyola, en 1556, más de mil jesuitas ya estaban organizados en doce Provincias.

Prosigue Bergoglio:

> No todo será luz en esta trayectoria de la Compañía, no todo será gracia. También los jesuitas son y han sido pecadores, y también la Compañía como cuerpo ha sido pecadora. No faltarán tergiversaciones pecaminosas en su misión y, por momentos, la fidelidad al pasado ha sido mezquino esclerotizamiento; y su lanzarse al futuro no siempre ha estado exento de indiscreto vanguardismo. Y su zigzagueante búsqueda de realismo ha estado a veces carente de un oportunismo acomodaticio. Pero la marcha histórica se define por los hechos irreversibles que la configuran, y la Compañía queda en su marcha configurada por los gestos de sus santos, que tampoco han faltado en esta tierra americana.

En América del Sur, la Compañía de Jesús comenzó a crecer al influjo de las misiones en el Alto Perú en 1568. Se diseminarían hacia el sur del continente, a las provincias de Salta, Tucumán, Santiago del Estero, Córdoba, el Río de la Plata y también al Paraguay. Los jesuitas actuaban con cierta independencia de la monarquía española. Sus tareas eran innovadoras: gestionaban haciendas agroganaderas, la minería y talleres artesanales para indios, a quienes reunían en las reducciones, al mismo tiempo que les transmitían la fe cristiana. En sus misiones se organizaba la actividad en la tierra pública y en los terrenos particulares, como una unidad económica, y la producción se comercializaba o se intercambiaba.

Las misiones lograron sacar de la esclavitud a los indios de los sistemas esclavistas de la Corona.[125]

La Orden religiosa, en sus conventos, también iniciaba a sus alumnos en estudios de artes, filosofía, moral y teología, con inclinación por la educación y cultura local.

En 1610, en Córdoba, se levantó el Colegio Máximo de la Compañía de Jesús.

Con sus reducciones, internados y colegios, además de las misiones guaraníes y del Chaco, sus enviados procedentes de España, Alemania, Italia e Inglaterra, sus profesores, estudiantes, novicios y seminaristas, y aun con los límites del idioma, la Orden jesuita conformaba un universo semiautónomo de la metrópoli. La Corona les temía.

El Rey Carlos III decidió expulsarlos de sus territorios.[126]

Continúa el Provincial: "Símbolo de silencio y espera en las palabras que el entonces Provincial dijo a sus súbditos al comunicar la orden de expulsión de Carlos III: 'Confío que no está seco este ramo, que aún vive en él el espíritu de San Ignacio, y que sepultado el presente con lo impetuoso del tiempo ha de brotar en su primavera más florido y fecundo que nunca'".[127]

---

[125] Las "reducciones jesuíticas" intentaron construir un espacio independiente para la población originaria y trataban de obstaculizar la entrada de los colonizadores que querían tomarlos como esclavos para su servicio personal. Véase Ossana, Julia, "Las misiones jesuitas en la región del Guayrá en las primeras décadas del siglo XVII", *CESOR*, Universidad Nacional de Rosario, 2008.

[126] La política de Carlos III buscó que la autoridad eclesiástica impusiese las reformas que convenían a la Corona. Con la expulsión de los jesuitas privó a la Compañía de Jesús de su resorte de poder, prestigio y recursos. Véase Morner, Magnus, *La expulsión de la Compañía de Jesús*, en *Historia de la Iglesia en Hispanoamérica y Filipinas (siglos XV-XIX)*, Madrid, BAC,1992, pp. 245-258.

[127] Extracto del artículo "Fe y Justicia en el Apostolado de los Jesuitas" del Provincial Jorge Bergoglio, publicado en *Revista del Centro de*

La orden de expulsión de los jesuitas, decretada desde Madrid, llegó al Río de la Plata con varios meses de retraso.[128]

Después de 159 años de actividad apostólica en el continente americano y tras las expulsiones, persecuciones y el exilio, los jesuitas iniciaron un largo período de ostracismo. Volverían a la Argentina en 1836, en tiempos de la Restauración, por pedido del brigadier Juan Manuel de Rosas, y fundarían casas jesuitas en Córdoba y San Juan, y también se expandirían en la provincia de Buenos Aires, aunque con dificultades. El brigadier Rosas les exigió, por decreto, que predicasen a favor del Partido Federal y en contra de los unitarios. No sería largo el tiempo de paz. Al no avenirse a servir de propaganda rosista, fueron otra vez expulsados de distintas provincias. Las turbulencias durarían más de dos décadas, hasta que se afincaron en Buenos Aires de manera definitiva en 1854, tras el inicio de la Confederación Argentina, con la presidencia de Justo José de Urquiza.

Investigación y Acción Social de la Compañía (CIAS), dirigida por los padres jesuitas, nº 254, julio de 1976.

[128] Dos de los objetivos más importantes para ejecutar la expulsión fueron el Colegio de Buenos Aires y el Colegio Máximo de Filosofía y Teología en la ciudad de Córdoba, que tenía rango de Universidad. En la madrugada del 11 de julio de 1767, ochenta soldados del virrey del Perú llegaron con la cédula real, las bayonetas y la orden de fuego al Colegio Máximo y arrestaron a 112 jesuitas. Les confiscaron el dinero y los trasladaron en carretas, cargando libros y alhajas hasta la ribera de Ensenada, donde fueron embarcados en las fragatas ancladas en el Río de la Plata. Lo mismo sucedió con los 48 jesuitas arrestados en Buenos Aires, quienes partieron en otro navío hasta llegar a Cádiz. Tras años de abandono, las ruinas jesuíticas permanecieron como atracción turístico-cultural. Véase Ferrer Benimelli, José A., "Viaje y peripecias de los jesuitas expulsos de América. (El Colegio de Córdoba de Tucumán)", *Revista de historia moderna*, nº 15, Universidad de Zaragoza, 1996, pp. 149-177.

A partir de entonces, el impacto cultural y apostólico sería significativo, pero continuarían las persecuciones, con atentados e incendios en sus colegios e iglesias.

Una de las instituciones formativas de la Compañía de Jesús fue el Colegio Máximo San José, en San Miguel, provincia de Buenos Aires, sobre un predio de 36 hectáreas. Allí se instaló la Facultad de Filosofía y Teología en 1932, con la aprobación de la Santa Sede.

La formación ignaciana en la Compañía de Jesús

Esa década —la década en que nació Jorge Mario Bergoglio, el día 17 de diciembre de 1936—, la iglesia argentina puso en práctica su influencia sobre la sociedad y sobre la elite de poder. Se haría eco de la prédica antisemita y autoritaria de grupos nacionalistas que alentaban, desde el interior de las Fuerzas Armadas, la gestación de un movimiento que tomara el control del país. Dios, Patria y Fuerzas Armadas fue el tridente que blindaría a Argentina de las amenazas disolventes, como llamaban a la "democracia decadente", el colectivismo o el laicismo.

La iglesia local, que formaba parte de ese proyecto corporativista, estaba dispuesta a bendecirlo, pero no desde su acción política directa, sino desde su liturgia religiosa, con multitudinarias celebraciones callejeras.

Para no quedarse encerrado en la sacristía, el catolicismo amplió sus fronteras sociales en los congresos eucarísticos, con las emisiones radiales de las misas y el activismo de distintas asociaciones laicas.[129]

---

[129] Véanse Lida, Miranda, *Monseñor Miguel De Andrea. Obispo y hombre de mundo (1877-1960)*, Buenos Aires, Edhasa, 2013, pp. 135-138, y Larraquy, Marcelo, *Marcados a fuego. La violencia en la historia*

Una de ellas era la Acción Católica, donde colaboraba la familia Bergoglio, con la guía de Rosa Vasallo, la abuela paterna de Jorge Mario. Ella le enseñó a rezar, le relataba historias de santos y lo llevaría a los primeros oratorios. Bergoglio decidió su vocación sacerdotal cuando preparaba su ingreso a la Facultad de Medicina. Excepto su madre, que intentó disuadirlo en un primer momento, la familia lo aceptó. Inició el seminario del clero diocesano en 1958 en Villa Devoto, Buenos Aires, y luego continuaría el noviciado en la provincia de Córdoba, a 700 kilómetros. Entonces ya había decidido ser jesuita. "Me impresionaron tres cosas: su carácter misionero, la comunidad y la disciplina. Y esto es curioso porque soy un indisciplinado nato, pero su disciplina y su modo de ordenar el tiempo me impresionó mucho".[130]

En las horas frías de la iniciación religiosa, separado de su familia, profundizó la lectura de los fundamentos ignacianos, el rito de la oración diaria, los rezos en latín, los exámenes de conciencia y las costumbres penitenciales en las que debía mirar sus propios pecados, el de los otros, el de la humanidad misma, y hacer gestos de arrepentimiento.

Cada vez más convencido en su fe para asumir sus primeros votos de pobreza, castidad y obediencia, que tomaría en marzo de 1960, los fines de semana salía del encierro para enseñar catequesis a los chicos de los barrios pobres y asistir a enfermos en el hospital, para dar cumplimiento a los "experimentos" que había concebido Loyola para que

---

argentina. De Yrigoyen a Perón (1890-1945), Buenos Aires, Aguilar, 2009, pp. 265-268.

130 Véase Spadaro, Antonio, "Intervista del direttore al Papa Francisco", *La Civiltà Cattolica*, nº 3918, 19 septiembre de 2013.

los noviciados confirmaran su vocación, y prepararan su vida, para ser jesuitas.[131]

En ese período gestó una característica distintiva que lo acompañaría en el resto de su vida: la capacidad de discernimiento: "El discernimiento se realiza siempre en presencia del Señor, sin perder de vista los signos, escuchando lo que sucede, el sentir de la gente, sobre todo de los pobres. Mis decisiones, incluso las que tienen que ver con la vida normal, van ligadas a un discernimiento espiritual que responde a las exigencias que nacen de las cosas, de la gente, de la lectura de los signos de los tiempos. El discernimiento en el Señor me guía en mi modo de gobernar".[132]

La segunda etapa de formación, el Juniorado, la atravesó en la comuna rural de Padre Hurtado, a 20 kilómetros de Santiago de Chile. Profundizó su formación en el servicio para los demás y fue moldeando su cultura humanística en Letras, con la lectura de autores en su lengua original —latín y griego—, siempre con su ánimo reservado y serio, pero agradable al momento de la conversación.

Después de un año regresó a Argentina para estudiar Filosofía y Teología en el colegio Máximo. Tenía 25 años. Era un tiempo en que la Iglesia Universal comenzaba a transformarse. El Concilio Vaticano II buscó actualizar la vida cristiana, sacarla de su encierro, y ponerla en diálogo con la sociedad moderna y la cultura secular.

---

[131] Véase Cámara, Javier y Pfaff, Sebastián, *Aquel Francisco*, Córdoba, Raíz de Dos, 2014, pp. 90-98.

[132] *La Civiltà Cattolica*, año 164, nº 3918, septiembre de 2013.

Los jesuitas del mundo en tiempos del padre general Pedro Arrupe

El Concilio Vaticano II desató un debate sin precedentes en la Santa Sede, las órdenes religiosas, las iglesias locales y la comunidad católica en general.

La Compañía de Jesús se incorporó a este proceso de cambios que habilitó el Concilio cuando el padre español Pedro Arrupe fue elegido superior general en la Congregación General 31° (CG 31), en mayo de 1965.

Arrupe provenía de la periferia. En ese momento era Provincial en Japón, donde misionaba desde hacía treinta años. Los intentos de renovación posconciliar dieron contexto a las reformas legislativas de la Compañía para modificar estructuras y apostolados: se crearon los Centros Ignacianos de Espiritualidad (CIE). Fue una etapa de experimentación, de apertura al mundo secular, en la que Arrupe, con un nuevo estilo, se atrevía a comunicar lo que pensaba: "No tengo miedo al nuevo mundo que surge. Temo más bien el que los jesuitas tengan poco o nada que ofrecer a este mundo. Poco que decir o hacer, que pueda justificar nuestra existencia como jesuitas. Me espanta que podamos dar respuesta de ayer a los problemas de mañana. No pretendemos defender nuestras equivocaciones, pero tampoco cometer la mayor de todas: la de esperar con los brazos cruzados y no hacer nada por miedo a equivocarnos".[133]

En esta nueva orientación, que se expresaba en el contacto con la prensa y viajes por el mundo, que no tenían antecedentes en un superior de la Compañía, Arrupe declaró su respeto a la ciencia, a la libertad de pensamiento, al diálogo con otras religiones, y recomendó a los jesuitas misionar

---

[133] Véase Arrupe, Pedro, "Carta a jesuitas de América Latina", *The New York Times*, 25 de noviembre de 1966.

dentro de los "grupos subculturales" que emergían en la sociedad moderna —estudiantes, artistas, intelectuales, trabajadores y también los marginados de los suburbios—, e integrarse en sus lenguas y culturas para anunciar el Evangelio. "El Evangelio no es solo patrimonio de la cultura occidental. Es patrimonio del hombre. La inculturación del Evangelio es un derecho de los pueblos y un deber de la Iglesia".[134]

Bergoglio conoció a Arrupe antes de que fuese elegido superior general, en una visita al Noviciado de Córdoba en 1959. El relato de sus experiencias en Japón le renovaron el deseo de misionar en ese país, pero la detección de un quiste congénito en un pulmón, que lo había puesto en riesgo de muerte durante el seminario diocesano, limitaba sus posibilidades de una larga estadía en el sudeste asiático, como aspiraba.[135]

Después de tres años de estudios de Filosofía en el Colegio Máximo, donde completó la licenciatura, la Compañía lo envío en 1964 a dar clases al colegio de la Inmaculada Concepción de la ciudad de Santa Fe, como subprefecto de la primera división para alumnos de cuarto y quinto año.

En cumplimiento con el magisterio de la enseñanza, Bergoglio impartió Literatura Española, Arte, Oratoria y Psicología, en clases versátiles, abiertas, en que daba libertad a sus alumnos para estudiar el autor y la época que quisieran. Buscaba despertar en ellos la inquietud y la curiosidad.[136]

---

[134] Véase Cacho, Ignacio: "Pedro Arrupe, un general para el cambio", *Noticias Loiola Rerriak*, Bilbao, España, nº 269, marzo-abril 2001, pp. 9-12, y nº 270, mayo-junio, 2001, pp. 9-12.

[135] Véase Cámara, Javier y Pfaff, Sebastián, *Aquel Francisco*, *op. cit.* Para la enfermedad pulmonar de Bergoglio, véase Larraquy, Marcelo, *Recen por él*, *op. cit.*, p. 43.

[136] En mayo de 1965, Bergoglio sorprendió a sus alumnos con la visita del escritor Jorge Luis Borges, ya casi ciego, al que trasladó desde Buenos Aires para un seminario de Literatura Gauchesca. Después, el escritor

Bergoglio ya era dueño de un abanico de lecturas que conformaban un universo cultural ecléctico y heterodoxo, que rezumaba el humanismo, la cultura popular o la tradición gauchesca, con la que podía enlazar a Alejandro Manzoni, Dante Alighieri, Fiódor Dostoievski, Leopoldo Marechal, el jesuita místico Teilhard de Chardin o el *Martín Fierro* de José Hernández, al que citaría en su discurso de las Naciones Unidas, medio siglo después.[137]

Cuando Bergoglio regresó a Buenos Aires, tras dos años de docencia, el mundo de la iglesia estaba en convulsión por las nuevas orientaciones del Concilio Vaticano II.

El Che Guevara se había instalado en Bolivia con la intención de expandir el foco revolucionario desde el monte, y en Argentina, el general Juan Carlos Onganía, tras derrocar al gobierno del radical Arturo Illia, clausuró la vida política e intervino las universidades. Para la Revolución Argentina —como se denominaba a la dictadura militar— cualquier disidente —obrero, estudiante, militante político de cualquier ideología— representaba al "enemigo interno", al que debían enfrentar en el marco de la Doctrina de la Seguridad Nacional, que había sido introducida por Estados Unidos en convenios con las Fuerzas Armadas de países latinoamericanos.

Perón llevaba más de una década de exilio. El peronismo seguía proscripto. La iglesia latinoamericana se transformaba con sus propias particularidades a la luz del Concilio y lo traducía a través de la opción preferencial por los pobres.

---

se ofreció para prologar la obra colectiva de cuentos que prepararon los alumnos, finalmente publicado como *Cuentos originales*. Véase *Clarín*, 15 de marzo de 2013.

[137] Véase Poirier, José María, "La filosofía de Francisco", *La Nación*, 24 de mayo de 2013.

El documento de la II Conferencia General del Episcopado Latinoamericano (CELAM) de Medellín, en 1968, promovió una pastoral de denuncia contra la injusticia social, causa del atraso y el desamparo. Aconsejaba a los obispos asistir y comprometerse con el "Pueblo de Dios", que reunía a toda la comunidad de cristianos, en el cambio de estructuras económicas y sociales.[138]

La encíclica *Populorum Progressio*, promulgada por Pablo VI en 1967, manifestaban los obispos, explicaba esa pobreza como consecuencia de la explotación del imperialismo y las empresas multinacionales. Sin demasiada atención en la orientación doctrinal del Concilio Vaticano II, las recomendaciones pastorales de la CELAM se fundaron en base al diagnóstico que hacían de la realidad social y económica.

> América Latina parece que vive aún bajo el signo trágico del subdesarrollo, que no solo aparta a nuestros hermanos del goce de los bienes materiales, sino de su misma realización humana. Pese a los esfuerzos que se efectúan, se conjugan el hambre y la miseria, las enfermedades de tipo masivo y la mortalidad infantil, el analfabetismo y la marginalidad, profundas desigualdades en los ingresos y tensiones entre las clases sociales, brotes de violencia y escasa participación del pueblo en la gestión del bien común.[139]

La iglesia posconciliar latinoamericana quería acompañar a los fieles en su realidad de cada día, denunciarla, transformarla, ser parte de un proceso de cambio histórico que entonces se asumía como irreversible.

---

[138] Véase Documento conclusivo de la II Conferencia General del Episcopado Latinoamericano (CELAM), Medellín, 1968.

[139] *Ibid.*, mensaje a los pueblos de América Latina, mensaje 2.

En Argentina, el Movimiento de Sacerdotes del Tercer Mundo (MSTM), avalados por algunos obispos comprometidos en la "opción por los pobres", sumó alrededor de cuatrocientas adhesiones al momento de su fundación, en 1968; entre ellos algunos jesuitas. Se convirtió en el grupo de curas más numeroso de América del Sur.

La crisis en la Provincia argentina

Mientras Bergoglio iniciaba sus estudios en Teología, que se extenderían por cuatro años, en el Colegio Máximo, en San Miguel, donde se formaban los jesuitas, también se abría a un proceso de renovación teológica y espiritual.

El padre Miguel Ángel Fiorito fue el primero que recogió, en el Colegio, la prédica de Arrupe para renovar y redescubrir el carisma fundacional de Loyola y recuperar su carácter de misión y santidad, y su interés por la pobreza.

Bergoglio, como alumno de Fiorito, comenzó a publicar artículos en el *Boletín Espiritual* y pronto se desempeñaría como asistente del Maestro de Novicios en una casa de Villa Barilari, frente a la unidad militar Campo de Mayo, cercana al Colegio Máximo.[140]

Cuatro años antes de cumplir 33, el 13 de diciembre de 1969, Bergoglio se ordenó sacerdote, y al año siguiente viajaría a España, al colegio Máximo de Alcalá de Henares para la "tercera probación", la última prueba a la que se

[140] Tímido e inteligente, el padre Miguel Ángel Fiorito ofreció a un grupo de seminaristas y jóvenes sacerdotes ejercicios espirituales personalizados, práctica que se estaba perdiendo en la Compañía de Jesús en Argentina. Fiorito puso acento en las raíces espirituales y religiosas, y regeneró la identidad ignaciana a un grupo que necesitaba confirmar su vocación en la vida consagrada. Entrevista a Miguel Yáñez SJ.

somete un jesuita antes de ser admitido definitivamente en la Orden religiosa. Permaneció seis meses en España, en jornadas de oración y discernimiento, con las que fortaleció su compromiso con Dios y la Compañía.

Fue el cierre de su formación jesuita de doce años.

La renovación ignaciana impulsada por un prestigioso plantel académico, más la calidad y diversidad teológica que sobresalía en sus debates, convirtieron al Colegio Máximo en el centro de formación jesuita de mayor relevancia de América Latina. Cada año, en las Jornadas Académicas Interdisciplinarias, disertaban sacerdotes, historiadores, filósofos o antropólogos de distintos países, con exposiciones en las que participaba el sacerdote brasileño Leonardo Boff y el padre jesuita Juan Carlos Scannone, ambos representantes de corrientes teológicas de "liberación" y "del pueblo".[141]

En aquella época, el provincial de la Compañía de Jesús en la Provincia argentina era Ricardo "Dick" O'Farrell. Había crecido en una familia irlandesa acomodada y era considerado un sacerdote valioso, de pensamiento posconciliar, aunque con dificultades para entender las manifestaciones de la Teología del Pueblo (TdP). O'Farrell se incomodaba cuando en una parroquia o en las calles de un barrio los fieles se acercaban a dar gracias a la imagen de un santo; delicadamente trataba de evitar que la tocaran. Había asumido el control de la Compañía en 1969 y al tercer año renovó su mandato por otros tres años más, una potestad que la Compañía concede a los jefes de Provincia. Pero el Provincial parecía mirar a distancia el mundo que venía.

[141] Las exposiciones en el Colegio Máximo luego se publicaban en la revista anual *Stromata* de la Universidad del Salvador. Bergoglio formaba parte del consejo de redacción que los publicaba, aunque por entonces no aparecían textos firmados con su nombre.

Un grupo influyente de sacerdotes del Colegio Máximo no ocultaba su disconformidad con él.[142]

En 1972, el general Juan Perón desafiaba al poder militar que le había usurpado el gobierno en 1955, y alentaba en las acciones armadas a las "formaciones especiales", grupos guerrilleros que comenzaban a desplegar acciones armadas para desgastar al general Alejandro Lanusse. Sería el último presidente de facto de la Revolución Argentina, después de los generales Juan Carlos Onganía y Roberto Levingston.

Perón quería que el gobierno militar se agotara y, fuera por la presión insurreccional o las elecciones, entregara el poder. Para las fuerzas guerrilleras que actuaban en su nombre, cualquiera de las dos variantes era válida en tanto se produjera su retorno al país después de diecisiete años de proscripción y exilio. Las organizaciones guerrillas ganaban apoyo popular en barrios, fábricas y universidades, y seducían a jóvenes educados en la fe católica que se sumaron a la movilización política de inicios de los setenta, lo mismo que a sacerdotes diocesanos y de órdenes religiosas.

En el sacudón que vivía el país frente a una dictadura fatigada y sin respuestas, la política penetró con fuerza adentro de la Compañía de Jesús. Los sacerdotes vivían su apostolado en pleno debate, en el que cada teología tenía un sentido político, que generaba tensión y conflictos entre las corrientes enfrentadas: "teólogos de liberación", "teólogos del pueblo", "teólogos conservadores" o "sacerdotes tercermundistas".

O'Farrell carecía de una palabra y un gobierno acorde al signo de los nuevos tiempos. Escuchaba a todos los sectores internos y concedía libertad a los sacerdotes para apuntarse en misiones al interior del país o asentarse en comunidades

[142] Entrevistas a Miguel Yáñez SJ y a Rafael Velasco SJ.

de base. Esa incipiente autonomía teológica y apertura en el criterio pastoral que otorgaba agigantaba las divisiones y también diluía la disciplina religiosa y la identidad ignaciana, según murmuraban los sacerdotes críticos en el Colegio Máximo.

Incluso las reformas progresistas en planes de estudio, o el mismo apoyo de la Provincia al MSTM, fueron señalados como un "asalto ideológico" a la Compañía, producto de la influencia de algunos sacerdotes sobre O'Farrell antes que de una intencionalidad genuina de su gobierno.

Algunos superiores de Casas y Obras de la Orden, avalados por otros jesuitas influyentes, escribieron a la Compañía de Jesús en Roma para alertar la pérdida de orientación de la Provincia. En plena efervescencia política, la Provincia argentina estaba en crisis. Preocupaba asimismo la caída en las vocaciones.[143]

Los sacerdotes intuían que el "socio" de O'Farrell, Joaquín Ruiz Escribano, de 39 años, heredaría la Provincia y podría revertir la confusión del presente.

El sacerdote era ponderado por su equilibrio, capacidad de organización y sensibilidad con respecto a la pobreza, condiciones por las que, confiaban, podría gestionar bien las diferencias internas entre los que promovían el "cambio social" y los sectores preconciliares de la Compañía, los "jesuitas descalzos", de tradición conventual. Ambas corrientes estaban en las antípodas teológicas e ideológicas.

---

[143] En los años sesenta, la Provincia argentina estaba compuesta por alrededor de cuatrocientos jesuitas, entre sacerdotes, seminaristas y novicios que ocupaban casas, obras, residencias, parroquias, escuelas o universidades de la Compañía de Jesús. Se calculaba que durante el provincialato de O'Farrell, la cifra apenas superaba la mitad. Entrevista a Miguel Ignacio Mom Debussy.

Ruiz Escribano falleció en un accidente de ruta en 1972 cuando volvía de un retiro espiritual en Córdoba. La conmoción y tristeza que provocó su muerte dejó a la Compañía sin otra perspectiva que no fuese la necesidad de un cambio urgente.

Los jesuitas argentinos, entre la Teología del Pueblo (TdP) y el peronismo

Un grupo de sacerdotes entendió que se debía forzar la salida de O'Farrell. Eran muchos: Ernesto López Rosas, Agustín "Agucho" López, Juan Carlos Constable, Andrés Swinnen, Julio César Merediz, Jorge "Buby" Seibold. Su maestro espiritual era Fiorito, con quien habían realizado la "tercera probación": era el astro que los iluminaba.

La línea pastoral estaba definida por la TdP, que encontraba su traducción político-teológica en el peronismo. Rescataban el concepto de "sociedad organizada", como la TdP lo hacía con la relación Iglesia-pueblo, y tomaban para el análisis histórico la categoría "pueblo-antipueblo", en rechazo a la visión historiográfica liberal, producida desde la elite del poder. El corazón de la TdP estaba arraigado en la religiosidad popular.

La TdP entendía que el pueblo ya tenía la fe y la sabiduría, por lo que la misión del sacerdote era acompañar esa fe desde el Evangelio; entrar en comunión con el pueblo desde su cultura. Lucio Gera sería el sacerdote diocesano que los conduciría con la TdP —como Fiorito en la espiritualidad— y sus escritos serían determinantes para entender al pueblo no como objeto sino como sujeto de evangelización, porque este "en cuanto tiene encarnada la Palabra de Dios se evangeliza continuamente a sí mismo", como indicaría el documento de la CELAM en Puebla, México, en 1979 (DP, 450).[144]

El grupo se unía a las tradiciones de sus fieles, en su mirada de fe, su intuición espontánea, su oración, su piedad, sus devociones religiosas, que podían incluir las adoraciones de imágenes de santos como las de la propia Eva Perón, segunda esposa de Perón, fallecida de cáncer en 1952.

Compartían sus intenciones de cambio en el almuerzo del Colegio Máximo, en las reuniones de estudio o en las visitas a la parroquia del barrio de San Miguel.

Aunque siempre prevalecía lo religioso, por su simpatía con el peronismo, estudiaban autores revisionistas que destacaban las raíces católicas e hispanas en la historia argentina, y encontraban en los caudillos federales, y en particular en el general Rosas, al germen de una Argentina independiente, finalmente consumada a mitad del siglo XX

[144] El origen de la "Pastoral Popular", que luego sería denominada Teología del Pueblo (TdP) está marcado en la aplicación en Argentina del Concilio Vaticano II, que propició el Episcopado local, a través de la Comisión Episcopal de Pastoral (COEPAL). Gera integró la COEPAL y fue el más trascendente ideólogo de la TdP. Lo secundaba el sacerdote y docente Rafael Tello, quien realizaba los aportes pastorales para los textos de Gera, de acuerdo a las prácticas religiosas de los fieles. Gera también intervendría como perito en el documento conclusivo de la CELAM de Puebla, en 1979. Su aporte se trasluce en el capitulo de "Evangelización y religiosidad popular" (parráfos 444-469), en el que une las categorías de "pueblo", "cultura" y "pobre" con las devociones de la religiosidad popular, desde un enfoque pastoral. Bergoglio fue alumno de Gera en el seminario diocesano, y este tendría un rol inspirador en su formación teológica y en la de toda una generación de sacerdotes argentinos. Entrevista a Juan Carlos Scannone SJ. Véase también Scannone, Juan Carlos, "Perspectivas eclesiológicas de la Teología del Pueblo en la Argentina", *Christius*, nº 707, pp. 38-46. Para un perfil del padre Gera, véase Galli, Carlos, "Lucio Gera: la cruz de Cristo es la alegría del mundo", *Criterio*, nº 2385, 2012.

con los dos gobiernos de Juan Perón, y luego despojada de su destino de "patria libre, justa y soberana".[145]

El peronismo había sido el primer hogar de los trabajadores. El anarquismo, el socialismo o el comunismo no habían podido acceder, al momento de su advenimiento, a una representación concluyente en el sistema político. Todo el sacrificio y la rebeldía obrera forjada durante décadas de represión e injusticia, los engaños a los que habían sido sometidos por el Estado y las corporaciones patronales alcanzarían su redención con la llegada al poder del coronel Perón en 1946, mediante la compulsa electoral.

Perón se convirtió en la esperanza del proletariado.

Fue criticado por manipular desde el Estado a la clase obrera, pero aun así, de manera incontrastable, la riqueza del país se redistribuyó y creció el bienestar social.[146]

En medio de las disputas que pronto convulsionarían la interna del peronismo, el apoyo de los jesuitas de la TdP al líder exiliado ponía un límite claro: la guerrilla. No creían,

---

[145] Entrevistas a Miguel Yáñez SJ y Rafael Velasco SJ.

[146] El peronismo generó una revuelta en el establishment económico y político de la década de 1940 con la creación de un sentido de pertenencia y una cultura propia. Fue su originalidad política. No creó un orden nuevo, pero perturbó los cimientos de uno viejo, que no sabía cómo incorporar a una sociedad de masas que se potenciaba por la migración interna desde las provincias hacia los centros urbanos. Antes que preocuparse por las libertades civiles, que fueron cercenadas, y la vida institucional argentina, que mantuvo siempre en tensión, por el encarcelamiento a sus opositores, Perón activó políticas estatales que consolidaron su relación con los trabajadores. Esta aparente contradicción entre "justicia social" y "derechos civiles" terminó por dividir a la sociedad en la encrucijada "peronismo-antiperonismo", que generó odios y resentimientos que minarían las bases de su gobierno. Las Fuerzas Armadas lo derrocarían durante el ejercicio de su segundo mandato en 1955. Véase Larraquy, Marcelo, *Marcados a fuego II. De Perón a Montoneros. 1945-1973*, Buenos Aires, Aguilar, 2010, caps. 1-4.

ni querían, que las armas guiaran las transformaciones que prometían su regreso.

El grupo que adhería a la TdP era la facción preponderante en la Compañía de Jesús. Entre sus opositores se contaban los tradicionalistas "jesuitas descalzos", críticos de Arrupe, pero de acotada influencia en la Provincia. Vivían en la Casa Regina Martyrum, en la calle Sarandí, detrás del Congreso de la Nación y tenían algunos espacios académicos en la Universidad del Salvador (USAL).

Pese a que, todavía, sus diferencias no serían tan marcadas, ni las relaciones tan tensas como en el futuro, los padres jesuitas que realizaban investigaciones sociales y ensayos teológicos desde el CIAS, compondrían otro bloque interno.[147]

En 1973, el consenso para interrumpir el gobierno de O'Farrell era casi general, pero la falta de resolución, que inquietaba a sus críticos, podía hacer naufragar esa aspiración.

Apenas se lanzara la convocatoria de la 32° Congregación General (CG 32), prevista para 1974, todos los provinciales debían conservar sus cargos. Y dado que el anuncio solía hacerse con un año o dieciocho meses de anticipación, existía la posibilidad de que O'Farrell continuase hasta el final de su mandato en 1975.

---

[147] La creación del CIAS expresaba, históricamente, la intención de la Compañía de dotar del conocimiento de las ciencias sociales a los sacerdotes, para que pudieran transmitirlos en trabajos "más asistenciales". Los institutos de investigación surgieron en Europa en la década del '50 y, por sus conductas y procedimientos, representaban una suerte de "elite" apostólica desprendida de la autoridad jesuita local, que miraba con más atención las orientaciones de la Compañía General en Roma. En la Argentina, sus miembros tenían formación académica y desde la revista buscaban representar el "diálogo con el mundo", en línea con el Concilio Vaticano II. Véase Morello, Gustavo, Perfil e Historia del CIAS, *Revista del CIAS*, nº 490, marzo 2000, pp. 47-55.

Pero finalmente, desde Roma, decidieron apartarlo.

En medio de esa urgencia se fue gestando la candidatura de Bergoglio para la sucesión, que ya había sido incorporado por O'Farrell a la Consulta, el órgano deliberativo del Provincial, y además, en señal de confianza, lo había designado Maestro de Novicios. Bergoglio acababa de realizar el voto de "profesión perpetua", el de pobreza, castidad y obediencia al Papa, que lo uniría para siempre con la Compañía de Jesús.

El grupo de sacerdotes formados con la dirección espiritual de Fiorito creía que podría reunificar una orden religiosa que estaba al borde de la fractura por sus tensiones políticas y teológicas, la falta de vocaciones e inmersa en el laberinto de una economía quebrada, con deudas que ya ponían en riesgo su patrimonio.

Bergoglio Provincial: el apostolado en el pueblo fiel

Bergoglio fue emergiendo como líder sobre la base de su astucia y moderación. Su apego a la disciplina religiosa y la preocupación por la profundización de la formación ignaciana, le concedían un don propio. Pero era su voluntad de tomar decisiones y generar cambios lo que ilusionaba al grupo que lo nominaba.

Su relativa juventud para el cargo —tenía 36 años— podía representar un obstáculo, pero era el reflejo de un vacío generacional en la Compañía, que no había formado sacerdotes experimentados, capaces de liderar la crisis de la Provincia.

Bergoglio no era indiferente al rol que se le asignaba. Tenía interés en conducir la Orden, lo que se advertía cuando visitaba una comunidad jesuita o entre los mismos noviciados que dirigía, a los que invitaba a rezar por el futuro. "La

Compañía está muy mal", decía. Si se lo mencionaba como heredero de O'Farrell, aceptaba con pudor. "Algunos piensan que puedo ser…".

Para la elección del nuevo Provincial, la Compañía requiere la consulta a superiores de distintas casas, obras y parroquias de la Provincia, el Colegio Máximo, CIAS, la Universidad del Salvador, la Universidad Católica de Córdoba, residencias, colegios, casas de ejercicios ignacianos y retiros espirituales.[148]

Con la suma de información reunida, Arrupe se definió por Jorge Mario Bergoglio en la conducción de la Provincia, que inició el mando el 31 de julio de 1973, día de la festividad de Ignacio de Loyola.

Religioso de profunda formación ignaciana y también peronista —aunque no era una condición que ventilara a cuatro vientos, pero estaba claramente determinada por

---

[148] En el proceso de "consulta", los superiores dan su visión sobre la situación de la Orden y establecen una nómina de tres candidatos que consideran los más aptos para liderarla. El mismo informe entrega el Provincial, con los nombres de tres potenciales jesuitas preparados para reemplazarlo. Además, Roma suma información propia: un asistente del padre general viaja a la Provincia, visita las obras, dialoga con sacerdotes y superiores y escribe sus impresiones y sus candidatos para la nueva etapa, en orden de prioridades. Entrevista a Ignacio García-Mata SJ. Bergoglio haría referencia a "la consulta", en la misa homenaje a treinta años de la muerte de monseñor Angelelli. "Por primera vez llegué a La Rioja un día histórico, el 13 de junio de 1973, el día de la pedreada de Anillaco. Veníamos cinco consultores de Provincia con el Provincial (O'Farrell) para tener acá varios días de retiro y reflexión a fin de elegir al nuevo Provincial. El 14 de junio, después de esa pedreada al obispo, a las sacerdotes, a las religiosas, a los agentes de pastoral, monseñor nos dio el resultado espiritual, a nosotros, al Provincial y a los cinco jesuitas y nos introdujo en el discernimiento del Espíritu para ver cuál era la voluntad de Dios." Véase Homilía del cardenal Jorge Mario Bergoglio en la Catedral de La Rioja, 4 de agosto de 2006, en www.aica.org.

sus elecciones bibliográficas para los grupos de estudios—, Bergoglio era, antes que un militante político de una orden religiosa o un sociólogo de la religión, un pastor de parroquia y un teólogo de la religiosidad popular.

En la apertura de la Congregación Provincial XIV —que designaría electores para la CG 32 de la Compañía en Roma—, Bergoglio haría un diagnóstico de la Orden, "en santa paz y con edificación", de acuerdo a sus reglas internas. Allí expuso sus criterios de gobierno. Señaló tres puntos para construir la unidad de la Provincia: "1. La *convicción* de que es necesario superar contradicciones estériles intraeclesiásticas para poder enrolarnos en una real estrategia apostólica que visualice al enemigo y una nuestras fuerzas contra él. 2. La *lucidez* respecto de las falsas soluciones ante nuestros problemas apostólicos. 3. El *deseo* de recorrer los auténticos caminos del crecimiento: los de nuestra historia, aquellos donde Dios nos salva".

El primer punto se refería a las disputas internas, los "infecundos enfrentamientos" entre alas ("por ejemplo, 'progresistas' o 'reaccionarias'") en los que, "seducidos 'por una cátedra de fuego y humo', terminamos dando más importancia a las partes que al todo". Bergoglio transmitió la *convicción* de que había que superar los conflictos con la aceptación ignaciana de que "el plan de Dios es más grande que mi 'proyecto'". Esta fue la hermenéutica de la unidad, para discernir lo principal de lo accesorio, la mezquindad y el individualismo que enfrentaba a las partes en conflicto. Pero para no caer en la "tentación de construir la unidad obviando el verdadero conflicto", requería *lucidez* como defensa de "nuestras ya consabidas tentaciones: postura 'eticista' por momentos, propensión a los 'elitismos', fascinación por las ideologías 'abstractas', que —mal que nos pese— no coinciden con la realidad".

Bergoglio manifestaba una sana "alergia" a las teorías "que no han surgido de nuestra realidad nacional". Su *deseo*, que marcaba en el último punto, afirma la Compañía en el *pueblo fiel*, la reserva religiosa de la misión sacerdotal, para dar allí el testimonio. Pero, para desprender la categoría "pueblo" de ambigüedades y de ideología, aclaraba: "Evidentemente que 'pueblo' es ya —entre nosotros— un término equívoco debido a los supuestos ideológicos con que se pronuncia o se siente esa realidad del pueblo. Ahora, sencillamente me refiero al *pueblo fiel*".

El alma del pueblo como una manera de ver la realidad, no como fruto de una "teoría", decía, sino de una vida que era cristiana en su raíz. Y recordó a los "primeros jesuitas que vinieron a estas tierras. Ante una posibilidad oscura, ante una misión con gente que hasta se dudaba si tenían alma, supieron vislumbrar la *viabilidad apostólica* que se les ofrecía. Resultado: el único continente católico".

Si Dios ya estaba en el corazón de "nuestro pueblo", no divorciaría su fe cristiana "de sus proyectos históricos, ni tampoco los mezcla en un mesianismo revolucionario". ¿Qué pide el rezo del pueblo?, se preguntaba Bergoglio. "La salud, el trabajo, el pan, el entendimiento familiar; y para la patria, la paz. Algunos piensan que esto no es revolucionario; pero el mismo pueblo que pide paz, sabe de sobra que esta es fruto de la justicia."

Estos fueron los criterios del Provincial para conducir la Compañía, los criterios inspiradores que —como luego formularía desde su Pontificado— haría suyos para conducir los procesos: "La unidad es superior al conflicto, el todo es superior a la parte, el tiempo es superior al espacio".

Por último, señalaba las líneas de acción para la tarea de Superiores de Casas y Obras de la Orden: "En la lucidez que tengan para el discernimiento y en la eficacia para la ejecución está la fuerza, no solo de su comunidad o equipo sino de la Provincia toda (...). Sé de sobra que esto nos exigirá mucha sagacidad, y también sé que hay muchas madrigueras dispuestas a ofrecernos refugio. Pero creo que el Señor nos quiere, y que Él es más grande que nuestras contradicciones".

Estos fueron los lineamientos generales que Bergoglio impartió para su gobierno en la Provincia jesuita.

La unidad a la que aspiraba, sin embargo, no alcanzaría su realización.[149]

El Decreto 4: la distancia de Bergoglio con la Compañía de Jesús

En su proceso de reformas de gobierno, para profundizar la formación, después de los dos años de noviciado, Bergoglio extendió de uno a dos los años de Juniorado, y dio a los tradicionales estudios de humanidades, formación del estilo y oratoria, una connotación de "cultura del pueblo", con bibliografía revisionista, que dejó a cargo de José Luis Lazzarini, sacerdote licenciado en Filosofía y Teología.

El padre Fiorito prosiguió como director espiritual; enseñaba el texto ignaciano de un modo académico puro, incluso con una precisión técnica diferente a la de Bergoglio, que solía ilustrarlo frente a los seminaristas con una interpretación propia, digerida por él mismo, relacionada con la TdP.[150]

---

[149] Véase discurso de apertura de la Congregación Provincial XIV, 18 de febrero de 1974, en Bergoglio, Jorge Mario, *Meditaciones para religiosos,* Buenos Aires, Diego de Torres, 1982, pp. 42-50. Para su gobierno, Bergoglio designó como "socio" a Víctor Zorzín, su asistente y secretario, y a Alberto Sily, Antonio Di Nillo y Luis Totera, como asesores de la Consulta.

[150] Entrevista a Miguel Yáñez SJ.

La Provincia continuó con el equipo misionero que despertó en muchos seminaristas la vocación de ir al interior a instalarse en montes, ranchos, o reducciones indígenas, e ir al encuentro de campesinos y obreros en pueblos y parajes alejados, como Añatuya (Santiago del Estero), Famatina o Guandacol (La Rioja), Yuto o Palma Sola (Jujuy), Apolinario Saravia (Salta), o Pozo del Tigre (Formosa).

Hasta aquí llegaron las primeras coincidencias entre la Provincia de Bergoglio y las orientaciones de la Compañía de Jesús guiada por el padre Arrupe.

Las diferencias fueron más evidentes a partir de la CG 32, en la que participaron 236 representantes jesuitas de todo el mundo, entre ellos Bergoglio, reunidos en Roma del 1 diciembre de 1974 al 7 marzo de 1975.

Si no se tomara en cuenta el giro de la Compañía de Jesús, no se podrían entender los conflictos internos en la Provincia argentina en los doce años que Bergoglio tuvo mando e influencia sobre ella.

En el "Decreto 4: Nuestra misión hoy" (D4), el documento de la CG 32 de 1974, se institucionalizó el cambio jesuita posconciliar, con un nuevo apostolado: "servir a la fe promoviendo la justicia".

El cambio para el compromiso social fue revolucionario.

El D4 requirió reevaluar los métodos apostólicos y transformar "los habituales esquemas de pensamiento" para "una conversión de los espíritus y de los corazones".

La Compañía definió, entre otros postulados:

- El compromiso "al servicio de promoción de justicia" (con "urgencia particular").
- Su cercanía preferencial a los pobres.
- La centralidad del compromiso por el apostolado social.
- El fomento a las comunidades de inserción o "comunidades cristianas nuevas", de "evangelización direc-

ta", para los que no eran alcanzados por obras e instituciones.

- La promoción del diálogo interreligioso y con cristianos de otras confesiones.

En su retrato del mundo en "rápido cambio", los jesuitas alertaron sobre la realidad de millones de hombres "que tienen nombre y rostro, sufren pobreza y hambre, el desigual e injusto reparto de los bienes y recursos, las consecuencias de la discriminación social, racial y política".

La Compañía no podía ser ajena a los males del mundo. Llamaban a comprometerse en su solidaridad "con los sin voz y los sin poder".

El D4 hacía un anuncio profético: "No trabajaremos, en efecto, en la promoción de la justicia sin que paguemos un precio —admitía—, pero este trabajo hará más significativo nuestro anuncio del Evangelio y más fácil su acogida".

Impulsado por el carisma y la energía de Arrupe, la redacción del D4 tuvo la participación universal de los jesuitas. Sin embargo, su llamado a "descubrir las vías de acción apropiadas", para implementarlo en cada Provincia o región, generó recepciones diferentes.

Arrupe fue objeto de críticas internas y de la Santa Sede por la magnitud de los cambios que promovió en su conducción de la Compañía General.[151]

---

[151] Desde la CG 31, Arrupe arrastraba críticas por su aperturismo. Los "jesuitas descalzos" españoles rechazaron las reformas internas y el apostolado *aggiornado* al Concilio Vaticano II, que modificaba las reglas tradicionales de vida interior de la Orden. Intentaron independizarse del mando de Arrupe y complicaron su gobierno. Por otra parte, la supresión de grados internos en la Compañía, en su interés por hacerla más democrática e igualitaria, como decidió la CG 32, tensó

Por un lado, la CG 32 no hacía más que materializar el espíritu innovador del Concilio Vaticano II, y abrió horizontes nuevos, pero también sirvió de inspiración para sacerdotes que se acercaron o profundizaron su compromiso con la Teología de la Liberación y el "cambio social". Con la defensa de la fe y la promoción de la justicia quedaba definitivamente sellada a la evangelización y atravesaba todos los apostolados de la Compañía.[152]

Pero el D4 fue objetado por jesuitas más moderados, que entendían que el apostolado social debía estar centrado en la participación de la "experiencia vivida" y en el acompañamiento a las personas en situaciones de necesidad, sin "pretender tanto transformar las situaciones mismas".[153]

La búsqueda de un apostolado más espiritual —que rechazaba la incorporación de la dimensión del apostolado social "a todos los apostolados de la Compañía"— acompañaba la intuición de que la lectura lineal del D4 podría

---

la relación con la Santa Sede. Pablo VI entendió que si se extendía el cuarto voto —de fidelidad al Papa— a toda la Orden podría llegar a diluir su sentido. Véase Mikel, Viana, "Pedro Arrupe: el sentido de un Centenario", *Revista Internacional de Estudios Vascos,* vol. 1, nº 53, 2008, pp. 277-303.

[152] Uno de ellos fue el sacerdote jesuita español Jon Sobrino, forjador de la Teología de la Liberación en América Latina, y colaborador del arzobispo de El Salvador, Oscar Romero, asesinado en 1980. Véase en este capítulo, p. 216. Nota al pie 210. Sobrino escribió una serie de libros —*Jesucristo liberador. Lectura histórico-teológica de Jesús de Nazaret* y *La fe en Jesucristo. Ensayo desde las víctimas*— que fueron observados por la Congregación de la Doctrina de la Fe. Véase w2.vatican.va, 26 de noviembre de 1986. En 2007, la Congregación le prohibió dar clases en instituciones católicas y publicar libros sin autorización de la autoridad eclesiástica.

[153] Véase Calvez, Jean-Yves, "El apostolado social y su espiritualidad", *Revista de Espiritualidad Ignaciana,* nº 111, XXXVII, I/2006.

echar nafta al fuego en la realidad social y política latinoamericana en los años setenta.

El D4 llamaba a reafirmar la espiritualidad ignaciana, pero sobre todo simbolizaba el regreso de la Compañía de Jesús a la dimensión social. Bergoglio, ferviente impulsor de la espiritualidad, no consideraba "maduros" los fundamentos teológicos de la "promoción de fe y justicia" del D4 para ser asimilados en el interior de la Compañía. Suponía que podría conducir a equívocos y prefería no citarlo frente a los novicios.[154]

El D4 no fue debatido ni rechazado en la Provincia —simplemente fue ignorado—, pero generó tensiones.

Con acciones más o menos implícitas, Bergoglio desalentó a los sacerdotes a que tomaran un "vigor nuevo" en el compromiso "con la transformación de las estructuras en busca de la liberación tanto espiritual como material del hombre" como obra evangelizadora, tal como recomendaba el D4.

Las diferencias teológicas y políticas eran sustanciales.

Bergoglio y Perón, sensibilidades comunes

Al momento de la CG 32, Bergoglio ya había orientado la Compañía hacia el acompañamiento de la fe del pueblo en su proceso de "inculturación", con la incorporación del Evangelio a la cultura nativa, como marcaba la Teología del Pueblo. Además, la Provincia tenía la autopercepción de representar un "hecho excepcional" frente al resto de los jesuitas de

---

[154] Entrevista a Miguel Yáñez SJ. El padre Andrés Swinnen, que lo sucedería en la dirección de la Provincia, indicó que Bergoglio no tenía "simpatía" por el D4 y que "cuando hablaba con los novicios, no lo citaba". Véase Ivereigh, Austen, *El Gran Reformador*, *op. cit.*, p. 174.

América Latina a quienes, con una carga peyorativa, que también era propia del peronismo, denominaba "izquierdistas" o "zurdos", y que, como había indicado Bergoglio en la apertura de la Congregación Provincial de febrero de 1974, provocaba "entre nosotros cierta sana 'alergia'" cada vez que se reconocía a la Argentina con "teorías que no han surgido de nuestra realidad nacional".

Este discurso que se transmitía en el plano teológico desde la dirección jesuita en la Provincia se acercaba al discurso político de Perón y la ortodoxia, frente a la izquierda del movimiento peronista.[155]

La implementación del D4 no se consideró "adecuada" a nivel local. En el contexto de violencia política, se presumía que si se aplicaba con los ojos cerrados la comunidad jesuita se convertiría en blanco de la represión de las fuerzas de seguridad, como lo eran otras organizaciones revolucionarias.

Justamente, por su promoción de la religiosidad popular y su cercanía con el peronismo —en coincidencia con

---

[155] Para una aproximación al discurso de la ortodoxia peronista y sus consecuencias en la represión ilegal en 1973-1974, véase Larraquy, Marcelo, *López Rega, el peronismo y la Triple A*, Buenos Aires, Aguilar, 2011, caps. 13 y 14. También véase Morello, Gustavo, "El Decreto 4 de la Congregación General 32 (D4) y su recepción en Argentina", sin publicar, enviado por Morello al autor. Bergoglio recurriría a la calificación de "zurdos" durante su Pontificado, cuando un grupo de feligreses chilenos se quejó en la Audiencia ante el Papa por la designación del obispo Juan Barros en la diócesis de Osorno, en enero de 2015. Barros había sido acusado por su vinculación del sacerdote Fernando Karadima, que el Vaticano declaró culpable por abusos sexuales de la década de 1980. "La Iglesia perdió la libertad dejándose llenar la cabeza por políticos juzgando un obispo sin ninguna prueba después de veinte años de ser obispo. Piensen con la cabeza y no se dejen llevar por las narices de todos los 'zurdos'", pidió el Pontífice, según se escucha en un registro de video. Véase *Clarín*, 4 de octubre de 2015.

los sacerdotes que apoyaron su nominación—, Bergoglio alentó una pastoral de confesión y de sacramentos, con sacerdotes que caminaran con los humildes, no para un cambio de estructuras económicas y sociales, sino para su asistencia.

En este punto radicaba la diferencia de la Provincia con otras comunidades latinoamericanas que, en una línea garantizada por el padre Arrupe, creía en el deber de ayudar al pobre a liberarse de las estructuras de poder que lo sometían, "una liberación radical, integral y global", sin que los jesuitas perdieran su identidad cristiana y religiosa.

Lejos del camino de "cambio social" y de las presuntas "desviaciones" jesuitas —como ya sospechaba la Santa Sede sobre las orientaciones de Arrupe—, la preocupación de Bergoglio fue que se atendieran las necesidades de pobres y enfermos, que los niños recibieran su catequesis y los sacerdotes visitaran sus casas, y se profundizara la acción pastoral con aquellos que no tenían sus sacramentos.[156]

También orientó a los sacerdotes a una vida religiosa más monástica o conventual, apartada del conflicto político que ya empezaba a consumir la vida política e institucional de Argentina.

En 1973, a poco del retorno del general Perón, el movimiento peronista ya estaba partido. La intención original de armar una coalición intrapartidaria, con sectores de ideologías y proyectos que se revelaron contrapuestos, fue una estrategia exitosa de Perón para lograr su retorno al país y quebrar el frente militar.

Pero también fue la causa del fracaso posterior.

---

[156] Entrevista a Rafael Velasco SJ. En su gobierno, la Provincia se apoyó en Cáritas, la organización caritativa de la Iglesia, para las donaciones y promovió la entrega de medicamentos y alimentos que guardaba en el depósito del Colegio Máximo de San Miguel.

Una vez en el poder, que obtuvo con el 62% de los votos en septiembre de 1973, Perón no dispondría de autoridad suficiente para controlar a las dos facciones antagónicas: la Tendencia Revolucionaria, de izquierda, guiada subterráneamente por Montoneros, y la ortodoxia justicialista, alentada por sindicatos.

La violencia fue la representación de ese fracaso.

Perón tampoco dispondría de tiempo. A los 77 años, con su salud resquebrajada, era consciente de que no podría completar su mandato. La izquierda peronista, que obtuvo algunos cargos ejecutivos en gobiernos provinciales, estaba lejos de acatar los pactos de gobernabilidad a los que llamaba Perón, que los pondría al lado de los que habían combatido para su regreso.

Si Perón no podía disciplinar a la izquierda con sus advertencias verbales —"cuando los pueblos agotan su paciencia suelen hacer tronar el escarmiento"— o acusándolos de "infiltrados" del peronismo, las facciones de la ortodoxia justicialista se ocuparían de poner freno y purgar el disenso ideológico con la creación de "grupos de choque" en sindicatos o elementos parapoliciales, paramilitares y también civiles.

La purga ideológica iniciada en 1973 utilizó al Estado como germen de la represión ilegal y amplió su radio de acción sobre organizaciones o personalidades políticas comprometidas con el cambio social o revolucionario.

El país comenzó a ensombrecerse con persecuciones, atentados y las "condenas a muerte" de la Alianza Anticomunista Argentina (AAA).[157]

Los sectores católicos tercermundistas, continuaron su militancia en su "opción por los pobres" aun a riesgo del

---

[157] Vease Larraquy, Marcelo, *López Rega, el peronismo...*, *op. cit.*, pp. 276-277.

martirio. El padre Carlos Mugica, la primera figura emblemática del "cura villero" en Argentina, decía que "nada ni nadie me impedirá servir a Jesucristo y a su Iglesia, luchando junto a los pobres por su liberación. Si el Señor me concede el privilegio, que no merezco, de perder la vida en esta empresa, estoy a su disposición".

En sectores de la militancia católica, en el apostolado ofrendado a los pobres, la muerte alcanzaba su justificación, en un compromiso evangélico sin límites que Mugica resumió con la frase "estoy dispuesto a morir por mi fe, pero no a matar".

El 19 de mayo de 1974 el padre Mugica fue acribillado a la salida de una parroquia.[158]

En contraste, el repliegue a un apostolado más conventual en la Provincia —excepto para sacerdotes que misionaban en forma temporal en el interior del país— podía presagiarse como una táctica de protección a la vida de los jesuitas, aunque también formaba parte de las convicciones de Bergoglio: preservar a la Orden de posturas de "cambio social".

Su preocupación por incorporar y formar nuevos novicios y la ayuda a los humildes de barrios cercanos al Colegio Máximo, desprendida de motivaciones políticas, se priorizó, por ejemplo, sobre la creación de las comunidades "de inserción" o "de base", como indicaba la CG 32.

---

[158] Véase nota del autor en *Clarín*, 11 de mayo de 2014. Pocas semanas después, el 1° de julio de 1974, murió Perón, y la Triple A desarrolló un mayor poder de fuego "paraestatal". Si hasta entonces había atacado a la izquierda peronista con ametralladoras y bombas, luego buscó crear terror en la militancia no armada con secuestros y crímenes. En 1974, comenzaron las denuncias por casos de desapariciones. Véase Larraquy, Marcelo, *Marcados a fuego III. Los 70. Una historia violenta (1973-1983)*, Buenos Aires, Aguilar, 2013, cap. 3: "La tarea sucia", pp. 61-84.

Bergoglio creía que en esas exigencias apostólicas crecerían las tensiones y conducirían a la ruptura de la Compañía.[159]

En su ideal de Provincia, un jesuita podría ser formador o párroco. Su modelo estaba alejado de los propósitos del Centro de Investigación y Acción Social (CIAS).

La tensión con el Centro de Investigación y Acción Social (CIAS), los "intelectuales" de la Orden

Desde su fundación, el instituto buscó convertirse en órgano de investigación social con influencia en la Iglesia, la sociedad y la política, una intención que demostraba con las visitas a su sede de los presidentes Arturo Frondizi y Arturo Illia.

El CIAS era un "órgano de inteligencia". Ofrecía asesoramiento a sindicatos, organizaba seminarios, formaba investigadores. Su biblioteca tenía más de 25 mil volúmenes. Como foro de ideas, en su cosmovisión socio-política, su publicación mensual promovía, con sus artículos, la renovación teológica y la dimensión social del mensaje cristiano, listo para asumir los desafíos de la transformación económica, la justicia social y la participación democrática.

Las publicaciones, aunque no se evaluaran con un sistema de referato, generaban prestigio académico y atraían a graduados de universidades públicas y religiosas.[160]

---

[159] El documento de la CG 32, apartado 24a, convocaba a trabajar sobre una "evangelización directa" en comunidades cristianas nuevas, para los que no habían sido alcanzados por obras e instituciones jesuitas en el "necesario servicio de fe".

[160] Entrevista a Beatriz Balian de Tagtachian. El sumario temático de las revistas del CIAS de los años setenta refleja el compromiso con su tiempo: "Sacerdocio y Política", "Violencia y Revolución", "La inmi-

El CIAS cumplía con la función que validaría la CG 32. En los apartados 43 y 44 del D4 recomendaba a las comunidades jesuitas vencer temores y apatías para "comprender los problemas sociales económicos y políticos" y tomar conciencia de estos problemas para "anunciar el evangelio y participar, de manera específica y sin buscar suplantar otras competencias, en los esfuerzos requeridos para una promoción real de la justicia".

---

gración paraguaya. ¿Una minoría condenada?", "Profecía, Denuncia y Esperanza". En marzo de 1972, la revista del CIAS publicó el testimonio de Norma Morillo, una maestra que integraba el Movimiento Rural del Episcopado Argentino, secuestrada y torturada durante la dictadura de Lanusse. También se publicaban reflexiones sobre la Teología de la Liberación, con la firma del padre Scannone (marzo de 1973) y sobre el libro del sacerdote peruano Gustavo Gutiérrez *Teología y Liberación*, desde la perspectiva peronista del padre López Rosas (abril de 1974): "Llama la atención que Gustavo Gutiérrez, en una obra que pretende arrancar de América Latina, no haga siquiera mención de ningún líder político, de ningún caudillo popular, presente o pasado, fuera de Fidel Castro". La revista publicó artículos sobre el gobierno peronista, la doctrina justicialista y los discursos de Perón. Un ensayo de marzo de 1973 del padre Vicente Pellegrini indicaba que la economía era la batalla más importante que libraría el gobierno y rebozaba cierto optimismo: "Argentina podría en muy pocos años terminar con la deuda externa, acceder a una nueva dimensión tecnológica, reconstituir los capitales necesarios para la gran industria y para las empresas estatales, para lo cual se dan todos los elementos como ningún gobierno los tuvo hasta ahora", aunque alertaba sobre la cuestión política: "(Perón) necesariamente tendrá que hacer opciones significativas que tocarán puntos sensibles de la extrema izquierda y la extrema derecha. Perón tiene la experiencia necesaria para saber que, si bien estos grupos son numéricamente insignificantes, son también inescrupulosos en el uso de cualquier medio que les permita acercarse al poder y que ambos abiertamente reniegan la democracia. Por lo tanto sería irreal creer en el juego democrático de esos sectores". Los textos del CIAS irritaban al poder militar: en 1972 estallaron dos bombas en la puerta de la sede, en O'Higgins 1331, en el barrio de Belgrano.

La Compañía no podía evadir ese compromiso y debía recabar en las fuentes del análisis científico —desde las ciencias sagradas, profanas y en distintas disciplinas—, con estudios profundos y especializados. "Nadie puede dispensarnos, tampoco, de un discernimiento serio desde el punto de vista pastoral y apostólico. De ahí han de brotar compromisos que la experiencia misma nos enseñará cómo llevar más adelante", se subrayaba.

En la Argentina, el CIAS trabajó sin coordinación con Bergoglio. Se tenían desconfianza en forma mutua. En parte los separaba la diferencia generacional y sus ámbitos de origen. La docena de padres jesuitas que guiaban el instituto y la revista rondaban los 60 años y habían crecido en el mundo académico, con posgrados en el exterior. El director Vicente Pellegrini (1967-1973) era economista; realizaba investigaciones sobre realidad social y pobreza. Enrique Fabbri, que lo sucedió (1973-1975), se ocupaba de temas de Familia. Y Fernando Storni (1976 1983) era más afín al mundo político. Los tres dialogaban con estamentos socioeconómicos medios. Otro de sus miembros, el padre Jacinto Luzzi, se relacionaba con el sindicalismo peronista —era el de mayor vínculo con el Provincial— y el sacerdote José "Pichi" Meisegeier, que estudiaba temas de Población y Vivienda, trabajaba con la militancia social en la Villa 31 de Retiro, junto con el padre Mugica.[161]

Pero además de generacionales, las diferencias eran teológicas. Bergoglio adscribía a la TdP, que aspiraba a una perspectiva cultural superadora de la línea sociológica o empírica que utilizaba el CIAS para el estudio de la problemática social. Y la religiosidad popular, el territorio pastoral de arraigo, la TdP poco podían aportar a los académicos como instrumental científico.

[161] Entrevista a Beatriz Balian de Tagtachian.

A pocos meses de su gestión, los sacerdotes concluyeron con decepción que la caridad pastoral y el "catecismo sencillo" de la religiosidad popular que predicaba el Provincial, como caracterizaban a su agenda de gobierno, "no ayudaba a pensar en nada a los jesuitas". Por otro lado, Bergoglio presuponía, con demasiado celo, que existían tendencias marxistas o tercermundistas que utilizaban categorías sociológicas de lucha de clases en las investigaciones.

El Provincial no llegó a enfrentarse con el CIAS en forma directa, aunque mantuvo cierta incertidumbre sobre su continuidad. No buscaba vocaciones intelectuales en los sacerdotes. No se oponía, pero tampoco le interesaban. No habría aliento para los que estudiaran carreras académicas y, mucho menos, para los que se dedicaran en forma exclusiva a los estudios científicos como centro del apostolado.[162]

En su gobierno, los sacerdotes ligados al CIAS fueron perdiendo espacio como docentes en la Universidad del Salvador y como formadores en el Colegio Máximo, considerado el "templo del poder" dentro de la Compañía de Jesús. Algunos fueron enviados a otras misiones, lo cual provocó cierta dispersión en el Instituto.[163]

---

[162] Entrevistas a Rafael Velasco SJ y a Ignacio García-Mata SJ.

[163] Un caso emblemático de la fragmentación en el CIAS sucedió con el padre Alberto Sily, relacionado con los sindicatos, que integró la primera "consulta" del gobierno de Bergoglio. En 1974, el Provincial decidió designarlo rector del Colegio de la Inmaculada en Santa Fe. Fue un cambio brusco para Sily. En los años cincuenta, había trabajado en una mina de carbón en Europa, motivado por el fenómeno de los "curas obreros", para más tarde vincularse con los movimientos rurales en el noreste argentino, como parte de las "exigencias sociales de la fe", y con las "Ligas Agrarias Chaqueñas", que llegaron a reunir a más de diez mil productores en esa provincia. Cuando Bergoglio lo designó al Rectorado, Sily no entendió la medida —no estaba formado para el área de educación— pero la acató aunque no se sintiera a gusto con la misión de educar a hijos de familias

La Provincia también se diferenció de las transformaciones pedagógicas de las comunidades jesuitas latinoamericanas, que reformaron planes de estudios en busca de una mayor conciencia de las problemáticas sociales dentro de la Compañía, mientras Bergoglio fue diligente para observar la bibliografía marxista en cuestiones de economía. La incorporación del "jesuita descalzo" Alfredo Sáenz en las clases de Eclesiología y Teología Bíblica en el Colegio Máximo podría leerse como un mensaje conservador, en contraste con el aperturismo que había enriquecido al Colegio en los años previos a su asunción.[164]

Si en su relación con Bergoglio, los padres jesuitas del CIAS percibían un foco de tensión latente, buena parte de los seminaristas y sacerdotes que se formaban en su provincialato lo concebían como un líder cercano y confiable, dispuesto a la charla fraterna, el diálogo espiritual o a la práctica de "cuenta de conciencia", donde los escuchaba con paternal comprensión en su despacho de la curia jesuita.

El modelo de apostolado ignaciano que transmitió a los sacerdotes fue atender pastoralmente al "pueblo fiel", donde, explicaba, "encontrarían el Evangelio". Celebrar misa, bautizar, casar a los novios, ayudar a los necesitados y ser perseverantes con los niños que tomaban la comunión y luego abandonaban la catequesis. Quería que regresaran a la parroquia. Esas eran sus recomendaciones.

---

tradicionales de Santa Fe. Después de treinta años en que se reconocía feliz por su servicio en la Compañía de Jesús, la nueva tarea lo angustiaba, su salud empezó a resquebrajarse y sufrió una cardiopatía. En 1978, le comunicó a Bergoglio su renuncia al sacerdocio. Véase Lanusse, Lucas, *Cristo revolucionario. La iglesia militante*, Buenos Aires, Ediciones B, 2007, pp. 331-355.

164 Entrevista a Miguel Ignacio Mom Debussy.

El Provincial los impactaba con su sencillez cuando ayudaba en el chiquero del fondo del Colegio Máximo para alimentar a los chanchos, cuando cocinaba o llevaba su ropa a la lavandería. En los almuerzos, sus ironías finas provocaban risotadas. Parecía un Provincial convencido de lo que decía y hacía, un modelo a imitar, casi un santo, que había consagrado su vida a la Orden y a Jesús, y cada mañana se levantaba a orar para su diálogo con Dios.[165]

Aun los que años después se distanciaron de él, decepcionados por su excesivo personalismo, y por haber limitado la Compañía a una dimensión casi unívocamente pastoral, valoraron que les hubiera enseñado a orar y a reconocer la oración como una necesidad de unión con Dios.[166]

Primer foco de conflicto: la cesión de la Universidad del Salvador (USAL)

El primer problema que enfrentó Bergoglio como Provincial, con impacto real en la Compañía, fue la cesión de la USAL a la administración laica. Además de la USAL, la Provincia también gestionaba la Universidad Católica de Córdoba (UCC), la primera universidad privada del país, fundada en 1956, y la Universidad Católica de Salta (UCASAL), conducida por padres jesuitas, con aprobación de la Santa Sede desde 1962. La idea de la cesión de la USAL implicaba que la educación jesuita se concentrara en Córdoba y los sacerdotes que administraban y ejercían la docencia en la USAL continuaran su apostolado entre los fieles, fuera del claustro académico porteño. Este plan, que también suponía sacar a la USAL de la amenaza de quiebra

[165] Entrevistas a Miguel Yáñez SJ y al hermano Salvador Ángel Mura.
[166] Entrevista a Rafael Velasco SJ.

económica, había sido acordado con el padre Arrupe. Pero la entrega también tenía intenciones encubiertas.[167]

La conflictividad estudiantil era constante en la universidad. Reproducía el clima de politización y la radicalización de los conflictos en las universidades públicas —con la participación de la Juventud Universitaria Peronista (JUP), que integraba la Tendencia Revolucionaria, agrupaciones de izquierda y del peronismo ortodoxo—.

[167] La USAL había sido creada pese a la reticencia del Episcopado argentino, que no confiaba en otro ámbito académico que no fuese la pontificia UCA. Desde 1944, los jesuitas ya tenían experiencia pedagógica con los institutos universitarios creados en el Colegio Máximo. La USAL se fundó trece años después, sin sustento patrimonial propio, en las aulas del Colegio del Salvador y con el aporte de un "voluntariado de excelencia", profesionales de prestigio relacionados con la Orden, quienes se hicieron cargo *ad honorem* de las cátedras. La universidad abrió espacio a la renovación posconciliar con carreras entonces "sospechadas" desde la comunidad católica como Psicología, Psicopedagogía, Ciencias Políticas o Sociología. La currícula también ofrecía otras opciones de estudio consideradas de avanzada como Musicoterapia o la Escuela de Estudios Orientales, que dirigía el sacerdote español Ismael Quiles, un precursor del ecumenismo en el diálogo con Oriente, que actuaba como nexo entre el claustro y la Compañía de Jesús. Con los años, en esa expansión, la USAL fue engendrando su propia fragilidad económica. En la década de 1970, se calculaba que la deuda alcanzaba los dos millones de dólares. Un equipo de jesuitas idóneos designados por el provincial O'Farrell para buscar soluciones al encierro económico no pudo ofrecer respuestas, aunque advirtió que parte de la deuda era "injusta" y no habría que pagarla. Los bancos empezaron a negar nuevos créditos por la mora en los pagos de préstamos anteriores. En ese clima de penuria, las donaciones escaseaban y la matrícula estaba en caída. El padre Jorge Camargo, que había sido rector fundador de la Universidad Jesuita de Córdoba, y se declaraba no sin ironía como "rector fundidor" de la USAL, en busca de alguna colaboración del gobierno, logró una reunión con el presidente Perón, a la que concurrió junto a Quiles. Según el relato posterior, la visita no pasó de una presentación cordial. Entrevistas a Ricardo Moscato y a Ignacio Pérez del Viso SJ.

La efervescencia en las aulas desalentaba a familias católicas que, aun aceptando la apertura posconciliar, prefirieron que sus hijos estudiaran en la UCA, más inmune a la realidad política o, al menos, con actividades académicas más ordenadas.

Cuando trascendió que la Compañía preparaba el desligue de la USAL y la cedería a un grupo laico, casi todos los centros de estudiantes y buena parte del plantel docente se opusieron.[168]

El desorden estudiantil, con sus debates ideológicos y su accionar político, irritaba al Provincial tanto o más que la penuria económica de la institución.

La universidad se volvía ingobernable.

Le resultaba difícil modificar su rumbo desde la curia jesuita, con docentes que, desde las ciencias sociales, adherían a la Teología de la Liberación o al tercermundismo del MSTM, como lo había sido el propio padre Carlos Mugica, que dio clases de Teología en la carrera de Ciencias Políticas y llevaba a sus alumnos a la Villa 31 para una mejor comprensión de la realidad; o el padre Alberto Carbone, cura tercermundista, que estuvo cinco meses detenido, investigado por presunta complicidad en el crimen del general Pedro Eugenio Aramburu.[169]

---

[168] La resistencia no estuvo exenta de violencia: una bomba estalló en la puerta del despacho del secretario de la carrera de Ciencias Jurídicas, Guillermo Marconi, provocando un agujero en la loza. Era la única carrera que aceptaba la cesión laica. Entrevista a Guillermo Marconi.

[169] Los padres Carlos Mugica y Alberto Carbone habían sido asesores espirituales de la Juventud Estudiantil Católica (JEC), que dependía de la Arquidiócesis de Buenos Aires, con atención pastoral a estudiantes del Colegio Nacional de Buenos Aires, que luego fundarían Montoneros. En su primera acción pública, el 29 de mayo de 1970, el grupo guerrillero secuestró y asesinó al general Aramburu. Algunos docentes reconocidos de la USAL eran Augusto Klappenbach Minotti, Jacinto Luzzi, Rafael

Bergoglio dio una definición oficial sobre el desligue de la universidad a manos laicas en la "Carta de Principios" del 27 de agosto de 1974. En el tono se advierte la tensión teológica y política entre los jesuitas. "La Compañía es fundacionalmente universalista, y por ello contraria a los internacionalismos homogeneizantes que, por la 'razón' o por la fuerza, niegan a los pueblos el derecho de ser ellos mismos", y centraba su fe no "en la imitación servil de modelos ajenos o en el abandono de lo propio, sino en la continuidad crítica de los movimientos populares de signo nacional, protagonistas esenciales de la Argentina moderna. Más aún, el resurgimiento cultura de América Latina exige retornar a las líneas maestras de su tradición hispano-indígena, como fundamento del cambio revolucionario en el que se reconozca".

Bergoglio, en la carta, planteaba, como dos mundos enfrentados, la encrucijada entre las ideologías y las ciencias sociales por un lado, y la religiosidad popular y el "pueblo fiel" por otro, como ya había planteado seis meses antes en la apertura de la Congregación Provincial.

> El nuestro es un pueblo fiel; un pueblo creyente. Esa es su fuerza. Esa Fe popular ha sido —y es— despreciada por la soberbia ilustrada que, en su ceguera, la ha calificado sucesivamente de credulidad y alineación. Pero la Fe de nuestro pueblo es más profunda que sus críticos. Y así muestra que su cristianismo no es un formalismo teórico, superficial y feble, sino una práctica concreta y cotidiana, de amor y solidaridad. Para él, Jesucristo no es solo un Dios, sino Aquel que

---

Virasoro, Carlos Cullen y Orlando Yorio. El MSTM tenía posiciones confrontativas con la jerarquía de la iglesia local. Se afirmaba en el clero, y de cara a la sociedad, con una línea más política y sociológica que la de la TdP, que buscaba acompañar en la fe a los creyentes.

dejó el amor entre los hombres. Y este, como lo saben en el fondo de su alma los más fríos escépticos, es la única fuente de cambios profundos, el único sustento de una revolución por la justicia y la paz.

La "revolución en paz" era el lema proclamado por Perón para su tercer gobierno, que intentó afianzar con pactos sociales y corporativos, con los que el peronismo volvía a sus origen: un modelo de alianza de clases entre la burguesía nacional, los sindicatos, mediados por un activo rol del Estado que garantizaba la distribución de ingresos. El regreso, en 1973, al peronismo original se proyectó en contradicción al proyecto de "socialismo nacional", formulado al calor de la proscripción y el último tramo del exilio de Perón, pero nunca configurado de manera precisa. Ese horizonte se desdibujó de manera abrupta apenas Perón comenzó a gobernar; la izquierda peronista —con la presión de su organización político-militar Montoneros— expresó de manera acelerada esa contradicción.[170]

Bergoglio cedió la USAL a un grupo de dirigentes de Guardia de Hierro. El Provincial compartía con ellos la

---

[170] Aun atendiendo la diferencia entre la conducción política de un país y la conducción de una orden religiosa, Bergoglio y Perón adoptarían los mismos antídotos frente a las disidencias internas que impugnaban su proyecto: se cerrarían en su propio credo e identidad. Perón, después del golpe militar en Chile en septiembre de 1973, abandonó la idea del tercermundismo y acusaría a la izquierda del peronismo de engendrar "la disociación y la anarquía", con promesas de represalia. Bergoglio limitaría el apostolado jesuita de la "opción por los pobres" y la "transformación de las estructuras de poder", como sucedía en otras Provincias del continente. Antes que aceptar los criterios "universales" de la Compañía, orientados por la CG 32, Bergoglio condujo la Provincia según su interpretación de la realidad argentina, pero sin promover el diálogo interno y la apertura.

misma sensibilidad respecto al "proyecto nacional" del peronismo y la unidad latinoamericana. Las conversaciones iniciales se desarrollaron con el líder de la agrupación, Alejandro "Gallego" Álvarez, y continuaron con su "socio" Víctor Zorzín, rector del Colegio Máximo, y el padre Ernesto López Rosas —uno de los más activos sacerdotes peronistas de la Orden— , y los laicos Francisco "Cacho" Piñón y Walter Romero, que había sido dirigente estudiantil de la USAL.[171]

---

[171] Guardia de Hierro se gestó como una organización de lealtad absoluta y sin condiciones a Perón. Se presentaba como la reserva estratégica de su conducción y desafió, desde distintos ámbitos, a todos los adversarios de su líder. Desde la Resistencia peronista, a los militares que lo destituyeron en 1955; desde el sindicalismo, al jefe metalúrgico Augusto Timoteo Vandor, que le disputó la conducción del Movimiento Peronista en los años sesenta, y también enfrentó a la Tendencia Peronista, cuando contestó su gobierno en 1973. En 1972, Guardia de Hierro tenía alrededor de quince mil integrantes, la mayoría de ellos juveniles, que militaban en barrios y gremios. Ese año se unió al Frente de Estudiantes (FEN) y conformaron la Organización Única del Trasvasamiento Generacional (OUTG) en el proceso de retorno de Perón. En defensa a ultranza de la conducción, se diferenciaron de la Juventud Peronista (JP), subordinada a Montoneros, de grupos católicos y marxistas, y también de agrupaciones nacionalistas o de la derecha del peronismo, que enfrentaban a la izquierda con las armas. La Doctrina Peronista y la conducción de Perón fue asumida por Guardia de Hierro como una religión política. La disciplina en la formación, la rigidez casi militar de los comportamientos orgánicos, pero sobre todo la obediencia irrevocable a su líder, traducida en términos religiosos y espirituales, podría emparentarse con el ideario ignaciano. Guardia de Hierro tenía una diversidad de origen que unía un espectro de ideas relacionados con el pensamiento nacional de Juan José Hernández Arregui, la renovación religiosa de Teilhard de Chardin, o lecturas de Frantz Fanon, Mao Zedong, Che Guevara o Von Clausewitz, pero siempre orientado a su dogma de origen: la lealtad hacia Perón y su doctrina, sin agregados de "derecha" o "izquierda". La agrupación desaparecería tras la muerte de

El más importante aporte teórico de Guardia de Hierro al Provincial fue el de la filósofa, de formación cristiana, Amelia Podetti, docente de las "cátedras nacionales" de la Universidad de Buenos Aires (UBA) y de la USAL, ámbito en el que estableció su vínculo en la comunión de ideas. Bergoglio creía, como Podetti, en el alineamiento a Perón y a la doctrina justicialista, como un ideario autosuficiente, que reflejaba una filosofía política cristiana, nacional y latinoamericanista, como había vislumbrado en sus artículos académicos.

En su crítica a la limitada cosmovisión ideológica eurocentrista, asumiéndose como centro de la historia universal y por ende incapaz de interpretar los cambios en el tercer mundo, Podetti entendía que la realidad se entiende desde las periferias del mundo, un concepto que Bergoglio tomaría desde los años setenta y lo desarrollaría en la praxis de su Pontificado para gobernar la Iglesia.

El pensamiento nacional que Bergoglio trasunta en su "Carta de Principios", que también se enlaza con el de Podetti, se resistía a las visiones preconcebidas para el aná-

---

Perón, antes de que se implementara la cesión de la USAL, y algunos de sus cuadros migraron hacia otras agrupaciones políticas. Véanse Cucchetti, Humberto, "Fideipolítica: los guardianes entre lo religioso y lo político", s/f, y Pozzi, Pablo y Pérez Cerviño, Ariel, "A mí la mina me odiaba porque decía que yo era nazi. Entrevistar a Guardia de Hierro", *Taller. Revista de cultura, sociedad y política*, vol. 8, nº 23, 2006. Para el origen de la relación entre Bergoglio y Guardia de Hierro, véase Ivereigh, Austen, *El Gran Reformador*, *op. cit.*, pp. 152-153. Cuando Francisco asumió el Pontificado, el ex líder de Guardia de Hierro Alejandro "Gallego" Álvarez declaró: "Bergoglio fue un amigo nuestro durante un tiempo y nada más. Lo que ocurre es que nosotros teníamos una cantidad de compañeros aptos para manejar la universidad, que es lo que aprovechó la Compañía de Jesús para desprenderse de la universidad que le pesaba", www.informedigital.com, 9 de abril de 2013.

lisis de la sociedad y significaba casi un pensamiento de disrupción frente a proyectos intelectuales en pugna de los años setenta, la mayoría de ellos a favor de la radicalización de las ideas y la primacía de la acción armada.[172]

En un prólogo que escribió en 2006 para la reedición del libro *Comentario a la Introducción a la Fenomenología del Espíritu*, de Podetti, Bergoglio reconoció sus aportes por pensar "desde nuestra propia y singular realidad, no en función de escuelas o categorías adoptadas, sino a partir de nuestras propias necesidades" y enlazaba esta afirmación en un momento en el que "América Latina requiere justamente de una autoconciencia renovada, que sea capaz de asumir más íntegramente su propia condición, sus particulares necesidades, para solo desde allí producir sus nuevas y propias respuestas históricas".[173]

Bergoglio asimilaba de Podetti —y también de Methol Ferré— su voluntad de pensar desde la singularidad de la realidad latinoamericana, que auguraba en un destino común de "Patria Grande", y unía sus raíces históricas a las creencias y la fe del "Pueblo de Dios", con sus propias particularidades inculturadas por el Evangelio, como predicaban los sacerdotes Gera y Tello desde la TdP.

Bergoglio quería que este modelo teológico, espiritual y político se transmitiese con mayor claridad desde la universidad, cuando la Compañía se desprendiera de ella, y se lo requeriría a la nueva administración laica, para que

---

[172] Véanse Denaday, Juan Pedro, "Amelia Podetti: una trayectoria olvidada de las Cátedras Nacionales", *Mundos Nuevos*, agosto de 2013; Bosca, Roberto, "El Papa Peronista", Instituto Acton Argentina, 2013; Recalde, Aritz, "Amelia Podetti: ciencia, política y dependencia en el tercer mundo", http://sociologia-tercermundo.blogspot.com.ar, mayo 2012, y entrevista a Carlos Galli.

[173] Véase *L'Osservatore Romano*, 29 de junio de 2013.

fuese capaz no solo de superar las dificultades económicas, sino también las contradicciones ideológicas que generaban permanente conflicto en su ámbito académico.

El Provincial optó por los laicos como una solución externa, pero, al fin y al cabo, una solución personal.

La cesión le permitiría retener, a corta distancia, el control de la universidad desde un "gobierno paralelo", o gobierno "en las sombras", desde la curia jesuita.

Muchos jesuitas no le perdonarían esta maniobra para deshacerse o suprimir, por una tercera vía, con lo que no acordaba: las disputas ideológicas académicas, políticas y teológicas de la USAL o incluso la impronta de diversidad científica del CIAS.[174]

En menos de cinco años, la USAL reflejaba la repercusión de los cambios políticos en Argentina sobre la Compañía de Jesús, y en las líneas pedagógicas y programas de estudio de su institución universitaria. Desde fines de los años sesenta, la carrera de Ciencia Política había sido manejada por el grupo católico de la revista *Criterio*, con un perfil modernizador, de enseñanza profesional y clásica de la ciencia política estadounidense, guiado por Carlos Floria con el padre Rafael Braun, y los académicos Guillermo O'Donnell o Natalio Botana, en su plantel docente.

En 1973, el grupo fue reemplazado por el jesuita César Sánchez Aizcorbe, designado decano en Ciencias Sociales.

---

[174] Entrevista a Ignacio García-Mata SJ. El grupo laico se constituyó en marzo de 1975 como Asociación Civil Universidad del Salvador, con el compromiso de mantener la línea de identidad marcada por el Provincial. Muchos años después, como gran canciller de la pontificia UCA, como le correspondía por ser el cardenal de Buenos Aires, Bergoglio continuaría llamando "mi universidad" a la USAL. Nunca se fue del todo. Mantuvo influencia con la designación de su contador de confianza, Enrique Betta en el cargo de vicerrector ecónomo de la Universidad, para el manejo administrativo.

Aizcorbe era un sociólogo peronista experto en filosofía social, abierto a lo popular y al compromiso con los pobres. Impartió un programa ecléctico en el que combinaba teorías de dependencia, autores "nacionales y populares" y la Teología de Liberación. En su acto de asunción, que fue festejado por la JUP —ligada a Montoneros—, Sánchez Aizcorbe prometió colocar la universidad "al servicio del pueblo y su liberación" como mandato del padre Arrupe. Este cambio posibilitó el giro de una ciencia política académica a otra más "militante", que pensaba en "el hacer" de la política y en la teoría en función de la praxis. [175]

Ahora, en 1975, con la administración laica, los sacerdotes jesuitas de formación cultural y política de izquierda, fuera peronista o marxista, debieron abandonar sus clases. Solo los padres Quiles y Víctor Marangoni, director de Teología, continuaron en la USAL. Algunas cátedras fueron ocupadas por profesores de la UBA, que, en el clima de "caza de brujas" de la gestión del rector interventor Alberto Ottalagano, de la ultraderecha peronista, buscaron refugio en el ámbito privado.[176]

---

[175] Entrevista a Ricardo Moscato. Véase también Bulcourf, Pablo, con la colaboración de Vázquez, Juan Cruz, "La Ciencia Política en la Argentina", VI Congreso Argentino de Ciencia Política, Sociedad Argentina de Análisis Político (SAAP), Universidad Nacional de Rosario, 5-8 noviembre de 2003.

[176] En la "depuración ideológica" de la USAL, hubo cesantías que generaron controversias. Una de ellas fue la del propio Sánchez Aizcorbe, que fue calificado de "marxista" por una publicación que se relacionaba con los servicios de inteligencia. En la época, esta mención podía ser tomada como una "condena muerte". Desde el CIAS enviaron cartas aclaratorias a la SIDE y a otros organismos de inteligencia de fuerzas de seguridad para negar la condición de marxista de Aizcorbe. Pero antes que aclarar la situación, Bergoglio decidió excluir al padre Sánchez Aizcorbe de la USAL y lo envió a Perú. Entrevista a Ignacio García-Mata SJ. Véase Larraquy, Marcelo, *Recen por él, op. cit.*, pp. 130-131.

Los cambios se sucedieron en medio de la dispersión universitaria. Las carreras se fueron moviendo de edificios, a fin de sacar a la USAL en forma progresiva del Colegio del Salvador de la calle Callao. La cesión fue resistida por los alumnos. Los centros de estudiantes, con su metodología de lucha, con asambleas, manifestaciones y huelgas, incluso huelgas de hambre, que llevaron a cabo en la sede del Partido Demócrata Cristiano (PDC), cuestionaron las reformas de los planes de estudios y los cambios en la "formación ideológica" del plantel docente.

Los dos primeros rectores permanecieron pocos meses en funciones, consumidos por los conflictos estudiantiles y las propias disidencias internas entre la Asociación Civil y los rectores sobre el manejo de la USAL. La designación de Francisco Piñón representó de manera más fiel el pensamiento de la ex Guardia de Hierro para ordenar la universidad en el espíritu cristiano, el pensamiento jesuita, la devoción por la religiosidad popular y el pensamiento peronista —sobre todo el peronismo clásico—, que representaban las claves del ideario de Bergoglio. Con la gestión laica, la USAL comenzó un período oscuro, de temor y autolimitaciones, que la sociedad argentina ya vivía en 1975.[177]

La disolución de las comunidades de base: el germen del conflicto con Yorio y Jalics

Otro conflicto en la Provincia, de mayor gravedad, que tomó dimensión mundial cuando fue designado Pontífice, sucedió en torno al secuestro y desaparición de los sacerdotes jesuitas Orlando Yorio y Francisco Jalics.

[177] Entrevista a Francisco Piñón.

Durante el provincialato de O'Farrell, algunos seminaristas y sacerdotes formaron parte de las "comunidades de base" o "comunidades de vida cristiana", como manera directa de atender sus necesidades y llevar el Evangelio a quienes nunca tuvieron contacto con la Iglesia.[178]

Las comunidades generaron rencillas internas y deserciones, en especial cuando los seminaristas entendieron que la Compañía no los acompañaría en un compromiso más riguroso con los pobres, como ellos pretendían. El conflicto con las comunidades se profundizó cuando quedó claro que no estaban en el proyecto de Provincia de Bergoglio, y comenzó a desactivarlas, en un proceso que duró varios años. Al momento de su asunción había ocho.

El conflicto con Yorio y Jalics se suscitó cuando, en contra de su decisión, decidieron continuar en la comunidad de base, dentro de la Compañía de Jesús. En determinado momento, el Provincial consideró incompatible esta ecuación.[179]

---

[178] Las comunidades de base surgieron como una consecuencia teológica del Concilio Vaticano II, que luego fueron ratificadas por la CG 32. En la Provincia argentina se conformaron en casas o departamentos alquilados en Buenos Aires o zonas suburbanas, guiados por un sacerdote responsable de la Compañía. La comunidad de base reunía a estudiantes de Teología y también a laicos, en la que se replicaba la vida apostólica del Colegio Máximo —la oración y la reflexión experimentada en profundidad—, pero en contacto con vecinos del barrio. Según el anuario de la Compañía de Jesús de 1973, algunas comunidades de base se instalaron en la Capital Federal (Rondeau 3802; Acoyte 143 3° "G"), y también en la provincia de Buenos Aires (Azcuénaga 2170, Muñiz, San Miguel). Las comunidades de base tenían un estatus interno consolidado: aparecían en la publicación oficial que también informaba sobre las Misiones, las Residencias, las Casas y las Obras de la Compañía de Jesús.

[179] Francisco Jalics era hijo de un oficial del ejército húngaro que había sido detenido y envenenado durante la Segunda Guerra Mundial. Aun en las peores condiciones de la tragedia, su madre le enseñó a rezar y a perdonar.

Cuando fueron secuestrados por la Armada el 23 de mayo de 1976 en el barrio Rivadavia, de Flores Sur, los dos curas jesuitas llevaban al menos dos años de disidencias con Bergoglio. Vivían inmersos en una situación de idas y vueltas, soportando rumores de "conducta negativa", "libertinaje" o "exorcismo" en sus comunidades, que se desmentían, pero volvían a aparecer. Hubo meses en que Yorio y Jalics permanecieron a la espera de una respuesta de Roma, otros en que estuvieron en "disponibilidad", y también, en una incertidumbre peligrosa para sus vidas, ya fuera de la Compañía de Jesús, no lograban incardinarse en ninguna diócesis. Tampoco habían logrado, en esos dos años de litigio con el Provincial, estabilizarse por mucho tiempo con la comunidad de base, lo que los obligaba a un trajinar apostólico incierto. Primero estuvieron en Capital Federal, quisieron mudarse a Avellaneda, hasta que instalaron la comunidad en el Barrio Rivadavia, de Flores, a pocos metros de la Villa 1.11.14, en una casa de chapa, con una parroquia lindera, en la que oficiaban misa.

En esa casa fueron secuestrados.[180]

De allí nació su vocación sacerdotal que lo llevaría a misionar en el desierto de Atacama, en Chile, y después en la Argentina, siempre integrado a la Compañía de Jesús. Orlando Yorio se había ordenado sacerdote en 1966, a los 34 años. Fue profesor de Filosofía y Teología y vicedecano en la Facultad del Colegio Máximo. Había sido uno de los autores del plan pedagógico reformado después de la CELAM de Medellín en 1968. Arrupe lo consideraba uno de los hombres mejor formados para la investigación teológica en América Latina. Véase Larraquy, Marcelo, *Recen por él*, *op. cit.*, pp. 118-123.

[180] El sacerdote Luis María Dourrón, profesor de catequesis del Colegio Inmaculada de Cautelar, formó parte de la comunidad de base con Yorio y Jalics, pero logró incardinarse en el Obispado de Morón. Al momento del secuestro, en mayo de 1976, ya no vivía con ellos. Según afirmó

Las diferencias teológicas e ideológicas, que se fueron enredando cada vez más con recelos personales, marcaron el centro de la disputa con la dirección de la Provincia.

Yorio y Jalics, aunque este lo expresara con menor énfasis —estaba más dedicado a la espiritualidad—, entendían que el trabajo pastoral debía ser una herramienta de transformación social. Si se abstraen los "rumores" y "desmentidas", ese fue el desencadenante del conflicto.

Según se desprende del informe, de 27 páginas, que Yorio escribiría en noviembre de 1977 al padre Moura, asistente general de la Compañía de Jesús, en contacto directo con el padre Arrupe, Bergoglio intentó convencerlo para que abandonara la Orden. Argumentaba que era un pedido de la Compañía de Jesús de Roma. Yorio desconfiaba de que le dijera la verdad, suponía que era su intención personal y no atendió el consejo: permaneció en la comunidad del Barrio Rivadavia.

En el último trimestre de 1975, después de cuatro años de trabajo sin interrupciones, Yorio perdió su cargo docente en el Colegio Máximo por "razones de reestructuración", según alegaron y tampoco logró validar los "últimos votos" para integrarlo a la Compañía de manera perpetua. Jalics, en cambio, los obtuvo.

La continuidad de la comunidad de base implicaba riesgos de vida para los dos jesuitas. La represión, cada vez más

---

Dourrón, el Provincial los conminó a disolver la comunidad del Barrio Rivadavia. "Él dice que esa fue una directiva de la casa central de los jesuitas, algo que sinceramente yo no recuerdo. La situación nos sumió en la más completa incertidumbre y fue motivo de profunda reflexión para el grupo." Véase Diana, Marta, *Buscando el Reino. La opción por los pobres de los argentinos que siguieron al Concilio Vaticano II*, Buenos Aires, Planeta, 2013, p. 379. El padre Enrique Rastellini, otro miembro de la comunidad de base, había sido enviado a Yuto, Jujuy, por el Provincial unos meses antes.

violenta e impune, cercaba a los militantes que hacían trabajo político y social en la Villa 1.11.14. Eran frecuentes los ametrallamientos y los secuestros en barrios humildes. Desde la concepción militar, si había rubios en las villas era porque había "subversivos". "Cada vez que llega alguien de 'afuera' a ayudarnos, después vienen las 'razias' y se llevan a los 'nuestros'. Y ustedes al final se salvan". Ese comentario le transmitieron los vecinos de la villa a Yorio, y fue justamente el que lo obligó a mantener su compromiso en la villa hasta las últimas consecuencias.[181]

La continuidad en la Compañía fue cada vez más incómoda.

En el Colegio Máximo circulaban rumores sobre su relación con la guerrilla. Era cierto: Yorio se reunía en la Villa 1.11.14 o en la casa de la comunidad con jóvenes del Peronismo de Base (PB), una facción de Montoneros. Eran catequistas, obreros y militantes del Bajo Flores. Asimismo conocía sacerdotes que ahora formaban parte de otra estructura de Montoneros, Cristianos para la Liberación. Sin embargo, Yorio no apoyaba la lucha armada: creía que la unión del pueblo y el peronismo desde valores cristianos contenían en sí mismos herramientas pastorales de transformación social y política.[182]

Después de un pedido de disolución de la comunidad de base que no se consumaba, Bergoglio explicó a Yorio que como un soldado no podía desobedecer a un superior, un cura tampoco podía hacerlo. Y que si no respetaba su resolución como superior, que abandonara la Compañía hasta que se apagaran los "rumores". Le aclaró que tenía "muchas presiones (y), muy malos informes sobre ellos"; aunque los consideraba "falsos". El Provincial no aclaraba de dónde provenían. Les

---

[181] Entrevista a Alicia Oliveira.

[182] *Ibid.*

dijo a los tres —Yorio, Jalics y Dourrón— que les daría tiempo para que se integraran en algún obispado y escribiría informes positivos a algún obispo. Mientras tanto les pidió que suspendieran los servicios apostólicos en la Compañía.[183]

Los tres sacerdotes aceptaron el consejo del Provincial y pidieron las dimisorias a la Orden religiosa, que fueron oficializadas el 19 de marzo de 1976, cinco días antes del golpe de Estado. Hasta ese momento, Yorio y Jalics no habían logrado incardinarse en ninguna diócesis. Las gestiones en los obispados de Lomas de Zamora y Morón fueron negativas. En esta última diócesis, monseñor Miguel Raspanti aceptó a Dourrón, a quien conocía, y rechazó a los otros miembros de la comunidad. Yorio sospechó que fue por consejo del propio Bergoglio.

Los dos curas quedaron atrapados en una telaraña, fuera de la Compañía y sin Obispado que los acogiese.

Esta fue la evaluación que Yorio escribió en el citado informe al padre Moura, asistente general de los jesuitas en Roma:

> Fui a hablar con el P. Bergoglio. Negó totalmente el hecho. Me dijo que su informe había sido totalmente favorable. Que Mons. Raspanti era una persona de edad que a veces se confundía. Mons. Raspanti volvió a hablar con el P. Bergoglio y, según le comunico al P. Dourrón, el P. Bergoglio le confirmó todas las acusaciones que tenía contra nosotros. Volví a hablar con el P. Bergoglio y me dijo que según Mons. Raspanti sus sacerdotes se oponían a que nosotros entráramos en la Diócesis. El P. Luis Dourrón, ya hacía seis años trabajaba en esa diócesis, en la pastoral de colegios. Mons. Raspanti lo aceptó pese a los informes, pero no aceptó ni al P. Jalics ni a mí.

[183] Informe de Yorio a la Compañía de Jesús, cedido por su hermana Graciela, en archivo del autor.

Un problema adicional se sumó cuando, por medio de la vicaría de Flores, con jurisdicción sobre el Barrio Rivadavia, informaron a los sacerdotes jesuitas que el arzobispo porteño Juan Carlos Aramburu les quitaba las licencias para celebrar misa hasta que consiguieran un "obispo benévolo".

Aramburu no aceptó escuchar a Yorio y Jalics, como recomendaron la misma vicaría de Flores y la pastoral de Villas de la Arquidiócesis, y viajó a Roma para ser creado cardenal en el Consistorio del 24 de mayo de 1976.

Yorio y Jalics no podían ejercer el magisterio, aunque Bergoglio los autorizó a seguir dando misa y también les ofreció ir a vivir al Colegio Máximo, si lo creían necesario, para su seguridad.[184]

Los jesuitas continuaron en la casa de la comunidad sin responder al pedido del Provincial ni al del sacerdote Rodolfo Ricciardelli, del movimiento tercermundista y párroco de Santa María Madre del Pueblo, de Flores, que les había recomendado irse del barrio, como también lo hacía con estudiantes y seminaristas que militaban en la Villa 1.11.14., por la represión que se avecinaba con los militares en el poder.[185]

---

[184] Según la versión de Bergoglio, que sería publicada por primera vez en febrero de 2010 en *El jesuita* de Francesca Ambrogetti y Sergio Rubín, Yorio y Jalics preparaban la creación de una congregación religiosa. "Conservo la copia que me dieron. El superior general de los jesuitas, quien por entonces era el padre Arrupe, dijo que eligieran entre la comunidad en que vivían y la Compañía de Jesús, y ordenó que cambiaran de comunidad. Como ellos persistieron en su proyecto, y se disolvió el grupo, pidieron la salida de la Compañía. Fue un largo proceso interno que duró un año y pico. No una decisión expeditiva mía (...) No los eché de la congregación, ni quería que quedaran desprotegidos." Véase Rubín, Sergio y Ambogetti, Francesca, *El jesuita. La historia de Francisco, el Papa argentino*, Buenos Aires, Vergara, 2013, pp. 148-150.

[185] Entrevista a Alicia Oliveira. Muchos sacerdotes eran parte de la lista de "enemigos" de las Fuerzas Armadas, en especial los del MSTM.

El golpe de Estado y el secuestro de Yorio y Jalics

El golpe de Estado contra Isabel Perón fue considerado irreversible para la mayoría de la sociedad. Pocos días antes, Bergoglio trasladó la curia de la Compañía desde la calle Bogotá 327, en el barrio de Caballito, al Colegio Máximo de San Miguel. Había refugiado a una familia uruguaya perseguida e intuía que la casa podría ser allanada por las fuerzas de seguridad. La mudanza, sobre todo, le permitía un control más estricto de la Provincia. Podría obtener una mejor supervisión de la formación jesuita y los trabajos pastorales en los barrios de San Miguel, cercanos al Colegio Máximo.

El 24 de marzo de 1976, las Fuerzas Armadas usurparon el poder y en pocas horas tomaron los gobiernos provinciales, las legislaturas y detuvieron a centenares de obreros, dirigentes políticos y militantes. Parecía que la pesadilla de la violencia que había signado la vida política a partir del regreso de Perón en 1973 concluiría con el orden y la rectitud que transmitían los jefes de la Junta Militar, el general Jorge Videla (Ejército), el almirante Emilio Massera (Armada) y el brigadier Rubén Agosti (Fuerza Aérea). La dimensión trágica sería mucho mayor con la creación del Estado terrorista, que escondía a secuestrados en centros clandestinos de torturas y desaparición organizados en todas las regiones del país.[186]

Los informes de inteligencia elaborados antes del golpe militar le asignaban peligrosidad por su "definida prédica socializante", funcional a "la lucha de clases que pregona el marxismo". Véase Larraquy, Marcelo, *Marcados a fuego III*, *op. cit.*, pp. 132-133.

[186] El terrorismo de Estado fue organizado por las tres armas. En la Marina, el Grupo de Tareas (GT) 3.3 era la estructura operativa de combate, compuesta por el GT 3.3.1, que patrullaba y controlaba la po-

Frente a un gobierno militar que unía el catolicismo con la identidad nacional y manifestaba su intención de recuperar "valores de la moral cristiana" en la educación, que se reconocía católico, en el primer plenario episcopal después del golpe de Estado, el 15 de mayo de 1976, cada obispo informó qué sucedía en su diócesis: arrestos, desapariciones, despidos, torturas. La magnitud de las denuncias de los familiares de víctimas de la represión ilegal se extendía a todas las provincias. El documento requirió varias redacciones. La mayoría de los obispos prefirió evitar una mención explícita en el documento; aceptaban que no era tiempo de "pureza química". En su carta pastoral "Paz y Bien Común", escribieron:

> Hay hechos que son más que un error: son un pecado, los condenamos sin matices, sea quien fuere su autor. (...) El asesinar, con secuestro previo o sin él, y cualquiera sea el bando del asesinado. (...) Pero sería fácil errar con buena voluntad contra el bien común si se pretendiera que los organismos de seguridad actuaran con pureza química de tiempo de paz, mientras corre sangre cada día; que se arreglaran desórdenes, cuya profundidad todos conocemos, sin aceptar los cortes drásticos que la situación exige; o no aceptar el sacrificio, en aras del bien común, de aquella cuota de libertad que la coyuntura pide; o que se buscara con pretendidas razones evangélicas implantar soluciones marxistas.

---

blación, y el GT 3.3.2, grupo de ofensiva que ejecutaba acciones sobre Montoneros, considerado el "blanco enemigo" a aniquilar. Los miembros de los GT se infiltraban en "territorio enemigo": grababan conversaciones, reconstruían las rutinas de sus "blancos" y luego analizaban la información y planificaban los operativos. Por último, conducían a sus víctimas a la ESMA, el centro clandestino de la Armada, donde permanecían detenidos-desaparecidos.

El documento también deslizaba una advertencia a la dictadura, en una redacción que colocaba como hipótesis algo que, como se había expresado en la asamblea, ocurría:

> Se podría errar si en el afán por obtener esa seguridad, que deseamos vivamente, se produjeran detenciones indiscriminadas, incomprensiblemente largas, ignorancia sobre el destino de los detenidos, incomunicaciones de rara duración, negación de auxilios religiosos... si con el mismo fin se suprimiera alguna garantía constitucional, se limitara o postergara el derecho de defensa... si, buscando una necesaria seguridad se confundieran con la subversión política, con el marxismo o la guerrilla, los esfuerzos generosos, de raíz frecuentemente cristiana, para defender la justicia, a los más pobres o a los que no tienen voz.[187]

Esa misma semana se inició la escalada de secuestros en los domicilios particulares de Capital Federal de los militantes católicos de la Villa 1.11.14. En la primera noche secuestraron a Mónica Mignone y a María Marta Vázquez Ocampo, y a su marido César Lugones, veterinario y docente en la Universidad de Luján. Ellas eran psicopedagogas egresadas de la USAL y colaboraban en la guardería de la villa, que habían ayudado a construir. Su responsable, la monja Mónica Quinteiro, relacionada con los sacerdotes tercermundistas y amiga del padre Mugica, también fue secuestrada, como Horacio Pérez Weiss, que militaba en la

---

[187] Véanse Mignone, Emilio, *Iglesia y dictadura. El papel de la Iglesia a la luz de sus relaciones con el régimen militar*. Edición definitiva, Buenos Aires, Colihue, 1986, pp. 50-52; Zanatta, Loris, *La larga agonía de la Nación Católica. Iglesia y dictadura en la Argentina*, Buenos Aires, Sudamericana, 2015, pp. 216-219, y Verbitsky, Horacio, *La mano izquierda de Dios*, tomo IV: *La última dictadura (1976-1983)*, Buenos Aires, Sudamericana, 2010, pp. 20-25.

villa y hacía trabajo pastoral en la parroquia del Bajo Flores atendida por el padre Ricciardelli.

El arzobispo Aramburu envió al cura Gabriel Bossini para que diera misa en la capilla de Yorio y Jalics, que ya estaban impedidos de hacerlo. El domingo 23 de mayo los jesuitas permanecieron en la casa de al lado.

A media mañana, alrededor de cincuenta infantes de Marina rodearon la parroquia y la casa. El jefe del operativo le ordenó al cura que continuara la homilía, mientras separaban a los que vivían en el barrio y los mandaban a sus casas, de los que "venían de afuera" para interrogarlos.

Yorio y Jalics fueron detenidos y llevados a la ESMA, al igual que el grupo de ocho catequistas que participaba de la comunidad de base y estaban en misa. Serían liberadas del centro clandestino pocos días más tarde.

Los curas jesuitas ingresaron a "El Sótano", un pasillo con habitaciones pequeñas, cama, mesa y una o dos sillas. "El Sótano" era el primer contacto del secuestrado con sus torturadores, el primer lugar donde recibían las descargas eléctricas para arrancarle información de su ámbito de militancia o relaciones. Después de algunas semanas o meses de cautiverio en la ESMA, los lanzaban al Río de la Plata o mar adentro desde los aviones, en los "vuelos de la muerte".[188]

A Yorio volvieron a interrogarlo. Le preguntaron por Pinochet, por Angola, por los libros del historiador José María Rosa que estaban en su casa de la comunidad, por la relación con la monja Quinteiro, y también por un artículo

---

[188] Alrededor de quinientos de los cinco mil secuestrados en la ESMA entre 1976 y 1980 recuperaron su libertad. El resto, detenido sin causa judicial ni juicio legal, fue torturado y condenado a muerte por decisión de los torturadores o de sus jefes. Para un relato sobre la ESMA, véase Calveiro, Pilar, *Poder y desaparición. Los campos de concentración en Argentina*, Buenos Aires, Colihue, 2008.

que había publicado en la edición de diciembre de 1975 en la *Revista Bíblica*.[189] La inteligencia de la Marina tenía información sobre él. Lo conocían.

Después de las torturas en "El Sótano", Yorio permaneció dos o tres días en penumbras, encapuchado, con grilletes en los tobillos y las manos atadas con una soga por la espalda, sin agua ni comida. Un torturador le habló:

> Mire Padre, sepa que tomarlo a usted para nosotros ha sido un gran trauma, sepa que nosotros buscábamos un jefe montonero y resulta que nos encontramos con un hombre a quien hay que darle trabajo, no soy militar, y me gustaría mucho conversar con usted, podríamos hablar sobre muchas cosas si usted se quedara acá. Pero entiendo que a usted lo que más le

---

[189] En la *Revista Bíblica*, Yorio publicó "El acontecimiento argentino como signo teológico", en el que realiza una relectura de la Biblia desde una perspectiva histórica. "La lectura de la historia como signo implica el uso de interpretaciones sociopolíticas. Estas interpretaciones pueden ser distintas. Pero el riesgo de interpretaciones sociopolíticas distintas no dispensa al cristiano de la lectura significativa de la historia. So pretexto de querer ser políticamente imparcial, no puede el cristiano cerrar los ojos y el corazón a la vida de Dios que bulle en las ansiedades y en la marcha del pueblo al que pertenece." Yorio hace su propia interpretación, desde la fe, de la historia argentina en relación al relato bíblico. "La interpretación sociopolítica básica que yo asumo en este intento de lectura de signos es la de Dependencia-Liberación. Entiendo que nuestro pueblo argentino, como parte del pueblo latinoamericano, ha nacido a la historia en una situación de dependencia del proyecto histórico europeo. Dependencia que se mantiene actualmente por una subordinación cultural, económica y política a las metrópolis capitalistas y por una consiguiente represión de expresiones auténticas, de expresiones propias del pueblo criollo. (...) La lectura del signo es desde el presente; porque Dios es presente o no es (...), se hace descubriendo lo nuevo que está en ese presente con raíces. Lo nuevo es señal de lo evangélico, es lo que el presente trae de buena nueva." Véase *Revista Bíblica*, año 37, 1975, pp. 61-92.

debe interesar es salir en libertad, y yo estoy en condiciones de decirle que usted va a salir en libertad; nada más que, por estas cosas de los hombres, tendrá que pasar un año en un colegio, no deberá aparecer en público. Usted es un cura idealista, un místico diría yo, un cura piola, solamente tiene un error, que es haber interpretado demasiado materialmente la doctrina de Cristo. Cristo habla de los pobres, pero cuando habla de los pobres, habla de los pobres de espíritu, y usted hizo una interpretación materialista de eso, seguramente influenciado por una infiltración marxista que hay en la iglesia latinoamericana y se ha ido a vivir con los pobres materialmente.[190]

Los secuestros de los jesuitas según la visión de Bergoglio

Casi veinticinco años después del secuestro, el 8 de noviembre de 2010, cuando ya era cardenal de Buenos Aires, Bergoglio respondió durante casi cuatro horas las preguntas del juez, los fiscales y el abogado de la querella, Luis Zamora, por el secuestro de Yorio y Jalics, en el marco de la causa judicial de la ESMA. Bergoglio era objeto de investigación por una denuncia presentada en abril de 2005 y declaró como testigo para el Tribunal Oral Federal Nº 5 que se constituyó en el Arzobispado de Buenos Aires.

En el siguiente extracto, Bergoglio relató su relación con los jesuitas en momentos previos al secuestro, cómo se enteró y las gestiones que realizó para su liberación.

---

[190] Véanse declaración de Orlando Yorio a la Comisión Nacional sobre la Desaparición de Personas (CONADEP), legajo 6328, año 1984, y los fundamentos de la sentencia en la Causa ESMA (Escuela de Mecánica de la Armada - GT 3.3.2), "Caso en el que resultaron víctimas Orlando Virgilio Yorio y Francisco Jalics", www.cij.gov.ar, folios 743-762, 2011.

Bergoglio: Yo les dije (a Yorio y a Jalics) que estaban en un grado de exposición alto y de riesgo (...) y les ofrecí vivir en la curia provincial conmigo, a ellos y a Dourrón también, hasta que encontraran un "obispo benévolo". Ya se hablaba de la posibilidad de un golpe. Me lo agradecieron. (...).

Zamora: ¿Cómo tomó conocimiento (del secuestro)?

B: Por teléfono, a mediodía, me llamó una persona del barrio, que no conocía. Que hubo una redada, que se llevaron presos a los dos sacerdotes y a muchos laicos y que el padre Dourrón estaba en bicicleta por ahí y como vio la redada se fue por la calle Varela.

Juez: ¿Recuerda qué hizo usted ante esa noticia?

B: Sí, me empecé a mover, a hablar con sacerdotes que suponía que tenían acceso a la policía, a las Fuerzas Armadas, nos movimos enseguida.

J: ¿Obtuvo alguna información diferente a la que le había brindado el vecino?

B: Me confirmaron lo que había pasado, y que no se sabían dónde estaban. Después empezó a decirse que habían sido efectivos de la Marina. A los dos o tres días, al menos a mí me dijeron.

J: ¿Puso la noticia en conocimiento de otra jerarquía eclesiástica?

B: De todos los miembros de la Compañía de Jesús y recurrí al Arzobispado. Era un domingo, le avisé el lunes o martes al cardenal Aramburu, y también a la Nunciatura, monseñor Laghi.

Z: ¿Cómo supo que había sido la Marina?

B: Se comentaba, vox populi, los que iban averiguando apuntaban allí.

J: ¿Eso motivó alguna gestión diferente?

B: Sí, de hecho me reuní dos veces con el comandante de la Marina, Massera. La primera me escuchó y me dijo que iba a averiguar. Le dije que esos padres no tenían que ver en nada raro. Y quedó en contestar. Como no contestó, al cabo de un par de meses pedí una segunda entrevista, además de seguir otras gestiones. Ya estaba casi seguro de que los tenían ellos. La segunda entrevista fue muy fea, no llegó a los diez minutos. (…) Yo le dije, mire Massera, "yo quiero que aparezcan". Me levanté y me fui.

Z: ¿De dónde surgieron las versiones de que había actuado la Marina?

B: No sé, pero se instaló como vox populi. La gente con la que uno hablaba decía fueron los infantes de Marina.

Z: ¿A qué gente?

B: A la gente que podía influir, a la gente que consultaba, que tenía conexiones con jueces, con la policía, con algún militar, con el Ministerio del Interior, con el gobierno. Y todos apuntaban hacia la Marina.

J: ¿Recuerda qué circunstancia lo determinó a entrevistarse con Massera?

B: Porque tenía la certeza… perdón, la casi convicción de que era él, por ese sentir de todos. Me acuerdo de un sacerdote jesuita que hizo muy buenas gestiones para fortalecer esta hipótesis, que era el padre Fernando Storni (…). Con Videla (me reuní) dos veces, por lo mismo. Fue muy formal, tomó nota, dijo que iba a averiguar. Le dije que se decía que estaba en la Marina. La segunda, me enteré quién era el capellán militar que le iba a celebrar misa en su casa, a la residencia del Comandante en Jefe. Le pedí que dijera que estaba enfermo y que yo lo iba a suplir. Ese sábado, después de la misa le pedí hablar. Ahí me dio la impresión de que se iba a preocupar más en serio. No fue violenta, como la de Massera.

Z: ¿En ningún momento mencionó a la ESMA?

B: Al menos yo no lo oí, decían la Marina o los infantes de Marina.

Z: ¿Dejó constancia escrita de esas entrevistas?

B: Informaba constantemente al padre general (Arrupe).

Z: ¿Por escrito?

B: No. (...) Lo hacía por teléfono desde un locutorio de la calle Corrientes, para no usar el teléfono de la curia.

J: Recuerda cómo tomó conocimiento de que los padres Jalics y Yorio habían recuperado su libertad. ¿Se entrevistó con ellos?

Bergoglio: Me llamó el presbítero Yorio para comunicármelo. Le dije "no me digas donde estás ni te muevas de donde estás. Mandame una persona que me lo comunique y dónde nos podemos encontrar". Ya a esa altura había que tomar todas las precauciones.

J: ¿Qué le contaron?

B: Me contaron todo. Que estaban encapuchados, engrillados, que después de cierto tiempo los trasladaron a otra dependencia que les parecía que era una casa por la misma zona o cercana a la ESMA, donde estaban convencidos que habían estado. Estaban seguros de que era la misma zona por el ruido de despegue y aterrizaje de aviones. Sentían voces de personas pero tengo la impresión que estaban en un apartado, solos. Y que los liberaron adormecidos en un campo de Cañuelas.

Z: Es decir que al salir, ellos tenían la certeza de que quedaba gente secuestrada en ese lugar.

B: Sí, sí.

Z: Por la vida de esas personas, ¿usted no pensó en una denuncia inmediata?

B: Las hicimos todas vía jerárquica eclesiástica.

Z: ¿Y por qué no legal, si era un delito?

B: Por disciplina preferimos hacerlas todas juntas vía jerárquica eclesiástica.[191]

---

[191] Para el video de la declaración de Bergoglio ante el Tribunal Oral Federal N° 5, véase *Clarín*, 18 de marzo de 2013. El juez Germán Castelli, que condenaría a los miembros de la Marina responsables del secuestro y el cautiverio de Yorio y Jalics, no imputó formalmente por esos delitos al entonces cardenal de Buenos Aires. Cuando fue consultado por la declaración judicial de Bergoglio, el juez Castelli afirmó: "Es totalmente falso decir que Jorge Bergoglio entregó a esos sacerdotes. Lo analizamos, escuchamos esa versión, vimos las evidencias y entendimos que su actuación no tuvo

La redada militar en torno a los jesuitas

Dos semanas después del secuestro de Yorio y Jalics, el 4 de junio de 1976, allanaron la casa del cura asuncionista Jorge Adur, que trabajaba con sacerdotes tercermundistas y atendía la capilla Jesús Obrero en el barrio La Manuelita, de San Miguel, con autorización de Bergoglio. A la misma capilla concurrían novicios y seminaristas del Colegio Máximo. En La Manuelita convivían las dos órdenes: los asuncionistas, que se involucraban en cuestiones sociales y políticas del barrio, y los jesuitas, que impartían la catequesis a los humildes y atendían sus necesidades.

El Colegio Máximo estaba abierto a seminaristas de todas las órdenes. Adur vivía con dos asuncionistas, Carlos Antonio Di Pietro y Raúl Rodríguez, que estudiaban Teología y hacían trabajo social en el barrio y ayudaban en la capilla de Jesús Obrero. En ese tiempo, proyectaban "un tiempo de desierto" en el sur patagónico, en busca de una soledad eremítica para vivir de manera más profunda la oración y la relación con Dios. Cuando allanaron la casa de Adur, los secuestraron.

Su desaparición impactó en el Colegio. En medio de preguntas en voz baja, se dio a entender que ya no volverían. Obligado por el cerco de la represión, Adur entró en la

---

implicancias jurídicas en estos casos. Si no, lo hubiésemos denunciado. No juzgamos si Bergoglio pudo haber sido más o menos valiente. La pregunta es si entregó a los sacerdotes o no. Y coincidimos en que no hubo razones para que lo denunciáramos. Le dimos la oportunidad a la versión contra Bergoglio, la escuchamos, vimos las constancias y llegamos a la conclusión de que los sacerdotes (Yorio y Jalics) desafiaron con mucha valentía a sus superiores, para seguir actuando frente a un régimen ciego, sangriento que no reconocía a quien se ponía en su camino, sean jueces, abogados, curas, o cualquier trabajador". Véase *La Nación*, 16 de marzo de 2013.

clandestinidad y Bergoglio encomendó al padre Scannone, que continuara la atención pastoral en la capilla.[192]

El mismo consejo daba el Provincial, durante la dictadura militar, a seminaristas que atendían capillas de otros barrios. Les pedía precaución, ir siempre acompañados y que no volvieran de noche al Colegio. Cualquier cura que hiciera pastoral en zonas humildes y hablara de Cristo se convertía en sospechoso según los parámetros ideológicos de la represión ilegal.

La casa de Villa Barilari donde se formaban los novicios, en San Miguel, fue allanada dos veces. Los militares los sacaron a la calle para reconocer sus documentos.

En el Colegio Máximo, un grupo de militares se dispuso amenazante sobre la puerta aunque no ingresó. En otra oportunidad, un grupo de civiles entró por la noche al Colegio para averiguar si se encontraba el padre Adur. Le dijeron que no.[193]

---

[192] Entrevista a Juan Carlos Scannone SJ.

[193] Entrevistas a Miguel Yáñez SJ y a Juan Carlos Scannone SJ. El superior de la Orden asuncionista Roberto Favre efectivizó la denuncia en la Policía por el secuestro de los religiosos Di Pietro y Rodríguez, que nunca más aparecieron. Lo mismo había hecho en la comisaría el sacerdote Ricciardelli por el operativo en el Barrio Rivadavia en el que secuestraron Yorio y Jalics, y también presentó un recurso de habeas corpus en la Justicia. Incluso, según el testimonio de Luis Dourrón, monseñor Mario Serra, obispo auxiliar de la vicaría de Flores de la Arquidiócesis de Buenos Aires, "se presentó a la ESMA para pedir que se le informara sobre la desaparición de Jalics y Yorio. Tal situación y la enorme movilización de laicos y sacerdotes que provocó el secuestro, llevó a la Armada a 'desaparecerlos'. Los instalaron en una casa particular de la localidad de Don Torcuato, provincia de Buenos Aires, con un grupo de tareas a cargo de su custodia". Véase Diana, Marta, *Buscando el Reino*, *op. cit.*, p. 380. Como indicó en la declaración judicial de 2010, Bergoglio solo informó del secuestro por canales intraeclesiásticos y a la Compañía de Jesús en Roma. Con la ayuda de Favre, Adur estuvo en la clandestinidad hasta que logró exiliarse en

En un balance del gobierno peronista, después de su caída, un artículo del padre Fernando Storni publicado en la revista del CIAS no dudaba en responsabilizar de su fracaso a los dirigentes políticos por el apoyo a Isabel tras la muerte de Perón ("al sostener la verticalidad como fin y no como medio cayeron en las manos inexpertas de quien ha sido, finalmente, la víctima de un legado demasiado grande"); a sus dirigentes sindicales ("al no defender la moral del trabajo aceptando coimas y prebendas") y a los que optaron por la violencia como medio político, que había contribuido al derrumbe del sistema. También responsabilizaba a los militares, "al negarse a participar más directamente en un proceso democrático contribuyeron al paulatino desprestigio del gobierno".[194]

Una vez que se inició la dictadura, *CIAS* alzó la voz sobre las muertes, como pocas publicaciones lo hicieron en aquel tiempo, aun con la censura y la autocensura de la prensa, el miedo y el control ideológico con que los militares dominaron a la sociedad.

Cuando los cinco religiosos de la Orden de los palotinos fueron acribillados en la iglesia de San Patricio, el 4 de julio de 1976, el editorial "Testimonio de la Sangre" denunciaba: "No sabemos cuántos son en la lista de asesinados, secuestrados o torturados, pero no hay duda de que entre ellos hay muchos y verdaderos mártires. Porque no nos equivoquemos

París en octubre de 1976 por gestión del nuncio Pío Laghi. Luego se integró al "Ejército Montonero" como capellán y fue secuestrado en 1980, aparentemente en la frontera con Brasil. Había viajado para intentar un encuentro con el Papa Juan Pablo II, de gira por ese país, para denunciar las desapariciones de la dictadura argentina. Véase también Domínguez, Fabián, "La comunidad del padre Adur. Nuestra Señora de la Unidad y Jesús Obrero, iglesias perseguidas por la dictadura", Centro de Estudios e Investigaciones Históricas y Sociales (CEIHS), Unidad Nacional de General Sarmiento (UNGS), 2013.

[194] Véase *CIAS*, nº 250, marzo de 1976.

en este caso como en otros, no nos encontramos ante un crimen político, ni siquiera ante un error político, sino lisa y llanamente, ante un crimen religioso, es decir, cometido en odio de la Fe y de la Predicación de la Palabra de Dios".[195]

En 1976, la edición que conmemoró los veinticinco años de la revista, el director Vicente Pellegrini puso en duda la concepción "cristiana" del gobierno militar, cuando el pueblo "asiste a un momento en el que el terror parece haberse implantado por parte de grupos sin control. De ese terror han sido víctimas sacerdotes y laicos católicos sin encontrarse todavía alguna explicación válida para los actos de violencia y terror con que se pretende suprimir el terrorismo de izquierda. Sería triste pensar que para combatir el marxismo se estén usando métodos stalinistas".[196]

El número de diciembre del mismo año fue secuestrado por orden militar y Pellegrini se vería obligado a exiliarse. En su artículo "Los Derechos Humanos en el presente contexto sociopolítico de la Argentina", el sacerdote marcaba la "nueva y profunda frustración" que produjo el régimen militar, y mencionaba las masacres de seminaristas y sacerdotes de San Patricio, las de Chamical, la de los católicos asesinados o detenidos "por el solo hecho de ser amigos de curas", y la masacre de Fátima (Pilar) como respuesta al atentado de Montoneros contra la Policía Federal en julio de 1976. En un párrafo, Pellegrini vinculó a las Fuerzas Armadas con la tortura, en una mención excepcional en la prensa argentina de ese período, que desató la ira castrense. "La tortura no solamente corrompe y degrada al torturado sino que degrada aún más al torturador. Esto debe ser impensable para la hidalguía militar. Convertir a un militar

[195] Véase *CIAS*, nº 254, julio de 1976.

[196] Véase artículo "La revista en sus 25º años", *CIAS*, nº 258, noviembre de 1976.

de honor, cuyo ideal es luchar por la justicia, en un vulgar torturador, sería la mayor victoria del terrorismo."

La crítica de Pellegrini también mencionaba a los desaparecidos, que raras veces alcanzaban un comentario en la letra impresa: "Hay también una forma de tortura que los obispos argentinos enumeran: torturas para los familiares que consisten en detenciones prolongadas y sin posibilidad de obtener noticias sobre el desaparecido".

El artículo sobre los derechos humanos en la dictadura había pasado relativamente desapercibido, en parte porque los canales de la circulación de la revista eran acotados, y porque su reproducción implicaba riesgos. Dos meses después, Jacobo Timerman, director de *La Opinión*, decidió publicarlo completo en un suplemento y le dio un alcance masivo. Como respuesta, los militares clausuraron en forma temporaria el diario y secuestraron la edición de la revista jesuita.

Las ambigüedades del Provincial: el "Informe Yorio" a la Compañía de Jesús

Después del secuestro de los jesuitas, dos hermanos de Yorio recurrieron a Bergoglio en busca de noticias sobre su posible paradero. La familia le recriminó que ningún obispo había incardinado a Yorio en su diócesis a causa de sus "malos informes", pero Bergoglio negó la imputación.[197]

---

[197] Según Graciela Yorio, en entrevista con el autor, el Provincial respondió que había hecho "muy buenos informes, en un momento hizo un gesto para mostrármelo pero nunca lo hizo". En la declaración judicial de 2010, Bergoglio no recordaba si existía un informe escrito y si, en ese caso, estaría conservado en los archivos de la Compañía. Recordó, en cambio, una "larga conversación" con el obispo de Morón Miguel Raspanti en le que dio detalles sobre cada uno de los tres curas. Bergoglio negó haber

El Provincial continuó el contacto con la familia Yorio en reuniones en el Colegio Máximo y la casa de su madre, aunque nunca aportaba información concreta sobre el cura. Las gestiones con Videla y Massera que realizó en aquel momento, para la familia eran desconocidas.[198]

Después de algunos días de detención ilegal en la ESMA, Yorio y Jalics fueron trasladados a una casa clandestina de la Marina en el norte del conurbano bonaerense. No hubo más interrogatorios ni torturas, pero el secuestro se fue alargando durante varios meses. El 23 de

---

tenido un encuentro personal con Raspanti por ese tema. "Las conversaciones fueron telefónicas", aseguró en la consulta judicial. Su versión no es concordante con la de Marina Rubino, ex alumna de la Facultad de Teología del Colegio Máximo, que aseguró que vio en forma casual a Raspanti en el hall de ingreso del Colegio, una semana antes de que secuestraran a Yorio y Jalics. Raspanti esperaba un encuentro con el Provincial. Según Rubino, el obispo de Morón le dijo que venía a pedir explicaciones por el "mal informe" que había recibido sobre Yorio y Jalics. "No puedo tener a dos sacerdotes en el aire en esta época, pero tampoco los puedo recibir por los informes que me dio el Padre Provincial", dijo Raspanti. El obispo de Morón agregó que esos informes le planteaban un obstáculo administrativo para la incardinación. Entrevista a Marina Rubino. Véase también Larraquy, Marcelo, *Recen por él*, *op. cit.*, p. 113. Esta versión es coincidente con la de Dourrón, que en su narración sobre las dificultades de Yorio y Jalics para incardinarse en el Obispado de Morón, expresó: "Solicitamos al obispo monseñor Miguel Raspanti nuestra incardinación en su diócesis. Con el tiempo supimos que a pesar de la buena disposición hacia los tres por parte del clero de la diócesis, el obispo solo aceptó mi pedido, ya que era el que había recibido informes menos negativos de parte del superior de la Compañía de Jesús, el padre Bergoglio. Los informes sobre Jalics y Yorio, en cambio, le impedían incardinarlos bajo su jurisdicción". Véase Diana, Marta, *Buscando el Reino*, *op. cit.*, pp. 379-380.

[198] Las entrevistas de Bergoglio con Videla y Massera se conocerían por primera vez por relato de Bergoglio en el libro *El jesuita*, de Sergio Rubín y Francesca Ambrogetti, *op. cit.* p. 147. Luego las reiteraría en noviembre de ese mismo año en la declaración judicial citada.

octubre de 1976 fueron puestos en libertad. Descendieron de un helicóptero en un descampado. Estaban drogados y semidesnudos. Yorio y Jalics fueron a rezar ese mismo día a la iglesia Corazón de María, en Plaza Constitución.[199]

El encuentro con Bergoglio, acordado tras un llamado telefónico a su despacho en el Colegio Máximo, se produjo horas más tarde en el Colegio del Salvador. Estaba con ellos el obispo de Quilmes Jorge Novak. En la reunión se decidió que Jalics fuera a Estados Unidos, donde tenía familia. Por pedido del Provincial, Novak integró a su diócesis a Yorio, que ya no pertenecía a la Compañía de Jesús. Su dimisión había sido forzada en principio por las "presiones y rumores" —como le transmitía Bergoglio—, y luego por su negativa a cerrar la comunidad de base, tras un aparente pedido de Roma. En ese momento, el Provincial le aclaró a Novak que no había existido ningún "problema sacerdotal" sino que había dimitido por "tensiones en grupos humanos".[200]

Yorio obtuvo la protección momentánea del Obispado de Quilmes, aunque temía que alguna fuerza de seguri-

---

[199] Sobre la liberación de los sacerdotes Yorio y Jalics no se pudo establecer si fue por resultado del pedido de Bergoglio a los dos jefes de la Junta Militar; si influyó la gestión del nuncio Pío Laghi, que había sido avisado del secuestro por el Provincial; si prosperó la gestión en la Santa Sede del fundador del Centro de Estudios Legales y Sociales (CELS) Emilio Mignone —su hija Mónica continuó desaparecida—; o si fue parte de un acuerdo de la Armada con los obispos locales, que en los días previos a la liberación de Yorio y Jalics publicaron un documento de condena al marxismo y a las "desviaciones doctrinarias", sin mencionar la desaparición de los jesuitas.

[200] Entrevista a Ignacio García-Mata e informe de Orlando Yorio entregado a la Compañía de Jesús en Roma, citado en la p. 204 de este capítulo. Según el entonces novicio Miguel Ignacio Mom Debussy, que dijo ser testigo de la conversación telefónica, el Provincial recibió la noticia de la liberación de los jesuitas con frialdad. Puede atribuirse a que sospechaba que su teléfono estaba intervenido. Entrevista a Juan Carlos Scannone SJ.

dad volviera a secuestrarlo. Esa posibilidad lo perseguiría durante muchos años. Se decidió que viajara a Roma, a estudiar con los jesuitas en la Universidad Gregoriana. Como no tenía documentos, Bergoglio pidió a la Nunciatura que le gestionara uno y viajó con la recomendación del Provincial a la casa de estudios y el pasaje pagado por la Compañía. De ese modo, terminaba la desavenencia de Yorio y Jalics con el Provincial, aunque las dudas persistirían desde entonces. Poco más de un año después, la USAL condecoraría a Massera, responsable de los secuestros de los jesuitas.[201]

---

[201] Entrevista a Luis Consoni e informe de Orlando Yorio ya citado. El 25 de noviembre de 1977, el almirante Massera recibió la condecoración como profesor *honoris causa* de la Universidad del Salvador. En ese tiempo el jefe de la Marina buscaba anudar acuerdos entre laicos y eclesiásticos para que una futura, pero todavía improbable sucesión política lo dejara, al final de la dictadura militar, como candidato a presidente, con la posibilidad de ser electo en las urnas. En esa búsqueda de aliados y condecoraciones que lo invistieran de prestigio, Massera recibió la adhesión de dirigentes de la ex Guardia de Hierro, que llevaba implícita la apertura de un "paraguas de protección" para la vida de sus militantes. La USAL, después de los casos de Yorio y Jalics, quiso reducir los riesgos de nuevas desapariciones para su comunidad universitaria y, en forma indirecta, para la Compañía de Jesús. El acto de condecoración de Massera se realizó en el auditorio de la Facultad de Psicopedagogía de la USAL, en un edificio anexo a la sede central, en el que había militantes y dirigentes peronistas de la ex Guardia de Hierro. No había estudiantes ni tampoco participaron todos los decanos. Bergoglio, que estuvo al corriente de la organización del acto, no participó, pero sí lo hizo su "socio" en la curia jesuita, Víctor Zorzín. Entrevista a Francisco Piñón. En su discurso, que Massera pidió ofrecer al auditorio, mencionó "el desprecio a la autoridad", "el rock", "las drogas", "el amor promiscuo" y "el terrorismo" como potenciales "desviaciones" en la que podría incurrir la juventud. Y marcó la línea delgada que podría conducir del "pacifismo abúlico" al terrorismo. Véanse Larraquy, Marcelo, *Recen*

En noviembre de 1977, Orlando Yorio, que continuaba con sus estudios en la Universidad Gregoriana de Roma, entregó el informe a la Compañía de Jesús por su desaparición.

Yorio quería conocer qué había sucedido entre él y la Compañía de Jesús y las razones reales de su secuestro. Sentía que Bergoglio lo había dejado librado al azar, sin protección, por su disidencia en torno a la comunidad de base, e interpretaba ese hecho como parte inicial de una sucesión de acontecimientos que habían conducido a su cautiverio: el período de permanencia inestable del trabajo apostólico de la comunidad de base, el pedido forzado de dimisión a la Compañía, el quite de licencias del Arzobispado de Aramburu y, pocos días después, el secuestro y la tortura en la ESMA, sumados a los meses de detención ilegal, en los que, incluso, decía haber percibido la presencia del Provincial, mientras estaba encapuchado. Era una sensación que también explicaba el trauma que le había dejado su paso por la Compañía.

Yorio se consideraba víctima, no solo del terrorismo de Estado, sino también de una injusticia por la actuación del Provincial.

El profesor Hugo Cardone intercedió para que reabriera el diálogo con la Orden y le pidió un informe detallado para ser entregado al padre Moura, secretario general de la Compañía, que sin dudas haría llegar al padre Arrupe.

En su alegato de 27 páginas fechado el 4 de noviembre de noviembre de 1977, Yorio pregunta por qué si había "acusaciones contra nosotros" —en referencia a Jalics, a

---

por él, *op. cit.* pp. 133-134 y Sucarrat, María, "La Universidad del Salvador nunca retiró el *honoris causa* a Massera", *Tiempo argentino*, 24 de noviembre de 2012.

Dourrón y a él—, no se hacían claramente para dar lugar a una defensa, y por qué cuando aparecieron informes acusatorios no se quiso investigar su veracidad, aunque en secreto "se nos siga acusando de cosas antiguas", y públicamente no se aclarara nada. Yorio intentaba indagar por las "presiones" que, según les decía, recibía Bergoglio. Versiones, rumores, comentarios, que supuestamente provenían desde el padre general Arrupe y desde el arzobispo porteño Aramburu.

> ¿Por qué si sobre todo esto no podía decir nada, el Provincial no nos daba ninguna orden concreta, se sentía indeciso y tenía miedo de cometer una injusticia? —preguntaba—, y por qué, también, el pedido de legitime absens no había sido tenido en cuenta. ¿Por qué, cuando nosotros 'pro bono pacis' nos vamos de la Compañía, se informa en secreto y con mentiras a los obispos para que no nos reciban? ¿Por qué se me quitan las licencias? Cómo se hace eso, sabiendo y habiendo hecho expreso ante el Provincial nuestra situación de peligro de vida... y si por el bien de la Compañía o de la Iglesia se pensaba que tendríamos que irnos del país, ¿por qué no se nos dijo?

"Cómo se explica —pregunta Yorio en su informe—, que haya un acto ficticio en el que se me expulsa de la Compañía sin que yo lo sepa, justo tres días antes de mi prendimiento", en referencia a su secuestro. Por último, menciona su respeto al padre Moura, al padre general y al padre Provincial Bergoglio. Pero sobre él, agrega: "Aunque ahora dude de la coherencia de sus actos".

Después de la detención ilegal, el padre Francisco Jalics fue enviado a Estados Unidos y luego se trasladó a Alemania. Como su pasaporte ya estaba vencido, pidió a Bergoglio que solicitara su renovación en la Dirección

Nacional de Culto de la Cancillería, para evitar el viaje a Argentina. Esta gestión fue objeto de una posterior polémica.[202]

---

[202] El periodista Horacio Verbitsky indica que tras el pedido de Bergoglio a la Cancillería para la renovación del pasaporte de Francisco Jalics, que tenía ciudadanía argentina, el director de Culto negó la petición de acuerdo a los antecedentes de Jalics, que fueron establecidos como "actividad disolvente en congregación religiosas femeninas", "detención en la ESMA sospechoso de contactos guerrilleros" y "desobediencia y expulsión" de la Compañía de Jesús, que no se implementó en el caso de Jalics porque tenía los "votos solemnes". El informe indica que el director de Culto Católico Oscar Orcoyen recibió estos datos del "propio padre Bergoglio". Véase Verbitsky, Horacio, *El Silencio. De Paulo VI a Bergoglio. Las relaciones secretas de la Iglesia con la ESMA*, Buenos Aires, Sudamericana, 2005, pp. 110-111. En el libro *El jesuita, op. cit.*, Bergoglio aduce que Jalics le escribió para pedirle su gestión del pasaporte por su temor a "venir a la Argentina y ser detenido de nuevo" y realizó la petición en la Cancillería. "La entregué en mano y el funcionario que la recibió me preguntó cómo fueron las circunstancias que precipitaron la salida de Jalics. 'A él y a su compañero los acusaron de guerrilleros y no tenían nada que ver', respondí. 'Bueno, déjeme la carta, que después le van a contestar', fueron sus palabras. Por supuesto que no aceptaron la petición. El autor de la denuncia en mi contra —en referencia a Verbitsky— revisó el archivo de la secretaría de Culto y lo único que mencionó fue que encontró un papelito de aquel funcionario en el que había escrito que habló conmigo y que yo le dije que fueron acusados de guerrilleros. En fin, había consignado esa parte de la conversación, pero no la otra en la que yo señalaba que los sacerdotes no tenían nada que ver. Además, el autor de la denuncia soslaya mi carta donde yo ponía la cara por Jalics y hacía la petición", véanse pp. 150-151. En un artículo posterior, para refutar las afirmaciones del cardenal, Verbitsky indica que los datos del director de Culto remiten a intimidades de la Compañía de Jesús, vistas desde la óptica de Bergoglio, "que no había ninguna necesidad de confiar al funcionario de la dictadura". Y vuelve a citar el facsímil publicado en *El Silencio* donde se cita que Yorio y Jalics: "Vivían en una pequeña comunidad que el superior jesuita disolvió en febrero de 1976 y se negaron a obedecer solicitando la

En su libro *Ejercicios de contemplación*, Jalics dio testimonio sobre el secuestro:

> Fuimos denunciados como terroristas sin ser culpables y (...) sabíamos que una persona había hecho correr ese rumor, haciendo creíble la calumnia valiéndose de autoridad. (...) A juzgar por declaraciones posteriores de testigos, esta persona testificó ante los oficiales que nos secuestraron, que habíamos trabajado en la escena de la acción terrorista. Poco antes, yo le había manifestado a dicha persona que estaba jugando con nuestras vidas. Debió tener conciencia de que nos mandaba a una muerte segura con sus declaraciones. No hace falta relatar más.

La frase "esta persona testificó ante los oficiales que nos secuestraron" puede interpretarse como la delación de una víctima secuestrada o un diálogo con los autores materiales del secuestro o con sus jefes.

> Es fácil imaginar los sentimientos de impotencia, rabia y rencor que tuve hacia esta persona y su camarilla mientras duró el secuestro. Pero todo el tiempo oré por él y sus cómplices. Mucho se purificó dentro de mí en esos meses, pero la rabia solo se aplacó en parte. Día a día rezaba por estas personas y rogaba a Dios que mi calvario les trajera algún beneficio. Lo hacía con determinación, con el propósito de perdonarlos, pese a que al mismo tiempo tenía sentimientos contrapuestos.

---

salida de la Compañía el 19/3" y que "Ningún obispo del Gran Buenos Aires los quiso recibir". Véase Verbitsky, Horacio, "Operación Cónclave", *Página/12*, 11 de abril de 2010, en edición impresa. Por decisión de Verbitsky, *Página/12* bloqueó el acceso a su archivo digital de notas publicadas por el periodista entre 2005 y 2010 sobre Bergoglio, luego de su designación como Pontífice. Véanse www.plazademayo.com, 18 de noviembre de 2014, y Verbitsky, Horacio, "Fui yo", *Página/12*, 18 de noviembre de 2014.

Su madre le había enseñado a rezar por aquellos que mataron a su padre cuando era adolescente, y ahora Jalics rezaba para perdonar a los que lo habían castigado, sin hacer público sus nombres, mientras que intentaba dejar atrás el pasado.

> Cuatro años después de mi secuestro la Orden me encomendó que dirigiera el llamado "terceronado" (tercera probación) para un grupo de compañeros. Se trata de la última fase de formación espiritual de los jóvenes sacerdotes. Para prepararme, yo mismo hice ejercicios durante treinta días. El último día, mientras paseaba por el bosque, me pregunté qué rectificaciones o cambios convenía que hiciera en mi vida. Súbitamente tomé conciencia de que, si bien perdonaba una y otra vez a mis perseguidores, seguía guardando en el armario los documentos de prueba de su delito. Aparentemente seguía con la secreta intención de utilizarlos alguna vez contra ellos. Volví a casa y los quemé. Fue un paso importante.

¿A qué documentos se refiere Jalics? ¿A pruebas de su cautiverio? ¿Al informe en apariencia negativo que habría enviado el Provincial al obispo de Morón Raspanti?

La injusticia de la acusación le seguía pesando. Jalics relató que en 1984 un superior le preguntó si estaba "todo arreglado" con la Compañía.

> En ese diálogo me invadió por última vez un dolor como nunca lo había sentido. Ya no era rabia, solo era dolor. No pude contener las lágrimas delante de mi superior mayor. Desde entonces me siento verdaderamente libre y puedo decir que "he perdonado de todo corazón". Ya no siento resentimiento, rencor ni dolor por lo sucedido. Por el contrario, agradezco esta experiencia que es parte indisoluble de mi vida. El proceso de purificación me llevó ocho años. Al fin,

los últimos restos de rencor desaparecieron. Quizás esto pueda servir de aliento para aquellos que sufrieron algo parecido y a quienes les cuesta perdonar.[203]

La estrategia de Bergoglio: salvar a los perseguidos en el silencio

El Colegio Máximo fue refugio para seminaristas, sacerdotes y allegados a la Orden jesuita que corrían riesgo de vida en la dictadura militar. La política de Bergoglio fue internarlos en la amplitud del predio, les brindó asistencia y comida, al mismo tiempo que dispuso de una red logística

[203] Véase Jalics, Francisco, *Ejercicios de contemplación. Introducción a la forma de vida contemplativa y a la invocación a Jesús*, Buenos Aires, San Pablo, 2009, pp. 159-162 y 282-284. Después de un año en Estados Unidos, Jalics fue a vivir a un monasterio en Wilhelmsthal, en el sur de Alemania, donde permanece desde 1978. Volvió a Argentina en contadas ocasiones y se encontró con Bergoglio. "Tuvimos oportunidad de conversar sobre lo sucedido. Después celebramos misa en público y nos dimos un abrazo solemne. Estoy reconciliado con los eventos y considero el asunto cerrado", escribió en un comunicado un día después de la designación de Francisco como Pontífice. Yorio volvió muchos años después, en 1991, al Colegio Máximo invitado por estudiantes de Teología para conocer su experiencia como jesuita. Entonces ya existía un clima "antibergogliano". Véase en este capítulo, p. 246. Frente a más de veinte estudiantes de Teología a punto de ordenarse sacerdotes, Yorio relató la historia sin rencor, de manera líneal, pero con dolor e impotencia. Dijo que si Bergoglio hubiera querido defenderlos realmente, no los hubiesen llevado. Jamás existió en su vocabulario la palabra denuncia o entrega a los militares. Ese año habría recibido una disculpa, en nombre de la Compañía de Jesús, por parte del padre general Peter Hans Kolvenbach, que le ofreció volver a la Orden pero Yorio desistió. Entrevista a Rafael Velasco SJ. Yorio falleció en Uruguay, donde estaba radicado, en 2000. Intentó un encuentro con el ex Provincial para curar las heridas del pasado pero Bergoglio nunca lo recibió. Entrevista a Luis Consoni.

para facilitarles la salida del país, si era necesario. Eran pocos los que en el Colegio estaban al tanto de esas acciones que se sucedían en forma compartimentada, por seguridad, mientras las clases continuaban con normalidad. Este tipo de protecciones fue habitual en algunos monasterios de órdenes religiosas, en las que los perseguidos por la dictadura o quienes se sentían en riesgo, accedían a un retiro espiritual, como cobertura, para que los salvaguardaran.

Los párrocos y obispos también recibían denuncias permanentes de feligreses por desapariciones, y aquellos que se animaban a reproducir algo del horror en las misas se convirtieron en enemigos de la Junta Militar.

El arzobispo Enrique Angelelli, al que habían visitado Arrupe y Bergoglio en 1973, fue el caso más emblemático. El obispo de La Rioja se había negado a celebrar misas para la Fuerza Aérea en la base de Chamical. Lo reemplazó el vicario castrense Victorio Bonamín, que se declaró "guía espiritual de la base aérea en momentos en que las tinieblas cubren la nación".

Angelelli y Bonamín representaban dos líneas opuestas del Episcopado. Uno representaba la denuncia profética contra la dictadura, el otro brindaba inspiración religiosa a los actos de terror del Estado, que ocultaba con silencio y complicidad.

Antes del golpe militar, Angelelli alertó a sus pares episcopales: "Abran los ojos. Mañana los señalarán como traidores, cómplices o cobardes, que pudieron ayudar a resolver graves problemas de dolor a hermanos nuestros, a diócesis, a sacerdotes y laicos y no lo hicieron como lo deberían haber hecho. Más aún, no vieron qué se está viviendo". La dictadura asesinó a Angelelli y encubrió su muerte con un supuesto "accidente de ruta".[204]

---

[204] Poco antes del crimen del obispo Angelelli, dos sacerdotes de su diócesis fueron torturados y asesinados. El 17 de julio de 1976, el sacer-

Pocos meses antes de la muerte de Angelelli, un grupo de colaboradores —dos párrocos y un seminarista— fueron admitidos para estudiar Teología en el Colegio Máximo. Eran Miguel La Civita, Enrique Martínez y Raúl González. Venían de La Rioja donde eran amenazados y perseguidos, acusados de ser "contaminados por ideas marxistas". Un Falcon verde los vigilaba desde la puerta de la parroquia en Chepes.

> Había gente escondida en el Máximo, mucha gente. Estaban encerrados en habitaciones, nosotros le llevábamos la comida. La consigna que nos había dado Bergoglio era no hablar con gente que no conociéramos y no preguntar para no comprometer a nadie. Ayudarlos a pasar el tiempo conversando cosas comunes hasta que consiguieran la documentación. El secretario de Bergoglio estaba en esa tarea.

---

dote Carlos de Dios Murias, que estudió Teología en el Colegio Máximo e hizo trabajo social en una villa de José León Suárez del conurbano bonaerense, fue secuestrado junto con el cura francés Gabriel Longueville. Ambos asesoraban a campesinos que protegían sus tierras contra el intento de "Tradición Familia y Propiedad" (TFP) y la Sociedad Rural por hacerse con ellas. En algunas paredes de Chamical, había pintadas amenazantes contra ellos. Murias pidió en su última homilía: "Por favor, hermanos, recen por nosotros, que nos han amenazado y nos persiguen". A la noche siguiente, un grupo civil los sacó de la casa con la excusa de firmar una denuncia en la comisaría. Querían llevarse a Murias pero Longueville no quiso dejarlo solo y lo acompañó. Al día siguiente aparecieron muertos y torturados, con una cinta en la boca, a un costado de la ruta 38. Después de las exequias, Angelelli investigó los crímenes en Chamical y preparó un informe para que el Episcopado lo entregara al general Videla. De regreso a la ciudad de La Rioja, su camioneta fue encerrada por un auto; Angelelli volcó y murió. Treinta y cinco años después, la Justicia probaría que fue un atentado contra su vida. Véase nota del autor "La historia del cura asesinado que el Papa Francisco quiere beatificar", *Clarín*, 20 de marzo de 2013.

Era el hermano Salvador Mura. Los llevaba al aeropuerto de Ezeiza o al Uruguay. A veces también los acompañaba Bergoglio para sacarlos del país. Una vez llevaron al cura Vicente Ramos. Bergoglio me dijo: "Convénzalo a Vicente porque tenemos dos días para sacarlo del país y el que tiene la orden la puede 'cajonear' dos días, más no". Yo deduje que Bergoglio tenía algún informante. Al final convencimos al cura Ramos y Mura lo pasó a Uruguay. También había muchos uruguayos protegidos en el Máximo. El padre Justo Asiain, había otro, español, fugado desde el Paraguay. "La plata que tenemos los jesuitas la tenemos que usar para salvar vidas", me dijo en aquel momento Bergoglio. Hubo otro, Gonzalo Mosca, que Bergoglio le dio los hábitos para que se fuera del país. Era una época difícil, porque siempre daban vuelta dos o tres militares en los fondos del predio. Y desde allí hacían operativos en los barrios. Bergoglio tenía una estrategia para generar confianza con ellos y que no pensaran que tuviera gente escondida. Yo lo vi salvar vidas. Tenía un rol de protección, nos aconsejaba y nos predicó el retiro de ordenación.[205]

El español que menciona La Civita era el sacerdote jesuita José Luis Caravias que trabajaba con campesinos en las Ligas Agrarias cristianas en Paraguay, hasta que una camioneta policial lo levantó por la calle y lo arrojó del otro lado de la frontera argentina, en Clorinda, Formosa.

En 1974, Caravias había conocido a Bergoglio en el Colegio Máximo cuando fue aceptado para estudiar Cristología y empezó a trabajar en una villa con inmigrantes paraguayos. Según el testimonio de Caravias, que se reconocía comunista, un día Bergoglio le dijo: "'Tengo noticias de que la Triple A decretó tu muerte y la de otros dos jesuitas,

[205] Entrevista a Miguel La Civita.

Francisco Jalics y Orlando Yorio', a quienes solo conocía de nombre. Y me sugirió que regresara a mi país, España. Le hice caso. Estoy convencido de que me hubieran matado si él no me avisaba. Y en julio de 1975 me envió una carta 'en código', que decía que si regresaba a Buenos Aires tenía riesgo de un 'contagio grave de salud'".[206]

Oscurantismo en la Provincia

Cuando se inició la dictadura militar, el Colegio Máximo fue cerrando las puertas a los debates. Las jornadas académicas interdisciplinarias, que reunían exposiciones de Teología, Filosofía y Ciencias Sociales, que luego publicaba la revista de la Facultad, *Stromata*, dejaron de realizarse.

Bergoglio adaptó la Compañía a las nuevas reglas.

Fue un tiempo de purga, de fragmentación, de deserciones, traslados internos, y también de resistencias al Provincial, como las de Yorio y Jalics, o la del padre José Ignacio Vicentini —uno de los precursores en la parroquia de La Manuelita, e integrante de la comunidad de base de Muñiz, en San Miguel—, que le pidió por carta a Bergoglio que reviera su orden de traslado a Mendoza, sin lograr modificar su decisión.

Asimismo se suspendió el diálogo interno. Dejaron de realizarse "Encuentros de Provincia", que había sido una tradición en los setenta, cuando una o dos veces al año los jesuitas de distintas obras, con la libertad de palabra, se juntaban a rezar, conversar e intercambiar información sobre

---

[206] Véase *ABC*, 30 de marzo de 2013 y *La Nación*, 12 de julio de 2015. Para una profundización de casos de refugiados en el Colegio Máximo, véase Scavo, Nello, *La lista de Bergoglio. Los salvados por Francisco durante la dictadura*. Buenos Aires, Claretiana, 2013.

sus futuros planes y hacían una síntesis del encuentro que entregaban al Provincial.

En el Colegio Máximo volvieron los libros de Teología Moral en latín. Esa lengua muerta también volvió a escucharse cuando el nuncio Pío Laghi, por invitación de Bergoglio, dio su sermón a los seminaristas. En su gobierno, no hubo continuidad del clima de "ventanas abiertas" del Concilio Vaticano II, no habría lugar para comunidades de "cambio social" y menos aún para el apostolado que unía los servicios de fe con los de promoción de justicia, como indicaba el D4 de la CG 32.[207]

En el afán de protegerse, Bergoglio reflejó en el Colegio Máximo el oscurantismo que la dictadura militar impuso a la sociedad, aunque lo hizo más por precaución que por correspondencia ideológica, y con la salvedad de que, antes que cómplice o colaboracionista, refugió curas, seminaristas y laicos que eran perseguidos o estaban en riesgo. Quiso salvarlos. No realizó denuncias públicas —en la policía o la justicia— contra el terrorismo de Estado. Utilizó los canales internos de la iglesia, el Arzobispado porteño, el nuncio o el padre general de la Compañía de Jesús, en Roma. Bergoglio aplicó una política de protección y silencio.[208]

La persistencia de Yorio y Jalics de continuar en la comunidad de base del Bajo Flores, en desobediencia a su autoridad, lo desconcertó. Reaccionó frente a ellos con informaciones sinuosas que confundieron a los curas, una confusión que se agigantó después del secuestro y cautiverio de cinco meses a manos de la Armada. Bergoglio fue

---

[207] Véanse www.martiresargentinos.blogspot.com.ar, 30 de agosto de 2012, y entrevistas a Marina Rubino, Miguel Ignacio Mom Debussy e Ignacio García-Mata SJ.

[208] Entrevista a Juan Carlos Scannone SJ.

acusado de haberlos desprotegido, aunque no existen testimonios de que haya proveído información o haya colaborado con la autoridad militar para su secuestro.[209]

Para refundar la Compañía, Bergoglio buscó reforzar la fidelidad a las fuentes de la espiritualidad ignaciana. Quería que hubiese más vocaciones, y para ello consideraba necesario que los novicios y seminaristas encontraran una Orden afianzada en su experiencia religiosa, que le ofreciera sabiduría y un "estado de oración" para ir creciendo en ella. Planificó el "área San Miguel" como centro de la formación

[209] La primera mención pública que puso en discusión la actuación de Bergoglio en los secuestros de Yorio y Jalics fue la publicación del libro *Iglesia y dictadura. El papel de la iglesia a la luz de sus relaciones con el régimen militar* de Emilio Mignone, padre de Mónica Mignone, militante desaparecida. "En algunas ocasiones la luz verde fue dada por los mismos obispos. El 23 de mayo de 1976 la Infantería de Marina detuvo en el barrio del Bajo Flores al presbítero Orlando Yorio y lo mantuvo durante cinco meses en calidad de 'desaparecido'. Una semana antes de la detención, el arzobispo Aramburu había retirado las licencias ministeriales, sin motivo ni explicación. Por distintas expresiones escuchadas por Yorio en su cautividad, resulta claro que la Armada interpretó tal decisión, y posiblemente, algunas manifestaciones críticas de su provincial jesuita Jorge Bergoglio, como una autorización para proceder contra él. Sin duda los militares habían advertido a ambos acerca de su supuesta peligrosidad. La magnitud y la ferocidad de esa persecución son sorprendentes, como readvertirá con la lectura del capítulo octavo. La Iglesia argentina cuenta con centenares de auténticos mártires que sufrieron y murieron por la fidelidad a los principios evangélicos, en medio de la indiferencia o la complicidad de sus obispos. ¡Qué dirá la historia de estos pastores que entregaron sus ovejas al enemigo sin defenderlas o rescatarlas", se indica en las pp. 158-159. En otro párrafo, en la p. 234, Mignone menciona "la dudosa intervención en la detención de estos clérigos (en referencia a Yorio y Jalics) del cardenal Aramburu y del provincial de los jesuitas, Jorge Bergoglio". El libro de Mignone, que fue publicado en forma original en 1986, deja dudas abiertas sobre la responsabilidad de Bergoglio, pero formuladas en modo potencial, o en base a interpretaciones.

y el acompañamiento pastoral a los vecinos que concurrían a la parroquia del barrio La Manuelita.

Su agenda de gobierno se diferenció del "compromiso social" de la CG 32 —que respaldó a las Provincias jesuitas en su "opción por los pobres"—, también en la reforma progresista de programas educativos y la promoción de justicia, que colocó a la comunidad jesuita como objeto de represalia militar y paramilitar en el sur y el centro del continente latinoamericano.[210]

---

[210] En el último trimestre de 1975, el general Alfredo Stroessner persiguió jesuitas de comunidades campesinas paraguayas e intervino el Colegio Cristo Rey, de la Compañía de Jesús, acusados de "extremistas" y de formar sacerdotes con la apología "del odio y la violencia". Detuvo a párrocos, catequistas y laicos de comunidades cristianas de base y expulsó del país a miembros del CIAS, docentes y otros sacerdotes que asistían a campesinos pobres. Arrupe reclamó sin éxito a Stroessner por el regreso de los jesuitas. En julio de 1977, Bergoglio fue registrado por la policía política paraguaya cuando se hospedó en el colegio Cristo Rey para una reunión de provinciales. También fue observado cuando volvió a viajar en agosto de 1980 por el Departamento de Investigaciones. Los encarcelamientos y órdenes de salidas forzadas se sucedieron también en Bolivia, Brasil y Uruguay, pero fue más dramática en América Central, donde los grupos paramilitares hicieron explotar bombas en la Universidad Católica de El Salvador. En marzo de 1977, fue asesinado el padre Rutilio Grande que denunciaba la injusticia en el reparto de la riqueza, y luego amenazaron con matar a cualquier jesuita que permaneciese en el país. Quien veló el cadáver de Grande fue monseñor Arnulfo Romero. "Fue en la vigilia de oración ante los restos del heroico padre jesuita, inmolado por los pobres, cuando me di cuenta de que ahora me tocaba a mí tomar su lugar, bien conciente de que así yo también me estaría jugando la vida", dijo entonces Romero. Sería asesinado el 24 de marzo de 1980, cuando oficiaba misa en la capilla de un hospital en San Salvador por un escuadrón ultraderechista, en el contexto de un conflicto entre el gobierno de derecha y la guerrilla que dejó más de 75 mil muertos a lo largo de doce años. Romero condenaba en forma constante la "violencia represiva" del ejército. Un mes antes del crimen, en la Universidad de Lovaina, donde recibió el título de doctor *honoris causa*

Bergoglio se mantuvo alejado de esa línea apostólica. Si la universalidad de la Compañía de Jesús también se afirmaba en su particularidad, Bergoglio expresó ese particularismo desde la Provincia argentina respecto al resto de América Latina. Tenía otro tipo de formación teológica, ideológica y política y se preocupó porque su ministerio estuviese apartado de esas "tentaciones".

Lo explicó en la apertura de la XV Congregación Provincial, en febrero de 1978.

"Nuestra mística nos quiere fieles a la historia y valientemente abiertos al porvenir. La tentación reside en la 'espiritualidad del avestruz': esconder la cabeza ya sea en un taller de restauraciones (como nos quieren los tradicionalistas), ya sea en un laboratorio de utopías (como pretenden aquellos que —llevados por la superficialidad de su alma— buscan ansiosamente estar siempre en la "cresta de la ola"). Ni una cosa ni otra: ni tradicionalistas ni utópicos."

Y frente a la disyuntiva, recomendaba volver a las fuentes clásicas, al núcleo ignaciano para ser "memoria del pasado y arrojo para abrir nuevos espacios a Dios".[211]

---

declaró: "No se ha perseguido a cualquier sacerdote ni atacado a cualquier institución. Se ha perseguido y atacado aquella parte de la Iglesia que se ha puesto del lado del pueblo pobre y ha salido en su defensa". Su proceso de beatificación estuvo demorado varios años en el Vaticano hasta la llegada, justamente, de Bergoglio. "Una vez muerto —yo era sacerdote joven y fui testigo de eso— fue difamado, calumniado, ensuciado; su martirio se continuó incluso por hermanos suyos en el sacerdocio y en el episcopado", dijo Francisco sobre el cura, convertido en un blanco militar de la ultraderecha salvadoreña y la doctrina de la Seguridad Nacional promovida por Washington. Romero fue beatificado en una ceremonia en El Salvador el 23 de mayo frente a 250 mil personas.

[211] Véase discurso de apertura de Jorge Bergoglio SJ de la XV Congregación Provincial, el 8 de febrero de 1978, publicada en *Memorias para religiosos*, *op. cit.*, pp. 50-65.

El 8 de diciembre de 1979 Bergoglio concluyó su sexto año en la dirección de la Provincia —había renovado el primer mandato en 1976—, y ahora debía ceder, de modo obligado, el cargo a un nuevo provincial. Roma eligió al padre Andrés Swinnen. Su elección era el mejor ejemplo de la continuidad.

Bergoglio y Swinnen se habían conocido en el noviciado de Córdoba en 1958, y Bergoglio le había confiado durante su provincialato el manejo de la formación de novicios en la residencia de Villa Barilari.

Ahora Bergoglio quedaba a cargo del Rectorado del Colegio Máximo, responsable de la formación de seminaristas, y dejaba su oficina de la curia jesuita para Swinnen. Los dos despachos se comunicaban por una puerta interna y el nuevo Provincial no consideró necesario cambiar la cerradura.

Swinnen mantuvo la orientación pastoral y parroquial vigente en la Compañía de Jesús. Desde el Rectorado, Bergoglio constituyó "un estado paralelo". Él era el estratega, el que "pensaba" la Compañía, y Swinnen aceptaba sus orientaciones y se preocupaba por darles cauce.

En el verano de 1980, en paralelo al control académico, Bergoglio se convirtió en párroco de la iglesia Patriarca San José de San Miguel, creada donde antes existía la pequeña capilla. Fue responsable de una decena de seminaristas, se mantuvo preocupado por la catequesis de los niños, los pobres y los enfermos. Solía repetir en cada misa a los feligreses el mensaje evangélico hasta que quedara asimilado y transmitía a sus colaboradores las claves de la formación jesuita: el estudio, la oración, el trabajo pastoral. Su recomendación era la que siempre había dado desde la dirección de la Provincia: que caminaran los barrios y visitaran las casas de vecinos en misión espiritual y pastoral y en atención a sus necesidades.[212]

---

[212] Entrevista a Alejandro Gauffin SJ.

Para entonces, las rivalidades internas se habían atenuado, en parte por el peso del mundo exterior —la dictadura militar—, y también por la reducción de espacios de disenso en la Compañía. Pero los resentimientos no se habían apaciguado. Se advirtió en el discurso de Bergoglio, en ocasión al 50° aniversario de la fundación del Colegio Máximo, en 1980, cuando colocaron la "piedra fundacional" para el proyecto de una nueva biblioteca que contendría 130 mil volúmenes y 4.500 libros antiguos. Bergoglio se refirió a la trascendencia del Colegio: "Perdura lo que se amasa con paciencia y ternura, lo que sea servicio y no vana complacencia, lo que se juzga en el realismo de Dios y no con la pequeñez de los hombres que tantas veces disfrazan su mezquino cálculo con ropaje de audacia y altruismo".

Su discurso fue reproducido en la contratapa del diario *Convicción*, que pertenecía al almirante Massera. Por la relevancia del artículo y su título ("Significativas palabras en el discurso del padre Jorge Bergoglio") podía inferirse que subsistía algún vínculo entre el jesuita y algún sector de la ex Guardia de Hierro o la Armada.

El texto traslada los ecos de una orden que había sobrevivido a su confrontación interna en sus distintas facetas, teológicas, políticas, académicas. Menciona "épocas de decadencia" por el "excesivo aislamiento monacal" o por el "sociologismo izquierdizante", lejanas a las posturas del Provincial, y también traza un retrato de un cura que entonces resultaba desconocido para la sociedad.

> Después de un período que de alguna manera fue el reino de la tiniebla, época de crisis agudas por los años 1970-1974 donde la desorientación llevaba a extremos lamentables, los jesuitas argentinos han recuperado su verdadera conciencia, su claridad de pensamiento y hoy pueden mirar esas crisis con serenidad y hasta con ironía. (...) El padre Jorge Bergoglio es un

hombre de 41 años, cuya fina inteligencia y maneras afables no ocultan una sólida aptitud para la conducción, capaz de aplicar un caritativo rigor cuando las condiciones lo exigen. Llega al Rectorado de la más alta entidad académica de la Compañía de Jesús en la Argentina después de haber sido Provincial durante cinco años, período gravemente crítico, ya que le tocó gobernar y depurar de equivocados las filas de la Orden. Alguien definió al jesuita como el hombre "capaz de rastrear tanto en el campo de Dios como en el campo del diablo". Probablemente esta índole de "hombres de fronteras" sea la que los coloque en los mayores peligros. Y también es probable que esta misma índole sea la que ilusione a los depredadores circunstanciales a subirse al carro de una institución secular. Pero la fuerza de su vocación de servicio a la Iglesia y al Papa termina salvando siempre a los jesuitas de sus pretendidos amigos fieles, que sueñan con instrumentarlos para entroncarse en una historia que ellos no tienen porque carecen de pasado.[213]

El retorno de la democracia: las críticas al personalismo de Bergoglio

Después de la derrota ante Gran Bretaña en la guerra por las islas Malvinas en junio de 1982, el gobierno militar levantó la veda política, prometió una "salida electoral" y quiso comprometer en un acuerdo a los partidos políticos, agrupados en la coalición Multipartidaria. Los militares querían evitar para el futuro cualquier proceso penal que juzgara su accionar en la represión ilegal. Ningún partido de la Multipartidaria firmó el compromiso.

---

[213] Véase Huidobro, Fernando, "Significativas palabras en el discurso del padre Jorge Bergoglio", *Convicción*, 8 de junio de 1980.

Después del fracaso de este intento, mientras los organismos de derechos humanos se movilizaban en marchas por "la vida" para que la Junta Militar revelase "la verdad" sobre los desaparecidos, la dictadura intentó cerrar el debate de "la lucha contra la subversión" con el "Documento Final" en el que negó la existencia de centros clandestinos de detención y dieron por muertos a los desaparecidos.

Solo aceptaban que su actuación fuera sometida a "un juicio divino".[214]

La jerarquía eclesiástica acompañó la campaña de los militares en favor del "perdón". El peronismo, que había sobrevivido a la dictadura sin librarse del recuerdo de sus guerras internas y el vacío de poder del gobierno de Isabel

---

[214] La Multipartidaria fue conformada en 1981 por el Partido Justicialista (PJ), la Unión Cívica Radical (UCR), el Partido Intransigente (PI), el Partido Demócrata Cristiano (PDC) y el Movimiento de Integración y Desarrollo (MID). Fue inspirada en "La Hora de los Pueblos", un acuerdo de varios partidos que diez años antes se habían unido para exigir al general Lanusse una salida electoral. En el "Documento Final", de abril de 1983, la dictadura militar intentó establecer una posición irrevocable para el futuro. "Se habla asimismo de personas 'desaparecidas' que se encontrarían detenidas por el gobierno argentino en los más ignotos lugares del país. Todo esto no es sino una falsedad utilizada con fines políticos ya que en la República no existen lugares secretos de detención, ni hay en los establecimientos carcelarios personas detenidas clandestinamente. En consecuencia debe quedar definitivamente claro que quienes figuran en nóminas de desaparecidos y que no se encuentran exiliados o en la clandestinidad, a los efectos jurídicos y administrativos se consideran muertos, aun cuando no se pueda precisar hasta el momento la causa y la oportunidad del eventual deceso, ni la ubicación de sus sepulturas." Un mes antes de las elecciones de octubre de 1983, el gobierno militar dictó la Ley de Autoamnistía por la que declaraba extinguidas todas las acciones penales con "motivación o finalidad terrorista o subversiva" desde el 25 de mayo de 1973 al 17 de junio de 1982. Las denuncias en ese período debían ser rechazadas por jueces ordinarios, federales, militares u organismos castrenses.

Perón, la avaló. Era una paradoja. Con la Ley de Autoamnistía se cerraba el paso a la investigación de los detenidos-desaparecidos de la dictadura, la mayoría de los cuales eran peronistas.

Raúl Alfonsín, candidato de la UCR, perfiló su campaña electoral en el énfasis de las denuncias sobre la represión ilegal y el juicio a las Juntas Militares. Sacó provecho de la desorientación peronista y construyó el eje de su discurso en la recuperación de los valores democráticos y republicanos, del estado de derecho y de la ley. En las elecciones de octubre de 1983, Alfonsín venció al candidato peronista Ítalo Luder con el 52% de los votos.

El retorno a la democracia dejó al CIAS mejor posicionado que a Bergoglio frente al nuevo poder político. El nuevo director, Fernando Storni, consejero espiritual de Alfonsín, integró el Consejo de Consolidación de la Democracia, un organismo plural creado para fortalecer las instituciones.

El CIAS fue ganando relieve en un tiempo en que se renovaba la fe en el diálogo y el consenso de las ideas, que habían sido violentadas en la dictadura.

Bergoglio quedaba a contramano en el cambio de época. Aunque ya no estaba en la conducción formal de la Provincia, la crítica a su gobierno y a su legado puso en discusión su figura dentro de la Compañía.[215]

El Provincial Swinnen carecía de su vocación de poder y de su inteligencia política, pero mantuvo el mismo recelo que Bergoglio frente al CIAS. Su apostolado por las ciencias sociales —lejos de la parroquia y la catequesis—, las repercusiones de sus artículos en la revista y la influencia del instituto que ahora se proyectaba en la democracia, intentaron ser neutralizadas por Swinnen. Lo hizo de un modo

[215] Entrevista a Ignacio García-Mata SJ.

rústico, convirtiendo en párroco a un sacerdote doctorado en Europa, u obligándolos a rutinas pastorales que nunca habían realizado. Esta política, que había sido posible pocos años antes, por la autoridad que emanaba de la dirección de la Provincia, en un contexto de dictadura militar, había perdido posibilidad de ser implementada en la democracia, y no hizo más que remover heridas internas que estaban lejos de suturarse en la Compañía de Jesús.

Una muestra de ello fue cuando Swinnen decidió reducir de categoría al CIAS, y establecerlo no ya como Obra sino como Casa, y anunció su mudanza a la residencia de Regina Martyrum, donde vivían los jesuitas descalzos.

Una carta a la Compañía de Jesús en su sede de Roma avaló el reclamo de los padres jesuitas que estaban a cargo del instituto de investigación y detuvo el traslado. El CIAS se mantuvo como Obra, cada vez más independiente de Swinnen.

La decisión de Roma, que desautorizó la conducción del Provincial, era una muestra de desconfianza en ella. Los dos mandatos de Bergoglio, que ahora se duplicaban con los de Swinnen, a lo largo de casi doce años, habían ahogado una suma de críticas y disidencias que ahora, en el nuevo clima democrático, salían a la luz. Esto llamó la atención a la curia jesuita en Roma. La lista de reclamos era larga: el aislamiento ideológico frente a sus pares latinoamericanos, su compromiso diferenciado con los pobres, la actuación errática de Bergoglio en el secuestro de los dos curas durante la dictadura —sobre todo a partir del informe de Yorio que se atesoraba en Roma— y la falta de conformación de la Comunidad de Vida Cristiana (CVX), "rama juvenil" jesuita, entre otros detalles, presentaban a la Provincia argentina en un particularismo bastante alejado de la orientación general de la Compañía.[216]

---

[216] La CVX es un grupo laical que recoge el estilo de vida ignaciano para jóvenes de todas las condiciones sociales, que funciona como es-

La beligerancia eclesial frente al presidente Alfonsín

Si Bergoglio quedaba, internamente, fuera de la "primavera democrática", peor aún era la situación de la iglesia argentina en la conclusión de la dictadura. En los testimonios de víctimas que recogía la Comisión Nacional por la Desaparición de Personas (CONADEP), se revelaba que mientras los militares secuestraban y mataban, el cuerpo episcopal no solo había omitido las denuncias de sus fieles —solo en contadas excepciones las condujeron a la autoridad militar o al ámbito judicial—, sino que algunos sacerdotes transitaron con naturalidad los centros clandestinos de detención, para brindar asistencia espiritual a los torturadores.[217]

En 1985, Alfonsín definió la realización del juicio a las Juntas Militares. Tomó como base los más de nueve mil casos de denuncias que obtuvo la CONADEP. La Fiscalía ahora debía demostrar la responsabilidad de los comandantes en la crea-

---

tímulo y complemento de la Compañía, ligado al "servicio de la fe" y "promoción de la justicia". Cuando en la década de 1980, un visitador de la CVX de la Compañía llegó a San Miguel para comprobar si la CVX estaba conformada, Bergoglio presentó a un grupo de catequistas de la parroquia San José como tal aunque el grupo no tenía que ver con el espíritu de la CVX. Entrevista a Rafael Velasco SJ.

[217] El caso más emblemático fue el del sacerdote Christian von Wernich, capellán de la Policía de la Provincia de Buenos Aires, conducida por el general Ramón Camps, que convirtió las dependencias policiales en una red de circuitos clandestinos. Von Wernich recorría el "circuito Camps" con el argumento de dar alivio a los detenidos ilegales, a quienes interrogaba, como lo hacían los toturadores, para extraerle información. Fue condenado en 2007 a reclusión perpetua por su participación en delitos de lesa humanidad.

ción de un aparato de poder para la comisión de los delitos de secuestros y desapariciones. Hasta ese momento no existían antecedentes de un juicio al terrorismo de Estado. Las democracias —en España, Portugal y luego en Chile, Brasil o Uruguay— se desarrollaron como transiciones negociadas de los gobiernos de facto. Mientras el gobierno radical marcaba el rumbo para enjuiciar y castigar las atrocidades del pasado, los obispos remarcaban la necesidad del perdón y la reconciliación basada en el principio de "Verdad y Justicia", pero en realidad desconfiaban de la posibilidad de justicia:

> La Reconciliación ha de estar basada ante todo en la Verdad. E igualmente, ha de estar basada en la Justicia. Sin embargo, la experiencia demuestra que otras fuerzas negativas, como el rencor, el odio, la revancha e incluso la crueldad han tomado la delantera en la justicia. Más aún, que en nombre de la misma justicia se ha pecado contra ella (...). Necesitamos los argentinos superar aún la misma justicia mediante la solidaridad y el amor. Necesitamos urgentemente alcanzar esa forma superior del amor que es el perdón.[218]

Durante la dictadura militar, la iglesia argentina había tomado a sus propias víctimas como elementos marginales de la institución. En la última década, considerando los años previos al proceso militar, además de los casos más resonantes, como la muerte "por accidente" de dos obispos —Angelelli y Carlos Ponce de León—, o el asesinato de cinco sacerdotes y seminaristas palotinos, existieron alrededor de doscientos casos de desapariciones y crímenes en la co-

---

[218] Documento de la CEA, 1985, pp. 64 y 232. Sobre el sentido de "Justicia" en un sentido sobrenatural y las "fuerzas negativas" de la justicia, véase Dri, Rubén, *Proceso a la Iglesia argentina. Las relaciones de la jerarquía eclesiástica y los gobiernos de Alfonsín y Menem,* Buenos Aires, Biblos, 1997.

munidad católica, además de allanamientos y persecuciones a órdenes religiosas.

La cúpula eclesiástica no desligaba a esas víctimas de una pertenencia con la Iglesia, pero, para ellos, el centro de la vida católica había sido la institución eclesial que se defendió de corrientes teológicas de liberación y de curas tercermundistas, aferrados al Evangelio como instrumento de justicia y compromiso con los pobres. Para esa defensa de la institución católica, los "verdaderos católicos" se ampararon en la autoridad del Estado, que no era otro que el Estado terrorista.[219]

Cuando se vio cercada por su rol en el proceso militar, la iglesia local culpó al gobierno radical de alentar el "marxismo anticlerical". En las reuniones puertas adentro del Episcopado, acusaban a Alfonsín de "zurdo", de no comulgar, pese a ser católico, y de omitir a Dios en sus discursos a la

---

[219] Véase Morello, Gustavo SJ, *Dónde estaba Dios. Católicos y terrorismo de Estado en la Argentina de los setentas*, Buenos Aires, Ediciones B, 2014, pp. 291-293. La visión retrospectiva de Bergoglio sobre el rol de la Iglesia fue publicada en Bergoglio, Jorge y Skorka, Abraham, *Sobre el Cielo y la Tierra*, *op. cit.*, pp. 179-184. "La Iglesia privilegió, de entrada, realizar gestiones antes que declaraciones públicas. Hubo obispos que se dieron cuenta enseguida de lo que pasaba, el caso más típico fue el de monseñor (Vicente) Zazpe, que supo que al intendente de Santa Fe lo torturaron salvajemente y se movió con rapidez. Otros que también se dieron cuenta enseguida, y lucharon, fueron hombres muy meritorios como Hesayne, Jorge Novak, Jaime de Nevares. También hubo metodistas, como Aldo Etchegoyen. Hubo gente que trabajó en todo por los derechos humanos, que hablaron pero que también hacían. Hubo otros que hicieron mucho, que no hablaban tanto pero salvaban personas; iban a los cuarteles, se peleaban con los comandantes. (...) ¿Qué hizo la Iglesia en aquellos años? Hizo lo que hace un organismo que tiene santos y pecadores. También tuvo hombres que combinaron las dos características. Algunos católicos se equivocaron, otros fueron adelante con todo."

sociedad como sí lo hacía con el Preámbulo de la Constitucional Nacional.[220]

Existía un componente político más profundo.

El hecho de que el radicalismo tuviera una visión más secular que el peronismo para el gobierno —el electorado peronista está más relacionado a la religiosidad y las devociones populares—, también generaba desconfianza a los eclesiásticos. No era solo el pasado el único trauma que atravesaba la Iglesia: la educación sexual, las reformas pedagógicas y el divorcio vincular estaba entre las otras pesadillas.[221]

---

[220] Véase Wornat, Olga, *Nuestra Santa Madre. Historia pública y privada de la iglesia católica argentina*, Buenos Aires, Ediciones B, 2002, pp. 303-305.

[221] La incorporación de la educación sexual en la currícula escolar y la convocatoria al Congreso Pedagógico de 1984, que promovía la participación popular para elaborar un nuevo modelo educativo, dispararon el alerta constante de la iglesia local, con amenazas bíblicas de obispos y movilizaciones de rechazo de la comunidad católica. La iglesia lo imaginaba como una operación política laicista del radicalismo, que incluía el recorte de la subvención estatal a los colegios religiosos. Cuando el gobierno de Alfonsín promovió la ley de divorcio vincular, el Episcopado movilizó a los católicos con una marcha a Plaza de Mayo con la Virgen de Luján como estandarte, que fue sacada por primera vez de la Basílica. El "jesuita descalzo" Alfredo Sáenz, docente del Colegio Máximo, alertó sobre "la destrucción de la familia" y advirtió que "la embestida subversiva tiene ahora como mira principal a la familia" como un intento de destruir "los últimos restos de Cristiandad en nuestra Patria. Hoy nuevos bárbaros, aunque vistan de saco y corbata, se empeñan por destruir todo vestigio de auténtica cultura, todo vestigio de auténtico amor y fidelidad conyugal, todo vestigio de Fe en Dios". Sáenz avisaba "que los hombres tengan cuidado. Que los gobernantes tengan cuidado. Que los legisladores tengan cuidado. Con Dios no se juega." Véase documento AICA n° 167, *Suplemento del Boletín de AICA*, nº 1541, "Homilía del R. P. Alfredo Sáenz SJ en la Basílica de Lujan", 3 de julio de 1986. La ley de divorcio vincular fue aprobada por el Congreso de la Nación el 3 de junio de 1987, después de más de dos años de debates parlamentarios en ambas cámaras.

Al mando de la Provincia: final de cuentas

Mientras en los años ochenta se llegaría al punto máximo de la represión contra los jesuitas en América Latina, la Compañía de Jesús en Roma intentaba entender el conflicto entre Bergoglio y sus adversarios internos.

Si se buscaba hacerlo a partir de la división sacerdotes progresistas-sacerdotes conservadores, había variables de análisis que quedaban fuera de la escena. Era cierto que la TdP estaba teñida de una praxis conservadora y que en la protección humanitaria de Bergoglio en el Colegio Máximo, también subyacía el implícito rechazo al compromiso de "cambio social" o a cualquier compromiso que excediera la caridad y la asistencia pastoral. El Provincial podía salvarlos a todos, incluso a los que se mantenían ideológicamente en las antípodas, pero no los apoyaría en su compromiso liberacionista, como sucedió con Yorio y Jalics. Era un mensaje de hierro: o se aceptaban las reglas de su gobierno —que también incluía traslados que diluían el reto apostólico por el "cambio social"— o debían desistir de su continuidad en la Compañía. Aunque no lo manifestara en forma expresa, en los hechos, con el sostén de sus posiciones, Bergoglio hacía llegar la tensión del conflicto hacia esa disyuntiva.

Pero la crítica al Provincial no estaba planteada solo por su aparente conservadurismo, sino también por su gobierno vertical, su autoritarismo implícito detrás de las buenas formas, y la imposición de un orden que solo atendía a las lealtades internas, y prescindía de enfoques teológicos y disidencias políticas que se alejaban de su cosmovisión.

Bergoglio tuvo atenuantes. En su gobierno, debió atravesar una doble crisis. La primera, en la iglesia: el Concilio Vaticano II generó un aperturismo que atomizó la Provincia en distintas líneas teológicas, y provocó el desorden institucional y administrativo, la carencia de vocaciones y la falta de orientación clara. Por otra parte, en Argentina, las represiones que generaron las dictaduras militares previas al regreso del general Perón al país, las violentas luchas internas del peronismo, y la emergencia del terrorismo de Estado envolvieron a la Compañía y al propio Bergoglio en la confusión, y las dudas para acordonar la Orden en sus propios límites, y preservarla posiciones más radicales, como las de Yorio y Jalics.[222]

La Provincia intentó protegerse a sí misma durante la dictadura militar, Bergoglio había sido su Padre protector. Pero aquellas épocas ahora habían terminado, por lo que lo anterior fue fundado como una respuesta transitoria frente a las crisis, la continuidad del legado de Bergoglio en el provincialato de Swinnen expresaba la constitución de un estilo de gobierno alejado de lo que la Compañía de Jesús, en Roma, quería para la Provincia argentina.

Roma entendió la necesidad de un cambio.

Ya no sería el padre Arrupe su artífice.

A partir de 1983, un accidente cardiovascular que se produjo en medio de una larga y dramática controversia de la

---

[222] Entrevista a Ignacio Pérez del Viso SJ. Sobre la represión en América Central a los jesuitas, el caso más impactante fue el asesinato del filósofo y teólogo Ignacio Ellacuría junto con los jesuitas Ignacio Martín Barón, Segundo Montones, Armando López, Juan Ramón Moreno y Joaquín López y López, ejecutados en la misma universidad por un batallón del ejército salvadoreño el 16 de noviembre de 1989. El jesuita Ellacuría era rector de la Universidad Centroamericana "José Simeón Cañas", de San Salvador (UCA) y estaba inscripto en la Teología de la Liberación junto con el también jesuita Jon Sobrino. Ellacuría se había nacionalizado salvadoreño y tenía una voz pública que incomodaba a los militares y al establishment de poder. Durante más de una década había buscado una solución pacífica al conflicto interno entre la guerrilla y el gobierno, como lo había hecho el arzobispo Oscar Romero. *El País*, 14 de noviembre de 2014.

Compañía de Jesús con la Santa Sede, lo obligó a transcurrir los años que siguieron en silencio y oración, en una silla de ruedas. El conflicto se había desencadenado unos años antes. Juan Pablo II, que nunca había visitado la Universidad Gregoriana de los jesuitas en Roma, desconfiaba de la recepción mediática del padre Arrupe, pero era sobre todo la amistosa cercanía de la Compañía de Jesús con el marxismo en América Central y la democracia interna que implicaba que el cuarto voto, de fidelidad al Papa, estuviese abierta a todos los sacerdotes de la Orden, lo que descargó la tormenta de la Santa Sede frente a los jesuitas.

Antes que en el barro de la pobreza latinoamericana, en el apostolado de fe centrado en la promoción de justicia, Juan Pablo II los prefería en los conventos, la espiritualidad y la contemplación. En 1981, durante dos años, el Papa intervino la Compañía de Jesús, con un delegado personal.[223]

---

[223] Véase Rodríguez, Jesús, "Jesuitas. Los 'marines' del Papa", *El País*, 19 de octubre de 2007. A inicios de 1981, en dos audiencias con el padre Arrupe, Wojtyla criticó el compromiso asumido por algunos jesuitas en la revolución sandinista y el apoyo a algunos movimientos rebeldes en América Central, según informes críticos que recibía de las nunciaturas de esos países. El 13 de mayo de 1981, Juan Pablo II sufrió un atentado con cuatro disparos del turco Ali Agca, y el diálogo se interrumpió. Tres meses después, Arrupe sufrió un accidente cardiovascular a la salida del aeropuerto de Fiumicino, Roma, que lo dejaría postrado. La Orden quedó en manos de uno de sus asistentes, el estadounidense Vicent O'Keefe, designado vicario. Su elección no fue del agrado del Papa. El 6 de octubre de ese año el secretario de Estado Casaroli visitó a Arrupe en la sede de la Compañía de Jesús, en el cuarto de enfermería, y le leyó una carta escrita por Juan Pablo II en la que anunciaba: "Después de haber reflexionado y orado largamente, he llegado a la determinación de confiar tal tarea a un delegado mío que me represente más de cerca en la Compañía, atienda a la preparación de la Congregación General que habrá de convocar en momento oportuno y que juntamente, en mi nombre, tenga la superintendencia

En 1983, la CG 33 eligió al entonces desconocido padre Peter Kolvenbach al mando de la Curia General de Roma, de Borgo Santo Spirito 4.

El lento ocaso: la pérdida del control de la Compañía

La designación supuso el inicio del declive de Bergoglio en la Compañía, que se hizo visible dos años más tarde con el proceso de consultas para la elección del nuevo Provincial en Argentina. Swinnen había enviado su terna de candidatos a Roma que contradecían la voluntad de cambio de distintos superiores de la Compañía.

Si respetaba el criterio anterior, el Provincial podría ser el padre Ernesto López Rosas, que a mediados de los ochenta era Maestro de Novicios, como lo habían sido Bergoglio y Swinnen antes de ser elegidos provinciales por primera vez.

---

del gobierno de la Compañía, hasta la elección del nuevo prepósito general". La carta, que sorprendió a Arrupe —lo dejó con lágrimas en los ojos— significaba una intervención de facto de la Compañía de Jesús por parte de la Santa Sede. Véase Larraquy, Marcelo, *Recen por él*, *op. cit.*, pp.142-144. Juan Pablo II apartó la posibilidad de una herencia progresista en la Compañía y, esquivando los estatutos internos de la Orden, designó a un delegado conservador: Paolo Dezza. Este "protectorado" duró dos años hasta que en 1983, la CG 33 —en la que Bergoglio participó como delegado— eligió de manera imprevista al padre Peter Kolvenbach, que estaba fuera de la nómina de candidatos, y quien debió restañar las heridas con la Santa Sede como principal objetivo. Para ese fin, una de las primeras tareas de Kolvenbach fue reducir el nivel de exposición de la Compañía, como había sucedido con Arrupe. El nuevo Prepósito General también redujo el nivel de expectativas que había generado y expresó sus reservas sobre el D4, sin llegar a suprimirlo. Véase Ivereigh, Austen, *El Gran Reformador*, *op. cit.*, pp. 240-241.

Kolvenbach rechazó la primera terna que llegó a su despacho en Roma. El proceso de consultas continuó sin que se tomase ninguna determinación. El tiempo de espera generó incertidumbre en la Provincia. Más tarde, Kolvenbach envió una carta a Víctor Zorzín, ex "socio" de Bergoglio —pero ahora distanciado de él—, en la que requirió respuestas precisas sobre el estado de la Compañía; tras recibir su informe, lo convocó a Borgo Santo Spirito 4 en un viaje secreto junto con el provincial Swinnen.

Fueron pocos los que advirtieron la partida. En ese momento, en el Colegio Máximo se desarrollaba un Congreso Internacional de Teología sobre "Evangelización de la cultura e inculturación del Evangelio", organizado por Bergoglio, con la participación del cardenal Paul Poupard, del Consejo Pontificio para la Cultura.

Luego de conversar en forma separada con los dos padres jesuitas, Kolvenbach acabó con el misterio: anunció a Swinnen que el nuevo Provincial sería Zorzín.[224]

Con la asunción de las nuevas autoridades, Bergoglio abandonó el rectorado del Colegio Máximo y perdió el centro de decisiones de la Compañía. Después de doce años en los que, con luces y sombras, condujo su destino con una mística de oración, servicio y fe sobre una nueva generación de sacerdotes, inició un período de distanciamiento con la nueva curia local.

Al borde de los 50 años, Bergoglio viajó a Alemania para estudiar la obra del teólogo ítalo-germano Romano Guardini, con la intención de escribir su tesis de doctorado. Le interesaba en particular su distinción entre aparentes *oposiciones* que eran en realidad *contrastes*. "Lo contradictorio se excluye: lo bueno y lo malo, el sí y el no. Pero todo lo

---

[224] Entrevista a Ignacio García-Mata SJ. Véase también Ivereigh, Austen, *El Gran Reformador*, *op. cit.*, pp. 268-269.

viviente es una unidad de contrastes —escribía Guardini en *Gegensätze*—, que se contraponen entre sí y a la vez se condicionan. La unidad de lo viviente, unidad firme y a la par flexible, uniforme y creadora, solo puede ser captada por el pensamiento bajo la forma de contrasteidad." Bajo la "unidad del todo", podían tomarse los contrastes, aun en la tensión, como fructíferas fuentes de creatividad.

Durante unos meses, alojado en la vivienda de una pareja, Bergoglio estudió alemán en el Instituto Göethe, para luego dirigirse a la facultad jesuita de Teología de Sankt Georgen donde se albergan las obras de Guardini. No se sintió cómodo. Después de sus experiencias de gobierno y como hombre de acción, le costó trabajo encarar una tesis de doctorado que requería estudios profundos y sistemáticos. Aunque a lo largo de los años siempre mantuvo la promesa de concluirla, no lo hizo, pero asumiría las tensiones y los contrastes como fórmula de comprensión de la realidad humana.[225]

Al cabo de un semestre en Alemania, Bergoglio regresó a Buenos Aires sin pedir permiso al nuevo Provincial, por una decisión propia, quizá porque, entre la melancolía de la vida cotidiana y el asedio de las horas de lectura, sintió que su influencia en la Compañía no podría acabarse de un día para el otro.[226]

En 1987, cuando la Congregación Provincial debió elegir un procurador para que los representase en un encuentro

---

[225] Véanse López Quintás, Adolfo, *Romano Guardini, maestro de vida*, Madrid, Palabra, 1998, pp. 367-368, e Ivereigh, Austen, *El Gran Reformador, op. cit.*, pp. 270-272.

[226] En Alemania, descubriría en una iglesia una imagen de la Virgen María rodeada de ángeles, que era objeto de una devoción local y la traería a Buenos Aires. Diez años más tarde, miles de fieles porteños se convertirían en sus devotos. Véase el capítulo 3, p. 257.

en Roma, con delegados de todo el mundo, donde se analizaba el estado de la Compañía, Bergoglio resultó el más favorecido entre los votos de los jesuitas argentinos. Fue una oportunidad que lo mantuvo vivo, porque a partir de entonces recorrió obras, casas y residencias de la Compañía para conocer el ánimo interno de los jesuitas en la Provincia, para luego exponerlo en Roma, donde hacía pocos meses lo habían relegado.

La vuelta a Buenos Aires supuso el retorno a ningún lugar. La nueva conducción —el padre Víctor Zorzín y su "socio", el padre Ignacio García-Mata— había actuado con eficacia para abortar su poder en el Rectorado del Máximo, pero no le dio ningún espacio para integrarlo en el nuevo rumbo.

La Compañía de Jesús era un mundo amplio, un campo abierto de posibilidades apostólicas, en tareas pastorales, académicas, misiones al interior o exterior del país. Bergoglio podría haber sido designado en la administración de alguna obra en la Provincia argentina u otra, o director de alguna institución educativa, o de formación ignaciana. Pero quedó suspendido en el aire.

Para un jesuita acostumbrado a vivir cada día con "agenda completa", durante más de una década, permanecer sin una misión se transformó en una bomba de tiempo que, tarde o temprano, detonaría en su espíritu.

Bergoglio comenzó a vivir en Colegio del Salvador, en la Ciudad de Buenos Aires, como cualquier cura de la comunidad, entre el bullicio del recreo del patio interno de los alumnos, la rutina del almuerzo en el comedor, las lecturas a la hora de la siesta y, sobre todo, el hábito de la escritura que devino en una etapa prolífica.[227]

---

[227] Luego de la publicación de artículos y discursos en *Meditaciones para religiosos* (1982), Bergoglio escribió *Reflexiones espirituales* y *Reflexiones en Esperanza*, que publicaría en 1987 y 1992.

Sin lugar ni rumbo fijo, el tiempo estaba de su lado. Por la tarde, a veces celebraba misa en la iglesia, otras confesaba a alumnos secundarios que le relataban sus pecados iniciales en el sexo —el ex Provincial tomaba de manera liviana y resolvía ordenando algún rezo—, o a cualquier persona que llegaba de la calle y buscaba un confesor para un consejo espiritual, o a veces, incluso, permanecía algunas horas en la mesa de entrada del Colegio, sobre la calle Callao, atendiendo la portería.

Los domingos a la tarde viajaba 50 kilómetros a San Miguel y dormía en el Colegio Máximo, donde a la mañana siguiente daba clases de Teología Pastoral, como había acordado con el nuevo rector, el padre López Rosas. Bergoglio también le brindaba sus pensamientos e ideas sobre cuestiones académicas, un asesoramiento a vuelo rasante en las pocas horas que permanecía en la institución. Por la tarde, ya estaba en el Colegio del Salvador para pasar otra vez la semana.

Parecía un incordio que no encontrara el molde en la Compañía un ex Provincial de su estatura, al que ahora se lo veía andar por las galerías, presto para encontrar algo para hacer.

En esa época, casi como una forma de satirizar la situación en que se hallaba, dos seminaristas lo encontraron en la mesa de entrada. Acababan de volver del Teatro Colón, donde pudieron tocar al Papa Juan Pablo II, en un encuentro con personalidades de la cultura en el marco de su gira por Argentina, en abril de 1987. Cuando le transmitieron la emoción, Bergoglio sacó de su bolsillo una medalla pontificia. Les contó que Wojtyla lo había recibido en la Nunciatura, invitado por el nuncio Ubaldo Calabresi. Al salir encontró al provincial Zorzín con otros superiores de órdenes religiosas que esperaban el saludo colectivo con el Papa.

En la anécdota queda claro que el ex Provincial tenía un nombre propio en la iglesia local y en la embajada de la Santa Sede, y que gozaba de una estima personal que trascendía el rango institucional de la Compañía.[228]

Bergoglio siguió siendo un modelo para un grupo de seminaristas y sacerdotes que había formado, en contraste

[228] Juan Pablo II visitó Argentina entre el 6 y 12 de abril de 1987, como parte de una gira por América Latina. En su paso previo por Chile, en particular debido a su encuentro con el general Pinochet, generó protestas populares, que fueron contenidas mediante la represión. El Papa no se reunió con organismos de derechos humanos en Argentina, que le habían pedido una audiencia e, incluso, lo habían invitado a recorrer un ex centro clandestino de detención. Su única mención a los "desaparecidos" estuvo incluida en la idea de la reconciliación. "Sé que estáis decididos a superar las dolorosas experiencias recientes de vuestra patria, oponiéndoos a cuanto atente contra una convivencia fraterna de todos los argentinos, basada en los valores de la Paz, de la Justicia y de la Solidaridad. Que el hermano no se enfrente más al hermano, que no vuelva a haber más ni secuestrados ni desaparecidos, que no haya lugar para el odio y la violencia, y que la dignidad de la persona sea siempre respetada." Una semana después de su visita, en la Semana Santa de 1987, se alzó el grupo militar "carapintada" en reclamo de la conclusión de los juicios a militares. La iglesia local sostuvo su apoyo al orden constitucional, pero reiteró que se debían "buscar las soluciones para las distintas situaciones que preocupan y afectan la vida de grupos, sean grandes o pequeños, o los problemas que el país todo debe enfrentar". Véase Dri, Rubén, *Proceso a la Iglesia argentina*, *op. cit.*, pp. 110-112 y 120-122. Terminados los juicios y condenas a las Juntas Militares de 1985, el Parlamento, con proyectos del Poder Ejecutivo, votó la ley de Punto Final, que limitaba a treinta días el plazo para realizar denuncias por violación a derechos humanos contra militares vinculados a la represión ilegal. Fue sancionada y promulgada en diciembre de 1986. Tras el levantamiento "carapintada", el 4 de junio de 1987 Alfonsín dictó la ley de Obediencia Debida, que estableció que los delitos cometidos por los miembros de las Fuerzas Armadas no eran punibles por haberse limitado a cumplir órdenes de sus superiores.

con Zorzín, al que consideraban un líder menor. Su elección había sido, antes que nada, la consecuencia de años de asfixia para una generación de jesuitas que logró ser escuchada por Roma para provocar el cambio de orientación de la Provincia.

Pero debajo de esa masa crítica, existía un núcleo rebelde que continuaba alineado a su formador, a sus enseñanzas y predicaciones, y que criticaba en voz baja a Zorzín. Le generaron incomodidad. Pronto el Provincial mudaría la sede de la curia a la residencia Regina Martyrum, en el barrio de Congreso, para alejarse de San Miguel.[229]

Bergoglio confortaba la decepción del grupo "bergogliano".

En sus conversaciones en el Colegio Máximo —a simple vista parecían el germen de una conspiración silenciosa—, el ex Provincial dejaba en claro que la nueva curia jesuita no representaba "la historia" de la Compañía ni su legado. Recomendaba no trasladar preguntas o inquietudes a Zorzín, sino a los "formadores históricos", los "Hermanos Mayores", los sacerdotes más experimentados que él había formado, o si no a él mismo. Y si Zorzín les ordenaba algo, que no lo contradijeran. Su consejo era "obedecer y rezar".[230]

Para el grupo, el ex Provincial representaba el mito fundador de los jesuitas, el inspirador, el hombre que había salvado a la Compañía de la crisis y la había ordenado, el que los había formado en la experiencia y reflexión religiosa, en la oración, en el amor pastoral y el apostolado de la misión. El que devolvió a la Compañía de Jesús sus fundamentos ignacianos, y evitó que se enredaran en las contradicciones del momento.

229 Entrevista a Ignacio García-Mata SJ.

230 Entrevistas a Rafael Velasco SJ y a Miguel Yáñez SJ.

Bergoglio había instalado en ellos el significado de una idea y de una planificación de gobierno, aun por fuera de las orientaciones universalistas de la Curia General de Roma y también apartadas de la violencia política que estallaba fuera de los muros del Colegio Máximo.[231]

Esas características míticas, que los jóvenes valoraban, eran las que justamente los padres jesuitas contemporáneos a Bergoglio le habían cuestionado, una etapa de conducción "personalista" que ahora, con su desplazamiento, se proponían cerrar.

Pero el hombre al que querían olvidar estaba presente, cada día, a la vista de todos, en el Colegio del Salvador o en el Colegio Máximo. Sin función aparente, Bergoglio estaba.

Todo ese mundo de susurros que se gestaba alrededor suyo —las conversaciones en voz baja, las maniobras pequeñas y mezquinas, los comentarios, los rumores— haría eclosión en algún momento y conducirían al ex Provincial al ostracismo en la Compañía y a los lugares más oscuros de su espíritu.

Las Cartas de la Tribulación, *un mensaje interno para la Compañía*

Cuando dejó su puesto en el rectorado, Bergoglio intentó mantener la incidencia sobre la estructura educativa del Colegio Máximo, que se componía del rector y, por debajo, del "ministro de estudiantes", los "ministros de piso" y el plantel docente de la facultad.[232]

---

231 Entrevista a Miguel Yáñez SJ.

232 El ministro de estudiantes representaba el nexo entre seminaristas y docentes, y coordinaba la entrega de materiales de estudio y mantenía el

La incidencia del ex Provincial se advertía en pequeños ritos. Cuando los domingos a la tarde llegaba al Colegio Máximo e ingresaba a su cuarto del primer piso, pronto se reunía con el ministro de estudiantes, y luego con cada uno de los ministros de piso, quienes le informaban las novedades de la semana. Cualquiera que observaba los movimientos no dudaba que Bergoglio era el "jefe paralelo" del Colegio, por encima del rector López Rosas, que lo había sucedido en el cargo.

Los mismos canales informales se reproducían en el Colegio del Salvador. Los "maestrillos" —que por lo general eran seminaristas del Colegio Máximo— daban clases de catequesis a alumnos primarios y eran preceptores de los del secundario, también compartían la información con Bergoglio, al que frecuentaban. El ex Provincial vivía en el colegio.

Ese poder subterráneo que conservaba sobre la educación y formación jesuita, que representaba su verdadero y genuino interés, era una muestra de que a Bergoglio le costaba abandonar su influencia en la Compañía de Jesús.

Siempre tenía para aquellos sacerdotes que habían sido sus súbditos, y ahora representaban la nueva autoridad, una críptica ironía sobre sus tareas, pero de modo más profundo, en su actual condición de desplazado, Bergoglio se sentía perseguido y difamado por la nueva curia local.

Encontró la manera de decirlo cuando decidió reeditar *Las Cartas de la Tribulación* de los padres Lorenzo Ricci y

---

orden general del ciclo lectivo. El ministro contaba con cuatro ministros de piso —también denominados "mini ministros"— que lo asistían en su tarea en cada ala de los dos pisos del Colegio. Entre los cinco manejaban el desarrollo y la evolución del "día a día" de las clases y notificaban al rector las novedades importantes. Entrevista a Rafael Velasco SJ.

Juan Roothaan, que permanecían en el olvido para muchos sacerdotes o eran desconocidas.

Bergoglio pidió al padre Ernesto Dann Obregón, latinista de la Compañía, que las tradujera. En 1988, el pequeño libro de tapa marrón, de 76 páginas, comenzó a circular en librerías de instituciones jesuitas. El Provincial Zorzín le había dado el *nihil obstat* como fórmula de aprobación de su publicación.

Las Cartas de la Tribulación fueron escritas en dos etapas de la Compañía, por dos padres generales. En la primera por Lorenzo Ricci, cuando estaba en prisión en el Castel Sant'Angelo, a pocos metros del Vaticano, en 1773, después de que el Papa Giovanni Ganganelli, Clemente XIV, decretara la supresión de la Compañía de Jesús por atentar contra "la armonía y la tranquilidad de la Iglesia", entre otros cargos. Ricci, prisionero —moriría dos años después—, se aferraba aún más a la espiritualidad ignaciana y a su pertenencia a la Orden fundada por Loyola.

El libro también incluía una carta del superior Juan Roothaan que gobernó la Compañía en 1831, una época en que padecía "abundancia de calumnias, afrentas, malos tratos, despojos, destierros", según explicó Bergoglio en el prólogo de la obra.

A nadie le costaba interpretar que el ex Provincial, con la reedición de *Las Cartas...*, las asumía como un mensaje propio. Él también se sentía "encarcelado" y difamado, pero desde la conducción de la propia Compañía, y quería dejar asentada su palabra, o mejor dicho, su discernimiento en medio de la confusión de la hora actual, para que *Las Cartas...* representasen una guía frente al desarraigo y la pérdida de horizonte de los jesuitas.

En la Navidad de 1987, Bergoglio dejó expresado, en el prólogo del libro, el tiempo que vivieron Ricci y Roothaan: "Lo importante es tener en cuenta que, en ambos casos, la Compañía de Jesús sufría tribulación; y las cartas que siguen son la doctrina sobre la tribulación que ambos Superiores recuerdan a sus súbditos. Constituyen un tratado acerca de la tribulación y el modo de sobrellevarla".

Bergoglio sigue en un párrafo aparte. Este puede interpretarse como su diagnóstico sobre el estado de la Provincia y la nueva curia jesuita que lo alejó.

> En momentos de turbación, en los que la polvareda de las persecuciones, tribulaciones, dudas, etc., es levantada por los acontecimientos culturales e históricos, no es fácil atinar con el camino a elegir. Hay varias tentaciones propias de ese tiempo: discutir las ideas, no darle la debida importancia al asunto, fijarse demasiado en los perseguidores y quedarse rumiando allí la desolación, etc. En las cartas que siguen vemos cómo ambos Padres Generales sale al paso de tales tentaciones, y proponen a los jesuitas la doctrina que los fragua en la propia espiritualidad y fortalece su pertenencia al cuerpo de la Compañía. (...) Estas cartas pretenden dar elementos de discernimiento a los jesuitas en tribulación. De ahí que, en su planteo, prefieran —más que hablar de error, ignorancia o mentira— referirse a la confusión. La confusión anida en el corazón: es el vaivén de los diversos espíritus. La verdad o la mentira, en abstracto, no es objeto de discernimiento. En cambio la confusión sí. Las cartas que siguen son un tratado de discernimiento en época de confusión y tribulación. Más que argumentar sobre ideas, estas cartas recuerdan la doctrina, y —por medio de ella— conducen a los jesuitas a hacerse cargo de su propia vocación.[233]

[233] Como Pontífice, Bergoglio volvería a citar *Las Cartas de la Tribulación* en el 200° aniversario de la Restauración de la Compañía de Jesús, con palabras parecidas a estas. Véase www.es.radiovaticana.va, 27 de septiembre de 2014.

Con andar pausado y justas palabras, Bergoglio recorría en silencio las instalaciones de la Orden religiosa. Aquellos que no lo estimaban lo caracterizaban como "El Caballero de la Triste Figura", un Quijote débil y cansado, lejos de sus tiempos de oro. ¿Ese sería su final como sacerdote jesuita, atribulado, errante, sin misión alguna ni nada más para ofrecer a Dios ni expresar dentro de la Compañía?

Como Provincial y rector, Bergoglio había trascendido los límites de la Orden y ese aprecio interno que ahora solo conservaba en la mayoría de la generación joven, se había extendido a distintos ámbitos de la iglesia argentina.

Podría tomarse como un mensaje interno o una simple decisión carente de segundas intenciones, pero con la presentación de su libro *Reflexión espiritual para la vida apostólica*, Bergoglio demostró que su relación con la jerarquía eclesiástica local estaba consolidada.

La presentación se realizó en el teatro del Colegio del Salvador, y el núcleo rebelde del Colegio Máximo alquiló un micro desde San Miguel para ir a Capital Federal. También concurrieron muchos alumnos de la USAL, cuya asistencia fue tomada como un "presente" de la materia que debían cursar ese día. La "militancia bergogliana" mostraba su esplendor y acompañaba a su líder desplazado. La sorpresa fue el presentador: monseñor Antonio Quarracino.

El arzobispo de La Plata mantenía una larga disputa con Alfonsín, que había rechazado, en una consulta de la Santa Sede, su designación como titular de la Arquidiócesis de Buenos Aires, en reemplazo del cardenal Aramburu, que había llegado a los 75 años.

Quarracino presentó a Bergoglio como "el mejor teólogo de la Argentina" —frase que provocó hilaridad en algunos miembros del CIAS que se asomaron al acto—, pero fundaba el elogio por la afinidad que sentía por el ex Provincial y también por su propia experiencia. Unos meses antes, en una Jornada-Coloquio en el Colegio Máximo, en la que participaron Methol Ferré y el padre Scannone, Quarracino expuso sobre "Posibilidad de una Doctrina Social de la Iglesia, hoy", y reclamó que la "doctrina social" no hiciese "tabla rasa de sus fundamentos teológico-culturales y evangélico-espirituales" porque no llegaría a "ser eficaz" y ni siquiera podría "denominarse así". Bergoglio, como comentarista de las jornadas, analizó su exposición con palabras que sonaron como música a oídos del arzobispo.[234]

Pero el respaldo y afinidad que Bergoglio obtenía por parte del dignatario episcopal conservador mejor proyectado de la iglesia local, se contrastaba con su situación en la Compañía de Jesús. No mucho tiempo después de la presentación de *Reflexión espiritual…*, la curia decidió concluir con la presencia de Bergoglio en sus ámbitos de influencia.

---

[234] Véase en *Stromata*, año XLV, nº 1-2, enero-junio de 1989, pp. 97-103 y 161-162. El arzobispo de La Plata Antonio Quarracino, luego de un paso inicial por el progresismo posconciliar, con apoyo al MSTM, se había convertido en una de las voces más conservadoras y retrógradas del poder eclesial en la década de 1980. Fue uno de los líderes de la campaña contra el divorcio vincular, criticó la educación sexual en las escuelas por la posibilidad de que se convierta "en pornografía con visos de ciencia" y, en defensa de los militares condenados, llegó a afirmar que "los desaparecidos" andaban de gira. Véase Dri, Rubén, *Proceso a la Iglesia argentina*, *op. cit.*, p. 41. Después de la salida anticipada del poder de Alfonsín, Quarracino asumió en 1990 la Arquidiócesis de Buenos Aires y apoyó los indultos a los miembros de las Juntas Militares condenados en 1985. "Para el bien del país hay que dejar zanjada esta cuestión de los comandantes presos. No importa cómo se llame, indulto, perdón o amnistía. Hay que hacerlo", había reclamado. Los ex comandantes de las Juntas Militares serían liberados por un decreto del nuevo presidente Carlos Menem del 29 de diciembre de 1990. Véase Larraquy, Marcelo, *Recen por él*, *op. cit.*, pp. 159-162.

Es difícil escoger un detonante, porque quizá no haya habido uno puntual, sino una sucesión de sutiles intervenciones con las que fue haciendo notar sus diferencias con la formación jesuita que se impartía en el Colegio Máximo y en el Colegio del Salvador.

En una explicación parroquial, se decía que después de Bergoglio, "el Máximo se había apendejado", para reflejar que la disciplina de los seminaristas se había relajado, que se había perdido el modo de vida religioso, y que incluso el cambio se advertía en costumbres más mundanas: antes, en el comedor se cantaba folclore y ahora rock nacional.

La connotación era más profunda.

Desde la perspectiva "bergogliana", el modelo histórico de formación ignaciana, su fidelidad a las fuentes de espiritualidad, se estaba diluyendo por falta de autoridad competente. Bergoglio tenía un plan para la Provincia —remarcaban los defensores de su legado— en el que el seminarista se formaba para servir al otro en la parroquia y el barrio. Era su apostolado de fe por el *pueblo fiel.* Y sus intenciones políticas eran perceptibles cuando proponía *La comunidad organizada*, del general Perón, como actividad extracurricular, que se leía en grupos los domingos a la tarde.

¿Cuál era el modelo del Provincial Zorzín?

¿Cuál era el nuevo proyecto de la Compañía, después de que se abandonara el legado de Bergoglio? No había claridad. La Orden estaba sumida en un tiempo de fragmentación y vacío. Bergoglio había sido tan personal y determinado en su gobierno que cuando concluyó, y sus opositores debían gobernar, no podían reflejar una idea insignia para marcar el rumbo de la Provincia.[235]

---

[235] Entrevistas a Rafael Velasco SJ, a Miguel Yáñez SJ y a Ignacio Pérez del Viso SJ.

Despido y exilio en Córdoba: el tiempo de la oscuridad

En medio de los ruidos internos que suscitaba su presencia en la Compañía, la histórica relación entre López Rosas y Bergoglio se rompió. El rector sospechó que la usina de rumores críticos a su gestión era obra del ex Provincial, o circulaban avalados por él.

De un día para el otro, López Rosas echó a Bergoglio del Colegio Máximo. Lo hizo a mediados del año 1990, en la mitad del ciclo lectivo. Le pidió que abandonara la cátedra y se llevara sus pertenencias del cuarto que utilizaba en el primer piso. Que no volviera más.

En la misma línea obró el director del Colegio del Salvador, Luis Ignacio De Maussion, que tomó la misma determinación con la influencia del ex Provincial sobre los "maestrillos". De Maussion estaba fastidiado por tener que lidiar con ellos por las contraórdenes que, aparentemente, les daba el "jefe paralelo" Bergoglio, que se expresaban en detalles ociosos pero que generaban confusión.[236]

En la cartelera del Colegio Máximo se informó que el padre Jorge Bergoglio no continuaría con el dictado de

---

[236] Una prueba de ello sucedió cuando el rector Luis Ignacio De Maussion indicó a un "maestrillo" que recibiera a los padres de alumnos para terminar de acordar la organización de un asado en el Colegio del Salvador. Sin embargo, el "maestrillo" los recibió y los mandó a su casa: "Acá no se viene a hacer asado, esto no es un club, vengan a misa, hagan retiros espirituales, no vengan a comer asado", les dijo. La contraorden estaba en sintonía con la crítica de Bergoglio: que en el colegio no se daba formación espiritual y no se enseñaba a conocer a Jesús. Entrevista a Rafael Velasco SJ.

Teología Pastoral y que se había ordenado su traslado a la Residencia Mayor en la ciudad de Córdoba.

Su partida estremeció al grupo "bergogliano", que maldijo a la curia jesuita por enviar al olvido a su formador. Para ellos, vendrían malos tiempos. La partida del maestro los dejaba a la intemperie. En los meses siguientes perderían puestos académicos y administrativos en el Colegio Máximo, y también en la parroquia en el barrio La Manuelita, en una razia interna destinada a descabezar al grupo de sacerdotes y seminaristas que defendía su legado. Fue un tiempo traumático, de desolación y turbación, como había anticipado el Provincial, en el que solo podían profundizar la espiritualidad, "obedecer y rezar".[237]

El ex provincial Bergoglio llegó a Córdoba el 16 de julio de 1990, poco antes de cumplir 54 años. En el barrio Pueyrredón de la ciudad había cursado el Noviciado cuando daba sus primeros pasos en la vida religiosa. Entonces almorzaba de rodillas y se bañaba con agua fría en invierno, y solo hablaba con su maestro en los ejercicios espirituales, mientras se preparaba para tomar sus primeros votos de pobreza, castidad y obediencia. Los fines de semana daba catequesis a los chicos en una villa, o visitaba ancianos en el Hospital Córdoba y los higienizaba, como lo haría ahora en la Residencia Mayor, después de treinta y dos años, con los sacerdotes ancianos que permanecían enfermos o postrados.

En esta etapa de ostracismo, Bergoglio vivió en la habitación número 5 de la residencia ubicada en el centro de la ciudad. Era un reducto pequeño, de cuatro metros por tres, con cama, ropero, una silla y un escritorio, donde colocó una máquina de escribir que había conseguido en una liqui-

[237] Entrevista a Miguel Yáñez SJ.

dación por 60 marcos en Alemania. En Córdoba se inició su tiempo de sombras en el que se encerraba a leer o escribir a mano o en la Olivetti, mientras escuchaba el murmullo de la ciudad desde la ventana. El superior de la Casa, el padre José Antonio Sojo, ofreció mudarlo a otro cuarto para que pudiera descansar mejor pero Bergoglio no quiso.

En la residencia, una construcción del año 1839, convivía en comunidad con otros sacerdotes; era amable con el personal laico que se ocupaba de las tareas cotidianas —la limpieza, la preparación de la comida—, pero era un hombre solitario, que solía salir a caminar sin rumbo por las calles o entraba a rezar en algún templo.

Había llegado mal.

En silencio, cabizbajo y con el rostro serio, pasaba por cada lugar como si lo aquejara alguna enfermedad o estuviese en un estado depresivo. Incluso el rumor que se había transmitido desde Buenos Aires era aún más grave: indicaba que el ex Provincial "estaba loco".[238]

¿Cuál era el Plan que Dios tenía para él casi cuatro décadas después que le había señalado el camino en la parroquia San José de Flores y, motivado por ese impulso, esa fuerza interna, había decidido ser cura?

¿Qué quedaba ahora, después de todos los procesos que había vivido como sacerdote, en la polvareda de dudas y de sufrimiento?

No lo sabía.

Como tampoco se sabía el destino de la Compañía cuando fue suprimida, como refirió Bergoglio en el artículo "Fe y Justicia en el Apostolado de los Jesuitas", al citar la comunicación del Provincial a sus súbditos, cuando fueron expulsados por Carlos III:

---

[238] Véase Cámara, Javier y Pfaffen, Sebastián, *Aquel Francisco*, *op. cit.*, p. 177.

"No sabemos lo que nos está por suceder; Dios lo sabe y esto basta; lo que a nosotros toca y nos importa es conservar el espíritu de nuestra vida aún en la muerte, aun cuando los huesos de nuestro cuerpo estén destroncados y esparcidos por las encrucijadas y campos... Dios se hará oír y con la virtud de su palabra resucitará con nuevo espíritu la Compañía de Jesús".[239]

Ahora era la propia Compañía que, sumergida en la espesura de su horizonte, suprimía su misión y, en los hechos, su vida apostólica.

Bergoglio trataba de entenderlo con silencio y discernimiento. La decisión de apartarlo en Córdoba había movido los cimientos de su personalidad. Lo había desestabilizado. No se trataba de un cambio de orientación de la curia ni de la pérdida de actuación e influencia en cada una de las Obras y Casas jesuitas que había estado. No era un desplazamiento. La nueva curia creía que no tenía más que aportar, porque su servicio, el servicio que había prestado a la Compañía, se había convertido en la piedra del conflicto.[240]

Después de caminar los vértices de la Provincia, aquellos con los que convivió en la Orden religiosa durante casi cuatro décadas, se habían dividido. Se habían dividido los sacerdotes de su generación y los discípulos a los que había formado. La Compañía estaba dividida. Y él era la piedra del conflicto. Y él ahora estaba exiliado, pero más que un exilio del pasado, la reclusión en Córdoba representaría un éxodo para su propio futuro.[241]

---

[239] Bergoglio, Jorge, "Fe y Justicia en el Apostolado de los Jesuitas", *CIAS*, nº 254, julio de 1976.

[240] Entrevista a Carlos Galli.

[241] El padre Ángel Rossi SJ, uno de los discípulos bergoglianos del Colegio Máximo, escribió que "Francisco conoció en esos años el desierto de ser puesto al costadito del camino, la soledad del no protagonismo y el silencio

En su rutina diaria, Bergoglio se levantaba a las 4.30, lustraba sus zapatos y salía a rezar a la capilla o frente al altar. Después desayunaba, sacaba de la cama las sábanas sucias de los sacerdotes ancianos y las ponía en el lavadero junto con las suyas; preguntaba en la cocina si había provisión de alimentos suficiente para el día o necesitaban algo. Era, después de todo, el "ecónomo" de la residencia. Por la tarde, si se lo pedía el superior, podía celebrar misa, aunque no tenía una celebración asignada. En cambio, debía estar disponible para escuchar las confesiones de los fieles que llegaban al templo para recibir una palabra espiritual. Esos eran unos de sus momentos de alivio. A veces se confesaban prostitutas y luego diría haber descubierto en esas mujeres un corazón humilde castigado por las circunstancias de la vida, que merecían su perdón y comprensión. Lo valoraba como una experiencia pastoral diferente, por la que se sentía agradecido.[242]

Bergoglio vivía ausente en la residencia. No acostumbraba atender el teléfono que estaba colgado en la galería, cerca de su habitación, cuando le pasaban una llamada. El teléfono sonaba con un timbre en código morse, corto-largo-corto. A veces no lo escuchaba y otras lo escuchaba pero no lo atendía. Desde Buenos Aires, sus discípulos, impedidos de comunicarse a la residencia, creían que era parte de la conspiración de la curia jesuita para mantenerlo confinado y alejado de quienes lo querían.

En ese tiempo, después de unos primeros arrestos de voluntad creativa, fue naufragando su proyecto de concluir la tesis sobre Romano Guardini. Vivía en su espíritu su crisis personal, como la Compañía había vivido la suya

---

del corazón. Pero el desierto no está hecho para que uno se quede. Se pasa a través de él para ir a otra parte. Y entonces el exilio se convierte en éxodo". Véase Cámara, Javier y Pfaffen, Sebastián, *Aquel Francisco*, *op. cit.*, p. 12.

[242] Entrevista a Alicia Oliveira.

en tiempos de los padres generales Ricci y Roothaan, y él, que se reconocía pecador, ponía toda la confianza en Dios, en la oración y aspiraba a vivir a la luz de su misericordia.

Pero su camino sin rumbo en medio de la oscuridad parecía ya definitivo. El padre Sixto Castellano, en ese tiempo, le anticipó que podría quebrar ese destino: "Usted va a terminar en otro lado. Porque su vida nunca fue un camino derecho. Su vida es un camino que parece que va recto y después dobla para un costado y después vuelve para un camino recto; un camino en zigzag. Usted acá está haciendo una parte del camino, pero este no será su final".[243]

Bergoglio empezó a interesarse por libros y documentos eclesiales: *La historia de los Papas*, de Ludwig von Pastor, las exhortaciones y encíclicas de Juan Pablo II, además de los libros de Joseph Ratzinger, que compraba en una librería de la ciudad. Quizás oscuramente intuía que la salida hacia la luz —la posibilidad de abrir caminos nuevos frente a la pérdida de vitalidad y de sentido— estaba fuera de la Compañía de Jesús.

Al séptimo mes de ostracismo en Córdoba esa pequeña luz se encendió.

Un camino en zigzag, el rescate de la iglesia argentina

En enero de 1991, Bergoglio viajó a Alta Córdoba, invitado a la ordenación del obispo auxiliar Carlos Ñáñez. La ceremonia fue concelebrada por el cardenal Raúl Primatesta y el nuncio en Argentina, Ubaldo Calabresi.

---

[243] Véase Cámara, Javier y Pfaff, Sebastián, *Aquel Francisco*, *op. cit.*, p. 203.

¿Bergoglio esperaba en Córdoba una designación eclesiástica?

¿Por qué la más alta jerarquía de la iglesia y la representación de la Santa Sede en Argentina invitaba a una ordenación a un sacerdote que hacía más de una década había dejado de ser superior de los jesuitas y ahora permanecía en las sombras?

La mano que sacaría de la oscuridad y el olvido jesuita a Bergoglio sería la de Quarracino, que impulsaría su ordenación como obispo auxiliar de la Arquidiócesis de Buenos Aires.

Bergoglio lo supo por el nuncio Calabresi, que lo convocó al aeropuerto de Córdoba con la excusa de consultarlo para realizar nóminas de obispos, mientras hacía tiempo en una escala aérea. Allí le anticipó su destino diocesano. La designación se haría pública en una semana. El nuncio también avisó la novedad a la curia jesuita.

Dentro de la Orden fue una sorpresa, pero si se reexaminaban los antecedentes se advertía que una parte de la relación previa de Bergoglio con la iglesia local, la podían imaginar, pero la desconocían.

Un anticipo de esa relación lo había dejado el padre general Peter Kolvenbach cuando visitó Argentina y se reunió con Quarracino y Calabresi. Ambos se interesaron por la situación de Bergoglio. Le mencionaron que tenían "la más alta consideración sobre sus servicios apostólicos", una manera muy cuidadosa, y eclesiástica también, de transmitirle su disgusto por el momento que vivía en la Compañía.

De regreso a Roma, Kolvenbach escribió a la curia jesuita que la iglesia argentina espera "servicios especiales del padre Bergoglio".[244]

---

244 Entrevista a Ignacio García-Mata SJ.

La posibilidad de ser investido obispo es siempre lejana para un cura jesuita. En la iglesia local, sacerdotes capuchinos, franciscanos o salesianos, habían sido consagrados obispos, pero no era una tradición compartida por la Compañía de Jesús. Hasta ese momento, solo el padre Joaquín Piña era obispo en Puerto Iguazú, en una diócesis recién creada que había sido separada de la de Posadas.

Para asumir, Bergoglio debía contar con la aprobación del titular de la Provincia, ahora a cargo del padre Ignacio García-Mata, ex socio de Zorzín, al que había sucedido. Los "bergoglianos" lo señalaban como uno de los impulsores del retiro en Córdoba. Con ese permiso, Bergoglio pasaría a responder a su arzobispo en la Arquidiócesis y también a la Santa Sede.

El pedido es de rigor. El Provincial jesuita no tiene margen para una negativa, pero aun así, en la sede de la curia del colegio Regina Martyrum, conmovió al padre García-Mata.

—Esta es la última misión que me da la Compañía. Te pido que me bendigas —le dijo, y se arrodilló ante él.[245]

---

[245] Entrevista a Ignacio García-Mata SJ. Véase también Larraquy, Marcelo, *Recen por él*, *op. cit.*, pp. 166-167. El 2 de junio de 1992, Bergoglio recibió la ordenación episcopal como obispo auxiliar de la Arquidiócesis de Buenos Aires con la presencia del cardenal Quarracino y el nuncio apostólico Calabresi. Eligió como lema episcopal "Miserando atque eligendo": "Lo vio con misericordia y lo eligió". Se consideraba un elegido. "Soy un pecador en quien el Señor ha puesto los ojos. Soy alguien que ha sido mirado por el Señor", explicaría años más tarde en la entrevista de *La Civiltà Cattolica*, en septiembre de 2013. En el fundamento de la elección, Bergoglio remitió a un texto de las homilías de San Beda el Venerable. "Jesús vio a un hombre, llamado Mateo, sentado en la mesa de cobro de los impuestos y le dijo: 'Sígueme'. Lo vio más con la mirada interna de su amor que con los ojos corporales. Jesús vio al publicano, y lo vio con miseriocordia y eligiéndolo, y le dijo: 'Sígueme, sígueme', que quiere decir 'Imítame'. Le dijo 'Sígueme', más que con

Capítulo 3

Bergoglio, líder político-religioso (1992-2016)

No eran pocos los obispos argentinos que desconfiaban de Bergoglio en sus primeras asambleas episcopales. En principio, resultaba raro que hubiera aceptado ser obispo auxiliar, con el pedido de dispensa al Papa. También resultaba intrigante que no hablara. Suponían que era para no contradecir al arzobispo Antonio Quarracino, que le había abierto las puertas del mundo diocesano.

Los obispos entendían que era legítimo que Bergoglio no quisiera desautorizar a su jefe. Pero, ¿su silencio también significaba el apoyo al modelo socioeconómico neoliberal de Menem, que incluía la liquidación de patrimonios de empresas del Estado, el aumento de la desocupación y la pobreza? ¿También implicaba consentir la escandalosa riqueza de los funcionarios? Esa era la incógnita que un grupo de obispos, que buscaba dar un golpe de timón en la conducción de la iglesia local, intentaba despejar.

sus pasos, con su modo de obrar. Porque quien dice que está siempre en Cristo debe andar de continuo como él anduvo."

La designación de Bergoglio representó el retorno a Buenos Aires. La ciudad no solo lo liberó del "conventualismo" de la Orden religiosa, atenuado por su acción pastoral en la parroquia Patriarca San José, sino que lo comprometió a un espacio de actuación nuevo.

Ahora debía responder con la atención pastoral a una multiplicidad de mundos, entre los que se encontraba la poderosa elite política y económica del país, las asociaciones del catolicismo orgánico, las costumbres seculares y laicistas, y las demandas sociales de los barrios humildes y villas miseria, en la que vivían trabajadores informales, desocupados, migrantes del interior e inmigrantes de países limítrofes.

Bergoglio tenía formación porteña desde su infancia y adolescencia en el barrio de Flores, consolidada en las fiestas de carnavales, las reuniones familiares, los domingos por la noche en la pizzería, la simpatía por el fútbol, y, en un sentido más intelectual, en las lecturas de Jorge Luis Borges y Leopoldo Marechal.

Pero esa Buenos Aires, cuarenta años más tarde, estaba transformada en una megalópolis latinoamericana en la que la iglesia debía repensar el vínculo eclesiástico con sus ciudadanos. Una nueva misión evangelizadora, acorde a los desafíos urbanos.

Asimismo la ciudad le permitió desarrollar su concepto de "iglesia en salida" —una iglesia que saliera de la autocomplacencia de las comunidades católicas—, o de "iglesia en estado de misión", como predicaría a sacerdotes y laicos. Misión que no era otra que salir de la parroquia e ir hacia "las periferias existenciales", para evangelizar en los barrios, estar junto a los pobres y los que viven experiencias en el límite de lo humano. Desde la periferia, creía, como había asimilado de la filósofa Amelia Podetti, que la realidad se comprende mejor.

Al igual que el viejo catecismo se preguntaba: "¿Dónde está Dios?", y desde los Ejercicios Espirituales ignacianos se respondían: “Dios está en todas las cosas”, ahora Dios estaba en el mundo global, pero de un modo más tangible: vivía en la ciudad.

Su nuevo desafío era anunciar el Evangelio en la realidad secular de una ciudad como Buenos Aires en la que vivían tres millones de personas, y otros tres millones entraban y salían cada día para trabajar. Una ciudad rodeada de un área metropolitana, el conurbano bonaerense, con doce millones de habitantes más, que vive junto a ella.[246]

Designado vicario episcopal de la zona Flores, uno de los cuatro sectores en que se divide la Arquidiócesis, comenzó a ganarse la confianza del clero joven. Era como un reflejo mutuo, de él con los jóvenes y de los jóvenes con él. Se dejaba tutear —a diferencia de otros obispos auxiliares—, estaba dispuesto a la consulta y tenía capacidad para llegar a ellos. Podía visitar el seminario y conversar dos horas con los sacerdotes sobre cualquier cosa, atendía sus preocupaciones, sus llamados telefónicos, los reemplazaba en la misa si tenían un compromiso, y también se prestaba a sus inquietudes y confidencias mientras les cedía un mate. No con todos los sacerdotes Bergoglio tenía esa sintonía, sino con los que eran de su agrado, que eran la mayoría. La misma disponibilidad demostraba cuando visitaba a los sacerdotes ancianos en el hogar de Flores, y si alguno de ellos moría, como ocurrió, era el único al que se veía rezarle el responso en el cementerio de Chacarita. Su vocación de servicio rompía la distancia gestual y afectiva que solían tener los obispos con los sacerdotes, como ocurría en el Arzobispado de Buenos Aires.[247]

A fines de 1993, el cardenal Quarracino designó a Bergoglio vicario general de la Arquidiócesis y le cedió el control

---

[246] Entrevista a Carlos Galli. Véase también Galli, Carlos, *Dios vive en la ciudad*, *op. cit.*, pp. 299-339.

[247] Entrevistas a Gustavo Irrazábal y a Ignacio Navarro.

administrativo e institucional. Lo prefirió sobre el resto de los obispos auxiliares: percibía en él una sensibilidad pastoral y una espiritualidad profunda, que junto con su intuición política conformaban un perfil eclesiástico integrador para la feligresía de Buenos Aires, que superaba lo estrictamente doctrinario.[248]

Primer impulso a la devoción popular y a la Pastoral Villera

Aquellas procesiones populares al santuario de San Cayetano, en el barrio porteño de Liniers —un fenómeno de devoción nacido en la crisis económica de los años treinta en la que los fieles rogaban al santo un trabajo para paliar la pobreza—, o las procesiones multitudinarias al santuario de Luján, que nacieron de la intuición del padre Rafael Tello en 1975 y tocarían el corazón del pueblo, inspirarían

[248] En la Arquidiócesis de Buenos Aires, entre los sacerdotes, se describía a los obispos auxiliares Héctor Aguer y José Luis Mollaghan, designados en forma contemporánea a Bergoglio, como más "fríos" en su relación con el clero. Bergoglio había conocido a Aguer en el seminario de Buenos Aires, antes de su ingreso a la Compañía de Jesús. En la década de 1990, sus diferencias pastorales y teológicas motivaron una disputa eclesial latente que se sostuvo hasta que fue designado Pontífice. Preparado y culto, Aguer entendía que la Iglesia debía constituirse en un faro de verdad irrefutable frente a la sociedad, y fijar sus posiciones públicas en la educación y la salud, de acuerdo a la doctrina católica. Bergoglio, desde que fue designado obispo auxiliar, prefería no enredarse ni gastar energía en debates doctrinales, en parte para no enfrentarse con el mundo laico, y dedicarse a las tareas pastorales. En ese tiempo, comenzó a recorrer la ciudad para ir al encuentro de anónimos feligreses u hombres de cualquier confesión religiosa. Como obispo auxiliar, Aguer se preparaba para ser el futuro cardenal de Buenos Aires y suceder a Quarracino en la Arquidiócesis. Entrevistas a Ignacio Navarro y a Gustavo Irrazábal.

a Bergoglio para la creación de una devoción religiosa que se desarrolló en Buenos Aires en forma inesperada. Fue la Virgen Desatanudos.

En un viaje a Augsburgo, mientras residía en Alemania y estudiaba la obra de Romano Guardini, Bergoglio quedó impactado por un cuadro del 1700 atribuido al pintor barroco alemán Johann Schmidtner, que estaba colgado en la iglesia jesuita St Peter am Perlach. Era la imagen de Nuestra Señora de Knotenlöserin, la Virgen Desatanudos. Cuando volvió de Alemania, la postal de la Virgen Desatanudos empezó a divulgarse por su iniciativa a paso de hormiga en estampitas y tarjetas de salutación de la USAL y el Colegio del Salvador, hasta que un grupo de alumnos le pidió al párroco Rodolfo Arroyo, de la iglesia San José Del Talar, que la reprodujera en un cuadro y la expusiera para devoción de los fieles. La obra fue encargada a la artista plástica Ana María Betta de Berti, discípula de Guillermo Roux, y quedó entronizada en el altar de la parroquia del barrio de Agronomía. Cada 8 de diciembre, Día de la Inmaculada Concepción, la devoción convocaría a miles de personas que desbordaban las calles del barrio para rezar frente la Virgen, a la que le atribuían virtudes milagrosas.[249]

---

[249] En la obra, la Virgen está rodeada de pequeños ángeles, protegida por la luz del Espíritu Santo en el símbolo de una paloma sobre su cabeza. María está de pie, pisando la cabeza de una serpiente. Un ángel a su izquierda le alcanza las cintas anudadas y otro, a su derecha, recoge las cintas estiradas, sin nudos. En la parte inferior se ve a un hombre caminando a oscuras guiado por la compañía de otro ángel, que remite a San Rafael guiando en su camino a Tobías en su viaje para cobrar una deuda. La obra puede interpretarse como la guía celestial por parte de los ángeles, auxiliares de Dios, en los oscuros caminos de la vida terrenal. La imagen de María Desatadora de Nudos representó para Bergoglio una referencia a los problemas humanos, simbolizados como energías que obstruyen la comunicación entre Dios y los hombres.

Por entonces, en la década del noventa, la falta de trabajo y vivienda en Buenos Aires fue generando una mayor densidad de población en las villas y asentamientos populares. Fue un crecimiento sin planificación, que se aceleró en los márgenes de la ciudad, sobre terrenos fiscales o al costado de las vías de trenes, donde se iban conformando nuevos asentamientos urbanos.

Los vecinos de las villas reclamaron al Estado infraestructura básica, asistencia sanitaria, apertura de calles internas y la regularización nominal de las ocupaciones. Casi sin control ni gestión gubernamental, las villas revelaron una realidad social de pobreza y marginación, pero también un amplio campo religioso, con fieles, devotos de distintos santos o vírgenes, que vivían la religiosidad desde su propia experiencia.

Las villas marcaron la apertura del ministerio social de Bergoglio en la ciudad. Encontró terreno fértil para la inculturación desde el Evangelio y para poner la "Iglesia en salida", en un contraste con su propia historia como Provincial, cuando sostuvo posiciones defensivas y conservadoras frente a los que se comprometían por la "opción por los pobres". Veinte años después, fue hacia ellos, los pobres, en una época en que los riesgos de radicalización ideológica ya no existían.

Bergoglio dio nuevo impulso a la Pastoral Villera, que había sido creada en 1969 en el Arzobispado porteño. Alentó a los curas a integrarse en zonas marginales, donde existía una comunidad de creyentes, migrantes del interior o de países vecinos, que traían una pequeña virgen o la imagen de un santo o buscaban una capilla, donde rezar y confesarse. Hasta entonces, los pocos sacerdotes de la Arquidiócesis que atendían las villas, daban misa y se iban; se mantenían a cierta distancia de la realidad social.[250]

---

[250] Véase Prieto, Sol y Lotito, Ornella, "Jóvenes fieles y militantes de la 'pastoral villera' en la Villa 21-24-Zabaleta. Una aproximación

Bergoglio habilitaría un nuevo modelo pastoral en el que el "cura villero" dejaría de ser como un satélite de la vida de la diócesis. En su interés por la cuestión social, desde la TdP, los integró y luego los proyectó casi de manera excluyente frente a sacerdotes de otros barrios, con un constante aliento para que se involucraran en las villas. Los curas abrieron capillas, inauguraron escuelas de artes y oficios, centros de recuperación de adictos, y ayudaron a los vecinos a organizar sus demandas al Estado.

Uno de los sacerdotes de la Pastoral Villera, que se convertiría en su predilecto, fue José María Di Paola, el padre "Pepe". Bergoglio lo ayudó a superar algunas dudas vocacionales y lo designó en la Villa 21-24-Zabaleta, en el sur de Buenos Aires. Cuando el padre "Pepe" se asentó en 1997 encontró un territorio acorralado por la criminalidad y el tráfico de drogas. Decidió traer de Paraguay una réplica de la Virgen de Caacupé para instalarla en la capilla. En la procesión, con un rosario entre sus dedos, caminaba Bergoglio. A partir de entonces sería habitual que llegara en el colectivo 70 para alguna celebración religiosa, visitar a los curas y conversar con familias de la villa.[251]

Le gustaba escuchar a los sacerdotes.

Una vez un párroco, que vivía rodeado de una comunidad de artistas, lo invitó a conocer su parroquia y le entregó su libro de poesía. "No sabés la alegría que me das —le dijo

---

sobre la concepción y la relación con el Estado", *Sociedad y Religión*, vol. 22, nº 38, CEIL-CONICET/UBA, Ciudad Autónoma de Buenos Aires, julio-diciembre de 2012.

[251] Entrevista a José María Di Paola.

Bergoglio—. Los curas que me vienen a ver es porque están enamorados, o necesitan plata o están enfermos."

Cuando llegó a la parroquia, ya de noche, pidió que la misa la celebrara el párroco y Bergoglio actuó de monaguillo. Después de compartir la cena en una parrilla, esperaron más de media hora un colectivo en la parada hasta que el sacerdote lo convenció para tomarse un taxi a la curia porteña.[252]

Era capaz de ayudar a un sacerdote que necesitara plata para cambiar muebles, plata que traía en su bolsillo; o de facilitarle un cambio de parroquia si lo explicaba con un argumento convincente y sabía llegarle al corazón. Mientras encontraba su lugar e instalaba su agenda pastoral en el mundo diocesano, su malestar con las autoridades de la Orden jesuita no se atenuaba.

Se había ido en mala forma de la Compañía de Jesús y no lo olvidaba. Después de su exilio en Córdoba, mientras preparaba su ordenación episcopal en la Arquidiócesis de Buenos Aires, había ido a vivir a un cuarto de la residencia Regina Martyrum, en Congreso, donde estaba apostada la curia jesuita.

Avisó que sería algo temporal, pero como pasaban los meses y no se marchaba —Bergoglio esperaba que terminaran los arreglos de la Vicaría de Flores— la dirección de la curia provincial le dejó una carta en su habitación en la que le pedían que se fuera. Fue un pedido formal, hecho con la mejor de las intenciones y que contaba con el aval de la Curia General de Roma, a quienes habían consultado sobre los pasos a seguir. La curia jesuita local quería gobernar sin la presencia de Bergoglio aun cuando el traslado al mundo diocesano ya estaba confirmado.

---

252 Entrevista a Ignacio Navarro.

Este incidente doméstico molestó a Bergoglio.

Era parte de un resentimiento mutuo que todavía persistía con los sacerdotes que lo habían enviado a Córdoba y seguían al mando de la Orden; un rencor que también se extendía a la Compañía de Jesús en Roma, a quienes consideraban partícipes de su desplazamiento.

Finalmente, Bergoglio aceptó la petición epistolar. Avisó con otra carta que se iría determinado día y se fue.

A partir de entonces, intentó abandonar el vínculo con los jesuitas: "Roma" ya no sería la Curia General de la Compañía de Jesús de Borgo Santo Spirito 4.

"Roma" sería solo la Santa Sede.

El conflicto latente con la Provincia se pondría de manifiesto cinco años después, en 1997. Un sobrino suyo, José Luis Narvaja Bergoglio, debía ordenarse sacerdote y le pidió que celebrase la ceremonia, lo cual requería su presencia en el Colegio Máximo. Hasta entonces, muy pocos sacerdotes habían elegido al ex Provincial para ordenarse. Bergoglio no respondió el pedido y el Provincial, Ignacio García-Mata, se sintió obligado a pedirle una definición. Le pidió una audiencia. Bergoglio lo recibió en la Catedral de Buenos Aires con su peor cara de disgusto. Se había sentido agraviado y traicionado por la nueva dirección de la Compañía que lo había desplazado, y se lo dijo:

—Ustedes me calumniaron —resumió.

Y recordó, entre una larga lista de reproches, los comentarios negativos que se hicieron sobre él en las vísperas de la elección del nuevo Provincial en 1985, el punto de partida de su progresivo ocaso en la Compañía de Jesús.

Por ese encono, Bergoglio se negó a celebrar la ordenación de su sobrino. Sin embargo, pocos meses después, cuando asumió el nuevo superior Provincial, el colombiano Álvaro Restrepo, el obispo lo recibió en la Catedral metropolitana con la mejor simpatía. El problema con los jesuitas no era con él.[253]

El arzobispo Quarracino lo designa heredero de la Catedral

Mientras ese pasado aún lo amargaba, la iglesia argentina lo encumbraba a posiciones eclesiásticas antes impensadas.

Quarracino lo designó obispo coadjuntor, que le otorgaba el derecho a la sucesión irrevocable al Arzobispado de Buenos Aires. Fue una elección que marcó en forma definitiva la preferencia de Quarracino por Bergoglio. Había sido seducido por su estilo progresista en lo social, conservador en lo moral —aunque no tan asertivo, intelectual y confrontativo, como lo era Aguer—, y profundamente religioso. Bergoglio era, quizá, la síntesis de lo que a Quarracino, que había girado del progresismo al conservadorismo de modo estridente y casi sin transiciones, hubiera querido ser.[254]

La elección de Bergoglio fue una decisión compleja para exponer en Roma. La Congregación de Obispos se negó a aprobar la nominación. Ya enfermo por un accidente cardiovascular que lo obligaba al uso de silla de ruedas, Quarracino decidió viajar al Vaticano para pedirle en forma personal a Juan Pablo II que reviera la negativa y aprobara a su sucesor en la Arquidiócesis de Buenos Aires.

Quarracino siempre había sido un fiel defensor de su Pontificado.[255]

---

[253] Entrevista a Ignacio García-Mata SJ.

[254] Entrevista a Gustavo Irrazábal.

[255] En 1985, cuando el ministerio de Wojtyla permanecía bajo sospecha por corrupción y lavado de dinero de la mafia en la banca vaticana,

¿Por qué un cardenal conservador, que había propuesto un gueto para homosexuales para que no se "manchara" al resto de la sociedad, que había pedido un "manto de olvido" a los crímenes de la dictadura militar, delegaría su sucesión a un obispo que no reflejaba la enseñanza de la doctrina como él lo hacía en su magisterio?

Quarracino sufría una fuerte decepción en esa etapa. Ya no estaba al mando del cuerpo episcopal. Y aquellas voces aisladas de obispos progresistas —Miguel Hesayne, Jorge Novak o Jaime de Nevares—, que no habían enfrentado a Alfonsín ni se habían sumado al reclamo de "reconciliación" en los años ochenta, se habían fortalecido.

A fines de 1996, con la designación como titular de la Conferencia Episcopal Argentina (CEA) del arzobispo Estanislao Karlic, se inauguraría un nuevo rumbo, con posiciones moderadas, progresistas y de autonomía frente al poder político, que sellarían el declive de Quarracino en la iglesia local.

Pero su decepción no era con ellos, sino con un grupo de eclesiásticos y laicos conservadores que habían involucrado al Arzobispado de Buenos Aires como partícipe de la estafa del Banco de Crédito Provincial (BCP), cuya conducción trazaba relaciones con el Opus Dei, el Estado argentino y la Santa Sede. El conservadurismo doctrinario, al que había adherido en la segunda parte de su ministerio, durante la dictadura militar, ahora lo defraudaba. Quarracino se sintió asqueado y clamaba su inocencia en cartas que escribía al diario *La Nación*. Bergoglio, como administrador apostó-

---

Quarracino acusó al Diablo por las acusaciones. "Satanás ha redoblado sus esfuerzos para crear en la Iglesia una atmósfera de incertidumbre y desorden", dijo frente a Juan Pablo II en el Sínodo Extraordinario de Obispos de ese año.

lico de la Arquidiócesis, no pudo prevenir la estafa y fue testigo de su decepción.

Quizás esta sea la razón para entender por qué entre los dos obispos que representaban las antípodas de su Arzobispado, Quarracino no haya querido cedérselo a Aguer, que era la cara eclesiástica de sus nuevos enemigos, y se haya inclinado por Bergoglio.

Cuando Juan Pablo II firmó su designación, Quarracino pudo descansar en paz.[256]

Cuando murió Quarracino, en febrero de 1998, la primera tarea de Bergoglio en la curia fue trabajar para demostrar su honestidad. Buscó abogados y ordenó diligencias judiciales que demostraran que la firma de Quarracino había sido falsificada por una persona de su círculo de confianza —se acusó a un secretario de la curia porteña—, para consumar una estafa que involucraba mayoritarios a la familia Trusso, accionistas del BCP. El Arzobispado quiso probar que Quarracino había sido una víctima más, entre miles de ahorristas estafados, y demandó al Banco Central por no alertar de las operaciones del BCP.[257]

---

[256] Entrevista a Guillermo Marcó.

[257] Uno de los directivos del BCP era Francisco Javier Trusso, hijo del embajador argentino ante el Vaticano, Francisco "Paco" Trusso. Ambos tenían relaciones con la Santa Sede. En la mecánica de la estafa, la firma de Quarracino garantizaba un depósito de diez millones de dólares de una mutual militar en la cuenta de la Arquidiócesis, en una operación tramitada por el BCP. Cuando la mutual reclamó el capital y los intereses al primer vencimiento del depósito, ni el BCP ni el Arzobispado reconocía haberlos percibido. El dinero había quedado perdido entre gestiones del banco y las supuestas promesas del Arzobispado. El BCP era el banco favorito de la iglesia local. Quarracino había recibido favores económicos de la familia Trusso —le pagaban sus gastos de las tarjetas de crédito—, pero Bergoglio intentó deslin-

Bergoglio no tenía una imagen instalada en la sociedad cuando se hizo cargo de la curia porteña. Era una figura desconocida, aséptica, alejada de la realidad eclesial y política. En el mundo diocesano, era ponderado por el clero joven, que estaba conforme con su trato y tarea apostólica, y los curas villeros, por el impulso pastoral que les había otorgado.

El resto casi no lo conocía. Era como si su personalidad, que había separado las aguas de los jesuitas, hubiese quedado sepultada en los secretos de una Orden que no dejaba de sorprenderse de la magnitud de su salto en menos de seis años: desde el abandono y ostracismo en la habitación de la residencia en Córdoba a la cumbre diocesana que representaba la Arquidiócesis.

Los obispos locales poco sabían de Bergoglio. Por la monolítica defensa que hizo Quarracino de su figura frente a las dudas de la Santa Sede, y el silencio del mismo Bergoglio frente a las críticas que ellos hacían sobre Menem, presumían que era un obispo conservador, aunque sin el carácter doctrinal de su predecesor.[258]

---

dar la figura de Quarracino con la del titular del banco, Francisco Trusso (hijo), y mucho más cuando, después de permanecer prófugo varios meses, fue detenido en Miramar, en una casa que pertenecía a un familiar de monseñor Leonardo Sandri, funcionario en la curia romana. Trusso fue condenado a ocho años de prisión por estafas reiteradas y asociación ilícita. Tras dos años de cárcel, el arzobispo de La Plata, Héctor Aguer, ofició de fiador y depositó un millón de pesos para su libertad. Se sospechó que el dinero había sido extraído de una cuenta del Banco de Siena, en Italia, del propio encausado. Para un completo detalle del fraude y la estafa del BCP, véase Wornat, Olga, *Nuestra Santa Madre, op. cit.*, pp. 462-506.

[258] Entrevista a Jorge Casaretto.

Fiel a la Santa Sede, el presidente Menem enfrenta las críticas de la iglesia argentina

El titular de la CEA Karlic representaba un Episcopado más homogéneo que la facción conservadora mayoritaria que condujo Quarracino durante la primera mitad de los noventa, siempre apegada a Menem. La nueva conducción no dudaba en denunciar el costo social de las privatizaciones de empresas estatales, que ponía fuera del mercado a miles de trabajadores, ni las políticas de ajuste neoliberales. También señalaba la corrupción y la exhibición inmoral de los nuevos ricos del poder.

Menem quedó más desguarnecido en el frente eclesiástico. Para suplir esta carencia reforzó la relación con la Santa Sede por medio de su embajador Esteban Caselli, miembro de la Orden de la Cruz de Malta, y buscó condicionar los mensajes críticos de la CEA. Quería demostrarles a los obispos locales que recibía, por parte de Juan Pablo II, un temperamento más amable a su gobierno que la aspereza que vertían en sus declaraciones y documentos.

Desde entonces, Menem inició una política utilitaria y generosa en obsequios, viajes y fondos económicos para obispos conservadores, que en su efecto expansivo alcanzaba a algunas oficinas de la curia romana.[259]

---

[259] El arzobispo Quarracino, junto con el nuncio Ubaldo Calabresi, solían visitar a Menem en la residencia de Olivos, como muestra de afinidad. Incluso se mencionó que la Nunciatura había realizado una contribución económica a su campaña electoral, que Menem no habría reintegrado. Véase Dri, Rubén, *Proceso a la Iglesia argentina, op. cit.*, pp. 139-141. La CEA conducida por Quarracino basó su relación con Menem en la informalidad antes que en el diálogo institucional. En ese contexto, los obispos leales al poder político recibieron subsidios, donaciones y prebendas desde el Estado y otros canales paraoficiales, como sucedía con la misma Fundación Quarracino. La estrategia de seducción incluyó la

El presidente argentino se afirmaba como un fiel custodio de la doctrina y garante de los principios pro-vida, acompañaba a la Santa Sede en las Naciones Unidas y en otras conferencias internacionales en sus posturas sobre la defensa de la vida "desde su concepción", derechos sexuales y salud reproductiva, y ratificó esa fidelidad con la creación por decreto del "Día del Niño por Nacer", el 25 de marzo de 1998.

Menem aspiraba a que su sensibilidad católica le reportara la bendición papal a su deseo de competir por una tercera presidencia, que la Constitución Nacional le vedaba; la CEA rechazaría ese intento en un documento en el que advirtió que "es tan malo vivir sin ley como manipularla para intereses sectoriales... Ello facilita la corrupción pública y privada, crea un estado de incredulidad".[260]

Pero la buena senda eclesiástica, Menem la mantenía con la Nunciatura y la Santa Sede. En 1999, Juan Pablo II felicitó al presidente argentino por "los encomiables esfuerzos que realiza por elevar las condiciones de vida de todos los argentinos". La curia romana, a menudo permeable a la voluntad de Caselli en referencia a la iglesia argentina, no escuchaba las quejas de los obispos cuando viajaban a Roma

---

gestión oficial ante la Santa Sede para que la jurisdicción eclesiástica de Mercedes-Luján fuese elevada a Arquiodiócesis, a cargo del monseñor Emilio Ogñénovich, al que promovieron como arzobispo. Ogñénovich, de tradición ultraconservadora, fue denunciado por oscuros manejos de los fondos apostólicos. Menem intentó, con la nueva CEA dirigida por Karlic, la continuidad de la política que había iniciado con Quarracino. En una oportunidad, los llamó por teléfono durante un encuentro de la Comisión Permanente y los invitó a cenar. La oferta fue sometida a votación y fue rechazada. Entrevistas a Jorge Casaretto, a Víctor Espeche Gil y a José Ignacio López.

[260] Véase "Reflexiones ante la situación del presente", *CEA*, 26 de abril de 1998.

y notificaban el crecimiento de la corrupción y la pobreza en el país. Pocos obispos se animaron a dejar trascender el avasallamiento contra la autonomía de la iglesia local que se ejercía desde de la Santa Sede.[261]

Un Arzobispado difícil de etiquetar

Desde que tomó el control de la Arquidiócesis de Buenos Aires, Bergoglio tuvo mayor libertad de pensamiento y acción, y enseguida se alineó con la CEA en la crítica social a Menem, y al mismo tiempo advirtió el riesgo de anomia que implicaba forzar la Constitución para un tercer mandato.

En la homilía del 25 de mayo de 1999, frente a Menem, criticó la globalización por desnudar "agresivamente nuestras antinomias" y alertó que

---

[261] Entrevista a Jorge Casaretto. El embajador ante la Santa Sede Esteban Caselli había reemplazado al embajador Francisco "Paco" Trusso (padre) después de la estafa del BCP. Caselli tenía una privilegiada relación con el secretario de Estado, Angelo Sodano. Una versión no confirmada indica que le habría ofrecido un préstamo a su hermano que habría salido de fondos secretos del Estado argentino. Sodano solía celebrar la misa en la iglesia Argentina de Roma y siempre recordaba la "cálida relación" de los argentinos con el Papa. Por gestión de Caselli, Juan Pablo II comenzaría recibir con más frecuencia a Menem y a su larga comitiva de obispos conservadores que habían perdido peso en la CEA desde la gestión de Karlic. Menem fue el presidente latinoamericano con más visitas durante su Pontificado. Una anécdota no confirmada que trascendió en ámbitos eclesiales, pero que resulta verosímil según distintas fuentes, indica que en el período de prodigalidad con los obispos, el embajador Caselli envió pasajes a Bergoglio para que viajara a Roma y este se los reenvió cortados en pedazos. Para un perfil de Caselli, véase Valente, Gianni, "Esteban Caselli, para los amigos, 'el obispo'", *La Stampa*, 23 de septiembre de 2011.

> si no apostamos a una Argentina donde estén todos sentados a la mesa (...), entonces terminaremos siendo una sociedad camino al enfrentamiento. (...) No nos podemos permitir ser ingenuos: la sombra de una nube de desmembramiento social se asoma en el horizonte mientras diversos intereses juegan su partida, ajenos a las necesidades de todos. El vacío y la anomia pueden despuntar como oscuras consecuencias de un abandono de nosotros mismos y atentan contra nuestra continuidad.[262]

Bergoglio defendió la doctrina frente al laicismo y el avance del secularismo cultural de la sociedad, con presión en canales informales o por medio de allegados a la curia, para que no adquirieran estatus legal. Mantuvo la línea de la CEA en educación con la defensa de la "dimensión religiosa en los contenidos de la enseñanza", aunque su batalla última, que no contaba con el total apoyo episcopal, era que en la educación pública retornara la enseñanza religiosa. Bergoglio asimismo se opuso a la creación de consejos de convivencia escolar en el que docentes, padres y alumnos decidirían los castigos por indisciplinas en los colegios: "No se dejen engañar por quienes les soban el lomo diciéndoles que ya son adultos", pidió una vez frente a una multitud de alumnos de colegios católicos en una homilía en la Catedral.

Como arzobispo, se opuso a la unión civil que permitió a las parejas homosexuales tener los mismos derechos de las uniones no matrimoniales —aprobada por la Legislatura porteña en diciembre de 2002—, y también rechazó la ley de salud reproductiva y procreación responsable —que contenía la provisión de métodos anticonceptivos no abortivos a cualquier mujer que lo solicitase en los

---

262 Véase *Boletín Semanal AICA*, nº 2116, 9 de junio de 1999.

hospitales públicos—, aprobada por ley nacional ese mismo año.[263]

La defensa de la doctrina no entraba, sin embargo, como moneda de cambio para silenciar las críticas sociales, como había sido habitual en tiempos de Quarracino. Bergoglio podía reclamar la defensa de la agenda "pro-vida" frente al gobierno —aunque no fuera el más eficiente ni exquisito defensor de la moral conservadora—, y en forma simultánea podría echarle en cara la más mordaz crítica por el desamparo social. La Santa Sede era renuente a aceptar ese estilo eclesiástico.

Esa espada que el arzobispo de Buenos Aires ya empezaba a reverberar en las homilías, con la que marcaba su independencia frente al poder político, no tenía continuidad en otras áreas de la comunicación para la construcción de un perfil público. El arzobispo no hablaba con la prensa. Por sus palabras y silencios, Bergoglio comenzaría a ser observado como un jesuita hábil e inasible, difícil de encuadrar. Había acuerdo en caracterizarlo, por la herencia recibida, como un arzobispo conservador. Pero estas etiquetas quedaban en duda cuando se lo veía encabezando la procesión que trasladó a la Villa 31 el cuerpo del sacerdote tercermundista Carlos Mugica, asesinado en 1974, con el que se había mantenido a distancia como Provincial jesuita.[264]

---

263 En entrevista con el autor, el ex legislador porteño Alberto Fernández indicó que Bergoglio, a través de otro sacerdote, lo presionó para que no apoyara la ley de unión civil. Para las "observaciones para delimitar los efectos negativos de la ley de salud reproductiva y procreación responsable", véase la "Carta al ministro de Salud de la Nación" de la CEA, www.aica.org, 28 de diciembre de 2002. En 2010, Bergoglio aceptaría la unión civil como alternativa frente al proyecto de ley de matrimonio homosexual. Véase en este capítulo p. 347.

264 El padre Carlos Mugica estaba enterrado en el cementerio de La Recoleta. La construcción de un santuario con sus restos en la Capilla Cristo

Fuera de las homilías y de su despacho de la curia porteña, le gustaba caminar la ciudad, relacionarse con gente de cualquier color y clase, y se ilusionaba más con las tareas de los laicos, que no estaban en las estructuras de la Iglesia y le ofrecían participar de alguna iniciativa, que con los que pertenecían a la comunidad católica, a los que les ofrecía su rostro adusto, su expresión sin sorpresa. Prefería a los otros, a los que estaban afuera, porque con ellos podría llevar la Iglesia a las periferias. Con los que estaban en la primera fila de la Catedral, los católicos notables o ilustres, no. Se quedarían siempre ahí.

Bergoglio fue creando una agenda de gestión paralela, que ponía en movimiento por fuera de la burocracia del Arzobispado. Demostró rápido que prefería estar ausente de los eventos de las fuerzas vivas o de la elite política y social porteña.

Si lo invitaban a una cena solidaria o un banquete en un hotel de tres estrellas para arriba, se tomaba la delicadeza de enviar a un sacerdote que suponía podría hacer un buen papel, pero él no iba. Se sentía más cómodo con las empleadas de la ortopedia en la que se hacía las plantillas para sus zapatos, frente al Hospital Italiano del barrio de Almagro, que con asociaciones católicas que lo invitaban a compartir su mesa en alguna celebración.

Entonces Bergoglio era casi invisible.

No aparecía en televisión, en los reportajes de la prensa: lo que tenía para decir lo decía en misa, y el resto del tiempo lo callaba. Y era en esos momentos cuando el arzobispo se volvía popular entre los ignotos, los que nadie conocía.

Rey en la Villa 31 se realizó en momentos en que se intentaba erradicar el barrio y utilizar las tierras de Retiro para un desarrollo inmobiliario. Los curas "villeros" se unieron al reclamo a favor del asentamiento y la urbanización de la villa. Véase *La Nación*, 9 de octubre de 1999.

En su carrera eclesiástica, Bergoglio profundizó el armado de una red subterránea en Buenos Aires y el conurbano bonaerense con el contacto de personas anónimas, a las que visitaba en sus barrios, les asignaba misiones pastorales, les mandaba ayuda, bautizaba a sus hijos o los casaba. Tenía tiempo para escucharlos, rezar por ellos o llamarlos por teléfono para el cumpleaños. Les hacía sentir que la máxima autoridad episcopal de Buenos Aires los sostenía y acompañaba.

A lo largo de esos años, cuando llegaba con varias horas de antelación al hall del aeropuerto de Ezeiza para abordar un vuelo a Roma, se le acercaba personal de limpieza, de una compañía aérea o cualquier viajero que lo había conocido o lo reconocía, y hacían fila para conversar con él, darle una carta o confesarse. Con pocas palabras, que transmitía con humildad y simpleza, emanaba una espiritualidad que llegaba a la gente de una manera especial.[265]

En su oficina del primer piso de la curia porteña, en Rivadavia 415, frente a la Plaza de Mayo, Bergoglio empezó a recibir a empresarios, políticos, legisladores, funcionarios judiciales, y a los estratos superiores de la vida social argentina. Tenía mucha capacidad para conocer a las personas y también un permanente dominio de sí mismo. Podía ser distante o cercano, según decidiera, pero siempre estaba en el control de la situación. Escuchaba con atención a sus interlocutores, aunque dejaba la sensación de que cuando miraba, pensaba varias cosas a la vez que resultaban indescifrables. Bergoglio apenas si interrumpía a su interlocutor, y cuando lo hacía, su voz era tan baja que era difícil oír lo que decía. Algunos suponían que ese tono débil, sin vigor,

---

[265] Entrevistas a Ignacio Navarro, a José María Poirier y a Cristina Calvo.

se debía a la enfermedad de su pulmón, de la que había sido operado cuando tenía 21 años. Y cuando se decidía a hablar, soltaba cuatro o cinco palabras en un comentario mezclado con expresiones del lunfardo, alguna ironía, o reflexión críptica, cuyo significado había que desarticular, antes de tomarla como guía.

Cuando Bergoglio avanzaba en diálogos más largos, con una intención más manifiesta, se desprendía su profunda vida espiritual, de oración, y era consciente del peso de sus opiniones y de su condición. Hacía sentir a su interlocutor dentro de un tablero, como una pieza que él quería mover y conducirla hacia una acción, pero su maniobra era tan sutil y coherente, tan inteligente y delicada, que no molestaba. El interlocutor se convertía en una pieza más de su tablero. Formaba parte de su juego.[266]

La crisis de 2001, el cardenal en medio del caos

Luego de que Menem aceptara la restricción constitucional, Fernando de la Rúa (UCR-FREPASO), en alianza con sectores peronistas disidentes, venció a Duhalde en las elecciones de 1999 con el 48% de los votos.

Con el nuevo gobierno, la relación con la Santa Sede se enfrió. El presidente se preocupó por revertir la visión negativa que tenía la iglesia local sobre los radicales: la presunción de que eran laicistas y anticlericales y cultivaban costumbres más seculares que los peronistas; un fantasma que, aún antes de que asumiera el presidente radical, se trataba de agigantar en la Santa Sede. De la Rúa quería tener una reunión con el Papa, llevarse una foto, y mantener

266 Entrevista a José Ignacio López.

relaciones sin conflictos con el Vaticano, pero le asignaba menor importancia que Menem a esa relación.[267]

La realidad local le presentaba a De la Rúa desafíos más urgentes. Con la paridad cambiaria de la convertibilidad —que igualaba el valor del peso con el dólar—, y sin incentivos al empleo y al consumo, la producción estaba prácticamente estancada. Además, el frente externo agregaba una presión constante, insostenible: vencimientos de la deuda externa y delegaciones del Fondo Monetario Internacional (FMI) que llegaban para auditar las cuentas con la pretensión de llevar el déficit fiscal a cero, lo que obligó al gobierno al ajuste de la economía, con reducción de pensiones y salarios. Bastaron pocos meses para advertir que el gobierno conducía al país a un callejón sin salida.

Bergoglio presentó su diagnóstico sombrío en el tedeum de 2000, al sexto mes de su gobierno: "El sistema ha caído en un amplio cono de sombra: la sombra de la desconfianza y que algunas promesas y enunciados suenan a cortejo fúnebre, todos consuelan a los deudos pero nadie levanta al muerto".

El arzobispo ganaría protagonismo en la galopante crisis social y política. En sus predicaciones hablaba de la nación "zarandeada", de la insensibilidad de los sectores privilegiados, de los pobres en la calle; y defendía a los detenidos en las protestas sociales, "pobres perseguidos por reclamar trabajo y ricos que eluden la justicia, festejando fastuosamente". Bergoglio mencionaba una crisis "de la que nadie puede hacerse el distraído" y auspiciaba la actividad política,

[267] Al margen del canal formal que representaba el nuncio Santos Abril y Castelló —había reemplazado a Calabresi en marzo de 2000, tras dos décadas de permanencia en la Nunciatura—, la información política más detallada llegaba a la Secretaría de Estado, conducida por el cardenal Angelo Sodano, por vía del operador menemista Esteban Caselli.

pero denunciaba a los políticos que se prostituían. Apelaba a las reservas morales, culturales y religiosas del pueblo.[268]

Roma lo crearía cardenal en el octavo Consistorio de Juan Pablo II, el primero desde que asumió el Arzobispado, en febrero de 2001. Bergoglio llegaría a pie a la ceremonia, desde su hospedaje en la Casa Internacional del Clero, en Via della Scroffa 70, detrás de Piazza Navona, hasta la Basílica de San Pedro, envuelto en un sobretodo negro que cubría su hábito púrpura.

No hubo familiares suyos en el Consistorio, pero recibiría el llamado de su maestra de primer grado, Estela Quiroga, que entonces tenía 91 años, y sus hermanos. Al regresar a Buenos Aires dejó un ramo de rosas blancas en la tumba de Quarracino.

Ese mismo año, en el Sínodo de Obispos de octubre, comenzaría a ser percibido con más atención en el mundo vaticano. Juan Pablo II lo designó relator adjunto, la tercera autoridad de la asamblea sinodal, después de que el cardenal Edward Egan, de la Arquidiócesis de Nueva York, regresara a su ciudad a la conmemoración del primer mes del ataque a las Torres Gemelas.

Bergoglio sorprendió a los cardenales que no lo conocían por su estilo sobrio y austero, y resultó eficaz para armonizar tendencias y puntos de vista. Se le reconoció su capacidad intelectual y de gestión de temas ríspidos, como la relación entre las conferencias episcopales y la Santa Sede, entonces criticada por el excesivo centralismo de la curia romana. El cardenal argentino era uno de los pocos que se despertaba a orar cuando todavía no había amanecido.[269]

---

[268] Véase *Clarín*, 22 de enero de 2001 y la homilía de San Cayetano publicada en *La Nación*, 8 de agosto de 2001.

[269] Su intervención en la asamblea sinodal quedaría en la memoria de los especialistas. Un año más tarde, por primera vez, se lo mencio-

A partir de entonces, como miembro de la Congregación para el Culto Divino y la Disciplina de los Sacramentos, el Consejo Pontificio para la Familia y la Comisión Pontificia para América Latina, sus viajes resultaron obligados dos o tres veces al año, durante dos o tres semanas. Así, en sus visitas a las oficinas de Via della Conciliazione o de la Piazza Pio XII, sede de las congregaciones y los consejos pontificios de la curia romana, se enteraba de los sucesos del mundo vaticano y construía relaciones personales. Ya desde esa época percibía el mal clima con el secretario de Estado Angelo Sodano y más aún con su Sustituto, el cardenal argentino Leonardo Sandri.

Cuando De la Rúa fue recibido por Juan Pablo II, en abril de 2001, se llevó del Vaticano la bendición y también un documento escrito en el que el Papa le pedía "medidas urgentes" para una mayor justicia distributiva y equidad social, con una severidad que la Santa Sede nunca había tenido con Menem.[270]

El diagnóstico pontificio era real.

---

naría como futuro papable. En un artículo publicado en el semanario *L'Espresso*, el vaticanista Sandro Magister afirmó que "si en este momento hubiera un cónclave, Bergoglio cosecharía una avalancha de votos que lo convertirían en Pontífice. Tímido, esquivo, de pocas palabras, no mueve un dedo para hacerse campaña, pero justamente esto es considerado uno de sus grandes méritos. Su austeridad y frugalidad, junto con su intensa dimensión espiritual, son datos que lo elevan cada vez más a su condición de papable". Entrevistado por el autor, Magister indicó que no tenía información del colegio cardenalicio sino una intuición personal. Creía que podía representar una nueva modalidad de continuación de la línea de Juan Pablo II.

[270] El presidente De la Rúa había intentado "blindar" la entrevista con el Papa haciendo uso de la influencia de Caselli en la curia romana, en una decisión que generó malestar en su embajador ante la Santa Sede, Víctor Espeche Gil. Por otra parte, se especuló que el duro documento que el Papa entregó al presidente argentino había tenido la intervención del Sustituto Leonardo Sandri. Véase *La Nación*, 6 de abril de 2001.

El español Carmelo Angulo Barturen, representante del Programa Nacional de las Naciones Unidas (PNUD) también advertía que tarde o temprano, si De la Rúa no reaccionaba, la crisis argentina estallaría en sus manos.

Angulo inició un proceso de diálogo con sectores políticos, sindicales, sociales y empresariales, para buscar una concertación, que también incluía al propio presidente, y evitar males mayores. Muchos de los convocados habían perdido credibilidad en la crisis, y cuando Angulo consultó por una institución que garantizara la confianza social y prestara su sede como ámbito de encuentro, concluyó que debía ser la iglesia.

La CEA, después del progresivo desplazamiento de los conservadores alineados al menemismo, había ganado legitimidad por sus acciones sociales para mitigar la pobreza, la falta de empleo, el abandono de las economías regionales y la paralización del aparato productivo, la herencia de las políticas neoliberales de la década de 1990.

La iglesia osciló en distintas posiciones frente a la propuesta de Angulo. Monseñor Eduardo Mirás, que había sucedido a Karlic al frente de la CEA, temía que los obispos fueran usados para un experimento político-social que no se sabía qué fin podría alcanzar. Bergoglio también tuvo dudas, pero finalmente acordaron participar de la propuesta y prestar el ámbito para el diálogo entre los sectores más representativos del país. Ofrecieron la sede de Cáritas, la obra caritativa que había ganado autoridad en la debacle social, que tenía entidad propia y todos reconocían como parte de la Iglesia, pero que no comprometía en forma directa al Episcopado.[271]

[271] La iniciativa del PNUD estaba pensaba para fortalecer la gobernabilidad y concertar medidas de emergencia rápidas frente a la crisis. En noviembre de 2001, distintos encuentros sectoriales en busca de consensos habían fracasado. Las perspectivas eran desalentadoras. Desde hacía

Un día antes del encuentro en la sede de Cáritas comenzaron los saqueos en los supermercados, de modo que cuando el miércoles 19 de diciembre de 2001, en Balcarce 236, a dos cuadras de la Casa de Gobierno, los participantes se sentaron en una larga mesa sintieron que la convocatoria era "el último cartucho para disparar", antes que el país estallara. Para que no pareciese un encuentro coordinado por la oposición política, y De la Rúa no se sintiera acorralado, la invitación del PNUD se hizo bajo la cobertura de un genérico "informe de la democracia". Ese argumento sirvió de persuasión. El presidente llegó cerca del mediodía a una sala ocupada por casi medio centenar de dirigentes sectoriales más representativos —incluido el ex presidente radical Raúl Alfonsín, además de Bergoglio y otros miembros de la iglesia—, que llevaban al menos dos horas de debate. Algunos ya pedían que "la concertación para salvar al país" se hiciera con o sin De la Rúa.

El presidente se sentó y escuchó los primeros análisis críticos de su gestión económica y el pedido de renuncia del ministro de Economía, Domingo Cavallo, para aliviar

---

varias semanas las organizaciones sociales, con cientos de familias, acampaban en los playones de los supermercados en reclamo de alimentos, custodiados por la Guardia de Infantería; y a la medianoche en locales de la cadena de hamburguesas McDonald's era habitual ver una larga fila de personas a la espera de las sobras del día. En los barrios se instalaban ollas populares y se abrían comedores comunitarios. Distintos grupos salían a marchar con cacerolas por las avenidas de Buenos Aires y a cortar el tránsito con fogatas. La ayuda social del Estado no paliaba el hambre ni alcanzaba para reparar el daño social. Cáritas intentaba mitigarlo con sus casi 25 mil voluntarios que trabajan para que más de 200 mil chicos pudieran comer e ir a la escuela. También asistían a 100 mil personas de todo el país con programas de capacitación laboral.

la tensión social. Fue lo primero que rechazó. Prometió que aseguraría nuevas raciones de alimentos, agradeció que buscaran consenso, pidió que el Congreso aprobara el presupuesto de 2002, el "déficit cero" y apoyara la renegociación de la deuda externa. Después se levantó y se fue. "El presidente está en otra órbita" fue la conclusión de la sala. A la salida, su auto presidencial fue apedreado, y Bergoglio junto con el resto de los dirigentes debieron refugiarse durante horas cercados por los manifestantes que pedían "su cabeza". Se temió un linchamiento.[272]

Al día siguiente, Cavallo renunció. Por la noche, Bergoglio cruzó a la Plaza de Mayo a conversar con los que se manifestaban con cacerolas, en repudio al estado de sitio que acababa de decretar De la Rúa por las protestas y los saqueos a supermercados. El viernes 21 de diciembre, cuando los manifestantes volvieron a la plaza y se inició la represión policial, el cardenal pediría a las autoridades del gobierno que la hicieran cesar. Poco antes del anochecer, tras 740 días de gobierno, De la Rúa firmaría su renuncia y se iría en helicóptero de la Casa Rosada. El país quedaba al borde de la anarquía. El saldo fue de 31 muertos, miles de heridos, más de 4.000 detenidos; se produjeron más de 900 saqueos y se confiscaron los ahorros de los bancos. Las provincias emitían sus propias monedas para pagar los sueldos.[273]

---

[272] Entrevistas a Cristina Calvo y a Jorge Casaretto.

[273] En el mes posterior a la renuncia de De la Rúa, asumieron cinco presidentes. Recesión, desocupación, fragmentación social, y un sistema político-institucional quebrado, ese era el corolario de la década de 1990 después de la promesa del peronismo encarnado por Menem que llevaría a los argentinos a vivir en el "primer mundo", acorde a los tiempos de la globalización. De la Rúa no había logrado revertir esas políticas que terminaron por asfixiar su gobierno.

"Diálogo argentino": Bergoglio y el nuevo protagonismo social de la Iglesia

Pocas semanas después, en enero de 2002, el cardenal Bergoglio dio dos entrevistas a medios italianos. La primera fue para *La Stampa*: mencionó que la Iglesia había previsto la posibilidad del estallido popular y había lanzado "mensajes cada vez más apremiantes" para un cambio de políticas económicas, pero no fue escuchada. "Para contrarrestar el efecto de la globalización que ha llevado al cierre de tantas fábricas y a la consiguiente miseria y desocupación, es necesario promover un crecimiento económico de abajo hacia arriba, con la creación de microempresas y también (empresas) pequeñas y medianas", con una visión de modelo productivo que sostendría en su Pontificado. Y aunque no era optimista en el corto plazo, Bergoglio decía tener esperanzas en las "reservas morales, culturales y religiosas" del pueblo argentino. "De la crisis surgirá un tiempo nuevo: el tiempo del milagro argentino", auguraba, cuando se dudaba de la capacidad argentina para salir de la crisis.

Ese mismo mes, fue entrevistado por la revista *30 Giorni*, del movimiento Comunión y Liberación: criticaría el "modelo de salvajismo liberal, economicista, globalizante" que había hecho más ricos a los ricos y más pobres a los pobres, con la drástica destrucción de la clase media. Su diagnóstico social era inapelable: "En la periferia, hay dos millones de jóvenes que no estudian ni trabajan (...), la asistencia del Estado no alcanza porque llega a los necesitados solo un 40%, el resto se pierde en el camino. Hay corrupción. La Iglesia abrió comedores infantiles. En las parroquias de Buenos Aires hay un sistema organizado para darle de comer a la gente de la calle".[274]

---

[274] Véase *La Nación*, 5 de enero de 2002 y Valente, Gianni, "El rostro idólatra de la economía especulativa", *30 Giorni*, enero de 2002.

Por decisión de la asamblea legislativa, el senador Eduardo Duhalde ya había alcanzado la presidencia, oportunidad que las urnas le habían negado. Duhalde buscó que la Iglesia se convirtiera en la institución rectora del "Diálogo Argentino" y diera cuerpo a la frustrada reunión de Cáritas, para elaborar propuestas de reformas y programas de asistencia social, con participación técnica del PNUD.

La CEA dio su conformidad a un grupo de laicos para que actuaran en "la emergencia": gestionaron en los primeros meses del año la introducción de vacunas para la población infantil —el *default* había frenado las importaciones—, y negociaron con los docentes para que se iniciara el ciclo lectivo del año 2002. El colegio representaba —con el 54% de pobreza— un lugar imprescindible para que la mayoría de los alumnos del país pudiera comer. En forma simultánea, durante un semestre, los representantes del "Diálogo Argentino" entrevistaron alrededor de 650 dirigentes y 300 entidades sociales y gremiales. Organizaron mesas intersectoriales para la elaboración de propuestas de medidas, reformas y políticas integrales para conjurar la crisis argentina en el mediano y largo plazo —entre ellas, la ley de acceso a la información pública, los planes sociales de "jefas y jefes de hogar"— que entregarían al gobierno electo en 2003.[275]

En el tedeum del 25 de mayo de 2002, el primero frente a Duhalde, el cardenal Bergoglio mencionó el desamparo social, la decadencia de la autoridad y el vacío legal y la impunidad. El país está en las "puertas de la disolución nacional", dijo. Después del estallido de la crisis, Bergoglio fue cada vez menos elusivo en sus homilías y expresaba opiniones políticas directas. Ya se constituía como un centinela

[275] Entrevista a Cristina Calvo.

que vigilaba las acciones sociales del gobierno. Cuando Duhalde anticipó que negociaba créditos internacionales para salir del ahogo financiero, desestimó la iniciativa. "Algunos creen que hay que rezarle al Fondo Monetario Internacional para que nos mande plata y con eso se sale de la crisis, pero no es así. Con eso no salimos a ningún lado, simplemente nos endeudamos más."[276]

A veinte años del retorno de democracia, la iglesia argentina había revertido su imagen de complicidad y silencio con la dictadura. Ahora, como institución religiosa, detentaba un capital social y una credibilidad muy por encima de la de los partidos políticos, los sindicatos, las empresas y sobre todo de la de los bancos, que habían defraudado la confianza de los ahorristas.

Durante el gobierno de Alfonsín, la iglesia intentó resistir los cambios que se producían en la sociedad sobre la educación, la cultura y los derechos civiles. Con tono beligerante denunciaron los cambios seculares como una amenaza a los valores religiosos.

Con Menem, en cambio, el alineamiento fue automático. El peronismo en el gobierno le dio garantías doctrinales, firmó el indulto a los militares condenados para la "reconciliación" que la iglesia propiciaba, y también abrió una oscura trama de prebendas y beneficios que encandiló a

[276] Bergoglio concedió esta entrevista a la revista *Comunicarnos* del área Niñez y Adolescencia de la Arquidiócesis. En su Pontificado también concedería reportajes a medios alternativos con mensajes que alcanzarían alto impacto. Lo hizo con *La Cárcova News*, la revista de la villa La Cárcova del conurbano bonaerense, en la que relató el avance de la droga en Argentina, en marzo de 2015. Lo mismo sucedió con la revista holandesa de los "sin techo" *Straatnieuws*. En la entrevista, Francisco mencionó la corrupción en las instituciones políticas y religiosas, pocos días antes de la publicación de dos libros que provocaron el *Vatileaks 2*. Véase el capítulo 4, p. 423. Para la entrevista, véase www.aciprensa.com, 6 de noviembre de 2015.

muchos obispos conservadores, quienes, en correspondencia, consintieron con silencio sus políticas.

A medida que el menemismo abandonaba la contención social, otros sectores de la misma iglesia fueron asumiendo la protección de sectores más empobrecidos, entre ellos, la organización Cáritas.

Durante la crisis de 2001, la iglesia se erigió como autoridad institucional confiable, no solo por su apoyo al "Diálogo Argentino" sino como garantía de continuidad del orden político e institucional. Bergoglio comenzó a ganar protagonismo en la sociedad como una voz emergente de la crisis que siguió envolviendo a Argentina.

En junio de 2002, el presidente Duhalde se vio obligado a acortar los plazos de su gobierno provisional después de que la represión policial a organizaciones piqueteras matara en la estación ferroviaria de Avellaneda a dos de sus militantes, Maximiliano Kosteki y Darío Santillán. Convocó a elecciones presidenciales para abril de 2003.

Frente al recambio político, la CEA reclamó una dirigencia "renovada, representativa y creíble", y que, justamente, recreara "la voluntad de ser Nación", y preguntaba de modo retórico a los futuros gobernantes, si serían capaces de "implementar las necesarias reformas que faciliten esos caminos, muchas de ellas enunciadas en las 'Bases para la reforma' del Diálogo Argentino".

Este sería precisamente el eje de las futuras tensiones que la iglesia, y sobre todo Bergoglio, tendría con el que próximo gobierno.[277]

Dos semanas antes de contienda electoral, en su mensaje a las comunidades educativas por el inicio del ciclo

---

[277] Véase "Recrear la voluntad de ser Nación", declaración de la Comisión Permanente del Episcopado, *Boletín Semanal AICA*, nº 2413, 19 de marzo de 2003.

lectivo en la Catedral, el cardenal advertía, con perspectiva de futuro, que el pueblo tenía

> la convicción de que no tenemos que esperar ningún "salvador", ninguna propuesta "mágica" que vaya a sacarnos adelante o a hacernos cumplir con nuestro "verdadero destino". No hay "verdadero destino", no hay magia. Lo que hay es un pueblo con su historia repleta de interrogantes y dudas, con sus instituciones apenas sosteniéndose, con sus valores puestos entre signos de pregunta, con las herramientas mínimas como para sostener un corto plazo. Cosas demasiado "pesadas" como para confiárselas a un carismático o a un técnico. Cosas que solo mediante una acción colectiva de creación histórica pueden dar lugar a un rumbo más venturoso.[278]

En las elecciones del 22 de abril de 2003, el peronismo, con tres candidatos, cosechó el 60% de los votos, el radicalismo se había hundido en el 2,5% y las opciones de centroderecha y centroizquierda completaron el cuadro electoral con el 16% y el 14% respectivamente. De los tres peronistas, Menem había vencido en la primera vuelta con

---

[278] En su homilía, Bergoglio también realizó una descripción de la experiencia argentina de los últimos años. "Hoy nos horrorizamos al ver que los chicos se mueren de desnutrición. Pero hace unos años, quienes estábamos incluidos en el mundo del consumo, ni soñábamos (ni queríamos soñar) con que, al mismo tiempo que algunos se convertían en ciudadanos del primer mundo, otros descendían a una especie de inframundo sin trabajo, sin sentido, sin esperanza, sin futuro, decretado 'inviable' o solo objeto de asistencia (siempre insuficiente) por un sistema injusto y sin corazón. Hasta que llegaron el 'corralito' y el colapso y ahí muchos descubrieron que la máquina infernal también venía por ellos, por los que 'se venían salvando'". Véase *Clarín*, 10 de abril de 2003.

el 24%, pero abandonó cuando debía enfrentar a Néstor Kirchner (22%) en el balotaje, dado que el "piso" de su rechazo era muy alto.[279]

Bergoglio-Kirchner, la pelea por el liderazgo de la voz del pueblo

Casi desde del día en que asumió su mandato y hasta que murió, el nuevo presidente Kirchner tendría en Bergoglio a su más resbaladizo enemigo en la esfera pública. La fuerte vocación de poder que cada uno arrastraba en su historia, ahora los enfrentaba.

Si hasta entonces los dirigentes y agrupaciones políticas intentaron acoplarse a la iglesia para obtener legitimidad entre la feligresía y en la sociedad, el nuevo presidente intentaría reducir la influencia eclesiástica en el campo político. Kirchner tenía una agenda propia: reconstituir la autoridad presidencial y crear una base política nueva dentro del peronismo —el kirchnerismo, que constituyó el Frente para la Victoria (FPV) como herramienta electoral— para ejercer su liderazgo.

---

[279] Néstor Kirchner era gobernador de la provincia de Santa Cruz, en la Patagonia argentina. En su infancia, por su estilo desordenado y cierta desobediencia a la autoridad escolar, sus padres lo enviaron a una escuela agrotécnica gestionada por la Orden de los salesianos, en una corta estadía de la que no conservó buenos recuerdos. Cuando estudió abogacía en la Universidad de La Plata (UNLP), militó en una agrupación peronista relacionada con la Juventud Peronista Universitaria (JUP) y luego, de regreso en Santa Cruz, creó una estructura partidaria que le permitió ganar la intendencia de Río Gallegos y posteriormente la gobernación de la provincia por tres mandatos sucesivos (1991-1995, 1995-1999 y 1999-2003). A lo largo de su carrera política no había desarrollado vínculos con la iglesia.

El 25 de mayo de 2003, Kirchner estrenó la banda presidencial y se colocó en la primera fila de la Catedral para escuchar el sermón del cardenal. Bergoglio se refirió a la parábola del buen samaritano —en que la compasión y misericordia por el otro aparece como un signo de verdadera religiosidad— para llevarlo al plano social y político. "¿Dejaremos tirado al herido para correr cada uno a guarecerse de la violencia o a perseguir a los ladrones? ¿Será siempre el herido la justificación de nuestras divisiones irreconciliables, de nuestras indiferencias crueles, de nuestros enfrentamientos internos?", y enseguida advertiría que los argentinos, en su fragilidad, "malheridos y tirados al costado del camino" no aceptarían a los que seguían el rumbo de la ambición y la superficialidad ni las propuestas disolutorias.

Bergoglio llamó a "cargarse la Patria al hombro entre todos".

Kirchner quiso mantener una conversación personal con el cardenal y delegó la tarea al ministro de Defensa José Pampuro —que cultivaba vínculos eclesiásticos— para que llamara a la curia metropolitana con el mensaje: el presidente quería ver a Bergoglio en la Casa Rosada. El cardenal dijo que no. "Si yo quiero una entrevista con el presidente, la pido y si me la concede, lo voy a ver. Si el presidente me quiere ver, tiene que venir a la curia", explicó. La reunión no se hizo.[280]

Bergoglio buscaba un diálogo institucional entre Estado e Iglesia, diálogo que se produjo tres meses después, cuando Kirchner recibió a la cúpula de la CEA, con Bergoglio en la mesa, como vicepresidente de la institución eclesial. La reunión no fue buena. Kirchner ocupó la palabra gran parte del tiempo con la explicación de sus políticas y sus

[280] Entrevista a Guillermo Marcó.

planes, y los obispos escucharon. Casi no hubo diálogo y tampoco empatía.[281]

Quedaba en claro que la iglesia local y el gobierno recorrerían caminos distintos. Kirchner quería reconstituir la función social del Estado —como quería la Iglesia—, que fuese la base de una nueva hegemonía de gobierno, ahora que los partidos políticos se habían derrumbado. Buscó instalarse en el imaginario social no solo como la autoridad presidencial sino como el hacedor de la reconstrucción argentina.

Cuando la iglesia le acercó las propuestas del "Diálogo Argentino", que habían sido elaboradas durante el gobierno de Duhalde con la consulta de sectores representativos, Kirchner las apartó, o mejor dicho, se apropió de algunas de ellas, y las ejecutó como medidas originadas de su agenda social, sin reconocer el resultado de la labor colectiva previa a su gobierno. El nuevo presidente quería empezar un proyecto nuevo, empezarlo él, y para ello debía reducir la importancia de las tareas de reconstrucción social iniciadas desde la crisis de 2001 en adelante, en las que la iglesia había sido el actor predominante.[282]

Para el relato de la nueva Argentina, todo lo que había sucedido antes era lo viejo. La huida presidencial, la crisis, el desamparo social, el país arrodillado. Ahora que había que cargarse "la Patria al hombro de todos", como había reclamado Bergoglio, Kirchner se la cargaría él mismo como conductor de un nuevo proyecto colectivo del peronismo.[283]

---

[281] Entrevista a Carlos Custer.

[282] Cristina Calvo y Jorge Casaretto.

[283] El nuevo presidente Kirchner (2003-2007) ejerció una conducción de poder binaria, de fractura. Trabajó en una captación masiva de apoyos en la que ponía en el horizonte la reconstrucción del país, pero en el vértigo de sus acciones quedaban afuera los que opusieran obje-

Las predicaciones religiosas a favor del diálogo y la reconciliación de los obispos generaban "ruido interno" en la nueva administración de gobierno. La Iglesia, y dentro de ella su figura predominante, Bergoglio, empezó a formar parte de los adversarios, de "la contra", de los que estaban en "el otro bando", en "la otra vereda de la Patria". Ya lo había hecho Perón: la lógica "amigo/enemigo" había sido una formulación política de sus primeros dos gobiernos.

Kirchner no quería interferencia religiosa en la política. En la esfera social, en cambio, podría delegar tareas con fondos oficiales, de manera acotada y silenciosa, pero la mayoría de ellos los confiaría a otras organizaciones políticas que adherían al kirchnerismo para ejecutarlas.[284]

Durante el primer año de gobierno, por impulso presidencial, el Congreso derogó los indultos y las "leyes de olvido" —de Obediencia Debida y Punto Final—, promovió el juicio político a jueces de la Corte Suprema —el voto de la "mayoría automática" que respondía al menemismo—, y pidió perdón

---

ciones, obstáculos o representaran intereses sectoriales o corporativos que no se acoplaran a su proyecto. En su gobierno, como también en las dos presidencias de su esposa Cristina Fernández de Kirchner, no intentó fórmulas de consenso, sino de conflicto para la división entre "a favor/en contra" o "amigo/enemigo", para crear una mayoría fiel que, con la confirmación electoral, le permitiera asentase en el poder. Uno de los inspiradores de esta política fue Ernesto Laclau, profesor de Teoría Política en la Universidad de Essex, Inglaterra. Véanse Laclau, Ernesto, *La razón populista*, Buenos Aires, FCE, 2005, y Sarlo, Beatriz, "Los gurúes de Kirchner", *La Nación*, 27 de octubre de 2010.

[284] La ministra de Desarrollo Social, Alicia Kirchner, concedió a Cáritas un presupuesto de fondos oficiales para la construcción de viviendas sociales. El presidente Kirchner firmó un cambio en la reglamentación legal para que se pudiera ejecutar. Entrevista a Jorge Casaretto. Otras fundaciones y organizaciones político-sociales recibieron fondos estatales para la construcción de complejos de viviendas en todas las provincias del país, en la mayoría de los casos, sin la mediación de los gobiernos provinciales.

por el olvido a los familiares de desaparecidos en un acto en la ESMA. "Vengo a pedir perdón de parte del Estado nacional por la vergüenza de haber callado durante veinte años de democracia tantas atrocidades." Kirchner se declararía "hijo de las Madres de Plaza de Mayo", y promovería el reconocimiento a la militancia política de los años setenta, de la que había participado desde el ámbito universitario en La Plata.[285]

La primera confrontación verbal, pública y directa con Bergoglio ocurrió en el tedeum del 25 de mayo de 2004. En el gobierno nacional suponían que el cardenal criticaría la reapertura de los juicios a los militares. La iglesia, aunque sin el rigor de los años ochenta, seguía comprometida al paradigma de "reconciliación" para "restañar las heridas del pasado". Como solía ocurrir, la Secretaría de Culto recibió con anticipación la homilía del cardenal, Kirchner la revisó al vuelo y no encontró nada sustantivo o específico que pudiese perjudicarlo.

Cuando la celebración religiosa terminó, Kirchner cruzó dos palabras con su colaborador más cercano. "No entendí nada. ¿Qué dijo?", le preguntó, y este respondió con seguridad: "No dijo nada de lo que haya que preocuparse".[286]

---

[285] En la ESMA, Kirchner omitió los esfuerzos de Alfonsín por juzgar y condenar a las Juntas Militares, en un clima de presiones golpistas de las Fuerzas Armadas. Luego el presidente lo intentaría reparar con una llamada telefónica privada. Véase *Clarín*, 25 de marzo de 2004. Ese mismo día, en el Colegio Militar, Kirchner ordenó al jefe del Ejército que bajara los cuadros de los generales Videla y Reynaldo Bignone, que habían sido directores de esa institución. En el primer año de gestión, la economía iniciaba una recomposición, desde un piso de producción interna (PBI) muy bajo. La devaluación —que inició Duhalde— generó precios más competitivos para la exportación de productos primarios, y los subsidios a los servicios públicos, entre otros factores, facilitó una lenta pero constante reducción de la pobreza. Al momento de la crisis de 2001, uno de cada dos argentinos era considerado pobre.

[286] Entrevista a Alberto Fernández.

El presidente salió tranquilo de la Catedral, comentó a la prensa que Bergoglio había hecho un llamado "para todos los argentinos" y se fue caminando por la calle Rivadavia hasta la Casa Rosada.

Al día siguiente leyó en los diarios las frases más punzantes del cardenal que, no hacía falta demasiada perspicacia para interpretarlo, estaban pensadas como un mensaje abierto a la clase política, pero también a su gobierno.

Así lo destacaron los analistas.

En la homilía, Bergoglio criticó la cultura mediática por la que "con más información que nunca, no sabemos qué pasa", criticó el morbo, las imágenes descarnadas y llamó a deponer odios y rencores. Hubo párrafos que tuvieron connotaciones más personales.

> Este pueblo no cree en las estratagemas mentirosas y mediocres. Tiene esperanzas pero no se deja ilusionar con soluciones mágicas nacidas en oscuras componendas y presiones del poder. No lo confunden los discursos: se va cansando de la narcosis del vértigo, el consumismo, el exhibicionismo y los anuncios estridentes (...) Nos hallamos estancados en nuestros discursos y contradiscursos, dispuestos a acusar a los otros, antes que a revisar lo propio. El miedo ciego es reivindicador y lleva a menudo a despreciar lo distinto, a no ver lo complementario; a ridiculizar y censurar al que piensa diferente, lo cual es una nueva forma de presionar y lograr poder.[287]

---

[287] Para la homilía del tedeum, véase *Boletín Semanal AICA*, nº 2476, 2 de junio de 2004. El vocero del Arzobispado, el padre Guillermo Marcó, reiteró que el cardenal "le habla a toda la sociedad", pero ante la insistencia aclaró: "Al que le quepa el sayo, que se lo ponga. ¿Qué se pretende? ¿Que se aclare párrafo por párrafo a quién se refiere?". En ese momento también existían diferencias entre la Iglesia y los postulantes que enviaba Kirchner al Congreso para que avalaran su incorporación a la Corte Suprema. Después del ingreso del penalista Eugenio Zaffaroni, el

Desde entonces, esa catequesis sagaz que desplegaba después del relato de un episodio evangélico, que no era más que una reflexión crítica sobre el uso del poder y la concepción ético-política, abriría una brecha en el discurso homogéneo del gobierno. Kirchner no quiso escuchar más sus predicaciones y no admitiría que se lo criticara desde el púlpito. Bergoglio, a su vez, no quería renunciar a marcar la línea y los límites del poder político.

Los dos, Bergoglio y Kirchner, hablaban en nombre del pueblo porque se consideraban intérpretes de su voz. Los dos aspiraban a liderar un único espacio. Pero el pueblo era uno y su intérprete debía ser único.

Si en su tradición histórica el peronismo había actuado como una comunidad organizada en la que funcionaban mecanismos de integración a través de la política y la religión, el contrapunto entre Bergoglio y Kirchner debía entenderse como un problema de competencia interna. Un conflicto de liderazgo clásico del peronismo.

Bergoglio y Kirchner eran opuestos. Pero se parecían.

La crítica conservadora contra "el arzobispado del silencio"

Desde aquel día en el tedeum, para la Casa Rosada, el cardenal concentró de manera simbólica el liderazgo de una oposición que trascendía los partidos políticos. Bergoglio solo alzaría su voz política en las homilías, jamás lo haría en una entrevista. Pero también presionaba sobre la defensa

---

gobierno había postulado a Carmen Argibay, que se declaraba "atea militante" y feminista, para el máximo tribunal de justicia. "Uno está bien, ya dos parece excesivo", opinó Marcó. Véase *Clarín*, 27 de mayo de 2004.

de la doctrina católica en ámbitos legislativos desde canales subterráneos. Y cuando por esa vía no lograba los resultados que esperaba, su querella contra "el ateísmo militante" se reforzaba desde la escena pública.

En esos años fueron constantes sus intentos por detener cambios legislativos sobre la unión civil, la despenalización del aborto, el aborto no punible, la fertilización asistida y la educación sexual en los colegios.

Un claro ejemplo de este diseño de acciones saltó a la luz con la ley que incorporaba, justamente, la educación sexual en la currícula de las escuelas públicas, privadas, laicas y confesionales, desde séptimo grado, que sería monitoreada por los padres.

El cardenal intervino en la controversia.

En una convocatoria con cientos de padres de alumnos de escuelas católicas en la Vicaría de Educación de la Arquidiócesis alertó: "Existe un grupo de gente progresista que propone una norma más fascista que la que podría imaginar Goebbels", y ganó aplausos cerrados, pero, con el paso de los meses, no podría evitar su sanción.[288]

El desencanto que empezaba a generar Bergoglio en sectores seculares por cierta destemplanza verbal —que se contradecía con el consenso y la autoridad que había ganado en sus intervenciones de carácter social— se manifestó cuando el cardenal defendió, en diciembre de 2004, la sensibilidad religiosa que consideró agraviada por la exhibición de la obra retrospectiva del artista León Ferrari, en el Centro Cultural

---

[288] Véase *La Nación*, 24 de octubre de 2004. La Ley de Educación Sexual Integral (nº 26.150), de alcance nacional, fue sancionada por el Congreso de la Nación para todas las jurisdicciones en todos los establecimientos educativos de gestión estatal y privada del país. Fue promulgada en octubre de 2006, pero su implementación no estuvo exenta de dificultades en los colegios.

Recoleta, en jurisdicción del estado municipal. Los resultados de su intervención no podrían haber sido peores.

The New York Times ubicaba a Ferrari entre los artistas plásticos más provocadores y destacados del mundo. Su obra tenía una impronta ideológica muy definida contra las guerras, toda forma de intolerancia y, en particular, la iglesia católica. En la retrospectiva de medio siglo de arte, Ferrari expresaba su rebeldía innata —su padre italiano fue arquitecto y pintaba obras en las iglesias—, con la imagen de un Cristo crucificado en un avión de combate estadounidense o en la imagen de un Papa cubierta de preservativos.

Unos años antes, en una exposición en el Centro Cultural de España, un grupo católico había tirado una bomba de gas lacrimógeno y un tacho de pintura por sus imágenes paganas.

La feligresía católica se molestó otra vez con la obra de Ferrari y buscó la palabra del cardenal, que era acusado en la intimidad por sectores conservadores —encabezados por el arzobispo Aguer, ahora titular de la Arquidiócesis de La Plata— como "el arzobispo del silencio". Los tradicionalistas lo consideraban un eclesiástico tibio, con poca o nula efectividad en la lucha contra el laicismo y la defensa doctrinal. Y así lo había enfatizado el ex embajador de Menem en la Santa Sede, Caselli, que pocas veces intervenía en forma pública: "Me extraña su silencio frente a la reciente sanción (en la Legislatura porteña) de la ley que reconoce la unión de parejas homosexuales. Los obispos no solo deben hablar en los tedeum reclamando siempre lo mismo, sino levantar la voz para defender a la sociedad de esas leyes nefastas. La Conferencia Episcopal debería alzar también su voz ante la aprobación de las leyes de salud reproductiva".[289]

[289] Asimismo, Esteban Caselli se manifestó en contra de la continuidad de los juicios a los militares represores. "Tenemos que cerrar viejas heridas y no podemos seguir pensando en 1970. Espero que este

No fue la de Ferrari una batalla que Bergoglio decidiera afrontar de buenas a primeras, ni el primer conflicto que se suscitaba en el Arzobispado con manifestaciones culturales o artísticas.[290]

Cuando trascendió que preparaba una carta sobre la exposición en el Centro Cultural Recoleta, Bergoglio recibió la inquietud de un sacerdote de su confianza que quería saber qué decía. El cardenal se la leyó por teléfono.

—Jorge, usaste dos veces la palabra "blasfemia" —observó el párroco.

—Sí, es una cosa muy ofensiva. Hay una imagen que ofende a la Virgen.

—No te podés pelear con los artistas, Jorge. Podés decir que la obra de Ferrari pone en riesgo un concepto profundo del arte y que puede ofender algunas sensibilidades religiosas... No uses "blasfemia". Vos no creés en eso. Ahora... si me decís que hay un par de obispos hijos de puta que van

---

gobierno privilegie la relación con el Vaticano para defender los valores morales como lo hice yo". Véase *Clarín*, 10 de agosto de 2003. Caselli, que había sido uno de los impulsores del alineamiento antiabortista de Argentina con la Santa Sede en los foros internacionales durante la presidencia de Menem, luego fue designado Secretario de Culto en 2002 por el gobierno de Duhalde. En 2003 y hasta 2013, cuando Bergoglio asumió el Pontificado se lo consideró el argentino más influyente en El Vaticano, sin detentar ninguna dignidad espiscopal.

[290] En 1996, cuando se había anunciado la emisión del filme *La última tentación de Cristo* por televisión, y Bergoglio era obispo auxiliar, hubo un sector del Arzobispado que se pronunció de inmediato en contra y luego guardó silencio. Bergoglio hizo un sondeo telefónico con sacerdotes y teólogos de confianza, que le recomendaron que no objetara la película porque "no hacía falta". Él mismo sugirió que hicieran una crítica sobre el filme y la enviaran a la revista *Criterio*. Entrevista a Ignacio Navarro. Finalmente, un juez tomó una petición de una organización católica de derecha e impidió la proyección del filme porque "podría implicar una profanación de la fe católica".

a hablar a Roma y que dicen que "el laxo de Bergoglio", mientras se ofende a la Virgen, no dice nada... te entiendo.

—Eso es exactamente así —respondió el cardenal.[291]

La tragedia de Cromañón, un punto de giro en su pastoral social

Al margen de las exigencias de imprimir un mayor rigor en la defensa de la doctrina, un rigor que él mismo debía presentar ante Roma, el corazón de su pastoral ya se inclinaba hacia las periferias de la ciudad, con la mediación de los curas villeros, que promovía y acompañaba. Sin embargo, se produjo un quiebre en su ministerio cuando se incendió el local bailable Cromañón, en Buenos Aires, a tres kilómetros de la Catedral. Mientras actuaba la banda de rock Callejeros, una bengala lanzada al aire encendió la media sombra que cubría el techo. En ese momento había más del triple de personas de lo que estaba permitido y una de las salidas de emergencia estaba cerrada con candado.

---

[291] Entrevista a Ignacio Navarro. Cuando el escándalo por la exposición de León Ferrari se desató, Bergoglio le agradeció al sacerdote Navarro la libertad con la que le dijo lo que pensaba. Además de la calificación de "blasfemia" de la carta, Bergoglio criticó el uso del espacio público "que se sostiene con el dinero que el pueblo cristiano y personas de buena voluntad aportan con sus impuestos" para la exposición y llamó a un acto de reparación, ayuno y oración por el que los fieles se acercaron a rezar frente al centro cultural. Ferrari no permaneció en silencio: "La diferencia que yo tengo con Bergoglio es que él considera que la gente que no piensa como él debe ser castigada, condenada; mientras que yo pienso que nadie, ni siquiera él, debe ser castigado". La muestra fue cerrada por un fallo judicial y luego se volvió a habilitar. Aun con incidentes y amenazas de bomba llegó a convocar a 70 mil visitantes. Véase *Clarín*, 28 de diciembre de 2004.

Ese 30 de diciembre de 2004, el fuego mató a 194 personas en el local de Once, y murieron tres de los veinticinco chicos del vicariato de la juventud del Arzobispado que estaban en el recital. Un cura del Arzobispado fue a dar el servicio espiritual frente a Cromañón en el momento en que retiraban a los muertos, y esa noche y los días que siguieron Bergoglio recorrió hospitales, acompañó a heridos y asistió a los familiares de las víctimas y permaneció junto a ellos. No dio reportajes ni se mostró frente a la prensa, pero los que lo vieron advirtieron la diferencia: mientras el cardenal estaba presente en el drama humano —o el "crimen social", como fue denunciado en el juicio posterior—, Kirchner permanecía en silencio —lo haría durante una semana— y a distancia, en su natal Santa Cruz, en la peor tragedia de Argentina de las últimas décadas.[292]

Cromañón fue un hito en el ministerio de Bergoglio. A partir de entonces la curia porteña comenzaría a darle otra dimensión a la pastoral urbana, no solo en el consuelo, sino para atender a los que eran víctimas del trabajo esclavo, la explotación sexual y los excluidos sociales que abandonaba el mercado.

Bergoglio comenzaría a horadar por el submundo de la ciudad. En la primera misa de homenaje a las víctimas de Cromañón, que repetiría cada año, denunciaría a los que habían escondido la cabeza durante la tragedia.

> Otros escondidos por miedos, otros cuidándose las espaldas para no perder posiciones, otros tratando de ver cómo

[292] El silencio de Kirchner fue interpretado como un modo de evitar el costo político del incendio en Cromañón y el peso de la responsabilidad recayera sobre el jefe de Gobierno porteño, Aníbal Ibarra, a quien había apoyado en el balotaje frente a Mauricio Macri en las elecciones de 2003.

arreglaban políticamente la traición de Judas, otros mirando al futuro sin Jesús (...). Esta ciudad vio segada la vida de 194 hijos jóvenes, que eran promesas, que eran futuro. (...) Queridos hermanas y hermanos: Buenos Aires no ha llorado lo suficiente. Buenos Aires trabaja, busca rosca, hace negocio, se preocupa por el turismo, pero no ha llorado lo suficiente esta bofetada. Buenos Aires necesita ser purificada por el llanto de esta tragedia y de tantas. Ciudad distraída, ciudad dispersa, ciudad egoísta, llorá, te falta ser purificada por las lágrimas.

Y más tarde llamaría a Buenos Aires "vanidosa, superficial, casquivana y coimera, que maquilla las heridas de sus hijos y no las cura".[293]

El Cónclave de 2005, una imprevista aproximación al Papado

La muerte de Juan Pablo II, el 2 de abril de 2005, dejaría inesperadamente a Bergoglio en las puertas del Papado, aunque en principio no había estado entre los candidatos. En Roma, antes del Cónclave, Bergoglio llamó la atención por su prescindencia. Mientras otros cardenales cedían reportajes a *Corriere della Sera* o *La Repubblica* y participaban en cócteles en embajadas o residencias privadas, para presentarse, conocer a otros cardenales y cambiar impresiones sobre el

[293] Véase *AICA*, 30 de diciembre de 2005. El 7 de marzo de 2006, el jefe de Gobierno Aníbal Ibarra fue destituido por un juicio político de la Legislatura porteña y asumió el vicejefe, Jorge Telerman. La mención de "coimera" podría interpretarse como una referencia a que dos funcionarios municipales porteños fueron condenados por cobro de coimas para omitir las irregularidades en el funcionamiento del local. Para los aspectos claves del juicio, véase www.infojusnoticias.gov.ar, 28 de diciembre de 2013.

futuro de la Iglesia, Bergoglio se recluía en el hotel de Via della Scrofa, rechazaba entrevistas y no iba a los eventos. Solo el diario *Le Monde* lo colocó en una lista de cinco candidatos.

La hipótesis preocupó al gobierno argentino. Si el cardenal se convertía en Papa sus críticas al gobierno alcanzarían una dimensión mundial. "Dios nos libre...", expresaron algunos funcionarios.[294]

De gira por Alemania, Kirchner aprovechó para participar de la entronización del nuevo Pontífice. El embajador ante la Santa Sede, Carlos Custer, propició un encuentro informal, apenas un saludo de cortesía, entre el presidente y el cardenal en la residencia privada de la embajada argentina. Bergoglio no lo consideró necesario y Kirchner no lo aceptó.[295]

Antes que tenderle la mano al cardenal, el gobierno prefería consolidar la "leyenda negra" por su actuación en la dictadura para transmitir la idea de que sería un "escándalo mundial" para la Iglesia si lo elegían. La política del gobierno estaba en sintonía con los artículos que en los últimos meses había comenzado a publicar en el diario *Página/12* el periodista Horacio Verbitsky. También el ex sacerdote brasileño Leonardo Boff participaba del rechazo.

"Creo que un Papa no puede haber estado ligado a los militares como lo estuvo él. Creo que Bergoglio tiene mucho que explicar, hay una mancha en su biografía y eso no es bueno para la figura de un Papa. Llegaría marcado por un gran interrogante: ¿cómo es que llevamos a lo más alto de la Iglesia a alguien que apoyó un régimen que cometió

---

[294] A diferencia de Argentina, el presidente brasileño Lula da Silva transformó al cardenal franciscano Claudio Hummes en "candidato de Estado". Lula viajó a Roma con sus antecesores Fernando Enrique Cardoso, Itamar Franco y José Sarney para consolidar su apoyo.

[295] Entrevista a Carlos Custer.

crímenes de lesa humanidad? ¿Cómo ese hombre va a hablar de derechos o de dignidad, si él fue cómplice?".[296]

La imagen negativa sobre Bergoglio resultaba útil a su círculo de enemigos que tenían peso en la curia romana. Con una logística eclesiástica aceitada, los puntos salientes de las acusaciones llegaron a los correos electrónicos personales de los cardenales y de las congregaciones de la Santa Sede. ¿Era una operación de la embajada argentina ante la Santa Sede? ¿De algún funcionario argentino de la curia romana? ¿De un laico con influencia vaticana que tenía acceso a direcciones personales de cardenales?

Bergoglio tenía menos dudas.[297]

---

[296] Véase "Bergoglio ni debería ser considerado", *Página/12*, 10 de abril de 2005. Consultado por el autor por aquellas opiniones en 2005, comentó: "Yo no lo conocía". Una sucesión de notas en *Página/12* del periodista Horacio Verbitsky sembraba dudas sobre la presunta complicidad del ex Provincial jesuita con la dictadura en el secuestro de Jalics y Yorio. Ocho días antes del Cónclave, alertó: "Según la fuente que consulté es el hombre más generoso e inteligente que alguna vez haya dado misa en el país o un maquiavélico felón que traicionó a sus hermanos y los entregó a la desaparición y la tortura por la Junta Militar en aras de una insaciable ambición de poder. A continuación, la historia secreta de quien, en caso de convertirse en Papa, volcaría todo el peso de la Iglesia en contra de la revisión judicial de los crímenes cometidos durante la dictadura militar". Verbitsky no tenía dudas de su veredicto. En el cierre de la nota, citaba un testimonio anónimo que aseguraba: "En todo el mundo los jesuitas son vanguardia, acá trogloditas". El artículo dejaba abierta la encrucijada de la Iglesia frente a la posibilidad de un Papa argentino. "En pocos días más se sabrá si el Colegio de Cardenales dispone que ese mismo destino le aguarde a la Iglesia Universal y sobre la Argentina caigan las sombras del oscurantismo". Véase Vertbisky, Horacio, "Papabilidades", *Página/12*, 10 de abril de 2005.

[297] El ex embajador Carlos Custer negó cualquier participación de la embajada argentina ante la Santa Sede y de la Secretaría de Culto en la maniobra. Entrevista a Carlos Custer. El padre Guillermo Marcó, que acompañó a Bergoglio en Roma, indicó que el cardenal sospechaba de la participación de Caselli. Entrevista a Guillermo Marcó.

Otro factor dio mayor sustento a las denuncias periodísticas que llegaron al correo de los cardenales: la denuncia judicial. La presentación llegó a los tribunales federales el viernes 15 de abril de 2005, cuando la Capilla Sixtina ya estaba preparada para la fumata. Requería a la justicia que se investigara en el marco de la causa ESMA la responsabilidad penal que "pudiera caberle" a Bergoglio en la "privación ilegítima de la libertad" de Yorio y Jalics.[298]

Bergoglio atribuía el fin último de la denuncia a la justicia a distintas partes de un mismo ataque. Unía los artículos del periodista Verbitsky, y las operaciones de sus enemigos intraeclesiásticos, que los distribuían en el Vaticano, con un fin último: el "odio gubernamental".[299]

Antes del Cónclave, el cardenal Ratzinger, titular de la Congregación para la Doctrina de la Fe, era el primer candidato en las estimaciones de los vaticanistas, pero su figura estaba sometida a un proceso de desgaste. Ratzinger no lograba destrabar la oposición de cardenales de Alemania y Estados Unidos, países que, justamente, recogían las mayo-

---

[298] La denuncia judicial, presentada por el abogado Marcelo Parrilli, se basaba en notas del periodista Horacio Verbitsky en *Página/12*, y acompañaba como prueba documental dos de ellas, "Las dos mejillas del cardenal", 27 de febrero de 2005, y la citada "Papabilidades", además del libro de Emilio Mignone, *Iglesia y dictadura*. Parrilli destacó un párrafo de "Papabilidades" para requerir la investigación sobre la presunta participación de Bergoglio en la privación ilegítima de la libertad de Yorio y Jalics: "La (conversión) de Bergoglio se produjo al aproximarse el golpe de 1976 cuando disciplinó a la Compañía de Jesús y dejó librados a su suerte a los integrantes que no quisieron abandonar a los sectores populares". Los jueces de la causa ESMA tomaron declaración a Bergoglio como testigo en el Arzobispado el 8 noviembre de 2010. Véase el capítulo 2, p. 192.

[299] Entrevistas a Guillermo Marcó y a Alberto Fernández. Este último negó que el gobierno nacional hubiera participado en el envío de artículos a los cardenales al Vaticano para el Cónclave de 2005.

res donaciones para el sostén de la Iglesia. Sus 78 años podían ser un obstáculo —su elección daría la imagen de una Iglesia envejecida— pero lo que más desalentaba a los purpurados de esos países era la presunción de que, con Ratzinger, Roma continuaría como estaba: con su centralismo en desmedro de la autonomía de las iglesias locales y las discusiones sobre la comunión para los divorciados vueltos a casar, cerradas.

La hipótesis de un Pontificado con un Papa alemán y un eventual secretario de Estado italiano, además, no haría más que reforzar el poder de la curia romana sobre el Pontificado. Los que aspiraban a la renovación eclesial en esta nueva etapa querían que quedara enterrada definitivamente en el Pontificado la Segunda Guerra Mundial y la Guerra Fría, el mundo de nazis, aliados y comunistas, comunistas y estadounidenses, que había marcado la vida de Juan Pablo II. Ratzinger también había sido parte de ese mundo.[300]

El voto por la renovación —que en los hechos significaba el voto contra Ratzinger— se concentró en el cardenal jesuita Carlo María Martini, pero su progresivo Alzheimer le impedía aspirar a la sucesión. Sin embargo, el lunes 18 de abril, en el recuento de la primera jornada del Cónclave, Martini llegó a treinta votos, diez menos que Ratzinger.

Cuando la oposición al purpurado alemán ya había quedado reflejada, Martini sugirió que sus apoyos debían migrar hacia el cardenal argentino, y entonces la candidatura de Bergoglio tomó vigor en la segunda y tercera votación: se colocó a diez o quince votos por debajo de Ratzinger, todavía estaba lejos de alcanzar los 77 votos, los dos tercios del Colegio de Cardenales, que exigía su nominación. Al

[300] Entrevista a José María Poirier.

mediodía del martes 19 de abril, Bergoglio se enfrentó por primera vez a la posibilidad de ser Papa. Sumaba alrededor de cuarenta votos.

Bergoglio era diez años más joven que Ratzinger y causaba buena impresión entre los cardenales, pero era consciente que sus votos no tenían fundamentos propios, sino que se sostenían por oposición a Ratzinger.

En la hora del almuerzo en la Casa Santa Marta, dentro del estado Vaticano, Bergoglio dio a entender que prefería no librar la batalla por el Papado en esos términos, le angustiaba la idea de asumir un Pontificado con una Iglesia dividida en dos.

En la cuarta votación del Cónclave, el frente opositor se dispersó y Ratzinger alcanzó 84 votos que le bastaron para ser consagrado Pontífice. "Nunca necesité tanta oración en mi vida como el martes a la mañana", comentaría el cardenal argentino un día después de la designación de Benedicto XVI.[301]

Para el gobierno argentino fue un alivio.

La Santa Sede confronta al gobierno argentino por la remoción del obispo Baseotto

Kirchner cumplió su promesa: no participó del tedeum del 25 de mayo de 2005. Rompió una tradición histórica, en la que la máxima autoridad de gobierno participaba de la oración a la patria en la Catedral, en un momento en que el cardenal —hasta entonces se ignoraba su proyección en el Cónclave— estaba golpeado por la denuncia judicial y periodística.[302]

---

[301] Entrevista a Guillermo Marcó.

[302] Néstor Kirchner celebró el tedeum en Santiago del Estero con el arzobispo Juan Carlos Maccarone, que exaltó la lucha por los derechos huma-

Pero la pelea continuaba. En las homilías, Bergoglio mencionaba "la exclusión", "la falta de escuelas", "los plazos de la economía que no tiene en cuenta el hambre", que irritaban como ninguna otra crítica a Kirchner. Eran difíciles de asimilar. Como si desde aquel neoliberalismo económico que Bergoglio había denunciado contra Menem, y que resultara salida obligada al estallido social de 2001, nada hubiese cambiado en el país en dos años de su gobierno.

Como si la promoción del empleo, el incentivo al consumo y las políticas asistenciales —políticas que se expresaban en la intención de sacar a los desocupados de sus casas, subsidiarles los servicios públicos y el transporte, y permitirles el acceso al mercado del trabajo y el consumo—, no bastara para atenuar la crítica imperturbable del cardenal. Kirchner esperaba que le reconociera algún logro.

El cardenal estaba lejos de sumar algún aplauso. Era crítico de la tentación hegemónica que encubría la división entre "ellos o nosotros", y la "cultura del enfrentamiento" como concepto, que contradecía el Evangelio.[303]

Kirchner continuaba el proceso de acumulación política. En 2005, para las elecciones legislativas, se desprendería de Duhalde, que había promovido su candidatura a la presidencia, en busca de apoyos incondicionales a su proyecto de poder. Convencía, persuadía, cooptaba en distintas esferas de la vida política, entre las corporaciones, las organizaciones sociales, y como si por cualquier hendidura pudiera

---

nos, la memoria y los pueblos originarios en una homilía en la que se sintió más identificado. Pocos meses después, trascendió un video con una cámara oculta de Macarrone en una relación íntima con un joven de 23 años. Las imágenes llegaron a la Santa Sede y el arzobispo fue obligado a renunciar a esa jurisdicción eclesiástica. Véase *Clarín*, 20 de agosto de 2005.

[303] Entrevistas a Alberto Fernández y a Jorge Casaretto.

crecer un foco opositor, allí aparecía el gobierno con una obra, un cargo o un beneficio.

Pero el cardenal continuaba impertérrito, lejos de la cooptación. El gobierno no lograba neutralizarlo ni con la prescindencia ni la denuncia. Lo seguiría intentando.

El conflicto escondía el choque de dos hombres de poder que ingresaban en un territorio de disputas por cuestiones sociales, sobre la dictadura y los derechos humanos, la ética de gobierno, la aceptación del disenso; pero también, por encima de todo el ruido discursivo aparecía, como un iceberg, la competencia de esferas entre un Estado moderno, plural y laico que organiza sus leyes civiles y penales para la regulación de la sociedad, y la institución católica que defiende su doctrina.

En esa permanente dicotomía entre lo religioso y lo secular, el acceso al aborto legal no punible o la posibilidad de la despenalización del aborto —que era promovida en asambleas intersectoriales en distintas provincias—, la legislación sobre salud reproductiva y la educación sexual se centraba en la tensión entre Estado e Iglesia.[304]

---

[304] Hasta ese momento, por la ley 25.673 de Salud sexual y Procreación Responsable promulgada en el año 2002, los servicios públicos de salud y seguridad social estaban obligados a dar información sobre métodos anticonceptivos y garantizar su distribución. En mayo de 2005, se lanzó la campaña nacional por "el derecho al aborto legal, seguro y gratuito", que reunió miles de firmas entregadas al Congreso en una marcha contra la violencia hacia las mujeres y la legalización del aborto, en la que participaron organizaciones que adherían al proyecto gubernamental. Sin embargo, el gobierno, en la voz de la esposa del presidente, la senadora Cristina Fernández de Kirchner, anticipó que no se despenalizaría el aborto. Véase Chávez, María, "¿Y ahora que Habemus Papa cómo seguimos? Trayectorias de lucha por el derecho al aborto en Argentina", X Jornadas de Sociología, Facultad de Ciencias Sociales (UBA), Buenos Aires, 2013.

La educación sexual desató la escalada del conflicto entre la Santa Sede y el gobierno argentino en 2005. El Ministerio de Salud inició una campaña de entrega gratuita de preservativos, que difundió en *spots* televisivos.

El vicario castrense, el obispo Antonio Baseotto, que dependía de la Santa Sede y no tenía relación con la CEA, acusó en una carta personal al ministro Ginés González García de apología del delito de homicidio, y citando al Evangelio (Marcos 9:42), le advirtió: "Cuando usted repartió públicamente profilácticos a los jóvenes, recordaba el texto del Evangelio donde nuestro Señor afirma que 'los que escandalizan a los pequeños merecen que le cuelguen una piedra de molino en el cuello y lo tiren al mar'".[305]

No parecía una cita casual o que se pudiera pasar por alto. En ese momento se reiniciaban los juicios a los militares por la represión ilegal y justamente se juzgaba a los marinos por haber tirado al mar a sus víctimas; la referencia implicaba algo más que una alegoría bíblica.

La Santa Sede tomó la referencia de Baseotto como un "exceso verbal", pero con el fondo de la cuestión no había discusiones: se trataba de la defensa de "la vida humana por nacer". En negociaciones en privado con la Cancillería argentina propuso enfriar el conflicto hasta que el obispo se jubilara —faltaban dos años—, y luego reemplazarlo por otro. Pero no hubo acuerdo: Kirchner desestimó los argumentos vaticanos y removió por decreto las atribuciones

---

[305] Antonio Baseotto había sido designado obispo castrense en 2002 por Juan Pablo II y recibía un sueldo del Estado equivalente a la categoría de subsecretario. Ya había pedido que no se derogaran las leyes que permitirían la revisión de la represión ilegal con el fundamento de que "la guerra es la guerra y en la guerra es imposible no cometer excesos". Véase *Página/12*, 19 y 25 de febrero de 2005.

del Obispado castrense. La Santa Sede lo acusó de violar la "libertad religiosa".

Se inició una espinosa controversia diplomática entre dos estados, en el que tanto la CEA como Bergoglio se mantuvieron a distancia, sin abundar en exclamaciones: solo ratificaron que la Santa Sede era la única que podía quitar a un obispo de la administración de un obispado. El "caso Baseotto" no estaba en su jurisdicción —sino en la del estado Vaticano— y a la mayoría le desagradaba que el obispo vicario trabajase de manera autónoma, fuera del cuerpo episcopal.[306]

La conspiración de la "Línea Roma": inestabilidad en la Catedral

Del Cónclave de 2005, Bergoglio se había llevado el respeto de los cardenales de todo el mundo, que se advirtió en el saludo y la reverencia que le ofrendaron en la misa de asunción de Benedicto XVI. En Buenos Aires, a su regreso, tomó clases para profundizar el dominio del italiano, un idioma que ya conocía por tradición familiar. Si Bergoglio imaginó que tendría alguna posibilidad en el futuro para el Pontificado, es una hipótesis difícil de acreditar. Tenía 68 años y por delante siete años más hasta jubilarse. Pero nadie podía garantizar cuánto tiempo podría gobernar un Papa que asumía el trono de San Pedro a los 78 años.

En esta etapa se abría para Bergoglio un juego de simetría imperfecta en la que, a mayor reconocimiento de los

---

[306] El obispo vicario Baseotto había entrado en la oleada de designaciones que llegaban desde Roma con el aliento de Caselli, que eran bien recibidas por el grupo eclesiástico conservador local, pero molestaba a la orientación mayoritaria de la CEA. Entrevista a Carlos Custer.

cardenales del mundo, más inestable era su situación frente al poderoso sector de la curia romana que lo enfrentaba con la exigencia de posiciones doctrinales rígidas.

La "Línea Roma", que incomodaba en forma constante su administración del Arzobispado porteño, tenía a Caselli como disciplinado impulsor. Caselli afianzaba su poder en su círculo de influencia: la Secretaría de Estado de Sodano, su Sustituto Leonardo Sandri y los obispos conservadores de la iglesia argentina; desde abril de 2003 había sumado al círculo al nuevo embajador en la Nunciatura, monseñor Adriano Bernardini, que llegó al país en reemplazo del nuncio Santos Abril y Castelló.

El cambio fue interpretado como un "ajuste de tuercas" de la Santa Sede con los obispos argentinos y en especial con Bergoglio.[307]

---

[307] La partida del nuncio español, de muy buena relación con Bergoglio, fue determinada, según se supo, por su enfrentamiento con la familia religiosa del Verbo Encarnado, que contaba con la protección de Sodano. Véase http://chiesa.espresso.repubblica.it, 27 de junio de 2013. Además, su tarea apostólica había sido desgastada por su oposición a la instalación de un hotel en el Palacio Duhau, en el terreno lindante a la Nunciatura, que violaba la Convención de Viena sobre las relaciones diplomáticas, que debía proteger los "locales de la misión" contra toda intrusión. El hotel disponía de 150 ventanas que se proyectaban sobre los jardines de la Nunciatura que el nuncio quería mantener en privacidad. El proyecto, con una inversión de 65 millones de dólares, era impulsado por sectores empresarios con aval político. El nuncio español peregrinó con cartas y reclamos en todos los estamentos diplomáticos, jurídicos e institucionales de Argentina, sin lograr frenar la ejecución de la obra. Véase *Página /12*, 7 de octubre de 2002. En una decisión que no podía interpretarse de otro modo que como un castigo, la Santa Sede envió a Santos Abril y Castelló a Eslovenia, un destino de menor relevancia. Su partida implicó la pérdida de influencia de Bergoglio en la consulta para la conformación de las ternas de obispos que la Nunciatura enviaba a Roma. En la homilía de bienvenida en agosto

Fue un período difícil para el cardenal. Coincidieron distintos focos de conflicto, la presión intraeclesial desde la Santa Sede, la denuncia en la justicia y de organizaciones de derechos humanos por haber dejado "librados a su suerte" a los sacerdotes jesuitas Yorio y Jalics, y su siempre áspera relación con el gobierno.

Bergoglio creía que todo era parte de una comunidad de intereses que terminaban por ser funcionales a la "Línea Roma", agitada por Caselli, para destituirlo del Arzobispado de Buenos Aires.[308]

La tensión de las batallas lo fortalecía. No le temía a los conflictos. Ponían a prueba su capacidad como jesuita para sobrellevarlos. Si las verdades eran polifónicas —porque la realidad es compleja para ensamblar armónicamente, como se desprendía de la obra de Romano Guardini—, se requería buscar el equilibrio interior entre los contrastes. Para ello confiaba en su diálogo con Dios en la oración.

Pero si "el tiempo es superior al espacio" —concepción teológica ya transmitida como Provincial—, confiaba que el tiempo —con paciencia, sin que se precipitaran resultados inmediatos— podría superar la tensión de la coyuntura. "El

---

de 2003, con un tono de sonoro reproche, el nuevo nuncio Adriano Bernardini pidió a los obispos argentinos en la iglesia del Socorro una mayor fidelidad a Roma. "El Pontífice es el centro de esta Comunión eclesial que es, a su vez, el término último de su misión como Pastor de la Iglesia Universal. Ayudémosle en esta misión nada fácil que Dios le ha encomendado. La Eucaristía, María y el Santo Padre son tres elementos inseparables e insustituibles. Sin ellos no hay 'iglesia católica'". Véanse www.aica.org, 23 de agosto de 2003, y entrevista a José Ignacio López. Bernardini, sumado a la "Línea Roma", mantendría una difícil relación con Bergoglio. En 2014, el Papa Francisco designó a Abril y Castelló como titular de la comisión cardenalicia para vigilar el funcionamiento del IOR. Véase el capítulo 4, p. 383.

308 Entrevista a Alberto Fernández.

tiempo es el mensajero de Dios", había dicho el beato Pierre Favre, cofundador de la Compañía de Jesús. Bergoglio lo recordaba. Sentía libertad para decir lo que creía en comunión con Dios, sin especular sobre sus consecuencias. Conocía los riesgos. Y en esta coyuntura, el riesgo era que al profundizar la tensión bipolar con el gobierno, la Santa Sede concluyera que Bergoglio se había convertido en la piedra del conflicto que afectaba a la Iglesia en su vínculo con el Estado.

Y como consecuencia de ese conflicto, el Estado redujera la influencia eclesiástica en la vida social, afectara la doctrina católica, cortara los subsidios estatales en la educación religiosa o, como ya sucedía, continuara desconociendo la jurisdicción de la Santa Sede y mantuviera sin actividad el vicariato castrense. Si Bergoglio era la piedra del conflicto, para la Santa Sede bastaba con correr el eje e iniciar una nueva etapa. Después de todo, Roma no sostenía, como primer orden de prioridades de la agencia pontificia, su carga política y la crítica ético-política que el cardenal transmitía desde la Catedral. No lo sostenía Roma ni mucho menos el grupo conservador que trasladaba sus informes, comentarios y rumores al Vaticano para desgastarlo, limitar su accionar o, directamente, impulsar su destitución.

A los obispos de la CEA les preocupaba el enfrentamiento de Bergoglio con el gobierno, con el que se habían quemado los canales de diálogo. Si la cuerda se mantenía tirante y los daños colaterales eran mayores a los supuestos, el conflicto podría descomprimirse, no con el tiempo sino en el espacio, con la prolija fórmula eclesiástica *Promoveatur ut amoveatur*, en latín, "Ser promovido para ser removido", que concluiría con su alejamiento de la Catedral.

La posibilidad de que Bergoglio fuera convocado a Roma como titular o miembro de la Congregación para los Institutos de Vida Consagrada y las Sociedades de Vida Apostólica, o, en una versión más aventurada, en reemplazo de Sodano en la Secretaría de Estado para acompañar el Pontificado de Ratzinger, comenzó a trascender en el último trimestre del año 2005 y permanecería instalada durante mucho tiempo, para minar su estabilidad en la Arquidiócesis.

Para el grupo de interés que trabajaba y propagaba esta hipótesis, la "Línea Roma", la salida de Bergoglio de Buenos Aires redundaría en un doble beneficio: dejaría libre la Catedral para un obispo de su signo —que podría ser Sandri o Aguer— y podría alterar la matriz ideológica del cuerpo eclesiástico local con la partida del hombre que, en poco tiempo más, estaba destinado a liderarlo.[309]

El clima de complot intraeclesial se percibió con la sucesión de designaciones episcopales en las diócesis en ese mismo período. La primera fue la de Fabriciano Sigampa en el Obispado de Resistencia, Chaco, que no estaba entre los candidatos recomendados por la CEA al nuncio Bernardini. El nombre de Sigampa fue agregado, aparentemente en la Secretaría de Estado, y llegó a la firma de Ratzinger.[310]

---

[309] Entrevista a Ignacio Navarro.

[310] Es posible que la designación de Fabriciano Sigampa haya sido facilitada por el Sustituto de la Secretaría de Estado Leonardo Sandri, quien además era miembro de la Congregación de los Obispos, el dicasterio que recepcionaba las ternas desde la Nunciatura. El titular de la Congregación era el cardenal Giovanni Battista Re. Sigampa era un reconocido obispo del grupo conservador, siempre esquivo para pronunciarse por situaciones sociales. Desde el Obispado de La Rioja, había condicionado la distribución gratuita de anticonceptivos y preservativos en cinco centros de salud dependientes de San Pío de Pietrelcina, una organización católica con financiación del estado provincial. La distribución se ajustaba a la ya citada ley de Salud Sexual y Procreación Responsable de 2002. Véase www.datarioja.com, 14 de abril de 2010. Su designación en Chaco parecía un premio a la tenacidad doctrinaria contra la ejecución de la ley. Bergoglio aprovechó la ocasión en Roma en octubre de 2005 para transmitir el malestar de la CEA con la designación de Sigampa en una audiencia privada con Ratzinger. Véase *Clarín*, 2 de febrero de 2006.

En el Sínodo Mundial de Obispos de octubre de 2005, Bergoglio fue el más votado entre 252 clérigos de 118 países para ocupar el Consejo Post-Sinodal. Seis meses después del Cónclave, los cardenales lo ratificaron como una figura trascendente para la Iglesia Universal.

Pero Bergoglio no tenía incidencia relevante en la curia romana.

A su regreso a Argentina, en noviembre de 2005, la asamblea de la CEA lo colocó en la titularidad del cuerpo episcopal, en una elección sin sorpresas, en reemplazo del arzobispo de Rosario, monseñor Eduardo Mirás.

La línea moderada, con autonomía del poder político, que había empezado a torcer el rumbo de la iglesia local una década atrás, confirmaba el liderazgo de Bergoglio por su búsqueda de consenso interno entre los obispos, la crítica social y también la política de poner límites a la tentación hegemónica del gobierno, aunque algunos temían por el final incierto de la confrontación.

El grupo de obispos conservadores, que priorizaba en su ministerio la crítica a la educación sexual a estudiantes —considerada una "agresión a la familia"—, la distribución de preservativos o la aplicación de la ley de la salud reproductiva, no representó obstáculo alguno. El arzobispo de La Plata seguía siendo la voz doctrinaria más representativa y con mayor influencia en la Santa Sede, pero carecía de consenso para liderar a los obispos argentinos.[311]

Aun así, la maquinaria eclesial conservadora continuó ocupando sedes episcopales locales. La elección de Bergoglio no supuso inconvenientes. En diciembre de 2005, un obispo

[311] Véase *La Nación*, 9 de noviembre de 2005.

auxiliar que no tenía diálogo con el clero ni con sus pares y era considerada una "personalidad problemática", se alzó con la Arquidiócesis de Rosario que abandonaba el arzobispo Mirás. La decisión de la Santa Sede golpeó a la CEA, que no había propuesto a José Luis Mollaghan —entonces obispo auxiliar de Buenos Aires— en la lista de nominados que entregaron a la Nunciatura para el reemplazo.[312]

Sigampa y Mollaghan habían sido los primeros dos, pero todavía existían nueve obispados vacantes. Existía el temor de que la continuidad de la avanzada conservadora, si proseguía, pudiera alterar la matriz del Episcopado. Argentina no era un caso único: también las iglesias de Brasil, Estados Unidos o Canadá presentaban los mismos reclamos.

Bergoglio intentó frenar ese avance.

Ese verano de 2006, viajó a Roma para las reuniones preparatorias del Consejo Post-Sinodal y aprovechó para presentar sus inquietudes con la cúpula del cuerpo episcopal argentino a la Santa Sede. No se sabía si Ratzinger lo recibiría —las versiones indicaban que el cardenal no había pedido audiencia y otras, que había sido rechazada—, pero el vacío de información era el signo del ruido en la relación.

Finalmente, luego de varios días de incertidumbre, Bergoglio fue atendido por uno de los más fieles integrantes de la "Línea Roma", el arzobispo Leonardo Sandri, Sustituto de la Secretaría de Estado de Sodano.

Ese mismo día, el cardenal recibió una mala noticia: monseñor Oscar Sarlinga, la más joven promesa del grupo conservador, acababa de ser designado para la diócesis de Zárate-Campana. Y además se especulaba con que Benedicto XVI

[312] Entrevista a Jorge Casaretto.

podría crear cardenal al arzobispo de La Plata Héctor Aguer en el Consistorio previsto para el 24 de marzo de 2006.[313]

Algo había quedado claro para Bergoglio en su paso por el Vaticano: no había podido romper la telaraña que la "Línea Roma" enhebraba sobre el Episcopado local que ahora conducía. En su rápido retorno al aeropuerto de Ezeiza el cardenal escapó de la polémica: "Todo lo que haga el Papa está bien hecho. Recibe las sugerencias y, en libertad, decide. El único que elige a los obispos es el Papa", dijo, respetuoso de la infalibilidad del Papado.[314]

Bergoglio, al mando de la Iglesia argentina y de la oposición política

En "Una luz para reconstruir la Nación", el primer documento de la CEA durante la titularidad de Bergoglio, la iglesia local anticipó que no abandonaría las posiciones críticas frente al gobierno. Denunció la "desigualdad en la distribución de los ingresos", "el crecimiento de la marginación" y advirtió que se podría "desencadenar enfrentamientos sociales" y también previno de la "tentación del fundamentalismo". Pero una frase sobre la visión del pasado, que se realimentaba con los juicios a los militares represores de los años setenta que ya estaban otra vez en marcha, sería la que

---

[313] Véanse *La Nación*, 4 de febrero de 2006, y *Página/12*, 3 de febrero de 2006.

[314] Véase *Clarín*, 7 de febrero de 2006. Oscar Sarlinga provenía de la Arquidiócesis conservadora de Luján-Mercedes. No estaba entre los candidatos de la CEA. Era un recomendado de la órbita de Caselli. Este tipo de designaciones provocaban una distorsión en las lealtades: los nuevos obispos se sentían más cercanos a la Santa Sede que al cuerpo episcopal argentino.

sublevaría al gobierno: "Conviene que los mayores nos preguntemos si transmitimos a los jóvenes toda la verdad sobre lo acaecido en la década del 70 o si estamos ofreciéndoles una visión sesgada de los hechos, que podría fomentar nuevos enconos".[315]

A partir de la publicación del documento de la iglesia, Kirchner no aceptó la invitación a concurrir a la sede del Episcopado, y ni él ni las autoridades del Congreso, por su propia orden, recibieron a Bergoglio, al frente de la nueva cúpula de la CEA. El cardenal solo fue recibido por la Corte Suprema. Kirchner ya había ordenado no hacer más comentarios sobre las homilías, pero, siempre atento a la repercusión que tenía en los diarios, frente al documento de la CEA decidió organizar un mensaje unificado como respuesta del gobierno: los índices mostraban el descenso de la pobreza e indigencia; el gobierno no exaltaba la guerrilla; y eran los obispos quienes adscribían a la teoría de "los dos demonios", que equiparaba en el mismo nivel el terrorismo de Estado y las acciones guerrilleras.[316]

El presidente guardaría para sí la réplica más letal, la que más hería a la iglesia, porque recordaba la complicidad de la jerarquía eclesiástica en la dictadura, y les quitaba legitimidad. Primero los acusó de actuar "como un partido político", de "desconocer la realidad social", y luego preguntó: "¿Dónde estaban los obispos cuando desaparecían chicos argentinos? En aquellos momentos no estaban y hasta había algunos que confesaban a torturadores".

---

[315] Véase carta pastoral "Una luz para reconstruir la Nación", 90ª Asamblea Plenaria de la Conferencia Episcopal Argentina, *Boletín Semanal AICA*, nº 2553, 23 de noviembre de 2005.

[316] Véase "Réplica del Gobierno a la Iglesia Católica", *La Nación*, 14 de noviembre de 2005.

El mensaje apuntaba directo al cardenal, ahora sometido a investigación por los dos jesuitas secuestrados en 1976.[317]

Los obispos coincidieron en que, sobre la cuestión de la iglesia y los derechos humanos en la dictadura, no habría que dar respuesta alguna. Convenía el silencio. La política fue avanzar sobre la crítica a la pobreza pero prescindir de la "politización" de los derechos humanos y el "nuevo relato sobre los setenta" del gobierno, como marcaba el documento de la CEA, para no quedar "al lado de la dictadura".

Esa era una batalla, que de antemano, los obispos consideraban perdida.[318]

También la "cuestión Bergoglio" estaba en el centro de la atención de los obispos. Una corriente de opinión no era mayoritaria, creía que "no estaría mal" que el cardenal, para reducir la tensión, aceptara un diálogo con el presidente, que parecía más dispuesto que el cardenal.

Sobre la hipótesis del encuentro trabajó la Secretaría de Culto y la Cancillería con algunos obispos durante varios meses. Había voluntad mutua. Faltaba darle forma. Encontraron la oportunidad en el homenaje por el 30º aniversario de los crímenes de los cinco seminaristas y curas palotinos que organizaba la comunidad San Egidio. Bergoglio ya había iniciado el pedido para el proceso de canonización, y expresaba de manera fiel el ideario del gobierno por la "justicia y la memoria".

---

[317] En su discurso en un acto en la Casa Rosada, y en respuesta al documento episcopal, Kirchner precisó: "Bajamos a la mitad la indigencia. Del 27 al 12,6%. La pobreza descendió del 57 al 38%. El desempleo cayó del 24 al 10%. Hasta la distribución del ingreso ha mejorado un poco, pero ha mejorado y hoy 5 millones de personas consiguieron trabajo". Véanse "No me van a excomulgar por esto", en *Página/12*, 17 de noviembre de 2005, y *La Gaceta*, 17 de noviembre de 2005.

[318] Entrevista a Jorge Casaretto.

El 12 de abril de 2006, el cardenal y el presidente rezaron por el martirio de los religiosos en el banco de la primera fila de la parroquia San Patricio, de Belgrano. Bergoglio no salió a recibirlo a la escalinata, pero pidió no iniciar la "oración por los mártires de la fe" hasta que la comitiva oficial, que se había demorado, estuviera presente. Bergoglio destacó la actitud de Jesús, "que siempre iniciaba el diálogo". Y Kirchner salió de la parroquia con una frase: "Nunca tuve mala relación con la iglesia". Ambos visitaron la habitación donde los palotinos habían sido asesinados, que preservaba los agujeros de las balas. Se había dado el primer paso.[319]

Kirchner, en contra de su propia promesa, volvió al tedeum de la Catedral al mes siguiente. La homilía del 25 de mayo de 2006 esta vez no fue adelantada al gobierno, pero no tenía la aspereza de las precedentes ni la crítica explícita de las cartas episcopales. Aunque había párrafos pronunciados por Bergoglio que Kirchner no asimilaría. "Felices si somos perseguidos por querer una patria donde la reconciliación nos deje vivir, trabajar y preparar un futuro digno para los que nos suceden. Felices si nos oponemos al odio y al permanente enfrentamiento...". En otro, el cardenal preguntaba: "¿Cuántos de estos caprichos y arrebatos de salida fácil, de 'negocio ya', de creer que nuestra astucia lo resuelve todo, nos ha costado atraso y miseria? ¿No reflejan acaso nuestra inseguridad prepotente e inmadura?".

La prensa lo advirtió como señales dirigidas al presidente —"En el tedeum, Bergoglio criticó 'la manipulación y la prepotencia'"—, aunque, otra vez, todos los invitados coincidieron en que fue un mensaje "para toda la sociedad". Kirchner

[319] Entrevistas a Marco Gallo y a Alberto Fernández.

no. Sintió que el cardenal le había tendido una trampa en la Catedral y él se había puesto en la primera fila.[320]

A esas alturas, al gobierno ya no lo inquietaba tanto su crítica sobre "la corrupción", "la pobreza" o "el hegemonismo", que eran cuestiones pastorales que estaban dentro del campo de acción de la Iglesia; sino que los irritaba más su intromisión en la vida político-partidaria y que Bergoglio se convirtiera en "una máquina de operar" con sus habituales reuniones en la curia porteña con dirigentes de la oposición. Lo consideraban una provocación.

Esta presunción ganó cuerpo cuando Bergoglio decidió trabar la ambición del tercer mandato en gobiernos provinciales. Las constituciones lo impedían, pero el escollo podía sortearse con un referéndum para una reforma y la posterior convocatoria a la asamblea legislativa provincial. Misiones fue el primer test electoral para la reforma constitucional, y el obispo jesuita Joaquín Piña, de la diócesis de Iguazú, encabezó la coalición del "No" a la re-reelección, lanzada con el apoyo de Bergoglio y aprobada por los obispos de la región norte.

El referéndum en Misiones simulaba el enfrentamiento real, el duelo entre Iglesia y gobierno y, más precisamente, el de Bergoglio con Kirchner. Dispuesto a dar todo por la victoria, el presidente decidió viajar a Misiones para sostener la aspiración del gobernador Carlos Rovira a un tercer mandato. La oleada reeleccionista, se esperaba, podría continuar con los gobernadores de Buenos Aires, Jujuy y Entre Ríos. Misiones era el primer banco de pruebas.

El apoyo de Bergoglio a Piña molestó a la Santa Sede. En forma abrupta, obligó al obispo, de 76 años, a abandonar la diócesis y no atendió el pedido de la CEA de postergar el retiro hasta después de las elecciones.

---

[320] Véase *Clarín*, 26 de mayo de 2006.

Roma enviaba dos mensajes en esa decisión. Si Piña quería participar de la lucha electoral, debía hacerlo sin sus hábitos y fuera de la parroquia. El mensaje para Bergoglio y la iglesia local estaba en el reemplazante de Piña: el sacerdote Marcelo Martorell, ordenado obispo de Iguazú a último momento, sin consulta previa; una designación que solo podría entenderse por su amistad con Caselli y Sandri.

Aún fuera de la parroquia, el obispo emérito Piña provocó la primera derrota electoral del kirchnerismo y sepultó el proyecto de tercer mandato en las provincias. Fue una batalla que Bergoglio ganó pero asumió con humildad: "Yo no entiendo de política", respondería. Para el gobierno ya era el "jefe espiritual de la oposición".[321]

---

[321] El nuncio Bernardini, que no ocultaba su antipatía por Bergoglio, reforzó la línea vaticana: "La actividad política debe quedar reservada a los laicos", dijo, para reiterar una referencia de Ratzinger en la IV Convenio Nacional de la Iglesia Católica italiana. Véase Ámbito Financiero, 20 de octubre de 2006. La relación del gobierno y Bergoglio volvería a tensarse ese mes tras una homilía en la Basílica de Luján en la que el cardenal llamó a erradicar el odio y la división; su vocero Guillermo Marcó explicó otra vez que sus palabras habían sido un mensaje "para todos", pero en un reportaje radial, le preguntaron si podía ser aplicada al presidente Kirchner, y Marcó afirmó, con un modo condicional que pronto se perdió, que "si un presidente fomenta cierta división, termina siendo peligroso para todos. Hay que dejar de alentar odios y de levantar el dedo acusador". El gobierno sintió las palabras de Marcó como un insulto y lanzó réplicas contra su jefe en el Arzobispado. Bergoglio prefirió callar hasta que el caso se aplacara. Kirchner expresó: "Hay un Dios y Dios es de todos, pero cuidado, que el diablo también llega a todos, a los que usamos pantalones y a los que usan sotanas, porque el diablo penetra por todos lados". Véase *Clarín*, 6 de octubre de 2006. La afirmación, dirigida a Marcó, no excluía a Bergoglio. El pacto interno en el Arzobispado se quebró cuando una "alta fuente de la curia porteña" explicó a la prensa que "los dichos por todos conocidos pronunciados por el padre Marcó son estrictamente personales" y no

Ratzinger pide explicaciones al Arzobispado porteño

No fue el único sobresalto que Bergoglio padeció con la Santa Sede en esos meses. La prédica de Ratzinger sobre los musulmanes en la Universidad de Ratisbona, Alemania, inquietó al vocero del Arzobispado Guillermo Marcó, que acababa de iniciar el diálogo con musulmanes y judíos con la Comisión de Ecumenismo y Diálogo Interreligioso. En una consulta de la revista *Newsweek en español*, Marcó advirtió que "si el Papa no sale a reconocer los valores que el islam tiene y queda todo esto así, me parece que se habrá destruido en veinte segundos lo que se edificó en veinte años", en referencia a la política interreligiosa de Juan Pablo II. El vocero, además, calificó de "infeliz" la cita papal en Ratisbona. *Newsweek* buscó un título para sus frases: "El Arzobispado contra el Papa". La opinión de Marcó complicó al cardenal. En forma habitual hablaba en su nombre y ahora resultaba difícil distinguirlo en esta instancia.[322]

---

correspondían ni al Arzobispado ni a Bergoglio. Desautorizado, Marcó ofreció su renuncia a Bergoglio, que la dejó en suspenso. Entrevista a Guillermo Marcó.

[322] Véase *Página/12*, 5 de octubre de 2006. En la conferencia de Ratisbona, Benedicto XVI citó a un emperador bizantino que describió a Mahoma como portador del mal y la inhumanidad, con su voluntad de imponer con la espada las conversiones forzadas. También contrapuso la yihad y la guerra santa a la razón y la fe del cristianismo, que considera la violencia "contraria a la esencia de Dios". Cuando los vaticanistas leyeron el discurso antes que Benedicto XVI lo expusiera, le advirtieron al vocero de la Santa Sede Federico Lombardi que la frase sobre Mahoma podría ser malentendida y suscitaría polémicas. El texto no se modificó. Unos meses antes, en mayo de 2006, en ocasión del viaje del Papa al campo de concentración de Auschwitz, en el discurso no

Bergoglio se sintió dolido y golpeado por la difusión del artículo: llegó al Vaticano en forma inmediata por la "Línea Roma" para lastimarlo, y esa recepción tuvo como respuesta las versiones de su remoción en la Catedral y su "promoción" al Vaticano. "Ofrecen a Kirchner cabeza de Bergoglio (¿vendrá Sandri?)", tituló un diario, que desarrollaba esa hipótesis en una trama que incluía, en forma separada, a Caselli y Kirchner, y un empresario del área de Defensa y Seguridad que tenía vínculos con los dos: Mario Montoto. El artículo fue destacado en el portal web de la Cancillería argentina.[323]

---

aparecía una mención a la shoah; los vaticanistas lo habían advertido y tras la comunicación a Lombardi la cita a la shoah apareció en el discurso. Entrevista a Marco Politi. En ese viaje a Auschwitz, el Papa fue criticado por no mencionar el "antisemitismo". Véase *La Nación*, 30 de mayo de 2006. El diálogo interreligioso y ecuménico era una práctica habitual en la curia porteña. Bergoglio había rezado en junio de 2006 en el estadio Luna Park con evangélicos y compartió alabanzas y predicaciones frente a más de siete mil personas. El cardenal se arrodilló para recibir la bendición de pastores protestantes como señal de "la diversidad reconciliada". En el encuentro participó el pastor Giovanni Traettino, obispo de la Iglesia Evangélica de la Reconciliación en Italia, a quien Francisco visitaría en Caserta en 2014. Para una profundización del "diálogo interreligioso" en el ministerio de Bergoglio, véase Himitian, Evangelina, *Francisco. El Papa de la gente*, Buenos Aires, Aguilar, 2013, pp. 227-246.

[323] Véase Ámbito Financiero, 19 de octubre de 2006. Mario Montoto, ex secretario del jefe montonero Firmenich, había despegado como empresario —con la instalación de máquinas expendedoras de boletos en colectivos— en la década del noventa por su cercanía con Menem, y ahora daba fiel apoyo al kirchnerismo. Montoto, amigo de Caselli, también tenía intereses económicos en la Arquidiócesis de Luján-Mercedes, a cargo del obispo Emilio Ogñenovich, que siempre ofrecía refugio para negocios a la derecha católica. Véanse Anguita, Eduardo, *Grandes hermanos. Alianzas y negocios ocultos de los dueños de la información*, Buenos Aires, Colihue, 2002, p. 49, y *La Nación*, 14 de mayo de 2006.

El cardenal podía entrar y salir de los conflictos con el gobierno argentino con citas evangélicas y mensajes crípticos para destinatarios ambiguos desde el altar. Lo hacía con astucia. Pero en este caso, a Roma, debía darle una respuesta clara; mucho más cuando Ratzinger llamó por teléfono a la curia porteña para requerirle explicaciones.[324]

Marcó ofreció una y otra vez la renuncia a la Vocería que atendía desde hacía ocho años; a menudo se había destacado por su perfil alto, pero sin perder el respaldo del cardenal. Esta vez Bergoglio volvió a sostenerlo. Temía que su desplazamiento se interpretara como una concesión a Kirchner, que lo había reclamado. El cardenal podía entregar la cabeza de su vocero a Roma pero jamás a la Casa Rosada. Y aun cuando su cabeza debía rodar por pedido de la Santa Sede, quería decidir el tiempo y la forma en que debía hacerlo, incluso para evaluar si la polémica acaso no se desvanecía.[325]

Las malas perspectivas del fin de año de 2006 dieron paso a un proceso inesperadamente más favorable en la relación de Bergoglio con la Santa Sede. Esto solo pudo explicarse con la salida del secretario de Estado Sodano y también la del Sustituto Sandri. Se liberó del peso de Roma sobre la Catedral porteña.

Se abrió entonces una nueva agenda, acordada en un viaje al Vaticano en enero de 2007, en la que, como titular

La posibilidad de que la "maquinaria conservadora" desembarcara en la Catedral porteña suponía asimismo la apertura a una nueva fuente de negocios.

[324] Entrevista a Guillermo Marcó.

[325] En un primer momento, Bergoglio llegó a sospechar que la calificación de "infeliz" de Marcó a la intervención de Ratzinger en Ratisbona podía formar parte del "complot conservador". Aceptaría la renuncia de su vocero a mediados de diciembre de 2006, tres meses después de que el gobierno de Kirchner la hubiera reclamado.

de la CEA, le prometieron que se abandonarían las designaciones fuera de las expectativas locales y, por su parte, la iglesia argentina reforzaría su reclamo por el vicariato castrense y mantendría la intransigencia en las "batallas doctrinales" para evitar, entre otros temas, las modificaciones en abortos no punibles, como reclamaban distintas organizaciones.

El cardenal estaba otra vez en comunión con la Santa Sede. La clave para el nuevo vínculo fue el secretario de Estado, el salesiano Tarcisio Bertone, que reemplazó a Sodano.[326]

La Conferencia de Aparecida, el germen de su Pontificado

El logro más sustancial de ese viaje, sin embargo, fue para la iglesia latinoamericana. Bergoglio obtuvo el compromiso de Benedicto XVI de abrir las sesiones de la V Conferencia de la CELAM en el santuario de Aparecida, San Pablo,

---

[326] A Benedicto XVI le había llevado más de un año y medio desplazar a Sodano de su cargo. Bertone no tenía la estatura intelectual de su predecesor, pero había creado confianza con el Papa como su servidor en la Congregación para la Doctrina de la Fe. Bertone no tenía, como tampoco Benedicto XVI, conocimiento del sistema curial y el ambiente de la diplomacia vaticana, que lo recibió con frialdad. Lo veían como un *outsider*. Entrevista a Marco Politi. Bertone debió enfrentar al partido italiano de la curia, que conducía Sodano en su relación con la cúpula del Episcopado italiano y la política italiana, en una guerra de negocios e intrigas de poder que luego develaría el Vatileaks. Bertone fue ganando influencia sobre Benedicto XVI —se quedaba con la última palabra en cada decisión— y empezó a controlar, con sus hombres de confianza, las finanzas vaticanas. Entrevista a Massimo Franco. Para las finanzas vaticanas, véase el capítulo 4, p. 378.

Brasil. El detalle era significativo porque desde hacía varios años el secretario de Estado Sodano, con la conformidad de varios cardenales latinoamericanos conservadores —sobre todo del colombiano Alfonso López Trujillo—, había intentado neutralizar la realización de la Conferencia. La Santa Sede solo admitía un Sínodo continental que concluyera con la redacción de un documento de "asesoramiento" al Papa, para que luego él determinara qué rumbo debían tomar los obispos latinoamericanos en su ministerio.

A partir del año 2003, con la designación del cardenal chileno Francisco Errázuriz en la titularidad del CELAM, las demandas prosiguieron, y los cardenales Claudio Hummes (Brasil), Óscar Rodríguez Maradiaga (Honduras) y Bergoglio lograron persuadir a Juan Pablo II para la realización de una Conferencia General Episcopal, que tiene un carácter mucho más autónomo que el Sínodo.

Benedicto XVI terminó por aprobar la iniciativa.[327]

El encuentro de Aparecida sería clave para el proceso de autoconciencia de la iglesia latinoamericana, y Bergoglio fue uno de los artífices de esa reflexión y discernimiento. No solo por su demanda a Roma, o por sus intervenciones preparatorias como titular de una conferencia episcopal, sino también por otra instancia trascendente, como lo fue la decisión de redactar un documento conclusivo.

Para ese documento se necesitaba una comisión redactora y Bergoglio fue el más votado entre 180 delegados eclesiásticos, con una larga ventaja sobre el resto, para dirigirla. Ese lugar fue clave para consolidar la nueva orientación de la iglesia, que de algún modo había sido profetizada en

---

[327] Entrevista a Carlos Galli.

un texto por su filósofo predilecto en los años setenta, el uruguayo Alberto Methol Ferré: "Lo que haga la Iglesia de América Latina tendrá un inmenso papel en el Tercer Mundo... Y, a la vez, América Latina podrá incidir decisivamente en el destino de la Iglesia de Europa. América Latina y su Iglesia tienen una gran chance y creo que por nuestra Iglesia pasa de algún modo la chance de la Iglesia mundial. La chance de la renovación mundial de la Iglesia pasa por América Latina y eso nos carga con una grave responsabilidad".[328]

En la preparación de la Conferencia, Bergoglio se ocupó de la formación de los obispos delegados en nuevas temáticas que le interesaba que se transformasen en puntos de reflexión: el desarrollo económico, la pobreza, las migraciones, la inequidad social, el medio ambiente, la trata de personas, el trabajo esclavo, entre otros comunes a las pastorales urbanas. Muchos peritos externos —teólogos, antropólogos, filósofos, cientistas políticos— viajaron a distintas diócesis latinoamericanas para formar a obispos y empezaron a elaborar documentos que, en el proceso de consulta, fueron y vinieron de la Secretaría del CELAM.[329]

Aparecida proyectó a Bergoglio por su orientación hacia una iglesia misionera, con una dimensión social cercana a los pobres y crítica a los desequilibrios de la globalización y

---

[328] Véase Methol Ferré, Alberto, "Marco histórico de la Iglesia latinoamericana", *SEDOI* 4 (1974) 1-12, ESP.11, citado por Carlos Galli en "Hacia una comunidad regional de naciones en América Latina. Reflexión teológica desde la cultura del encuentro y la integración", en las III Jornadas Académicas Alberto Methol Ferré, Universidad Nacional de Lomas de Zamora (UNLZ), 2014.

[329] Entrevista a Cristina Calvo.

con la voluntad de constituirse como una "Patria Grande", o una comunidad de naciones.[330]

Por entonces, el encuentro de los obispos en Aparecida, con su clima de organización y diálogo, contrastaba con la postración y fatiga que se advertía intramuros del estado Vaticano, con un gobierno bloqueado por disputas internas de los grupos de poder eclesiástico.

Desde la comisión redactora —que integraban ocho obispos—, el cardenal argentino debía modelar acuerdos y reducir las diferencias en los aportes episcopales para crear una obra colectiva que constituyera la "nueva Biblia" de la iglesia latinoamericana.

Mientras circulaba cada día entre las 7 comisiones y las 16 subcomisiones, que trabajaban textos a diario, y se ocupaba de corregir y hacer agregados en las dos computadoras de la sala redactora, a nadie se le escapaba el interés del cardenal argentino por colocar a sus propios peritos para defender posiciones pastorales que consideraba esenciales.

Hubo dos intervenciones originales en el documento conclusivo que nacieron de su inspiración, y que luego marcarían no solo el rumbo de la iglesia latinoamericana, sino que operarían como herramienta de orientación de su Pontificado.

Una de ellas fue que, para entender "la realidad actual", ya no bastaba el esquema opresor-oprimido tan común a la categoría de análisis de clase en América Latina de los años setenta. "Una globalización sin solidaridad afecta negativamente a los sectores más pobres. Ya no se trata simplemente del fenómeno de la explotación y opresión, sino de algo nuevo: la exclusión social. Con ella queda afectada en su

---

330 Véase el capítulo 1, p. 90.

misma raíz la pertenencia a la sociedad en la que se vive, pues ya no se está abajo, en la periferia o sin poder, sino que se está afuera. Los excluidos no son solamente 'explotados' sino 'sobrantes' y 'desechables'".

A ellos, los "descartados", comenzaría a citarlos con más énfasis y frecuencia en sus homilías a partir de 2008 y los incluiría en la exhortación apostólica *Evangelii Gaudium.*[331]

Su otra intervención novedosa sucedió en la misa de las ocho de la mañana, en el santuario, cuando le tocó celebrarla como titular del Episcopado argentino. Bergoglio reclamó a la iglesia ir hacia las "periferias geográficas, sociales, existenciales". Allí en Aparecida, quizá sin saberlo, pondría la semilla de su Pontificado. La primera acción de la "Iglesia en salida" sería ir al encuentro de los inmigrantes africanos en la isla de Lampedusa.[332]

El "Anticristo" de Cristina Fernández de Kirchner

De regreso a Argentina, el cardenal continuó inmerso en la pelea chica de la política local, que, lejos de abandonarla, continuaba alimentándola en las conversaciones privadas en la curia con dirigentes opositores, con el fin de conformar una opción que pudiera contrapesar al kirchnerismo. Su intromisión en el campo político ya no sorprendía.

De cara a las elecciones a jefe de Gobierno porteño de junio de 2007, el cardenal anticipó su apoyo a Jorge Telerman, peronista sin estructura propia, que había sucedido como jefe de Gobierno a Aníbal Ibarra, destituido en jui-

---

[331] Véanse Documento conclusivo, V Conferencia General del Episcopado Latinoamericano y del Caribe, *op. cit.*, párrafo 65 y *Evangelii Gaudium*, párrafo 53. Entrevista a Carlos Galli.

[332] Véase el capítulo 1, p. 67.

cio político por la tragedia de Cromañón. En sus diálogos desde las sombras, Bergoglio dejaba en claro que estaba en contra del FPV —el oficialismo a nivel nacional— que nominaba a Daniel Filmus, y del PRO (Propuesta Republicana), que impulsaba la candidatura de Mauricio Macri. La suerte electoral le daría la espalda.[333]

La sucesión presidencial no permitía alternativas al cardenal, y aunque en la campaña electoral, alertó por "la demagogia, el clientelismo, el reparto de bienes y las dádivas" desde el Estado para el uso electoral, no había un candidato que pudiera detener el triunfo de Cristina Fernández de Kirchner en octubre de 2007.

Su esposo, Néstor Kirchner, prefería que la nueva presidenta mantuviera distancia con la CEA e ignorara al cardenal, pero después entendió que no debía dejarle "el problema Bergoglio" como herencia de gobierno y le correspondía a ella tratar la cuestión con su propia impronta. Cristina Kirchner había estudiado en un colegio religioso y tenía mejor predisposición que su marido con el mundo católico para llegar a un entendimiento. A su vez, la oposición expresa de la nueva presidenta a la legalización del aborto también significaba un reaseguro para la iglesia local.

---

[333] El Arzobispado integraba el Consejo Social de la Ciudad en el gobierno de Telerman. El Consejo se ocupaba, entre otros temas, de la exclusión y los niños en situación de calle. El nexo entre el Arzobispado era Omar Abboud, secretario de Cultura del Centro Islámico de la República Argentina y parte del Instituto del Diálogo Interreligioso que promovía la curia porteña. Abboud fue funcionario de Telerman, como titular del Ministerio de Derechos Humanos y Sociales. Sin embargo, Telerman, el candidato de la preferencia del cardenal, quedó en el tercer puesto, fuera del balotaje en las elecciones para la jefatura de Gobierno. La elección se dirimió entre Filmus y Macri, con la victoria del candidato opositor del PRO, que inició su gobierno en la Ciudad de Buenos Aires en agosto de 2007.

Bergoglio, del mismo modo, encaró la relación con un nuevo enfoque. Le escribió una carta de felicitación por la victoria como señal de apertura para un diálogo institucional que con su marido había continuado cerrado.

La Santa Sede también mostró buena voluntad. Pese a que no estaba saldada, o justamente por ello, la situación del vicariato castrense —se mantenía vacante después de que se jubilara el obispo Baseotto—, el secretario de Estado Bertone fue recibido por la nueva presidenta en la Casa Rosada. Pronto también lo haría con Bergoglio, junto con los obispos de la cúpula episcopal, en una reunión con Cristina Kirchner en la que tratarían sin reproches mutuos la pobreza, la educación y el impacto de la droga en Argentina.

La presidenta y el cardenal aspiraban a una relación menos turbulenta. Bergoglio dejó en sus manos una medalla de la Virgen Desatanudos.

La armonía duró poco.

El conflicto surgió en marzo de 2008 por la resolución 125 que aumentaba las retenciones a las exportaciones de productos primarios. La resolución dividió a la sociedad a favor del gobierno o del campo en pocas semanas.

La iglesia buscó favorecer el diálogo de partes, pero las misas de los curas en los cortes de rutas de los productores demostraban la preferencia diocesana por el reclamo agrario. Al tercer mes de la huelga del campo, con movilizaciones callejeras multitudinarias, se llegó al punto de mayor tensión política. Para la presidenta, que se proclamaba víctima de una conspiración golpista, los llamados de Bergoglio a la concordia, la irritaban más que nada, y mucho más lo hizo cuando el documento de la CEA, le requirió un "gesto de grandeza", con una catequesis muy propia del cardenal: "No es propio de los poderes públicos empeñarse como parte en los conflictos, sino abocarse a su solución como principales responsables del bien común".[334]

El conflicto se trasladó a la esfera parlamentaria cuando el gobierno transformó el decreto en un proyecto de ley, con algunas modificaciones. La decisión final, en una votación apretada, quedó en el vicepresidente Julio Cobos —que había sido convocado a integrar la fórmula presidencial oficialista desde la UCR—, y con su voto "no positivo" desactivó el proyecto oficial para el aumento de las retenciones a las exportaciones. El gobierno lo trató de Judas, pero en forma casi inmediata, Bergoglio lo visitó en su despacho del Senado, como ya lo había hecho unos días antes de la sesión que tumbó la suerte del gobierno en el conflicto.

El cardenal se transformó en el Anticristo para la presidenta. Uno más, quizás el más importante de todos, de los que operaban para destituirla, como los jefes de las corporaciones —sobre todo, empresarias, agrarias y mediáticas—, que conspiraban contra su mandato, como pensaba. Desde entonces le dio más relevancia a las sospechas de "complicidad" de Bergoglio durante la dictadura y adhirió a esa tesis, convencida o no, porque era útil para descalificarlo.[335]

El cardenal desarticula el último complot

En la Casa Rosada hubo quien creyó que Bergoglio debía pagar un costo adicional: la destitución. La iniciativa surgió cuando Sergio Massa —que asumió la jefatura del Gabinete después del conflicto agrario—, en el ímpetu de su nuevo cargo intuyó que podría brindar un servicio al gobierno que lo convocaba a la primera línea. Esta nueva tentación no

---

[334] Véase *Página/12*, 5 de junio de 2008.

[335] Entrevista a Alberto Fernández.

nacía desde la "Línea Roma", pero inevitablemente debería contar con el aliento de la Santa Sede para concretarla.[336]

La salida de Bergoglio era codiciada por el gobierno. Pero para despedir a un cardenal de una Arquidiócesis, Roma necesita argumentos poderosos. En esa época, Bergoglio temía alguna operación de los servicios de inteligencia oficiales, que se lo involucrara en algún hecho escandaloso o filtraran una conversación secreta que pudiera perjudicarlo. Desde hacía un tiempo el cardenal vivía en alerta, incluso dentro de la curia. En las conversaciones en su despacho levantaba el audio de la música funcional por si lo grababan.[337]

Pero Bergoglio se sentía protegido. Confiaba en su fina intuición para enterase de lo que le concernía. Era uno de los hombres con mejor información de Argentina. La in-

---

[336] La punta inicial de la maniobra de destitución de Bergoglio había surgido del empresario inmobiliario, Jorge O'Reilly, miembro numerario del Opus Dei y designado asesor por el nuevo jefe de Gabinete. Massa y O'Reilly intuían que si activaban contactos vaticanos —otra vez, a través de Caselli— podrían lograr que Bergoglio fuese llamado a la curia romana, en alguna congregación o consejo pontificio. La Catedral quedaría libre. El candidato conservador dispuesto al reemplazo era el obispo de Zárate-Campana, Sarlinga, aunque no se descartaba al arzobispo de La Plata, Aguer. O'Reilly, por su parte, aspiraba a la embajada argentina ante la Santa Sede, que permanecía vacante desde la renuncia de Custer, a fines de 2007 y tras el rechazo al plácet de Alberto Iribarne, por su condición de divorciado. La proposición de Iribarne había resultado ofensiva para la Santa Sede. Massa decía tener el apoyo de la Presidencia para la maniobra: presentó informalmente a O'Reilly como futuro embajador en la Cancillería argentina. Entrevistas a Carlos Custer, Federico Wals y Guillermo Marcó. Véase también del autor "La caída de los obispos conservadores", en *Clarín*, 2 de febrero de 2014.

[337] En 2014, cuando Bergoglio ya era Pontífice, Gustavo Vera denunció a Jaime Stiuso, uno de los jefes de la ex SIDE que espió a Bergoglio por orden de Néstor Kirchner. Entrevista a Gustavo Vera.

formación le llegaba a través de la estructura eclesiástica —a través de curas y obispos— y de los interlocutores que se sentaban en su despacho. Tenía un radar sensible para captar lo que circulaba por el aire, secretos, intrigas, confesiones. Era difícil que una información que importara no le llegara de primera mano, en forma anticipada. Sobre el nebuloso plan que se tramaba para su destitución, cuando se tuvo que enterar, se enteró. La información de la maniobra llegó a la curia.

En una reunión con sindicalistas en octubre de 2008, Massa mencionó con un exceso de optimismo la evolución de la jugada en contra de Bergoglio en la Catedral. Uno de los testigos cruzó la Plaza de Mayo para informar al cardenal, apenas terminó la reunión. Cuando escuchó la novedad, Bergoglio llamó por teléfono a Benedicto XVI y obtuvo su apoyo para continuar en el Arzobispado. La maniobra se desvaneció en el acto.[338]

Buenos Aires, ciudad global: cultura del descarte, trabajo esclavo y riesgo de "mexicanización"

A partir de entonces, desde el Arzobispado, tomó mayor dimensión esa conversión pastoral que Bergoglio siempre reclamaba a los curas: la salida misionera, permanente, in-

---

[338] Entrevista a Guillermo Marcó. El testigo de la confesión del jefe de Gabinete Massa fue Oscar Mangone, del sindicato de Trabajadores de la Industria del Gas Natural de la República Argentina, quien trasladó el comentario de Massa al Arzobispado. Mangone y Bergoglio se habían conocido a partir de la tragedia de Cromañón. La hija del sindicalista acompañaba a la banda y un dirigente del sindicato había perdido un hijo en el incendio del local. Véase Genoud, Diego, *Massa. Biografía no autorizada*, Buenos Aires, Sudamericana, 2015, p. 101.

determinada, como paradigma de toda acción evangelizadora, una misión que abandonara los criterios pastorales mecanizados y llegara a los que no llegaban a los templos y no podían esperar pasivamente.

Esa transformación pastoral que había quedado sellada en Aparecida, empezó a ser más evidente en 2008, aunque Bergoglio ya la ejerciera de manera más imperceptible. El 20 de marzo de ese año, en Semana Santa, en la Misa Crismal de la Catedral, el cardenal pidió a los sacerdotes "estar más cerca de las fragilidades del pueblo" y luego inauguró el Hogar de Cristo en la parroquia Virgen de Caacupé, en la Villa 21-24 de Zabaleta, que trataría a cientos de adictos a las drogas, chicos que fuman "paco" sentados al lado de un volquete, o caminan descalzos como zombis por la avenida que rodea la villa o cruzan el campo de desperdicios de la CEAMSE en busca de algo. Entrada la noche, el cardenal lavó los pies de doce adolescentes del Hogar.[339]

---

[339] La CEAMSE (Coordinación Ecológica Área Metropolitana Sociedad del Estado) recibe 15 mil toneladas diarias de residuos de la Capital Federal y el Gran Buenos Aires. El "paco" se fabrica con residuos químicos de la cocaína, tiene un efecto fulminante sobre el cerebro y produce fuerte dependencia. Para un parámetro de la penetración del narcotráfico en zonas marginales, en la Villa 1.11.14, lindera a la villa en que fueron secuestrados los jesuitas Yorio y Jalics, donde también realizan su labor pastoral los "curas villeros", un informe de inteligencia de un asesor de la Secretaría de Seguridad revela que las "cocinas" de cocaína funcionan en "territorio liberado" de tres manzanas con una estructura cuasi militar, de alrededor de trescientos hombres, compuesta por "soldados" y "oficiales". El informe revela la corrupción policial y la inacción de la justicia que facilitan el funcionamiento de las bandas narcos. Parte del informe revela los mecanismos de venta dentro de la villa: "A los compradores, los 'soldados' les hacen levantar la remera o el buzo para ver que no porten armas —en general, no suelen palpar al visitante salvo que les resulte muy sospechoso como ha ocurrido conmigo—, y se puede entrar caminando o en motos, en cuyo caso permiten el paso de a una persona solamente a marcha muy lenta y frenando en cada retén. En

Desde entonces Bergoglio comenzó a hablar de la "cultura del volquete", que contenía a todos los descartados por la sociedad y el mercado. No eran solo los adictos, eran todos los que estaban afuera, los que vivían en la calle, prisioneros de la "esclavitud estructural", traccionando a sangre sus carros para buscar y guardar cartones.

Cuando poco después llegó una carta al Arzobispado de la Fundación La Alameda y del Movimiento de Traba-

---

algunos lugares cada cien metros existen hasta 3 retenes, razón por la cual podría pensarse que se estaría ante la cercanía muy próxima de una o más 'cocinas'. En caso de llevar mochilas los compradores, los 'soldados' suelen revisarlas minuciosamente, ya que les preocupa sobremanera que puedan ser filmados. Por ese motivo suelen además exigir que se guarden los teléfonos celulares. Los 'soldados' en general portan armas cortas en la cintura y a la vista y solo algunos llevan armas largas. Son asistidos por diversos 'campanas' que les advierten de distintos potenciales peligros. Buena parte de los 'campanas' están armados". Véanse Rodríguez, Jorge, *Laboratorios de cocaína en la Ciudad de Buenos Aires*, Imprenta de la Legislatura de la Ciudad de Buenos Aires, 2015 y, del autor, "Narcotráfico en la Argentina. El informe reservado que recibió el Papa", *Clarín*, 9 de agosto de 2015. Tras la lectura del informe, Francisco, en una comunicación privada por correo electrónico que luego se hizo pública, comentó: "Si la dirigencia política y social no toma medidas urgentes (para combatir el narcotráfico) costará mucho tiempo y mucha sangre erradicar estas mafias que han ido ganando cada vez más espacio. (…) Ojalá que estemos a tiempo de evitar la mexicanización. (…) Estuve hablando con algunos obispos mexicanos y la cosa es de terror", escribió. Véase *Clarín*, 24 de febrero de 2015. El documento de los obispos mexicanos de referencia indica: "¡Basta ya! No queremos más sangre. No queremos más muertes. No queremos más desaparecidos. No queremos más dolor ni más vergüenza. Compartimos como mexicanos la pena y el sufrimiento de las familias cuyos hijos están muertos o desaparecidos en Iguala, en Tlatlaya y que se suman a las miles de víctimas anónimas en diversas regiones del país". Véase www.ilsismografo.blogspot.com, 13 de noviembre de 2014. Luego de utilizar el término "mexicanización" el Papa aclaró que no quiso afectar la dignidad de México y el gobierno de ese país aceptó las explicaciones.

jadores Excluidos (MTE), que denunciaba la trata sexual en 25 prostíbulos instalados alrededor de la sede de la Policía Federal, en la que se vendían drogas y había mujeres víctimas de explotación sexual, Bergoglio les dio cita en la curia.

A partir de ese episodio, La Alameda se convirtió en la "infantería pastoral" del Arzobispado para denunciar la esclavitud en la ciudad y en el país.[340]

Este mensaje se potenció en la primera misa que hizo con inmigrantes indocumentados, prostitutas, trabajadores esclavos y cartoneros en el Santuario Nuestra Señora Madre de los Emigrantes de La Boca, en la que pidió a la sociedad que no fuera cómplice de la explotación "de los señores poderosos". "Son cuentos chinos que la Asamblea del Año XIII abolió la esclavitud, porque hoy hay más esclavos que entonces. Hay trata de migrantes jóvenes. Chicas y chicos que son sometidos a la trata o a la esclavitud del trabajo a presión por dos pesos, de convertirlos en mulita

[340] En sus orígenes, La Alameda había sido una "Asamblea Popular" conformada al calor de la crisis del año 2001. Utilizaron como sede un bar en proceso de quiebra, donde abrieron un comedor popular al que llegaban inmigrantes bolivianos que trabajaban en condiciones de explotación. Su titular era Gustavo Vera, docente de escuelas públicas, relacionado con gremios trotskistas, que estudió en una institución religiosa y había sido boy scout. Apenas inició la colaboración con La Alameda, Bergoglio facilitó las instalaciones del Obispado de Santa Cruz para que un equipo de la Fundación se pudiera albergar: habían ido a la capital de la provincia, Río Gallegos, para denunciar el prostíbulo Las Casitas con una cámara oculta. Las Casitas funcionaba desde 1989, con la anuencia del entonces intendente de la ciudad Néstor Kirchner, quien —con aval de los ediles— cedió en comodato terrenos fiscales a locales nocturnos y crearon una "zona roja" en la capital santacruceña. Entrevista a Gustavo Vera.

para transportar droga, de la prostitución de jóvenes que no tienen mayoría de edad."[341]

Ese discurso, que no se detendría, mantenía una línea de acción. El padre Mario Videla, de la Pastoral Migratoria de la Arquidiócesis, llevaba a la justicia a los talleres textiles que esclavizaban a inmigrantes. La Alameda ponía su "infantería" en marcha, siempre con el aval del cardenal: movilizaciones de quinientas o mil personas, con "escraches" a prostíbulos o frente a las tiendas de casas de ropa como Zara, Cheeky o Kosiuko, o los talleres clandestinos donde tercerizaba la producción de sus prendas.

La Alameda —que ya había sufrido atentados a su sede y amenazas— también iría al rescate de inmigrantes esclavizados que trabajaban 12 o 14 horas, sin permisos de salida y con los documentos de identidad retenidos. Y cuando, tras la denuncia judicial, lograban que un juez clausurara el taller, los ayudaban a organizarse en cooperativas, con los mismos bienes incautados por la justicia, para fabricar ropa "libre de trabajo esclavo".

Se sentían misioneros jesuitas.

Estas acciones sobre trata de personas, mafias o narcotráfico —que luego durante el Papado llevaría a la escena mundial con fuerza inusitada— le darían a su ministerio en Buenos Aires un alcance territorial y una visibilidad que los católicos notables o la misma Acción Católica no podían conferirle, porque no era su estilo o su proyecto dentro de la Iglesia. Bergoglio no llevaría "la cultura del volquete" a las asambleas episcopales. Prefería manejarlo por su propia cuerda desde la curia porteña.

El propio cardenal, a veces, no tenía demasiadas expectativas del eco que se podría obtener en algunas jurisdiccio-

---

[341] Véase www.aica.org, 1 de julio de 2008.

nes parroquiales del norte de la Ciudad de Buenos Aires, donde se producían las movilizaciones, aun cuando él las apoyara. Había ruido interno en esa comunión con La Alameda, una incomodidad manifiesta tanto para los feligreses como para los simpatizantes de la organización, que era fácil de advertir.

Bergoglio había propuesto a la Fundación La Alameda para que fuese nominada en un premio de la Iglesia como "organización solidaria" y jamás fue escuchado; y, por otro lado, a cada misa del cardenal a la que convocaba la organización recibían insultos por Facebook. Bergoglio tenía una imagen negativa en el universo de izquierda, el progresismo y agnósticos que adherían a La Alameda, quienes empezaban a creer en la tesis de su colaboracionismo con la dictadura, que se alimentaba desde las notas de *Página/12*, organismos de derechos humanos y el gobierno.[342]

Como líderes de dos universos extraños entre sí, en apariencia contrastados, el cardenal y el maestro de grado se reunían dos o tres veces al mes, casi siempre en el Arzobispado, frente a la Plaza de Mayo, para analizar denuncias recogidas sobre talleres esclavos o prostíbulos, activar contactos con legisladores —para el impulso de una reforma a la ley de trata y de asistencia a sus víctimas— y proyectaban la agenda de acción conjunta.

El cardenal cumplía el compromiso. Avalaba con sus misas en la plaza pública los cartelones que denunciaban expedientes encajonados en la justicia sobre prostíbulos o "marcas esclavistas", que tenían fuerte impacto político, porque agregaban a Awada, la firma familiar de la esposa del jefe de Gobierno Mauricio Macri —que asumió la presidencia

---

[342] Entrevista a Gustavo Vera.

el 10 de diciembre de 2015—, en la que se los acusaba como "matrimonio esclavista", y también otras que molestaban al kirchnerismo, como la del juez Eugenio Zaffaroni, al que denunciaban como propietario de seis departamentos que permanecían alquilados a proxenetas donde se ejercía la explotación sexual. Bergoglio también concurría a plenarios en la sede de La Alameda. Siempre, con su sotana negra, se ubicaba en la última fila o bautizaba a hijos de mujeres liberadas de la trata.[343]

El cardenal, que rara vez se sacaba una foto con alguien en su despacho de la curia porteña, sí lo hacía con denunciantes amenazados, como sucedió con la mujer policía Nancy Miño Velásquez, que reveló la corrupción de la División Trata de Personas de la Policía Federal, que justamente debía combatirla, y con Lorena Martins, que denunció a su padre por liderar una banda que explotaba prostíbulos VIP.[344]

---

[343] Véase www.laalameda.wordpress.com. La Alameda había denunciado el ejercicio de la explotación sexual en seis departamentos de propiedad del juez de la Corte Suprema Eugenio Zaffaroni en 2009. En 2013, el apoderado del magistrado, Ricardo Montivero, reconoció su responsabilidad como administrador de los inmuebles a la justicia por la violación a la ley de profilaxis, se declaró culpable y pagó una multa con la que logró extinguir la acción penal. Véase www.infobae.com, 14 de mayo de 2013. En 2009, La Alameda denunció más de seiscientos prostíbulos en la Ciudad de Buenos Aires. Según el Programa Nacional de Rescate y Acompañamiento a las Personas Damnificadas por el Delito de Trata del Ministerio de Justicia, desde 2008 a 2015 se rescataron 8.151 víctimas de trata sexual y laboral en el marco de causas judiciales, la mitad de ellas de talleres esclavistas. El 53% de las víctimas eran extranjeros. Véase www.infojusnoticias.gov.ar, 1 de mayo de 2015.

[344] Nancy Miño Velásquez trabajaba como agente encubierta en redes de explotación sexual para la Policía Federal. Descubrió que muchos prostíbulos eran regenteados por sus superiores, que cobraban coimas "de hasta 50 mil pesos para no rescatar a una menor". Amenazada y luego refugiada en la

Bergoglio tenía lugares estratégicos para su catequesis. La Catedral era el ámbito para la comunidad educativa; a los jóvenes les hablaba cuando peregrinaban a la Basílica de Luján; a los laicos, en la noche de la procesión *Corpus Christi*; las homilías por el trabajo las hacía en San Cayetano; la misa de los Jueves Santo se la dedicaba a los sacerdotes del Arzobispado. Siempre encontraba una novedad profunda en la lectura de la Biblia, que reelaboraba y transmitía al clero; a los excluidos les hablaría en la Plaza Constitución, o incluso en el hall central de la estación ferroviaria.

A partir de 2008, en Constitución, Bergoglio iniciaría la tradición de las misas contra la explotación sexual y la trata de personas, y llamaría a los esclavistas a preguntarse: "¿Dónde está tu hermano esclavo que matas todos los días en el taller clandestino, de prostitución en la fachada de los chicos que usás para mendicidad, para campañas de distribución de droga, para rapiña y para prostituirlos? La pregunta es para todos, porque en esta ciudad está instalado el sistema de trata de personas".[345]

También fueron una tradición en su cardenalato las homilías en memoria de las víctimas de Cromañón, en una crítica directa a la Ciudad de Buenos Aires. Y reiteraría

---

sede de La Alameda por temor a una represalia, su foto con Bergoglio en el Arzobispado se distribuyó como señal de protección del cardenal a la mujer policía. Véanse Videla, Eduardo, "Me ofrecieron regentear un prostíbulo", *Página/12*, 14 de mayo de 2010 y www.laalameda.wordpress.com, 19 de mayo de 2010. Otra señal de protección se advirtió con Lorena Martins, que fue recibida por Bergoglio en el Arzobispado con la posterior distribución de la fotografía del encuentro. Lorena Martins había denunciado a su padre Raúl Martins por liderar una banda que explotaba prostíbulos VIP y traficaba mujeres hacia México. Sus denuncias comprometían a la Policía Federal, a la ex SIDE y también acusaba al gobierno porteño por recibir dinero, en forma de "coimas", para la campaña política de Mauricio Macri para su reelección a la jefatura de gobierno en 2011. Véase *La Nación*, 19 de enero de 2012.

[345] Véase www.aica.org, 25 de septiembre de 2012.

sus denuncias delante de cartoneros y prostitutas: "Nos olvidamos que en Buenos Aires hay hermanos nuestros, migrantes, que tienen que trabajar veinte horas por día, les pagan una miseria"; o en el homenaje por la memoria de los seis muertos —una mujer embarazada, un hombre y cuatro niños— que quedaron atrapados por las llamas, donde 75 personas trabajaban en condiciones de hacinamiento y servidumbre, en la casa de Viale 1269, en Caballito, que funcionaba como taller clandestino. "Sigue habiendo esclavos, sigue habiendo esclavitud. Todo se arregla en una Buenos Aires que es coimera de alma y el recurso de la coima tapa todo."[346]

Entre los males que asediaban a la sociedad, además del narcotráfico, la explotación sexual, el trabajo esclavizado y la corrupción, Bergoglio incluía el juego. Lo consideraba otra mafia a combatir. Lo denunció cuando el presidente Kirchner y el jefe de Gobierno Macri, como representantes del Estado nacional y municipal, se asociaron para la concesión del casino flotante y las máquinas tragamonedas, con regalías que se dividían por mitades, o cuando el gobierno de Daniel Scioli aumentaba los permisos para salas de bingo y tragamonedas en la provincia de Buenos Aires. [347]

Los curas en las villas de Buenos Aires: cara a cara con el narco

La pastoral urbana crecía en las villas.

Los curas se habían multiplicado y atendían en las parroquias en villas y asentamientos de Buenos Aires, allí donde el Estado y la dirigencia política dejaban el territorio libre

---

[346] Véase *Clarín*, 28 de marzo de 2011.

[347] Véase Larraquy, Marcelo, *Recen por él*, *op. cit.*, pp. 215-219.

y no ofrecían protección frente a poderes mafiosos. En la escalada de la violencia silenciosa, que no llegaba a conmover al resto de la sociedad, fueron conformando un "Estado paralelo" dentro de las villas. Con dinero que recaudaban de las cocinas de droga, los narcos sostenían la atención médica y garantizaban pasillos de seguridad para que los trabajadores entraran y salieran de la villa. A cambio, se exigía silencio y lealtad.[348]

Bergoglio consolidó a los "curas villeros".

Si en los años setenta había evitado de distintas maneras la integración de sacerdotes en comunidades de base en barrios o villas por temor a la radicalización política, ahora, cuando ya no existía la militancia revolucionaria, los alentó a permanecer en las villas, en una opción clara por los humildes, que mostraban peores rostros de pobreza que en la década de 1970.

Los curas villeros continuaron la línea de los sacerdotes tercermundistas: se decían sus herederos, "los pequeños que caminaban por la espalda del Gigante", y en su misión pastoral en la oscura realidad social, "con un oído en el Evangelio y otro en el pueblo", como predicaba el obispo Angelelli, se toparon con el huevo de la serpiente: los clanes narcos, las familias mafiosas, los transeros, la cotidianidad de los crímenes, las peleas entre bandas con tiros de pasillo a pasillo, los chicos con sus vidas desperdiciadas por el consumo de "paco".[349]

---

[348] Véase Rodríguez, Jorge, *Laboratorios de cocaína en la Ciudad de Buenos Aires*, *op. cit.* La población en las 14 villas y 24 asentamientos de la Ciudad de Buenos Aires creció de 107.422 habitantes en 2001 a alrededor de 275.000 en 2013. Hasta entonces, no existía atención sanitaria las veinticuatro horas, presencia policial permanente ni escuelas. Las leyes de urbanización votadas por la Legislatura porteña, no se cumplieron. Véase *La Nación*, 9 de septiembre de 2014. En la Villa 21-24 Zabaleta se calcula que viven 40 mil personas.

[349] Entrevista a Gustavo Carrara.

Los curas no buscaban "catolizar" a los que se acercaban a la parroquia desde el dogma sino acompañarlos desde su propia fe, con sus devociones, santos y vírgenes. Aunque sí se preocupaban por bautizar de una manera más abierta que en las parroquias porteñas.[350]

La parroquia en la villa se convirtió en un eje articulador. Ayudaba a vecinos a organizarse, a presentar demandas al Estado, pedir escuelas, oficinas de justicia, infraestructura de servicios públicos. También cada parroquia, cada granja de recuperación en el Gran Buenos Aires, que compraban con dinero del Arzobispado, servía de refugio para adictos y un antídoto contra la criminalidad.

La lucha diaria por sacar adolescentes de la droga generaba tensión con los *dealers*, que buscaban chicos en misa o en las procesiones para ofrecerles droga. Era una lucha silenciosa, cuerpo a cuerpo. En esa exposición, los curas quedaron cara a cara con el poder narco.

El 25 de marzo de 2009, la Pastoral Villera hizo público un documento en el que denunciaron "la circulación libre de drogas".[351]

---

[350] Desde la llegada de José María "Pepe" Di Paola en 1997 a la Villa 21-24 Zabalcta, se realizaron alrededor de mil bautismos por año, que triplica el promedio de las 182 parroquias porteñas. Véase Premat, Silvina, *Pepe. El cura de la villa,* Buenos Aires, Sudamericana, 2013. El equipo pastoral de Villas de Emergencia del Arzobispado, como los curas villeros en la década del setenta, acompañó reclamos de integración urbana en las villas y asentamientos: construcción de viviendas, apertura de calles y espacios públicos, conectividad con la ciudad e infraestructura para los servicios públicos, entre otros. Véase "Reflexiones sobre la urbanización y el respeto por la cultura villera", Equipo de Sacerdotes para las Villas de Emergencia, Ciudad Autónoma de Buenos Aires, 11 de junio de 2007.

[351] Véase "La droga en las villas: despenalizada de hecho", Equipo de Sacerdotes para las Villas de Emergencia, Ciudad Autónoma de Buenos Aires, 25 de marzo de 2009. En uno de sus párrafos, el documento indica:

La respuesta al documento fue la amenaza al padre "Pepe" Di Paola en el ingreso a la Villa 21-24 Zabaleta, en la noche del 20 de abril. Alguien que desapareció al instante le dijo: "Rajá de acá, vas a ser boleta una vez que esto de la droga deje de ser tema en la televisión. Ya te la tienen jurada". Un día después Di Paola fue a ver al cardenal y acordaron la difusión del hecho. Bergoglio lo reveló en las escalinatas de la Catedral durante su homilía por la Educación.

> Una veintena de sacerdotes de esta Arquidiócesis acaba de hacer público una reflexión, un documento sobre este gravísimo problema: la droga. Pero esto no es una cuestión de estos sacerdotes; es una cuestión de todos nosotros: es una cuestión mía y de todos los obispos auxiliares que apoyamos esa declaración. Porque tenemos que defender la "cría" (perdonen la palabra) y a veces este mundo de las tinieblas nos hace olvidar de ese instinto de defender la cría. Y como esas tinieblas son poderosas, en el día de ayer uno de los sacerdotes firmantes de ese comunicado fue amenazado. Sabemos que estas amenazas no son chaucha y palitos... No sabemos en qué van a terminar. ¡Pero vos hablás! Denunciás una ti-

---

"La droga está despenalizada de hecho. Se la puede tener, llevar, consumir sin prácticamente ser molestado. Habitualmente ni la fuerza pública ni ningún organismo que represente el Estado se mete en la vida de estos chicos que tienen veneno en sus manos. (...) La destrucción pasó como un ciclón por las familias, donde la mamá perdió hasta la plancha porque su hijo la vendió para comprar droga. Estas familias deambularon por distintas oficinas del Estado sin encontrar demasiadas soluciones año a año. Toda la vida queda golpeada porque su hijo está todo el día en la calle consumiendo. Asombra ver a ese niño que fue a catecismo, que jugaba muy bien al fútbol dominguero, hoy 'está perdido'. Causa un profundo dolor ver cómo esa niña que iba a la escuela hoy se prostituye para fumar 'paco'. La despenalización de hecho generó inseguridad social".

niebla que es ofrecida por los mercaderes de las tinieblas en las puertas mismas de los lugares donde están los chicos y te viene una amenaza.[352]

También se especulaba que el cardenal, que circulaba por la ciudad en transporte público sin custodia, podía ser objeto de un atentado. Un correo electrónico anónimo dio una alerta y la policía le cedió un chaleco antibalas como protección, que el cardenal usó en algunas homilías fuera de la Catedral, pero luego le resultó incómodo y lo regaló. "Si me quieren matar, que me maten", dijo a la policía.[353]

El proyecto de ley de Matrimonio Igualitario: las vísperas de una batalla decisiva

Mientras daba fuerza a su mensaje pastoral, por debajo de la escena Bergoglio intentaba consensuar posiciones eclesiásticas en torno al proyecto de ley de matrimonio homosexual, impulsado por el oficialismo. No era tarea fácil.

El gobierno colocó el proyecto en su política de la ampliación de derechos civiles, y uno de ellos eran los de las minorías sexuales.

A lo largo de la década, se había aprobado la unión civil en Buenos Aires en 2002 —fue la primera ciudad en América Latina—, y ese año el Congreso aprobó la ley de educación sexual, de carácter nacional, que luego fue sancionada en las provincias. En 2007, el Código Civil eliminó

---

[352] Véase Homilía del cardenal Jorge Mario Bergoglio SJ por la Educación en la Catedral metropolitana en www.aica.org, 22 de abril de 2009.

[353] Entrevista a Federico Wals. Véase también www.infobae.com, 13 de diciembre de 2014.

la distinción entre hombre y mujer para contraer matrimonio. Lo reemplazaba por "contrayentes". En 2009, una jueza porteña declaró la inconstitucionalidad del Código Civil y autorizó el matrimonio a una pareja de hombres. Bergoglio cuestionó al jefe de Gobierno Macri por no apelar la sentencia: "Corresponde al mandatario del Ejecutivo tomar todas las medidas para que haya certeza de la legalidad del acto, que en este caso no la hay, y de allí surge la obligación de apelar. Esto constituye un signo de grave ligereza y sienta un serio antecedente legislativo para nuestro país y para toda Latinoamérica".

Era la primera vez que el cardenal se manifestaba en forma directa sobre un dirigente.[354]

La falta de apelación alteró al cardenal como pocas veces se lo vio en su oficina de la curia porteña. Una reunión posterior con Macri en el Arzobispado no logró modificar la decisión de no apelar. "Yo soy católico, pero en este caso me corresponde representar a toda la ciudadanía en la defensa

---

[354] Véase www.perfil.com, 24 de noviembre de 2009. El jefe de Gobierno Macri estaba dispuesto a apelar el fallo que autorizaba el matrimonio a una pareja de hombres. El Procurador de la Ciudad ya la había redactado. Pero su secretario de Gobierno, Marcos Peña, le explicó que la no apelación podría ser un buen antecedente para seducir al progresismo y ampliar la base electoral del PRO. Macri escuchó su opinión y no apeló. "Siento que esto es un paso adelante. Hay que aprender a vivir en libertad sin vulnerar los derechos de los otros. Es el derecho de la gente a ser feliz en base a sus propias decisiones. Tenemos que convivir, aceptar que el mundo va en esta dirección", y auguró a la pareja que "fueran felices", en un video que grabó y subió al sitio oficial de la Ciudad. Su gobierno ya había manifestado apoyo a la creación de hoteles gay *friendly*. Los declaró de "interés turístico y económico". Durante su gobierno, la Legislatura porteña instituyó el 17 de mayo como Día de Lucha contra la Discriminación por Orientación Sexual e Identidad de Género.

de las libertades individuales", afirmó el jefe de Gobierno. Bergoglio se sintió decepcionado.[355]

Macri, junto con Gabriela Michetti, Eduardo Duhalde y Elisa Carrió, eran sus interlocutores aliados en la confrontación contra el kirchnerismo, aunque no tenía demasiada confianza en él. Lo consideraba un dirigente pragmático, de origen empresario, que haría lo que indicaran las encuestas, por encima de sus convicciones. Podría verlo en la primera fila del tedeum en la Catedral, pero estaría más atento a los mensajes de la sociedad, según la traducción que hicieran sus

---

[355] Véase *La Nación*, 25 de noviembre de 2009. Por su parte, el Arzobispado, con la firma de Bergoglio y sus obispos auxiliares, sentó su postura frente al matrimonio homosexual. Bergoglio lo planteaba como una "deformación": "La crisis de valores que afecta hoy a nuestra sociedad hace olvidar que el origen mismo de la palabra 'matrimonio' se remonta a disposiciones ancestrales del Derecho Romano donde la palabra 'matrimonium' se vinculaba al derecho de toda mujer a tener hijos reconocidos expresamente en el seno de la legalidad. La palabra 'matrimonio' alude, justamente, a esa calidad legítima de 'madre' que la mujer adquiere a través de la unión matrimonial. Con frecuencia se ha intentado asociar erróneamente el término 'matrimonio' con el sacramento católico del mismo nombre, sin tener en cuenta que el vocablo, y la realidad que quiere expresar, fue consagrado por el Derecho Romano muchísimo antes de que el cristianismo apareciese en la historia de la humanidad. (...) Firmar la heterosexualidad del matrimonio no es discriminar, sino partir de una nota objetiva que es su presupuesto". Véase www.aica.org, 16 de noviembre de 2009. Poco después, cuando una jueza civil declaró nulo el casamiento horas antes de la ceremonia, el gobierno porteño apeló a la Corte Suprema en la decisión. Finalmente, la pareja se casó en el registro civil de Ushuaia, Tierra del Fuego. En mayo de 2010, el gobernador de la provincia de Buenos Aires, Daniel Scioli, tampoco rechazó el fallo judicial que declaró inconstitucional los artículos 172 y 18 del Código Civil y autorizó el casamiento entre dos mujeres. El arzobispo de La Plata lo declaró una "anomalía jurídica y social". Véase Bimbi, Bruno, *Matrimonio igualitario. Intrigas, tensiones y secretos en el camino hacia la ley*, Buenos Aires, Planeta, 2010, p. 416.

asesores, que a lo que dijera la Iglesia. El cardenal no tenía afinidad política con él. No la había tenido cuando apoyó la candidatura de Telerman en la Ciudad en desmedro de la suya, ni la tendría cuando, en sus homilías, La Alameda colocaba los carteles de la empresa familiar de su futura esposa Juliana Awada, denunciada por "trabajo esclavo".

En 2008, Bergoglio había logrado torcer la voluntad de Macri; sus presiones al interior del PRO lo había obligado dar marcha atrás en un acuerdo con el kirchnerismo —entre Nación y Ciudad— en el negocio del juego, que hubiera podido llegar a duplicar la percepción de ingresos por regalías para el presupuesto del año 2009. Pero ahora Macri actuaba por afuera del consejo eclesial e irritaba al cardenal.[356]

La negativa a la apelación del fallo que admitía el casamiento entre dos personas del mismo sexo no implicaba, por parte de Macri, un desafío abierto a la figura de Bergoglio, como podría ser la intención de Kirchner en su duelo con el cardenal. Pero afectaba de manera directa a la doctrina de la Iglesia. El fallo abría el camino a la discusión de la ley de matrimonio homosexual, o "matrimonio igualitario", en el Congreso, donde ya existían dos proyectos.

Fue la mayor batalla que libró Bergoglio contra el laicismo en su carrera eclesiástica.[357]

---

[356] Entrevista a Fernando Sánchez. Sobre el acuerdo frustrado Kirchner-Macri sobre el juego, véanse Larraquy, Marcelo, *Recen por él, op. cit.*, pp. 215-219, y "Macri rechazó el convenio por el juego", *La Nación*, 19 de diciembre de 2008.

[357] El cardenal Bergoglio había canalizado el *lobby* en oposición al proyecto de ley de matrimonio homosexual con la diputada Gabriela Michetti, reconocida por su catolicismo. Se molestó con ella por no haberse anticipado con la presentación de otro proyecto, de "unión civil", que funcionara como bloqueo al de "matrimonio homosexual". Entrevista a Federico Wals. Las diferencias entre matrimonio homosexual y unión civil eran sustanciales. Entre otros aspectos, la unión civil no reconocía el derecho a

La unión civil, el mal menor

La CEA fue el ámbito de discusión de los obispos argentinos para delinear la cruzada contra el matrimonio homosexual. Le correspondía a Bergoglio conducir ese debate interno y acordar una estrategia común. Sus pares lo reconocían como puntilloso y metódico en el desarrollo de las asambleas plenarias, buen organizador y con espíritu democrático para ceder la palabra y atender la diversidad de posiciones. En El Cenáculo, la Casa de Retiros Espirituales de la CEA en Pilar, el cardenal tomaba notas de cada exposición del segmento de Palabra Libre, en el que podrían hablar hasta treinta o cuarenta obispos. Resumía los temas y consultaba cuáles se debían seleccionar. Siempre recomendaba algún texto de la Iglesia para respaldarlo y luego derivaba sus notas a la comisión redactora para iniciar la elaboración del documento episcopal. Una vez redactado el primer borrador, volvía a ser debatido en la asamblea, que le realizaba modificaciones, quitas o agregados. Mientras en la pausa de trabajo la mayoría de los obispos se retiraba a sus cuartos para descansar y otros aprovechaban el momento de distensión para jugar al tenis, Bergoglio se quedaba en la mesa con algún obispo de una región lejana, con ánimo servicial, para escucharlo.

Al quinto año de mandato —había renovado la titularidad del cuerpo episcopal en 2008—, los obispos ya sabían cómo pensaba el cardenal en el tratamiento de los temas. Lo que no podían entrever era qué jugada tenía reservada, quiénes serían sus aliados, por qué carril la llevaría, cuándo

---

la adopción ni era universal. Contemplaba la herencia solo si había testamento, y no admitía el vínculo legal con los hijos previos a los contrayentes.

y de qué modo la expondría sobre la mesa de la asamblea. Eso siempre resultaba un enigma, quizá también para él mismo: las decisiones importantes las tomaba en la oración, de acuerdo a la voluntad de Dios.

Raras veces Bergoglio intentaba imponer un tema, aunque por debajo de la mesa, siempre contaba con obispos con los que acordaba posiciones previas. Aun así, los obispos concluían la asamblea con la sensación de que el documento final de la CEA contenía el pensamiento de la mayoría, que también era el de Bergoglio. Su objetivo siempre era que se votara por unanimidad.[358]

Sobre la base de su experiencia de conducción episcopal, el cardenal creía que, frente a la "amenaza" de la ley de matrimonio homosexual, la CEA debía unificarse detrás de una posición moderada. La sociedad vivía momentos de sensibilidad por el enfrentamiento político y habría que optar por el mal menor: aceptar un proyecto de ley de unión civil a nivel nacional como forma de rechazo al de matrimonio homosexual, aun cuando con esta posición los colocara en la otra vereda de Roma. En 2003, la Congregación para la Doctrina de la Fe, con la firma del prefecto Ratzinger, se había opuesto "a la aprobación del comportamiento homosexual" y "a la legalización de las uniones homosexuales".[359]

El oponente de Bergoglio en la CEA fue Aguer.

El arzobispo de La Plata, con su estilo apodíctico, de imposición, lideraba las opiniones de obispos que exigían un rechazo explícito a los dos proyectos. Para ellos, en la unión de dos personas del mismo sexo, por la modalidad

---

[358] Entrevista a Jorge Casaretto.

[359] Véase "Consideraciones acerca de los proyectos de reconocimiento legal de las uniones entre las personas homosexuales", www.vatican.va, 31 de julio de 2003.

legal que fuese, se definía el futuro del matrimonio y la familia, y la iglesia no podría ignorarlo ni ceder posiciones doctrinales por un cálculo sociológico o político.

Las dos posiciones, la que aceptaba la unión civil como el "mal menor", de Bergoglio, y la que jugaba a suerte y verdad su oposición al matrimonio homosexual, de Aguer, fueron debatidas con los obispos de todo el país en la CEA. No hubo consenso. Los obispos debían elegir una u otra. Fue la única votación que Bergoglio perdió como titular del cuerpo episcopal.[360]

Con la mayoría episcopal, en los meses previos al debate parlamentario, Aguer volvió a agitar un escenario de caos y "pánico moral" como veinte años antes lo había sostenido la Iglesia frente al divorcio vincular, cuando se asociaba la sanción de la ley con la delincuencia juvenil, la drogadicción o los suicidios. Aguer quería gestos explícitos: la movilización de la comunidad católica, de todos los obispos, como

---

[360] Véase Rubín, Sergio, "La Iglesia puso todo en juego", *Clarín*, 14 de julio de 2010. Dos legisladoras, la diputada Cynthia Hotton (PRO), del integrismo católico, y la senadora Liliana Negre de Alonso (PJ-Federal), relacionada con el Opus Dei, trabajaban contra el proyecto de matrimonio igualitario. Encolumnaron en el rechazo a federaciones evangelistas y pentecostales, en acuerdo con el Episcopado local. En mayo de 2010, se iniciaron las movilizaciones de asociaciones religiosas pro-vida en el Congreso, que incluía el aborto. Reclamaron un plebiscito nacional. Véase *Clarín*, 31 de mayo de 2010. Frente al arco iris de las banderas universales de las agrupaciones que sostenían el matrimonio igualitario, los grupos religiosos que lo rechazaban se identificaron con una bandera naranja, que simbolizaba el blanco y amarillo de la bandera papal y la sangre de los "bebés martirizados". Véase Felitti, Karina, "Estrategias de comunicación del activismo católico conservador frente al aborto y el matrimonio igualitario en la Argentina", *Sociedad y Religión*, vol. 21, nº 34-35, Instituto Interdisciplinario de Estudios de Género, FFyL-UBA /CONICET, Ciudad Autónoma de Buenos Aires, enero/junio 2011.

lo había hecho España en 2005, a diferencia de Bergoglio, que había preferido no agitar la escena política. Pero ambos, por andariveles separados, hacían *lobby* en el Congreso para evitar el proyecto. Bergoglio continuó con su idea de que se expusiera en el recinto el proyecto de unión civil para hacer caer el de matrimonio homosexual. Aguer, en cambio, prefería que si el matrimonio homosexual ingresaba al recinto, fuera derrotado. Había confiado en la pericia de su obispo auxiliar Antonio Marino, que hacía *lobby* en el Senado, mientras anticipaba los futuros males que recaerían sobre la sociedad, en caso que la ley se aprobara.[361]

En un principio, el gobierno nacional había otorgado "libertad de conciencia" a sus legisladores, pero luego comenzó a presionarlos para la aprobación del proyecto. Pese a que era una iniciativa oficial, no todo el bloque peronista estaba decidido a votarlo. Los legisladores se debatían entre su conciencia católica y la fidelidad partidaria. Y tenían presiones de ambos lados: de los obispos y de sus jefes políticos.

Más que una lucha por una ampliación de derechos civiles o la defensa de las minorías sexuales, Néstor Kirchner vivía la posibilidad de la aprobación de la ley como el golpe de gracia, el definitivo, contra el cardenal.

Bergoglio había encarnado la figura del más hábil y aguerrido enemigo de su gobierno y el de su esposa Cristina Kirchner, junto con el Grupo Clarín y las corporaciones agrarias, e incluso, por algunos momentos, la Corte Suprema, por sentencias que habían complicado a ambos gobiernos. Pero su duelo con Bergoglio era el más personal de todos.

---

[361] En la previsión de posibles daños que causaría la ley, el obispo auxiliar de La Plata Antonio Marino argumentaba que "las parejas gay" eran efímeras —"tienen hasta quinientas parejas en toda la vida" e incluso "treinta veces más violentas" que las heterosexuales—. Véase *Página/12*, 7 de julio de 2010.

Kirchner había sido electo en las elecciones legislativas de 2009 y, tras la jura como diputado, había asistido una sola vez a una sesión del Congreso: para el debate de la ley de matrimonio homosexual en la Cámara baja. Entonces, con su voto, el 5 de mayo de 2010, el proyecto fue aprobado por 126 votos contra 109 y pasó a la Cámara alta para que se debatiera y votara.

Kirchner no aceptaría una derrota.

Había dejado trascender que evaluaba el apoyo a un proyecto que le quitaría a la iglesia su rol de persona jurídica de carácter público, que justificaba millonarios subsidios del Estado a la educación católica, sueldos a obispos correspondientes a la categoría de jueces y otros beneficios y erogaciones en favor de la jerarquía episcopal y la comunidad católica, si los senadores rechazaban la media sanción de la ley.[362]

Kirchner no atendía impedimentos con fundamentos doctrinales o morales. La ley era un desafío de poder. La ley era su guerra.

Bergoglio mantenía el bajo perfil. Confiaba en el éxito de la estrategia de la senadora del PJ-Federal Negre de Alonso —su bastión pro-vida en el Congreso— que intentaba transformar la ley de matrimonio homosexual, que ya habían aprobado en Diputados, en una ley de unión civil, según el dictamen que preparaba en comisión para ponerlo a votación en el Senado. La paz sobre el debate se alteró cuando se conoció una carta que el cardenal envió a las monjas carmelitas de cuatro monasterios de clausura, fechada el 22 de junio. Las monjas le habían escrito angustiadas por la posibilidad de que se aprobara la ley. El cardenal les respondió:

---

[362] Véase "Matrimonio gay: Kirchner no llega con los votos y estudia desfinanciar a la Iglesia", www.lapoliticaonline.com, 12 de julio de 2010.

> El pueblo argentino deberá afrontar, en las próximas semanas, una situación cuyo resultado puede herir gravemente a la familia. (...) Aquí está en juego la identidad y la supervivencia de la familia: papá, mamá, hijos. Está en juego la vida de tantos niños que serán discriminados de antemano privándolos de la maduración humana que Dios quiso que se diera con un padre y una madre. Está en juego un rechazo frontal a la ley de Dios, grabada además en nuestros corazones. (...) Aquí también está la envidia del Dominio, por la que entró el pecado en el mundo, que arteramente pretende destruir la imagen de Dios: hombre y mujer que reciben el mandato de crecer, multiplicarse y dominar la tierra. No seamos ingenuos: no se trata de una simple lucha política; es la pretensión destructiva al plan de Dios. No se trata de un mero proyecto legislativo (este es solo el instrumento) sino de una "movida" del padre de la mentira que pretende confundir y engañar a los hijos de Dios. (...) Miremos a San José. A María, al Niño y pidamos con fervor que ellos defiendan a la familia argentina en este momento. Recordémosle lo que Dios dijo a su pueblo en un momento de mucha angustia: "esta guerra no es vuestra sino de Dios". Que ellos nos socorran y acompañen en esta guerra de Dios. Gracias por lo que harán en esta lucha por la Patria. Y, por favor, les pido también que recen por mí.

La carta de Bergoglio se publicó el 8 de julio, una semana antes de la votación. Sirvió de alivio a los católicos tradicionalistas, pero se ganó el repudio de la sociedad secular y condujo al extremo la lógica confrontativa en el Parlamento en torno a la ley.

Algunos interpretaron que la carta reflejaba el rostro verdadero del cardenal, un eclesiástico medieval y oscurantista, que mientras con piel de cordero proclamaba diálogo y concordia, lanzaba una retórica incendiaria, con amenazas bíblicas, frente al debate plural y democrático en el Parlamento.

¿Este era el pensamiento real del cardenal?

¿O era una carta personal destinada a consolar a un grupo de religiosas, pero que no esperaba que se publicase? ¿O en su certeza de que la carta sería filtrada, se decidió a dar un mensaje a la Santa Sede para demostrarle que si necesitaban un catolicismo integrista, un custodio ultramontano de la doctrina, él podía serlo, y aún mejor que Aguer?

El delicado equilibrio entre la dimensión social y la doctrina

La carta de Bergoglio preocupó a La Alameda.

Dos días antes de la votación decisiva en el Senado, estaba previsto que el cardenal diera misa por las víctimas de la trata de personas en el hall central de la estación Constitución. Sería su primera aparición pública después de la carta. El Facebook de la Fundación estallaba de insultos a Bergoglio y al propio Vera.

Vera habló con el cardenal.

—Mirá, Jorge —le explicó—, nos putearon de todos lados. En la misa tratemos de circunscribirnos al tema de trata de personas…

A Vera le preocupaba la seguridad en Constitución. Temía que se generaran provocaciones. Organizaron un operativo con varios cartoneros del MTE para hacer ingresar al cardenal por la calle del costado de la estación. Esa misma tarde tuvieron que salir a parar a un grupo que estaba en las inmediaciones, dispuesto a interrumpir la misa con insultos y disturbios. La nave central de la estación hervía: había periodistas, canales de televisión en vivo que esperaban que el cardenal expresara su posición pública frente al debate de la ley de matrimonio homosexual. No alcanzaba solo su pluma. Había gente de paso, de regreso a su casa, mujeres y hombres víctimas de la explotación sexual y laboral, familias de inmigrantes, había fieles de las parroquias villeras junto a sus curas. A muchos, quizás a la mayoría, Bergoglio los conocía. Había escuchado sus historias en las homilías, les había ofrecido su palabra, también alojamiento, algún trabajo o comida.

La doble esfera de su ministerio, que navegaba entre dimensión social de la "Iglesia en salida" hacia las "periferias existenciales" y la defensa doctrinal, entraba en un punto de fricción.

El cardenal separó los territorios:

> ¡En esta Ciudad hay muchos esclavos! Esto lo dije el año pasado y el anteaño y lo vuelvo a decir este. Y hay esclavos que los fabrican estos señores que tienen en sus manos el manejo de la trata de los talleres clandestinos, el manejo de la trata de las chicas en situación de prostitución, el manejo de la trata de los cartoneros... ¡son verdaderas mafias! Que agarran a los sencillos, a los que no conocen la Ciudad, a los menores y los meten en esta picadora de carne... para muchos nuestra Ciudad es una picadora de carne que los hace bolsa porque destroza sus vidas y les quiebra la voluntad. Anteanoche una pobre chica sacada de un prostíbulo en el que se la obligaba a someterse, fue internada en terapia intensiva en uno de nuestros hospitales porque para quebrarle la voluntad la emborracharon y le dieron psicofármacos y entró en estado de coma... ¡Eso pasa en esta Ciudad! ¡Esto hacen estas grandes mafias de señores muy elegantes! Que quizá comen en restaurantes de Puerto Madero pero su dinero está manchado con la sangre, ¡con la carne del hermano! ¡Son los esclavizadores! (...) Esta Ciudad está llena de hombres y mujeres, de chicos y chicas apaleados al borde del camino, apaleados por esta organización u organizaciones que los van corrompien-

do, quitando la voluntad, destrozando incluso con la droga, y después los dejan tirados al borde del camino. Por eso digo que esta Ciudad es una fábrica de esclavos y picadora de carne; por eso digo que en esta Ciudad se ofrecen sacrificios humanos en honor del bienestar de pocos que nunca dan la cara y que siempre salvan el pellejo... quizá por esa receta tan porteña y tan nuestra que se llama la "coima". A fin del año pasado califiqué a la Ciudad como "coimera" porque si no existiera esta no se podrían encubrir estas mafias que sacrifican vidas humanas y que someten a la esclavitud, quitándoles la voluntad a sus hombres, sacrificando a sus hijos... (...) No nos hagamos los distraídos y señalemos dónde están los focos de sometimiento, de esclavitud, de corrupción, donde están las picadoras de carne, los altares donde se ofrecen esos sacrificios humanos y se les quiebra la voluntad a las personas.

Dos días después de la homilía en Constitución, más de treinta mil católicos y evangelistas, que movilizaron escuelas, universidades, templos y parroquias, se manifestaron en el acto convocado en la Plaza del Congreso en contra de la sanción de la ley en el Senado.

En la marcha se leyó una carta que Bergoglio había enviado a Justo Carbajales, director del Departamento de Laicos de la CEA, con un tono más moderado que el de la epístola a las monjas. Como si tuviese un discurso para las carmelitas, en el que hablaba del demonio, y otro para el laicado y la sociedad, en el que podía expresar el "retroceso antropológico" que significaría la aprobación de la ley.

El matrimonio precede al Estado, es base de la familia, célula de la sociedad, anterior a toda legislación y anterior a la misma Iglesia. De ahí que la aprobación del proyecto de ley en ciernes significaría un real y grave retroceso antropológico. No es lo mismo el matrimonio (conformado por varón y mujer) que la unión de dos personas del mismo sexo. Distinguir no es discriminar sino respetar; diferenciar para discernir es valorar con propiedad, no discriminar. En un tiempo en que ponemos énfasis en la riqueza del pluralismo y la diversidad cultural y social, resulta una contradicción minimizar las diferencias humanas fundamentales. No es lo mismo un padre que una madre. No podemos enseñar a las futuras generaciones que es igual prepararse para desplegar un proyecto de familia asumiendo el compromiso de una relación estable entre varón y mujer que convivir con una persona del mismo sexo.[363]

Un día antes del debate, no había pronóstico seguro que pudiera proyectar el resultado de la votación. Muchos senadores no hacían público su voto, otros se declaraban indecisos. El pulso de la votación estaba indefinido. Pero Kirchner aprovecharía la carta de Bergoglio a las monjas para alinear a su tropa detrás de la fe partidaria antes que con Bergoglio, identificado como enemigo. En la madrugada del 15 de julio de 2010 la ley de matrimonio igualitario fue sancionada en el Senado por 33 votos afirmativos contra 27 negativos.[364]

---

363 Véase www.arzbaires.org.ar, 5 de julio de 2010.

364 La carta del cardenal Bergoglio a las monjas de clausura tuvo un efecto negativo sobre los senadores y fue considerada un factor casi decisivo para la aprobación de la ley de matrimonio homosexual. Véase De Vedia, Mariano, "La carta de Bergoglio: un error estratégico", *La Nación*, 16 de julio de 2010. Unos años después, en su regreso del viaje a México en febrero de 2016, el Papa comentaría que algunos parlamentarios católicos prefirieron votar la ley de matrimonio homosexual para darle el voto a Kirchner y perjudicarlo a él. "Eso no es tener una conciencia católica formada", refirió el Papa. Véase www.vaticaninsider.it, 18 de febrero de 2016.

El Arzobispado: final de cuentas

El enfrentamiento de Bergoglio con el gobierno argentino se atenuó a partir de la prematura muerte de Néstor Kirchner, luego de tres meses de su batalla por la ley de matrimonio homosexual, en octubre de 2010.

Habían sido adversarios durante siete años, ambos con un manejo personalísimo del poder, cada uno desde sus esferas. Pero competían entre sí. Tenían visiones diferentes de cómo se debía reconstruir la sociedad civil después de la crisis de 2001. Kirchner tomó parte del programa de reformas del "Diálogo Argentino", que había patrocinado la Iglesia, pero rompió cualquier sesgo de continuidad y las presentó como parte de un proyecto político fundacional que buscaba el compromiso de la mayoría y enfrentaba a la minoría que se opusiera. Entre sus opositores estaba el cardenal, un obstáculo casi insalvable para la imposición de una concepción de poder que excluía el diálogo y el consenso. Instalado en la vereda de enfrente, Bergoglio ejerció una interferencia casi constante en la vida política y no quiso acallar su voz. Le subía el tono en las homilías.

Pero el conflicto era, sobre todo, un problema de competencia entre un líder político y otro líder religioso con impronta política, que habían crecido en el mismo universo de ideas —el ancho universo del peronismo—, y que se disputaban la representación de una realidad que exigía un único liderazgo.[365]

---

[365] Tras la muerte de Kirchner, mientras miles de personas lo despedían en el funeral de la Casa Rosada, Bergoglio dio la "Misa de sufragio del Dr. Néstor Kirchner" en la Catedral. "Este hombre cargó sobre su corazón, sobre sus hombros y sobre su conciencia la unción de un pueblo. Un pueblo que le pidió que este condujera. Sería una ingratitud muy grande de ese pueblo, esté de acuerdo o no con él, que olvidara que

La aprobación de la ley de matrimonio homosexual le dejó heridas abiertas en la Santa Sede. La corriente episcopal moderada, que había tutelado durante dos mandatos, no había sabido contener el avance laicista en Argentina. No, al menos, de la manera que esperaba Roma.

¿Qué sucedería, después de la promulgación de la ley de matrimonio igualitario, con los nuevos desafíos que promovían organizaciones civiles, que hacían campaña por el aborto legal y lo presentaban como "una deuda de la democracia"; o los nuevos protocolos para el "aborto no punible" para la interrupción del embarazo, que no requerían de autorizaciones judiciales, o el proyecto de ley de fertilización asistida, que en 2010 ya había sido sancionada por la Legislatura porteña y ofrecía tratamiento gratuito en los hospitales públicos, o la liberalización de todos los métodos anticonceptivos o la eutanasia?

No faltaba mucho para que se jubilara.

En diciembre de 2011 finalizaba su mandato en la titularidad del cuerpo episcopal argentino. Ese mismo mes cumplía 75 años y debía presentar su renuncia formal al Arzobispado de Buenos Aires, como indica el Derecho Canónico. La CEA eligió a monseñor José María Arancedo, titular del Obispado de Santa Fe, como su reemplazo. Se mantenía la línea moderada, pero los obispos perdían la resonancia que ofrece la Arquidiócesis más importante de Argentina, y también perdían el poder de su voz política, que había perturbado al kirchnerismo.

---

este hombre fue ungido por la voluntad popular. Todo el pueblo, en este momento, tiene que unirse a la oración por quien asumió la responsabilidad de conducir. Las banderías claudican frente a la contundencia de la muerte y las banderías dejan su lugar a las manos misericordiosas del Padre", dijo. Véase www.arzbaires.org.ar, 27 de octubre de 2010.

Antes de irse de la Catedral, Bergoglio debía ordenar otra vez las cuentas con Roma.

En el balance final, en el control de la curia porteña y de su liderazgo en la iglesia local, la brisa moderada y progresista de su apostolado había sufrido una suerte desigual en su defensa de los valores doctrinarios.

Bergoglio incursionó, como pocos lo habían hecho antes, en las reglas del juego político y usó su poder eclesiástico para persuadir o contradecir a otros poderes de la vida institucional del país. A veces había logrado aplacar o postergar el avance laicista de la sociedad, representado con debates, leyes o decretos, con presiones a legisladores y políticos, pero nunca había querido colocar la doctrina en el centro de su ministerio, para que no absorbiera la atención de otros temas. Había preferido guiarse con la TdP, en la piedad popular, antes que con la teología tradicional. Había preferido una iglesia que saliera hacia las periferias —"si nosotros salimos la gente entra", explicaba—, antes que poner el dedo en la llaga para expedirse en temas morales espinosos. Y en distintos acontecimientos, como Cromañón, la amenaza del narcotráfico al padre "Pepe" o en la protección a testigos que declaraban contra la trata de personas, había denunciado la punta de un iceberg.

Roma y los grupos conservadores locales consideraba su defensa de la doctrina como una debilidad de su ministerio, y cuando lo asediaron y de alguna manera lo obligaron a elevar la voz y marcar una posición más rígida, Bergoglio lo hizo con intervenciones desentonadas.

La ley de matrimonio homosexual había sido su derrota doctrinal más acabada y dolorosa, que había signado el avance laicista durante su cardenalato.

Quedaba en juego la Arquidiócesis de Buenos Aires.

Bergoglio había logrado retenerla no sin esfuerzo frente a distintas variantes del ataque de la "Línea Roma", que incluía también al nuncio apostólico, monseñor Adriano Bernardini, una sombra proyectada durante la mayor parte de su administración en el Arzobispado. Si la Santa Sede había pretendido incomodarlo desde la Nunciatura, lo había logrado. Bergoglio solo obtuvo cierto respiro cuando el cardenal Angelo Sodano se alejó de la Secretaría de Estado.

Ahora, la Catedral de Buenos Aires quedaba vacante.

En febrero de 2011, Benedicto XVI recibió al cardenal cuando ya no detentaba el mando de la iglesia local. Bergoglio le habría presentado una lista de posibles sucesores.[366]

Aunque no era seguro que el cardenal pudiera imponer un heredero en la Catedral, si se tenía en cuenta que monseñor Víctor Manuel Fernández, al que había designado como rector de la UCA en 2009, permanecía a la espera de la aceptación de Roma para la jura formal. Algunas críticas anónimas de sectores conservadores locales habían llegado a la Congregación para la Doctrina de la Fe, que ni siquiera aceptaba escuchar las explicaciones de monseñor Fernández, y debía permanecer en su puesto en el Rectorado de la UCA sin la confirmación pontificia.[367]

---

[366] Véase Mardones, Claudio, "Bergoglio comenzó a negociar en el Vaticano el nombre de su sucesor", *Tiempo Argentino*, 25 de febrero de 2012. El artículo especuló con la posibilidad del fin del Papado, un año antes de la renuncia de Ratzinger. "El cardenal Jorge Bergoglio ya sabe que en la Santa Sede soplan nuevos vientos de cambio y que este año podría terminar con un nuevo Papa", indica el texto.

[367] Para las peripecias para su confirmación como rector de la UCA, véase el relato de Víctor Manuel Fernández, en *Vida Pastoral*, nº 318, junio de 2013. Monseñor Fernández logró la confirmación de la Congregación para la Educación Católica, uno de las nueve congregaciones de la curia romana, para el Rectorado de la UCA pocos meses después de que Bergoglio fuera designado Pontífice.

Quizá la relación de respeto mutuo con Benedicto XVI le permitiera llegar a un consenso sobre su sucesor, aunque no lo sabía. Su heredero podría provenir de la mayoría moderada de la CEA o, en un golpe de timón, podría girar hacia el grupo conservador de la "Línea Roma", que anhelaba la Catedral con la sed de un lobo, y poner bajo su órbita a una Arquidiócesis que contaba con 6 obispos auxiliares, 420 sacerdotes, 200 parroquias, 300 colegios y la UCA para orientar la fe de varios millones de fieles.

La "infantería" de Bergoglio, con agentes pastorales que salían de la parroquia en busca de excluidos, como indicaba el documento de la Conferencia de Aparecida, había sido aceptado por Roma. Pero el documento conclusivo del CELAM fue ignorado por la iglesia europea y también por la curia romana. En 2012, ni siquiera había sido traducido al italiano. Pocos imaginarían que luego se convertiría en la palanca para el cambio de poder de la Iglesia Universal, y que comenzaría a circular con avidez entre obispos y cardenales que intentaban entender a Bergoglio cuando hablaba de "reconversión pastoral".

La renuncia de Benedicto XVI: un viaje a Roma con pasaje de ida

Durante todo el año 2011 empezó a hacer las valijas, a ordenar su despacho, a regalar libros en villas y escuelas, a bajar cuadros y a mandar objetos y papeles a las bolsas de basura. Incluso una imagen en la que se lo veía con Benedicto XVI en el Vaticano fue salvada por pedido de su secretario, que logró conservarla.

En el año 2012 se mantuvo a la espera de la confirmación pontificia de su renuncia al Arzobispado, mientras trabajaba los textos para la edición de un libro de reflexiones y meditaciones en retiros espirituales que había dirigido a obispos de España, que denominaría *Mente abierta, corazón creyente*, y para el futuro prometía predicar retiros espirituales en las diócesis de los obispos argentinos que lo invitaran.

Por lo pronto, las hermanas que cuidaban el Hogar de Sacerdotes ancianos, en Condarco 581, en Flores, a pocas cuadras de la casa de Membrillar, donde había vivido hasta ingresar al seminario, ya estaban preparadas. Conviviría junto con otros 28 sacerdotes que ya conocía. Los visitaba en Navidad o los Domingos de Pascua de Resurrección, cuando llegaba con una botella de licor para compartir después del almuerzo. "Agua bendita", anunciaba.[368]

Y mientras seguía esperando, y habían pasado casi dos veranos en la espera, el 11 de febrero de 2013, Benedicto XVI renunció al Pontificado.[369]

Casi dos semanas después viajó a Roma para integrarse al Colegio de Cardenales. Se hospedó, como era habitual,

---

[368] Véase *La Gaceta*, 16 de marzo de 2013.

[369] En un extracto de su renuncia, Benedicto XVI afirmó: "Después de haber examinado ante Dios reiteradamente mi conciencia, he llegado a la certeza de que, por la edad avanzada, ya no tengo fuerzas para ejercer adecuadamente el ministerio cetrino. Soy muy consciente de que este ministerio, por su naturaleza espiritual, debe ser llevado a cabo no únicamente con obras y palabras, sino también y en no menor grado sufriendo y rezando. Sin embargo, en el mundo de hoy, sujeto a rápidas transformaciones y sacudido por cuestiones de gran relieve para la vida de la fe, para gobernar la barca de San Pedro y anunciar el Evangelio, es necesario también el vigor tanto del cuerpo como del espíritu, vigor que, en los últimos meses, ha disminuido en mí de tal forma que he de reconocer mi incapacidad para ejercer bien el ministerio que me fue encomendado". Véase w2.vatican.va, 11 de febrero de 2013.

en el hotel del Clero Internacional de Via della Scrofa 70 y escribió cinco párrafos sobre su diagnóstico de la Iglesia Universal que leería en las jornadas de las Congregaciones Generales, en el Aula Pablo VI del Vaticano, en la antesala del Cónclave que elegiría al nuevo Pontífice.

Se hizo referencia a la evangelización. Es la razón de ser de la iglesia. —"La dulce y confortadora alegría de evangelizar" (Pablo VI)—. Es el mismo Jesucristo quien, desde adentro, nos impulsa.

1. Evangelizar supone celo apostólico. Evangelizar supone en la iglesia la parresia de salir de sí misma. La iglesia está llamada a salir de sí misma e ir hacia las periferias, no solo las geográficas, sino también las periferias existenciales: las del misterio del pecado, las del dolor, las de la injusticia, las de la ignorancia y prescindencia religiosa, las del pensamiento, las de toda miseria.

2. Cuando la iglesia no sale de sí misma para evangelizar deviene autorreferencial y entonces se enferma (cfr. La mujer encorvada sobre sí misma del Evangelio). Los males que, a lo largo del tiempo, se dan en las instituciones eclesiales tienen raíz de autorreferencialidad, una suerte de narcisismo teológico. En el Apocalipsis Jesús dice que está en la puerta y llama. Evidentemente el texto se refiere a que golpea desde fuera de la puerta para entrar... Pero pienso en las veces en que Jesús golpea desde adentro para que le dejemos salir. La iglesia autorreferencial pretende a Jesucristo dentro de sí y no lo deja salir.

3. La Iglesia, cuando es autorreferencial, sin darse cuenta, cree que tiene luz propia; deja de ser el *mysterium lunae* y da lugar a ese mal tan grave que es la mundanidad espiritual (según De Lubac, el peor mal que puede sobrevenir a la Iglesia). Ese vivir para darse gloria los unos a otros. Simplificando; hay dos imágenes de Iglesia: la Iglesia evangelizadora que sale de sí; la *Dei Verbum religiose audiens et fidenter proclamans*, o la Iglesia mundana que vive en sí, de sí, para sí. Esto debe

dar luz a los posibles cambios y reformas que haya que hacer para la salvación de las almas.

4. Pensando en el próximo Papa: un hombre que, desde la contemplación de Jesucristo y desde la adoración a Jesucristo ayude a la Iglesia a salir de sí hacia las periferias existenciales, que la ayude a ser la madre fecunda que vive de "la dulce y confortadora alegría de evangelizar".

Cualquier cardenal que hubiera leído el documento de Aparecida, o cualquiera que lo hubiera visto en la homilía en ese santuario mariano frente a los obispos, no hubiera dudado que el Papa que ayudara a la Iglesia a "salir de sí hacia las periferias existenciales" podía ser él mismo o algún latinoamericano que hubiera asimilado la esencia de ese documento, como herramienta de conducción de la Iglesia Universal en esta nueva etapa.

El miércoles 13 de marzo de 2013 salió al balcón de la Basílica San Pedro de cara a los fieles que lo esperaban bajo la lluvia en la Plaza. El cardenal Jean-Louis Tauran acababa de anunciarlo como *Eminentissimum ac Reverendissimum Dominum, Dominum Georgium Marium Sanctae Romanae Ecclesiae Cardinalem Bergoglio*, casi exactamente cuarenta años después de que fuera elegido Provincial jesuita. Ahora un nuevo gobierno, el de la Iglesia Universal, lo convocaba cuando esperaba que Ratzinger firmara su jubilación para ser uno más de los sacerdotes ancianos.

Esa tarde, mientras la Plaza expresaba su sorpresa y algarabía en una única exclamación, el arzobispo Héctor Aguer no ordenó hacer sonar las campanas de la catedral de La Plata, y la presidenta argentina decidía escribirle una carta de salutación helada.[370]

---

370 El 13 de marzo de 2013, la presidenta Cristina Fernández de Kirchner acalló los silbidos en un acto oficial cuando mencionó la designación de

Esta frialdad y las críticas se modificaron rápido. Para su primer encuentro con el Papa en Roma, el 18 de marzo de 2013, la presidenta argentina invitó a la delegación oficial a Alicia Oliveira, ex jueza y dirigente de derechos humanos, que había sido refugiada por Bergoglio cuando era perseguida por la dictadura. Ella había sido testigo de la angustia del Provincial en la búsqueda de la aparición de los sacerdotes jesuitas Yorio y Jalics. Con la invitación a Oliveira a Roma, Cristina Kirchner se alejó de las posiciones acusatorias del periodista Horacio Verbitsky, que le habían resultado útiles en su enfrentamiento con Bergoglio, pero carecían de sentido político en la nueva coyuntura. La presidenta, a través de Oliveira, buscó una reconciliación. Fue un viraje que el kirchnerismo acompañó no sin cierta acidez, para una nueva utilidad: apropiarse de la figura del Papa para legitimar su discurso político en el orden local. "Compartimos las esperanzas." Esa fue la frase del cartel que difundió el gobierno con las manos juntas en torno a un mate —que ella le había llevado de regalo— para presentar la nueva comunión. En aquella primera presentación en Roma, el Papa entregó a la presidenta el documento de Aparecida de los obispos latinoamericanos de 2007. El mensaje

Francisco, y la Cámara de Diputados, en control del oficialismo, rechazó hacer un cuarto intermedio durante el homenaje al ex presidente venezolano Hugo Chávez para escuchar las primeras palabras de Bergoglio como Pontífice, como reclamaron legisladores de la oposición. La agencia estatal TELAM, en sintonía con la dirigencia kirchnerista, comenzó a enviar cables contra la figura de Francisco, por su "supuesta complicidad" con la dictadura militar. Fue un shock que duró pocas horas.

podía interpretarse de este modo: si antes, como cardenal, no lo recibía ni lo escuchaba, que conociera su pensamiento y visión social ahora que era Pontífice.

La entronización de Francisco acabó con la competencia política entre Bergoglio y el gobierno. La presidenta buscó en cada viaje a Roma, o en el encuentro con el Papa en sus giras pontificias —Brasil, Paraguay, Cuba—, una fuente de legitimidad política. El Papa definió la relación en el reaseguro de la continuidad institucional pero sin conceder acuerdos de impunidad.[371]

Tras la derrota en las elecciones legislativas de octubre de 2013, y frente a la presión del "círculo rojo" —como se denominó a un limitado grupo de empresarios y políticos que presionó para generar un vacío de poder y torcer las políticas gubernamentales—, el Papa sostuvo a Cristina Kirchner a favor de la institucionalidad. "La Argentina tiene que llegar al término del mandato en paz. Una ruptura del sistema democrático, de la Constitución, en este momento sería un error. Todos tienen que colaborar en eso y elegir luego nuevas autoridades. Para no interferir con eso, no recibo más a políticos en audiencia privada", dijo el Papa.[372]

Francisco condujo una política de contrapeso frente al gobierno: enviaba señales de apoyo o recibía a la presidenta en momentos de debilidad, pero a través de voceros informales —el titular de La Alameda, Gustavo Vera, el arzobispo Marcelo Sánchez Sorondo, el ceremoniero vaticano

---

[371] Esta política se observó cuando recibió a familiares de víctimas del accidente de la estación ferroviaria de Once en febrero de 2012, que dejó 51 muertos, o, en forma privada, a jueces federales —Ariel Lijo o Claudio Bonadío—, que conducían causas judiciales que incriminaban al vicepresidente Amado Boudou o investigaban empresas hoteleras de la presidenta por presunto lavado de dinero.

[372] Véase *La Nación*, 7 de diciembre de 2014.

Guillermo Karcher—, o con documentos de la propia iglesia local, expresaba mensajes críticos por la laxitud oficial en el control del narcotráfico y el peligro de "mexicanización". De este modo, tomaba distancia al fervor oficialista en torno a su figura, que tenía, de manera inescindible, una finalidad electoral. Quizás este haya sido uno de los factores para que no visitara Argentina antes de las elecciones de 2015, como intentó en forma reiterada el embajador en la Santa Sede Eduardo Valdés.

El Papa también desplegó su influencia en Argentina desde el Pontificado.[373] Prometió su apoyo a organismos de derechos humanos para destrabar requisitos judiciales en el archivo vaticano para causas de crímenes de lesa humanidad en Argentina —como sucedió en el "expediente Angelelli"— y, por primera vez, la iglesia local se sumó a una campaña nacional para la búsqueda del paradero de alrededor de 400 niños robados durante la dictadura que, ahora como adultos, aún desconocen su identidad. A su vez, el Papa influyó en la reforma del Código Civil de 2014 que estaba paralizado en el Congreso. La aprobación se resolvió tras un almuerzo de Cristina Kirchner con Francisco en Roma, en septiembre de 2014.[374]

---

[373] La designación del cardenal Mario Poli en el Arzobispado porteño, un pastor fiel sin "voz política" —era evidente que la "voz política" de la catedral porteña se había mudado a Roma—, y las rápidas designaciones de obispos de perfil misionero para las diócesis vacantes, consolidó la matriz "bergogliana" de la iglesia local, ya vislumbrada cuando era cardenal. Los obispos conservadores Mollaghan y Oscar Sarlinga, designados por aliento de la "Línea Roma", contra la voluntad del Episcopado local en 2005 y 2006, fueron apartados desde Roma: José Luis Mollaghan, acusado de manejo irregular de fondos y maltratos; y Sarlinga, por denuncias de administración fraudulenta y abuso de poder.

[374] En el nuevo Código Civil se ratificó el inicio de la vida humana desde la concepción y excluyó la mención que indicaba que en los

En 2015, el trato distante de Francisco con Cristina Fernández de Kirchner se inició a partir de la instalación de Aníbal Fernández como candidato oficialista a gobernador de la provincia de Buenos Aires. Desde sus tiempos de cardenal, le generó desconfianza el crecimiento del narcotráfico en Argentina cuando Fernández estuvo a cargo de las fuerzas de seguridad; le preocupaba la posibilidad de que quedase en el control de una provincia —donde vive casi el 40% de la población del país—, que ya estaba penetrada por el tráfico de drogas. Esta fue otra de las razones por las que decidió no viajar a Argentina ese año.[375]

Si bien se intuía, por su origen peronista y su trato personal, que el Papa prefería el triunfo del candidato presidencial oficialista Daniel Scioli, la inclusión de Fernández

---

tratamientos de fertilización asistida, la vida humana se iniciaba con la implantación del embrión en el seno materno. Para la iglesia, el embrión humano in vitro son seres humanos, sujetos de derecho, aun cuando no fuesen implantados.

[375] Francisco avaló el inicio de una cuidadosa campaña para menguar el potencial electoral de Fernández, en el que Gustavo Vera, en su lucha contra el narcotráfico y la trata de personas, fue uno de sus organizadores más activos. El acuerdo político tácito para impedir la victoria en la provincia de Buenos Aires se selló el 25 de agosto de 2015 en la presentación del citado libro *Laboratorios de cocaína en la ciudad de Buenos Aires*, de Jorge Rodríguez. En un ámbito institucional —la Legislatura de la Ciudad de Buenos Aires—, representantes de las dos fuerzas opositoras al gobierno —PRO (Cristian Ritondo) y el Frente Renovador (Felipe Solá)— y otros dirigentes, entre los que se encontraba Vera, pusieron la lucha contra el narcotráfico en el centro del debate electoral y expresaron la ineficacia de Fernández para esa tarea. Lograron desacomodar su campaña. Véase "Duras críticas de Solá por el avance narco", *La Nación*, 25 de agosto de 2015. Incluso se mencionó que desde algunas diócesis de la provincia de Buenos Aires se alentó una cadena de oración en contra del posible triunfo de Aníbal Fernández. Véase www.infobae.com, 12 de noviembre de 2015.

en su boleta electoral desalentó la expectativa papal por su victoria.

Después de su triunfo en las elecciones primarias del 8 de agosto de 2015, Scioli viajó a Roma con la secreta intención de obtener la "bendición" del Pontífice frente al balotaje con Mauricio Macri (PRO) y garantizarse una fotografía del encuentro. Las tratativas para acceder a la Casa Santa Marta fracasaron. El Papa descartó un acercamiento que consideraba genuino, pero no podría dejar de leerse en clave electoral.

La distancia con Cristina Kirchner, durante los meses previos a las elecciones presidenciales, también se advirtió en el respetuoso pero anodino saludo del Papa a la presidenta tras las homilías en Paraguay (julio de 2015) y Cuba (septiembre de 2015), adonde había viajado con una delegación oficial para escuchar su palabra. De este modo, entre el Papa y Cristina Kirchner, se consumó la transición de una política de familiaridad y "trato directo" a otra de "trato formal" entre dos jefes de Estado. El hecho de que la presidenta llegara a Nueva York un día después de que el Papa expusiera en las Naciones Unidas frente a los jefes de Estado más relevantes del mundo, podría interpretarse como una respuesta a la frialdad preelectoral impuesta por el Pontífice. De algún modo, su apoyo a la continuidad institucional sin pactos de impunidad, y la derrota electoral de Aníbal Fernández, marcó la eficacia de la política pontificia.

La llegada a la presidencia de Mauricio Macri tampoco despertó expectativas favorables en el Pontífice. La no apelación de Macri del fallo que autorizaba el casamiento de dos personas del mismo sexo en 2009, y luego, en 2012, la decisión de reglamentar los protocolos que habilitaban el aborto no punible en la Ciudad de Buenos Aires, le habían generado un disgusto mayor al cardenal. Además, lo alejaba su concepción liberal sobre la economía y el mercado.

Francisco no saludó a Macri por su triunfo en las elecciones del 22 de noviembre de 2015. Fuentes eclesiásticas argumentaron que no se lo permitía el protocolo vaticano, pero en un Papa que había transgredido pautas de comunicación, la explicación sonaba vacía. Fue el nuevo presidente argentino quien dio el primer paso y saludó a Bergoglio para su cumpleaños el 17 de diciembre de 2015.

La elección del diplomático Rogelio Pfirter, que había sido alumno del Papa en el Colegio Inmaculada de Santa Fe en 1965, como embajador nuevo ante la Santa Sede mostraba el interés de Macri por superar las prevenciones pontificias e iniciar una relación nueva.

Sin embargo, el nuevo gobierno intuyó que los consensos políticos y sociales con Francisco serían difíciles de alcanzar. Mientras el Papa alienta la organización de movimientos populares para que se encaminen hacia la economía social, como antídoto a la sed de ganancias de la globalización, Macri apuesta a la búsqueda de inversiones para la creación de riqueza, como promesa de la prosperidad del país. Otra fuente de tensión es que Macri, para su gobierno, le asigna poca importancia a la religión, o mucho menos de lo que la Iglesia desearía. Por estas razones buscó entablar una relación institucional, antes que política, con la Santa Sede. Francisco lo aceptó. En la primera reunión en el Vaticano, el 27 de febrero de 2016, lo recibió en forma breve y fría. Le hizo sentir que era el Papa.

Capítulo 4

Los desafíos de reforma y transparencia. El Vaticano puertas adentro (2013-2016)

> Los jefes de la Iglesia a menudo fueron narcisistas, adulados y malamente excitados por sus cortesanos. La corte es la lepra del Papado.
>
> —¿Se refiere a la curia romana?
>
> —No, en la curia a veces hay cortesanos, pero en su conjunto es otra cosa. Tiene un defecto: es vaticano-céntrica. Se ocupa de los intereses del Vaticano que son todavía, en gran parte, intereses temporales. Esta visión vaticano-céntrica se olvida del mundo que la rodea. No comparto esta visión y haré lo posible para cambiarla.[376]

La reforma de la curia romana fue un desafío interno permanente para el Papa Francisco.

La curia es el gobierno de la Santa Sede. Aunque su misión es ayudar a gobernar al Papa, terminaba gobernando. En 1963, el Papa Pablo VI, frente a sus funcionarios, pidió

[376] Scalfari, Eugenio, "El Papa: así voy a cambiar la Iglesia", *La Repubblica*, 1 de octubre de 2013.

que "la curia romana no sea, por tanto, una burocracia, como injustificadamente algunos la juzgan; pretenciosa y apática, solo canonista y ritualista, una palestra de escondidas ambiciones y de sordos antagonismos como otros la acusan, sino una verdadera comunión de fe y de caridad, de oración y de acción".

Dos años después decidió reformarla. En línea con el Concilio Vaticano II, para equilibrar el peso de la curia, instituyó un Sínodo permanente en el Colegio Episcopal como su órgano consultivo para que los obispos tuvieran más participación en las decisiones de la Iglesia.[377]

En los últimos treinta años, la curia fue completando su metamorfosis: de ser un órgano de ayuda para el gobierno del Papa se convirtió en la conducción del gobierno mismo. Juan Pablo II dejó que la maquinaria burocrática curial funcionara sola. Él, con su carisma y la fuerza de su palabra, se ocuparía de viajes y oraciones masivas con sus fieles, y también de reactivar la fe y la política en el este europeo, que terminaría por erosionar al comunismo y dejarlo a punto del derrumbe. El último bastión había sido Alemania Oriental en 1989.

---

[377] La estructura del gobierno de la Santa Sede se compone de la Secretaría de Estado, nueve dicasterios —llamados también congregaciones—, doce consejos pontificios, siete comisiones pontificias, seis academias pontificias y tres tribunales, además de oficinas, instituciones y organismos ligados a la Santa Sede. Los cargos en la curia romana son designaciones del Papa. En términos jurídicos, todos los dicasterios tienen el mismo peso. Los conflictos internos se dirimen en la Signatura Apostólica, el tribunal supremo del Vaticano. En el organigrama de gobierno, la Secretaría de Estado es el órgano central. Tiene dos secciones: una, dedicada a los asuntos generales de la Santa Sede y en coordinación con los dicasterios. La preside el Sustituto, el hombre de confianza del secretario de Estado; otra, dedicada a las relaciones con otros Estados, como un Ministerio de Asuntos Exteriores. Véase www.vatican.va/roman_curia.

Benedicto XVI también se alejó de la curia romana. Buena parte de su ministerio fue consumido por la "guerra interna" entre el secretario de Estado Angelo Sodano, que provenía del Papado de Juan Pablo II, y el cardenal Tarcisio Bertone, que designó él.

Recluido en la privacidad del palacio pontificio, Ratzinger prefirió sustraerse del conflicto. De alguna manera constituyó un Papado de "medio tiempo", con los mismos hábitos que mantuvo durante veinticinco años en la Congregación para la Doctrina de la Fe, primero como miembro y luego como titular de ese dicasterio.

Como Pontífice, Ratzinger agregó audiencias por la mañana en el Palacio o la Biblioteca Pontificia, el contacto con los fieles en las audiencias generales de la Plaza San Pedro y las giras al exterior, aunque parecía sentirse más a gusto en la soledad de su escritorio, con la escritura.

Ambos pontífices perdieron, o se mantuvieron a distancia, del control del gobierno de la Santa Sede. Con este modelo de conducción, la operatividad del Pontificado se concentró en la Secretaría de Estado y solo necesitaba de la firma del Papa en los documentos para ejecutar sus decisiones, una firma que, en el caso de Ratzinger, solía demorar para teñirla de un criterio sereno.

El Papa Francisco también se alejó de la curia romana pero con una estrategia diferente. No lo hizo para dejarla gobernar, sino para que quedara al descubierto. Su elección en el Cónclave de 2013 representó la voluntad de buena parte del Colegio de Cardenales para que purgara sus males y tomara el timón administrativo y político de la Santa Sede.

Existía un peligro: que Bergoglio, que nunca había sido funcionario en ningún dicasterio, y que desconocía mecanismos de información para el día a día del gobierno y protocolos internos, quedara atrapado en un espiral burocrático.

El peligro era que la curia lo aislara, absorbiese su gobierno y lo consumiera.

Francisco evitó ese riesgo cuando renunció al Palacio Pontificio y se mudó a un departamento de cincuenta metros cuadrados de la Casa Santa Marta. Ningún Papa lo había hecho antes. "La soledad no me hace bien", argumentó, pero la decisión trascendía su subjetividad. En ese acto Francisco aisló a la curia de su gobierno.

Ratzinger casi no se reunía con los titulares de los dicasterios. Le bastaba con que Bertone le informase sobre la vida interna de cada uno de ellos. Francisco le quitó poder de filtro a la Secretaría de Estado. Se reunía con los prefectos de los dicasterios en forma individual e incluso, como sucedió, podía participar de las reuniones como un miembro más. En pocas semanas de Pontificado, Francisco cambió la imagen de gobierno, pero faltaba crear un nuevo poder para sostenerla.

Su arma para la reforma de la curia romana fue la colegialidad. En abril de 2013, designó una comisión de ocho cardenales (C8) para estudiar la reforma y la transformó en su órgano consultivo de gobierno, con lo cual restaba relevancia a la curia romana. Francisco explicó cuál sería la filosofía de trabajo.

> He decidido como primera medida nombrar un grupo de ocho cardenales que sean mi consejo. No cortesanos, sino personas sabias y que comparten mis sentimientos. Esto es el comienzo de una Iglesia con una organización no solo verticalista sino también horizontal. (...) La consulta de los ocho cardenales, este grupo consultivo *outsider,* no es una decisión solo mía, sino el fruto de la voluntad de los cardenales, tal y como fue expresada en las Congregaciones Generales antes del Cónclave. Y quiero que sea una consulta real, no formal.[378]

---

[378] Véase *La Repubblica*, 1 de octubre de 2013. Giuseppe Bertello, titular de la Gobernación de la ciudad del estado Vaticano era el único miem-

La reforma de la curia exigía la modificación de la constitución apostólica, como pocas veces había sucedido en la historia de la Iglesia.

Con la *Regimini Ecclesiae Universae* (1967), Pablo VI tenía la intención de adaptar la administración de la Iglesia al Concilio Vaticano II, y en la *Pastor Bonus*, de Juan Pablo II, de 1988, para adaptarla al nuevo Código de Derecho Canónico.

En ambas reformas, se fortaleció la Secretaría de Estado. La *Pastor Bonus* la situó como interlocutor privilegiado del Papa y con el rol de coordinador del trabajo de los dicasterios, una suerte de "torre de comando" de la Santa Sede.

La intención de Francisco fue desactivar esa "torre de comando" e inferirle un rol técnico-operativo, sin que condicionase las relaciones del Papa con la curia romana y las iglesias locales.[379]

---

bro del C8 que trabajaba en el Vaticano. El resto eran eclesiásticos de cinco continentes: Javier Errázuriz Ossa, arzobispo emérito de Santiago de Chile; Sean Patrick O'Malley, arzobispo de Boston, Estados Unidos; el arzobispo indio Oswald Gracias; el arzobispo de Münich, Reinhard Marx; Laurent Monsengwo Pasinya, arzobispo de Kinshasa, República del Congo, y el cardenal hondureño Óscar Rodríguez Maradiaga.

[379] La Secretaría de Estado tenía influencia en la elección de obispos en diócesis y arquidiócesis de todo el mundo y, de este modo, podía diseñar la matriz de la Iglesia Universal. En el mecanismo de selección de obispos interviene el obispo saliente y la conferencia episcopal local, que envía informes y nóminas de candidatos a la sucesión al nuncio. Este los evalúa y los traslada a la Congregación de los Obispos de la curia romana, que los analiza y los eleva al Papa. Véase Código de Derecho Canónico, c. 377. En ese proceso también solía intervenir la Sección Exterior de la Secretaría de Estado, que podía agregar un nombre ajeno a la nómina, para que lo eligiera el Papa. Este proceso fue revisado para que las iglesias locales pudieran tener mayor incidencia en la selección de obispos. Algunas designaciones episcopales para Argentina tuvieron el sello personal

Cuando Francisco llegó al Pontificado, la curia romana era el reflejo del *Vatileaks*, los documentos filtrados en 2012. Facciones internas, extorsiones, lavado de dinero, despilfarro económico. Aun así, los cardenales de la curia intentaron sobrevivir a la retaguardia del Papa: saludaron sus gestos, su carisma, su aire de renovación. En la curia no hubo cambios inmediatos. Aquello que el Papa diagnosticó en las Congregaciones Generales previas al Cónclave debía erradicarse, pero no se veía. Subsistía el temor de que el impulso inicial del Papado se apagara, y tras ser arrinconada con gestos y frases, la curia sobreviviera en la larga transición que implicaba su reforma. El símbolo de la imposibilidad del cambio era el cardenal Bertone, que concentraba el poder político, económico y administrativo de la Santa Sede. Representaba dentro de la curia todo aquello que Francisco criticaba: la adoración por el "becerro de oro", el "fetichismo del dinero". Varios cardenales le habían pedido a Ratzinger su renuncia, por una sucesión de errores.[380]

Cuando avanzó el Pontificado de Francisco y Bertone continuaba como secretario de Estado, el cardenal de Nueva York, Timothy Dolan, comentó que no había visto

---

de Francisco, que indicó nombres prescindiendo de cualquier sugerencia, pero en un clima de aceptación con el Episcopado local. Entrevista a Jorge Casaretto.

[380] El secretario de Estado, Tarcisio Bertone, no informó al Papa que el obispo lefevbriano Richard Williamson había negado la existencia de las cámaras de gas en el Holocausto. Benedicto XVI le levantó la excomunión sin saber ese antecedente. Véase *La Nación*, 5 de febrero de 2009. Los cardenales italianos Camillo Ruini, Angelo Scola, Angelo Bagnasco y el austriaco Schönborn pidieron a Benedicto XVI que lo apartara de la Secretaría de Estado, pero el Papa lo sostuvo y Bertone quedó donde estaba. Véase Nuzzi, Gianluigi, *Las cartas secretas de Benedicto XVI*, Buenos Aires, Martínez Roca, 2012, pp. 187-188.

capacidad de liderazgo del Papa, más allá de "inclinarse por los pobres y acariciar a los muchachos que huían del 'túnel de la droga'", en referencia a su viaje a Brasil de julio de 2013.

Para Francisco la acción sobre la curia requería un tiempo de desgaste. Siempre recomendaba el libro *La estrategia de la aproximación indirecta*, del capitán Liddell Hart, asesor de Churchill, que describe cómo ganar batallas sin planear nunca un ataque frontal, con movimientos de aproximación, pero sin hostigar al centro del poder ni obligarlo a defenderse.[381]

Al inicio de su Pontificado, la "leyenda negra" del IOR continuaba. Hacia 1981, la banca vaticana era accionista mayoritaria del Banco Ambrosiano. Utilizaba el circuito financiero internacional para blanquear dinero ilegal que procedía de las mafias italianas y de Estados Unidos, a través del banquero Michael Sindona; luego transfería los fondos a bancos del exterior en carácter de préstamos, cheques, que también servían para financiar "operaciones políticas" en la Guerra Fría. Pero cuando el Banco Ambrosiano se declaró en quiebra, en 1982, dejó una deuda de 1.481 millones de dólares; gran parte de la cual había circulado a través del IOR. El director del banco Ambrosiano, el "banquero de Dios" Roberto Calvi, al que le requerían un dinero que no podía devolver, hizo un pedido de ayuda sin respuesta a Juan Pablo II, y luego apareció colgado en un puente del

[381] Uno de los párrafos del libro indica: "Cuanta más fuerza se invierte, más aumenta el riesgo de que el equilibrio de la guerra se vuelva en contra; e incluso si se consigue la victoria, menos fuerzas quedarán disponibles para aprovechar la paz (...). Cuanto más brutales sean los métodos, más resentidos estarán los enemigos, con lo que, naturalmente, se endurecerá la resistencia que se trata de vencer". Véase Hart, Liddell, *La estrategia de la aproximación indirecta*, Buenos Aires, Virtual, 2002, p. 45.

río Támesis de Londres. La justicia inició el proceso contra el cardenal estadounidense Paul Marcinkus; la Santa Sede lo obstaculizó.

En 1984, con un pago extrajudicial, como contribución voluntaria, de "buena voluntad", de 250 millones de dólares a 120 acreedores del Banco Ambrosiano, la Santa Sede quedó liberada de responsabilidades penales. Fue el saldo oscuro que había dejado la banca vaticana en los últimos años de la Guerra Fría.[382]

En los años noventa, con anuncios de "operaciones de transparencia" y mayor control, el delito financiero en el IOR persistió aunque con menos estridencia. La banca fue instrumento para la monetización de "coimas" procedentes de la política italiana o el cobro de negociados de la *Tangentopolis*, y si bien la justicia condenó a empresarios, ministros y políticos a penas menores, ningún sacerdote o laico del IOR fue procesado por lavado de dinero. El Estado italiano le otorgaba inmunidad judicial a la Santa Sede.

IOR, el fin del "paraíso"

Benedicto XVI inició una reforma silenciosa con la intención de adecuar el IOR a las normativas de Moneyval, el Comité del Consejo Europeo que evalúa las medidas contra el lavado de dinero y el financiamiento del terrorismo, pero

[382] La posible intervención del Opus Dei para facilitar el pago de "buena voluntad" de la Santa Sede se instaló en 1982 cuando el hijo de Roberto Calvi declaró a *The Wall Street Journal* que su padre había viajado a Londres para recibir una importante suma de dinero por parte de algún miembro de esa prelatura. El hijo del banquero agregó que el cardenal Marcinkus se opuso a esta operación. Véase *El País*, 21 de agosto de 1982.

aun así, la justicia italiana continuó detectando flujos desde el IOR hacia bancos italianos por millones de euros, que se efectivizaban con cheques y fondos no identificables.[383]

El IOR basaba su "inmunidad penal" en el argumento de que no era un banco sino una administradora de bienes de instituciones católicas con sede en un Estado independiente y soberano, como lo es el estado Vaticano. Para el sistema financiero mundial, el Vaticano estaba fuera del control de las autoridades monetarias europeas, y fue incluido en una lista negra de la OCDE junto con otros paraísos fiscales.[384]

En abril de 2011, Ratzinger, en busca de perfeccionar el control antilavado, puso en vigencia la ley 127 que permitió la creación de la Administración de Información Financiera (AIF), al mando del cardenal Attilio Nicora, con potestad para requerir información al IOR sobre sus fondos, como indican los estándares de transparencia. Solo podría hacerlo desde abril de 2011 en adelante.

Moneyval valoró el esfuerzo vaticano, aunque lo juzgó insuficiente: cumplía nueve de sus dieciséis recomendaciones para adaptarse a los parámetros financieros internacionales.

En el balance de 2011, el IOR gestionaba bienes por 6.300 millones de euros, que mantenía en cuentas y depósitos en bancos de todo el mundo. Entonces existían 33.404 cuentas operativas, que no tenían control de autoridades financieras fuera del Vaticano.

---

383 Véase Calabró, Antonietta, *Le mani della mafia. Finanza e politica tra IOR, Banco Ambrosiano, cosa nostra. La storia continua...*, Milán, Chiaerelettere, 2014, pp. 42-44.

384 OCDE es la Organización para la Cooperación y el Desarrollo Económicos fundada en 1961. Reúne a 34 países miembros para investigar y combatir el blanqueo de activos, entre otras actividades.

Pero más tarde, en un intento por perfeccionar la ley 127 de antilavado, en enero de 2012, la Gobernación del Vaticano decretó que las inspecciones de la AIF no competían exclusivamente a su autoridad sino que debían contar con el *nulla osta* de otros organismos dependientes de la Secretaría de Estado. La AIF ya no tenía autonomía e independencia frente al IOR. La pequeña corrección fue considerada internamente como un golpe de gracia a las buenas intenciones de transparencia, que devolvía mayor poder a la Secretaría de Estado en el control de las finanzas. Y aunque el Moneyval consideró "globalmente positiva" la modificación de la ley, provocó el cortocircuito entre Bertone y la AIF de Nicora, y también con el titular del IOR, el banquero italiano Ettore Gotti Tedeschi, designado por el mismo Bertone en 2009.[385]

A partir del disenso interno, Gotti advirtió amenazas, sintió que abrían sus correos y los espiaban, y denunció que le llegaron mensajes con amenazas implícitas. Percibió que sus enemigos estaban en el Consejo de Supervisión del IOR y en el directorio del banco, a cargo de Paolo Cipriani y su adjunto, Massimo Tulli. Ambos respondían a Bertone. Gotti Tedeschi temió un final parecido al de Calvi.

---

[385] Cercano al Opus Dei y ejecutivo del Grupo Santander, Ettore Gotti Tedeschi ya se había negado a autorizar un cheque de 200 millones de euros para la compra del Instituto San Rafael, en Milán, con el que la Santa Sede, pero particularmente Bertone, quería crear un polo de la sanidad católica. Véase Nuzzi, Gianluigi, *Las cartas secretas de Benedicto XVI*, *op. cit.*, pp. 197-207. Para IOR, AIF y la ley 127, entrevista a los periodistas Maria Antonietta Calabró y Andrea Gagliarducci. Véase también Calabró, Maria Antonietta y Vecchi, Gian Guido, *I segreti del Vaticano. L'indagine, il maggiordomo, l'arresto, gli intervente del Papa, lo IOR*, Milán, Instanbook Corriere della Sera, 2012, pp. 93-167.

Pronto sería despedido del IOR por el Consejo de Supervisión.[386]

La banca vaticana se mantuvo vacante durante ocho meses. En el lapso que medió entre la renuncia de Ratzinger y la elección de Francisco, Bertone designó al banquero alemán Ernst von Freyberg al frente del IOR. Entonces se calculaba que en la banca vaticana existían 300 millones de euros en más de mil cuentas ilegales.[387]

Las operaciones de lavado de dinero del IOR continuaron su curso durante el Papado de Francisco.

El 28 de junio de 2013, la Fiscalía italiana detuvo al arzobispo Nunzio Scarano mientras organizaba una operación de lavado de 23 millones de euros con empresarios de la construcción. Pensaban hacer ingresar el dinero en el Vaticano y luego girarlos a Suiza. La planificación del delito quedó registrada en comunicaciones telefónicas interceptadas por la justicia. Inmediatamente después de esta detención, Francisco decidió el despido de Paolo Cipriani

---

[386] En marzo de 2012, Gotti Tedeschi entregó a su secretaria un memorándum reservado para que lo hiciera público en caso de "accidente". Dos meses después, el 24 de mayo, el Consejo del IOR lo destituyó con un voto de "desconfianza" por mayoría absoluta, con cargos de "excéntrico", "información imprecisa", "ausencia en las reuniones del Consejo", "falta de prudencia en comentarios sobre el IOR", etc. En medio del escándalo de *Vatileaks* y las operaciones sospechosas del IOR, sus enemigos lo señalaron, en un primer momento, como presunto responsable de las filtraciones del *Vatileaks* en mayo de 2012. Dos años después, Gotti Tedeschi relató que la Secretaría de Estado le impidió defenderse y presentar pruebas en su favor y a los cardenales no los consultaron para votar su despido. Benedicto XVI tampoco estuvo informado de su situación. Después de su expulsión, se comprobó que la filtración de documentos había sido gestada por Paolo Gabriele. Véase Gotti Tedeschi, Ettore, "What Cardinal Pell needs to know", *Catholic Herald*, 8 de enero de 2015.

[387] Véase *Der Spiegel*, 1 de julio de 2014.

y su adjunto Massimo Tulli, quienes aparecían implicados en la maniobra, según las escuchas.[388]

Dos días antes de la detención de Scarano, el Papa había creado una Comisión Revisora sobre el IOR para recoger información que concernía al Instituto y puso a su cargo al cardenal Raffaele Farina, que le respondía en forma directa. El IOR ya contaba con una Comisión de Vigilancia, presidida por Bertone. El Papa le saltó por encima. Casi un mes después, el 18 de julio, creó otra comisión, COSEA, para obtener precisiones sobre la estructura económico-administrativa de la Santa Sede. Sus miembros, con la colaboración de un grupo de consultoras internacionales contratadas, debían recabar en los intersticios de la curia romana para conocer registros de activos, presupuestos y balances de todos los entes del estado Vaticano.[389]

La creación de las comisiones, los informes sobre gastos incontrolables e injustificados de la curia romana y los

---

[388] El arzobispo Nunzio Scarano era, hasta el momento, directivo contable del APSA, el organismo que administra las propiedades de la Santa Sede. Fue a prisión en una cárcel de Roma, acusado de corrupción y fraude. Véase Tornielli, Andrea, "El Papa despidió al director del banco vaticano", *Vatican Insider*, 1 de julio de 2013. El 27 de junio, el Papa había recibido un informe de un grupo de revisores internacionales de la Prefectura que detallaba el descontrol de las finanzas vaticanas. Véase Nuzzi, Gianluigi, *Via Crucis*, Buenos Aires, Planeta, 2015, pp. 290-291.

[389] COSEA, sigla simplificada de Pontificia Commissione Referente di Studio e di Indirizzo sull'Organizzazione della Struttura Economico-Amministrativa della Santa Sede, se creó el 18 de julio de 2013 como un consejo consultivo y propositivo de la Comisión designada por Francisco para estudio del IOR. Los miembros de COSEA tenían la libertad de consultar los libros contables de todos los entes vaticanos. Véase Gagliarducci, Andrea, *ACI stampa*, 2 de noviembre de 2015. Sobre las consultoras internacionales contratadas, véase Magister, Sandro, "La curia de Francisco, paraíso de las multinacionales", www.chiesa.expressonline.it, 17 de enero de 2014.

despidos de los directores del IOR parecían señales de un final irreversible para Bertone; hasta entonces el secretario de Estado intentaba colocarse junto al Papa en alguna foto, mientras que Francisco lo excluía de las reuniones con cardenales que integraban áreas bajo su mando. A fines de agosto de 2013, el Papa decidió su dimisión.[390]

En ese momento, simbólicamente, se inició la "revolución" del Pontificado de Francisco.

Con la designación de Pietro Parolin en la Secretaría de Estado —asumió el 15 de octubre de 2013—, el poder omnímodo y el "clima de negocios" se fue apagando; retornó el tiempo de la diplomacia vaticana, enfocada en los asuntos geopolíticos.[391]

El 24 de febrero de 2014, de acuerdo con las sugerencias del C9, Francisco estableció tres nuevos organismos para las finanzas vaticanas: el Consejo para la Economía —con función de vigilancia y supervisión—, la Secretaría para la Economía —que responde directamente al Papa y tiene el control del IOR, la APSA y la AIF—, y el Revisor General, que se ocupa de la supervisión contable.[392]

---

[390] Bertone continuó en la comisión de control del IOR hasta enero de 2014. En su reemplazo, el Papa eligió a Santos Abril y Castelló, ex nuncio en Argentina y arcipreste de la iglesia Santa María Mayor, en Roma, donde había sustituido al cardenal estadounidense Bernard Francis Law, que dimitió como arzobispo de Boston por los escándalos de pederastia en esa Arquidiócesis. Sobre su destitución, Bertone se declaró víctima de "cuervos y víboras" y lamentó las acusaciones: "Algunos casos escaparon de nuestras manos, porque esos problemas estaban como 'sellados' al interior de la gestión de ciertas personas que no se ponían en contacto con el secretario de Estado". Véase *La Nación*, 2 de septiembre de 2013.

[391] Parolin fue incorporado al grupo de los ocho cardenales que estudiaba la reforma y lo asesoraba en temas de gobierno. A partir de entonces, el C8 se convirtió en C9.

[392] La Secretaría para la Economía fue delegada al cardenal australiano George Pell, que prometió adecuar el IOR a las normas de antilavado e

Francisco continuó erosionando la curia por "aproximación indirecta". Los funcionarios permanecían en una zona brumosa, sin certeza de su destino. Fueron meses de incertidumbre en los que nadie fue confirmado ni despedido.

Francisco no perdía oportunidad para criticar de forma más o menos sutil las costumbres ya instaladas en algunos eclesiásticos. A fin de 2013, reunió a la curia en la Sala Clementina del Vaticano y le exigió profesionalismo, servicio y santidad cotidiana.

> Cuando no hay profesionalidad, lentamente se va resbalando hacia el área de la mediocridad. Los expedientes se convierten en informes de clisé y en comunicaciones sin levadura de vida, incapaces de generar horizontes de grandeza. Por otro lado, cuando la actitud no es de servicio a las iglesias particulares y a sus obispos, crece entonces la estructura de la curia como una pesada aduana burocrática, controladora e inquisidora, que no permite la acción del espíritu santo y el crecimiento de pueblo de Dios.[393]

En el mensaje navideño del año siguiente, detalló, como una guía de examen de conciencia, quince enfermedades

---

identificar las cuentas de sus clientes, de acuerdo al reclamo de Francisco de que cada sacerdote o congregación que tuviera un depósito a su nombre, explicara el origen del dinero. Pell designó al economista francés Jean-Baptiste de Franssu como presidente del IOR. En el balance de 2014, Pell anunció que había bloqueado 1329 cuentas de clientes individuales y 762 de instituciones, que resultaban sospechosas. Sobre los resultados del estudio de la situación financiera, véase la conferencia de prensa del cardenal Pell, w2.vatican.va, 9 de julio de 2014. Para la restructuración económica de la curia, véase Miñambres, Jesús, "Riorganizzazione economica della Curia Romana: considerazioni giuridiche 'in corso d'opera'", *Ius ecclesiae*, vol. 27, n° 1, 2015, pp. 141-165, y entrevista a Jesús Miñambres.

[393] Véase "Discurso navideño del Santo Padre a la Curia Romana", w2.vatican.va, 21 de diciembre de 2013.

curiales: "Alzheimer espiritual", "mundanidad y exhibicionismo", "vanagloria", "persistencia de un clima de chismes", "sentirse inmortales", "esquizofrenia existencial": "Una curia que no se autocritica, que no se actualiza, que no busca mejorarse, es un cuerpo enfermo (...). Esta enfermedad se deriva a menudo de la patología del poder, del 'complejo de elegidos', del narcisismo que mira apasionadamente la propia imagen y no ve la imagen de Dios impresa en el rostro de los otros, especialmente de los más débiles y necesitados".[394]

Los cambios en la curia romana se fueron sucediendo de manera puntual. Veinte días después del retiro de Bertone, fue desplazado de la titularidad de la Congregación del Clero, el cardenal Mauro Piacenza, considerado discípulo del salesiano, y enviado al Tribunal de la Penitenciaría Apostólica, de menor relieve. El croata Nikola Eterović, que permanecía en la Secretaría del Sínodo, fue trasladado a la Nunciatura de Alemania, y reemplazado por Lorenzo Baldisseri para iniciar el desarrollo de los Sínodos de 2014 y 2015. Otro cambio notable fue la remoción de la Secretaría de los Obispos del cardenal Angelo Bagnasco, presidente de la Conferencia Episcopal Italiana (CEI).[395]

El Papa clavó una daga en el cuerpo episcopal estadounidense cuando el cardenal Raymond Burke, consultor permanente de Benedicto XVI y crítico de las propuestas de reformas pastorales de *Evangelii Gaudium*, perdió a fines de 2013 su condición de miembro de la Congregación de los Obispos y, después, la titularidad del Tribunal de Signatura Apostólica, que dirime conflictos de competencia entre di-

---

[394] Véase "Discurso del Santo Padre a la Curia Romana", w2.vatican.va, 22 de diciembre de 2014.

[395] El nombramiento del presidente de la CEI fue modificado por Francisco para que los obispos italianos eligiesen una terna que quedase a disposición del Santo Padre. Antes lo elegía el Papa en forma directa.

casterios. El Papa lo designó como patrono de la Orden de Malta, un cargo honorífico externo a la curia. Sin embargo, no instrumentó los cambios de manera inmediata para no impedirle su palabra en el Sínodo Extraordinario de 2014.[396]

Francisco no ejerció un barrido sistemático de las presencias conservadoras en la curia romana, en parte para no concentrar las resistencias internas y también para no ahogar críticas al debate sinodal sobre las reformas pastorales. Tres cardenales de tradición conservadora ocuparon puestos de relieve en su gobierno, como era el caso de Pell, miembro del C9 y titular de la Secretaría de la Economía, el cardenal Gerhard Müller, de la Congregación para la Doctrina de la Fe, y Marc Ouellet, prefecto de la Congregación de los Obispos. Los consideraba interlocutores leales. Ellos, como el cardenal Burke, tendrían voz y voto en el Sínodo Extraordinario de 2014.

Reformas pastorales: el largo camino del Sínodo

El primer sínodo tuvo lugar pocos años después de la muerte de Jesús, mientras la fe cristiana se extendía en comunidades judías. Los hebreos que se convertían al cristianismo conservaban el rito de la circuncisión como paso previo al bautismo. El apóstol Pablo de Tarso, que vivía en Antioquia junto con griegos y persas, pidió eximirlos de la circuncisión. Parte de la comunidad cristiana de origen judío lo acusó de no respetar la ley. La denuncia llegó a oídos de Pedro, que convocó a Pablo y al resto de los apóstoles a Jerusalén para debatir el conflicto suscitado. En principio, Pedro estaba a favor de la circuncisión, pero después de

---

396 Véanse Matzuzzi, Matteo, "Via quel cardinale che non si adegua", *Il Foglio*, 18 de diciembre de 2013, y "Exilio a Malta para el cardenal Burke", en www.chiesa.expressonline.it, 17 de septiembre de 2014.

escuchar las distintas versiones dirimió la cuestión: a realidades distintas correspondían diferentes pastorales. Los griegos antioquenos no fueron obligados a circuncidarse y los judíos podían seguir con su rito. Ninguna de las dos opciones modificaba el contenido de la fe en el bautismo cristiano. Esa reunión de Apóstoles del año 49 fue la primera asamblea sinodal de la historia; después fue conocido como Concilio de Jerusalén.

El Papa hizo referencia a ella en una homilía en Santa Marta:

> Cada vez que los cristianos empezando por los Apóstoles, discuten con franqueza y diálogo, y no fomentando traiciones ni camarillas internas, siempre comprenden qué es lo que hay que hacer, gracias a la inspiración del Espíritu Santo. El primer Concilio de Jerusalén, estableció, tras no pocas fricciones, las pocas y sencillas reglas que los nuevos conversos al Evangelio debían observar. El problema es que antes se había encendido una lucha intestina entre los llamados cerrados —un grupo de cristianos muy apegados a la ley, que querían imponer las condiciones del judaísmo a los nuevos cristianos—, y Pablo de Tarso, apóstol de los paganos, totalmente contrario a esa constricción. ¿Cómo resuelven el problema? Se reúnen, y cada uno da su opinión. Discuten, pero como hermanos y no como enemigos. No forman grupitos para vencer, no van a los poderes civiles para imponerse, no matan para ganar. Buscan el camino de la oración y del diálogo. Y así, los que estaban en posiciones opuestas, dialogan y se ponen de acuerdo. ¡Eso es obra del Espíritu Santo! La decisión final se toma en concordia. Y, sobre esa base, se escribe la carta que, al final del Concilio, se enviará a los hermanos que provengan de los paganos, en la que lo que se comunica es fruto de un acuerdo entre diversas maniobras y estratagemas que sembraban cizaña. Una Iglesia donde nunca haya problemas de ese tipo me lleva a pensar que el Espíritu quizá no

esté tan presente. Y en una Iglesia donde siempre se discute y hay grupúsculos donde se traicionan los hermanos unos a otros, ¡ahí no está el Espíritu![397]

Con la idea de "caminar juntos" —tal el significado de "sínodo"— para iluminar la realidad contemporánea e intercambiar las experiencias pastorales, el Papa convocó al Sínodo Extraordinario de octubre de 2014. Hasta entonces, las críticas a las reformas, que habían sido aisladas y esporádicas, lograron catalizarse como un frente de tormenta que el Papa no lograría diluir con facilidad.

La sorpresa de sus gestos, su carisma, la confianza que devolvió a sus fieles y otros secretos de su popularidad, fueron aceptados con el guiño cómplice de algunos conservadores. Francisco proveía aire puro para la Iglesia, y ellos también necesitaban incluso desde el punto de vista eclesiológico una bomba de oxígeno. Con el nuevo Pontífice, ya no debían responder por corrupción o denuncias de abusos sexuales, como sucedió en los años finales de Benedicto XVI.

El Papa ganó popularidad en el mundo con expresiones de apertura pastoral. Pero en la asamblea sinodal de 2014 y también en la de 2015, los padres observaron que esas propuestas de misericordia podrían afectar las "verdades permanentes de la Iglesia".

Francisco introdujo tres temas —la comunión para divorciados, la homosexualidad y las uniones de hecho—, que dejaban en evidencia que los sectores que siempre habían puesto obstáculos al debate sobre estas cuestiones estaban perdiendo hegemonía.

La estrategia del Papa fue ir presentando las innovaciones pastorales por sistema de goteo: frases sueltas, gestos

---

[397] Véase homilía de Francisco en Casa Santa Marta, www.news.va, 8 de mayo de 2015.

de comprensión, llamados a la misericordia y promesas de un cambio que no se delineaba en forma clara ni en sus objetivos ni en sus consecuencias.

Pero esa catequesis constante instalaba la discusión dentro de la Iglesia y el mensaje ganaba una recepción positiva en los que estaban fuera de ella.

Los gestos del Papa no implicaban una misericordia vacía. Eran parte de una estrategia para su Pontificado. El primer indicio de esta dirección se vio en el primer Ángelus, el domingo 17 de marzo, cuando el mundo estaba atento a cada una de sus palabras. Allí Francisco reveló que estaba leyendo el libro *Misericordia*, del cardenal alemán Walter Kasper, que se lo había entregado antes del Cónclave y le dijo que, para él, la misericordia era el centro de la vida cristiana, el nombre de "nuestro propio Dios". "El cardenal Kasper dice que al escuchar misericordia, esta palabra cambia todo. Es lo mejor que podemos escuchar: cambia el mundo. Un poco de misericordia vuelve al mundo menos frío y más justo. Tenemos necesidad de entender bien esta misericordia de Dios, este Padre misericordioso que tiene tanta paciencia."[398]

La frase de más impacto la dejó al regresar de la Jornada de la Juventud en Brasil en julio de 2013, al tercer mes de su Pontificado: "Si una persona es homosexual y busca al Señor y tiene buena voluntad, ¿quién soy yo para juzgarlo?", y pidió "respeto, compasión y delicadeza" para evitar la "injusta discriminación". Lo novedoso era que no acentuaba la condena a la homosexualidad sino que expresaba su intención de acogerlos.[399]

---

[398] Véase Ángelus en San Pedro, www.news.va, 17 de marzo de 2013.

[399] La mención del Papa surgió por una pregunta sobre la designación de monseñor Battista Ricca en la Comisión Revisora del IOR. Ricca era director de la Casa Santa Marta y del Hotel Internacional del Clero, donde se hospedaba el Papa. La revista italiana *L'Espresso* había publicado un

Para algunos teólogos esta distinción, por sí sola, significó un cambio de época. Para otros, nada que Benedicto XVI no hubiese mencionado alguna vez. Francisco avanzó con el mismo argumento dos meses después en el reportaje para la revista jesuita *La Civiltà Cattolica*, del 19 de septiembre de 2013. La pregunta le llegó en bandeja:

—Pienso en los divorciados vueltos a casar, en parejas homosexuales y en otras situaciones difíciles. ¿Cómo hacer una pastoral misionera en estos casos? ¿Dónde encontrar un punto de apoyo?

—Tenemos que anunciar el Evangelio en todas partes, predicando la buena noticia del Reino y curando, también con nuestra predicación, todo tipo de herida y cualquier enfermedad. En Buenos Aires recibía cartas de personas homosexuales que son verdaderos "heridos sociales", porque me dicen que sienten que la Iglesia siempre los ha condenado. Pero la Iglesia no quiere hacer eso (...). La religión tiene derecho a expresar sus propias opiniones al servicio de las personas, pero Dios en la creación nos ha hecho libres: no es posible una injerencia espiritual en la vida personal. Una vez una

---

relato sobre sus aventuras en Montevideo en el año 2000, con un capitán del ejército suizo, Patrick Haari. Lo mismo sucedió en la Nunciatura de Trinidad y Tobago, hasta que fue expulsado del servicio diplomático. Véase Magister, Sandro, "Papa Francesco e la lobby gay", *L'Espresso*, 18 de julio de 2013. Cuando le consultaron por la designación de Ricca en la conferencia de prensa aérea, de regreso de Brasil, el Papa dijo que en sus antecedentes no existía nada de lo que se había publicado. Y agregó: "Pero si una persona —laica, cura, o monja— comete un pecado y luego se arrepiente, el Señor la perdona. Y cuando el Señor perdona, olvida. Lo importante es hacer una teología del pecado" y en el mismo contexto continuó con la frase que sorprendería al mundo: "Si una persona es homosexual y busca al Señor y tiene buena voluntad, ¿quién soy yo para juzgarlo?". Véase *La Nación*, 29 de julio de 2013.

persona, para provocarme, me preguntó si yo aprobaba la homosexualidad. Yo entonces le respondí con otra pregunta: "Dime, cuando Dios mira a una persona homosexual, ¿aprueba su existencia con afecto o la rechaza y la condena?". Hay que tener siempre en cuenta a la persona.

La pregunta se convertirá en la clave de los debates sinodales. El 8 de octubre de 2013, el Papa convocó a dos Sínodos —uno Extraordinario, en 2014 y otro Ordinario, en 2015—, en los que marcó su agenda pastoral y también inició un lento e imprevisible camino hacia las reformas en su pontificado.[400]

---

[400] Con la convocatoria al Sínodo se envió una consulta —"Los desafíos pastorales sobre la familia en el contexto de la evangelización"— a fieles de todo el mundo con cuestiones controvertidas. El sínodo tendría dos etapas, en la primera se recogerían "testimonios y propuestas". En la segunda, en 2015, se redactaría un "texto operativo" para que el Papa lo evaluara y decidiera. Apenas conformada la Secretaría del Sínodo se preparó un "documento consultivo" con 39 preguntas para las diócesis y arquidiócesis de las conferencias episcopales de todo el mundo. Cinco de ellas se referían a la imposibilidad de dar la comunión a los católicos divorciados vueltos a casar. También se trataba sobre las uniones del mismo sexo y las uniones civiles. "¿Existen uniones libres de hecho, sin reconocimiento religioso ni civil? ¿Hay datos estadísticos confiables? ¿Existe en el país una ley civil de reconocimiento de las uniones de personas del mismo sexo equiparadas, de algún modo, al matrimonio? ¿Son una realidad pastoral relevante en la Iglesia particular los que están separados y los divorciados casados de nuevo? ¿Cuál es el porcentaje numéricamente estimable? ¿Cómo se enfrenta esta realidad a través de programas pastorales adecuados? ¿Podría ofrecer realmente un aporte positivo a la solución de las problemáticas de las personas implicadas, a la agilización de la praxis canónica en orden al reconocimiento de la declaración de nulidad del vínculo matrimonial? Si la respuesta es afirmativa ¿en qué forma? ¿Cómo habría que comportarse pastoralmente, en el caso de uniones de personas del mismo sexo que hayan adoptado niños, en vista de la transmisión de la fe?" Véase *La Nación*, 5 de noviembre de 2013.

Las controversias ya estaban en el centro de la vida eclesiástica para ser discutidas. La convocatoria al sínodo —que se sumaba a la proyectada reforma de la curia y la colegialidad del C9— abría su Pontificado a la posibilidad de una mayor incidencia del sínodo como articulador entre el Primado (el ejercicio papal) y la colegialidad con las conferencias episcopales. La apuesta sinodal equivalía a un silencioso retorno a las fuentes originales del Concilio Vaticano II.[401]

En el Consistorio de febrero de 2014, en el que el Papa creó nuevos cardenales, Kasper lograría el mejor escenario para su batalla teológica por la comunión para los divorciados vueltos a casar: inauguró el consistorio de la Pastoral Familiar frente a los cardenales de todo el mundo, por una decisión del Papa. Su alocución de dos horas significó el renacimiento de una voz que había sido teológicamente se-

---

[401] La posibilidad de la jerarquización del Sínodo como parte de la reforma del Papado fue considerada por teólogos y especialistas en eclesiología a partir de la designación de Francisco. Uno de sus clásicos promotores fue el ex titular de la Conferencia Episcopal de Estados Unidos (USCCB), John Quinn, que subraya en su libro *La reforma del Papado* que el Papa es un miembro del colegio de los obispos y que el primado debe ser ejercido de manera más colegial. En la vigilia del Cónclave de 2013, Bergoglio habría dicho a Quinn que había leído su libro y "espero que se implementen esas ideas". Véanse Magister, Sandro, "Reforma del Papado, obra abierta", www.chiesa.espresso.repubblica.it, 7 de agosto de 2014 y Quinn, John, *La reforma del Papado*, Barcelona, Herder, 2005. Véase también Martínez Gordo, Jesús, "Elección de obispos y reforma de la curia romana", *Vida Nueva*, nº 40, año 2, 7-20 de septiembre de 2014. En una posición contrastada, el 29 de abril de 2014, el cardenal Gerhard Müller alertó sobre las limitaciones del Sínodo e indicó que "no tiene función sustitutiva o subrogativa, ni del Papa ni del colegio de obispos sino consultiva" y aclaró que no sería un organismo estable de gobierno de la iglesia. Véase "Pedro y los doce. La disputa sobre los poderes del sínodo", www.chiesa.expressonline.it, 15 de mayo de 2014.

pultada. Kasper llamó a "mirar de cerca" las tensiones que vivían las familias modernas y pidió enfoques pastorales creativos. Para los casados en segundas nupcias planteó un período de penitencia previo al sacramento de la reconciliación. Después continuó su prédica en distintas entrevistas. "Cada pecado puede ser absuelto. De hecho, no es imaginable que un hombre pueda caer en un 'agujero negro' y Dios no pueda sacarlo afuera. La Iglesia nunca debe juzgar como si tuviera en sus manos una guillotina", afirmó.[402]

El hecho de colocar la misericordia en primer plano, por encima de la letra de la doctrina, era un cambio copernicano, aunque Kasper aclarara que "la doctrina no se cambia, la novedad concierne a la práctica pastoral". El hilo que se recorría era muy fino. Decía que la doctrina podía desarrollarse, profundizarse, tener una aplicación más "realista" del mundo actual. "La doctrina no es una laguna estancada sino un río que fluye", explicaba. E insistía que la indisolubilidad del matrimonio no estaba en juego, solo era necesaria una reflexión pastoral, y diagnosticaba que "entre la doctrina de la Iglesia sobre el matrimonio y las convicciones de muchos cristianos se había abierto un abismo".[403]

El discurso de Kasper no arrojaba muchas novedades. Lo había expuesto en sus "duelos" teológicos con Ratzinger en los años noventa. La novedad era que ahora la presentaba en armonía con el pensamiento del Papa Francisco, como admitió el vocero vaticano Federico Lombardi a los periodistas durante el Consistorio de febrero de 2014.[404]

---

[402] Véase *La Repubblica*, 11 de marzo de 2014.

[403] Véase Tornielli, Andrea en reportaje al cardenal Walter Kasper, "Hay que distinguir la doctrina de la disciplina", www.infovaticana.com, 19 de septiembre de 2014.

[404] Cuando Joseph Ratzinger era prefecto de la Congregación para la Doctrina de la Fe negó la posibilidad de la readmisión a los sacramentos

El dilema sobre qué hacer con los católicos que rompían un matrimonio que la Iglesia, en el nombre de Jesús, había reconocido como indisoluble, e irrumpía como nunca antes en el Vaticano, era una realidad común en las parroquias, sobre todo en Occidente.

La Secretaría del Sínodo recogió las respuestas de conferencias episcopales europeas —Francia, Suiza, Austria, Alemania— en las que los fieles coincidían que la Iglesia debía abrir nuevos enfoques en la moral sexual católica. Si continuaba aferrada al modelo de familia clásica, se apartaba de la otra realidad: divorciados, familias extensivas, maternidades sin padres, uniones de parejas de distinto o del mismo sexo. Las diócesis de distintas partes del mundo trasladaron pedidos de reforma en pos de una Iglesia más amable con gays y lesbianas, y los hijos de parejas del mismo sexo. Era la realidad de los fieles con la que los sacerdotes convivían todos los días. El presidente de la Conferencia Episcopal Alemana, Robert Zollitsch, sostuvo que la comunión en segundas nupcias debía ser una "decisión de conciencia de los sacerdotes", como explicó en un documento orientativo para directores espirituales de la Arquidiócesis de Friburgo, donde había ejercido su ministerio.[405]

---

de los divorciados vueltos a casar que propuso el documento de los obispos alemanes del Alto Rhin en 1993. Uno de los firmantes era el entonces obispo Walter Kasper. Véase "Debates: La comunión a los divorciados vueltos a casar", *Criterio,* nº 2357, marzo de 2010.

[405] El documento de "líneas guía" se difundió a principios de octubre de 2013, y fue recibido en los medios como un signo de apertura. El portavoz vaticano Federico Lombardi negó tal avance: "No cambia nada, no hay ninguna novedad para los divorciados que se han vuelto a casar: el documento proviene de una oficina pastoral local y no toca las responsabilidades del obispo. Se trata de una fuga hacia adelante que no es oficialmente expresión de la autoridad diocesana". Véase

Bergoglio, como sacerdote, también conocía la praxis: acoger a pecadores, prostitutas, divorciados, mujeres que habían abortado, que se hubieran confesado, para integrarlos a la vida de la Iglesia. En las villas porteñas, el matrimonio canónico representaba solo el 20% de las parejas. En Italia perdía adeptos y se pronosticaba su final para las próximas décadas.[406]

El Papa continuó su prédica con menciones a la compasión y la misericordia. Subrayaba la "indisolubilidad del sacramento", pero a la vez recomendaba que cuando esa unión se quebraba había que "sentir el dolor por este fracaso y acompañar a aquellos que lo han experimentado. No condenarlos. Caminemos con ellos...".[407]

En los meses previos al Sínodo Extraordinario de 2014, los conservadores intensificaron la resistencia a las reformas pastorales para que la popularidad que adquiría Francisco entre los fieles y otras personas "externas a la iglesia", no lesionara las verdades de la doctrina católica.[408]

---

www.vaticaninsider.it, 12 de noviembre de 2013. Pocos días después el prefecto para la Congregación de la Doctrina de la Fe, el cardenal Müller rechazó, en una carta enviada a todos los obispos alemanes, algunas posturas expresadas en el documento de la diócesis de Friburgo, que todavía dirigía Robert Zollitsch. Véase *Die Tagespost*, 22 de octubre de 2013.

[406] Véase Volpi, Roberto, "Il matrimonio religioso a grandi passi verso la scomparsa", *Il Foglio*, 2 de diciembre de 2014. El artículo indica que en 1963 se celebraron 414.652 matrimonios religiosos, que significaba el 98,7% del total de los matrimonios. En 2013, la cifra se redujo a 111.545, que representaba el 57,5% del total.

[407] Véase Homilía de Francisco en Santa Marta, www.news.va, 20 de febrero de 2014.

[408] El cardenal Müller rebatió las posiciones de misericordia de Kasper sobre los casados en segundas nupcias en un artículo de *L'Ossevatore Ro-*

Francisco había habilitado el debate sobre la comunión de los divorciados vueltos a casar en el viaje de regreso de Brasil —"es un tema a tratar", mencionó—, pero no estaba en su espíritu la censura o el aval terminante a las posiciones enfrentadas. Abrió el proceso de discusión y luego lo fue alimentando con llamados a la comprensión y con la descripción de experiencias personales, que hacían meritorio el debate. "Estoy pensando en la situación de una mujer que tiene a sus espaldas el fracaso de un matrimonio en el que se dio también un aborto. Después de aquello esta mujer se ha vuelto a casar y ahora vive en paz con cinco hijos. El aborto le pesa enormemente y está sinceramente arrepentida. Le encantaría retomar la vida cristiana. ¿Qué hace el confesor?"[409]

Una situación pastoral similar se planteó en abril de 2014. El Papa llamó por teléfono a una mujer que le había escrito una carta, afligida porque el párroco de San Antonio de Padua, en la provincia de Santa Fe, de Argentina, no le permitía la comunión. Ella se había casado con un hombre divorciado y tenía dos hijos con él. Ambos estaban fuera de la recepción de los sacramentos de la parroquia. El Papa conversó diez minutos y, según el testimonio de la mujer,

---

mano: "Esta práctica no es coherente con la voluntad de Dios, tal como se expresa en las palabras de Jesús sobre la indisolubilidad del matrimonio, y representa una dificultad significativa para el ecumenismo". Véase del cardenal Gerhard Müller, "Testimonio a favor de la fuerza de la gracia", *L'Osservatore Romano*, 23 de octubre de 2013. En respuesta, el cardenal hondureño Rodríguez Maradiaga —coordinador del C9— caracterizó a Müller como un teólogo que, por su mentalidad, solo podía entender el "verdadero o el falso" y agregó: "El mundo no es así. Usted debe ser un poco más flexible cuando escucha otras voces y no solo escuchar y decir que no". Véase *Koelner Stadt-Anzeiger*, 20 de enero de 2014.

[409] Véase entrevista citada en *La Civiltà Cattolica*, 19 de septiembre de 2013.

la autorizó a confesarse y a ir a comulgar en otra parroquia: "No tiene nada de malo que los divorciados comulguen", le habría dicho Francisco.[410]

A la semana siguiente, el Papa equilibró la polémica que había suscitado y defendió el matrimonio cristiano, "un pacto permanente entre un hombre y una mujer", dijo, que con frecuencia estaba "desintegrado bajo la terrible presión del mundo laico".[411]

Parecía una comedia de enredos en la que el Pontífice, con su voz pública, decía una cosa y los interlocutores privados, en diálogo con Francisco, reflejaban otra, y se creaba un escenario en el que el Papa encendía la mecha y luego la apagaba. Pero la confusión o el malentendido, también era parte del método, de una dinámica que le permitía aprovechar espacios que se iban abriendo. Era parte del proceso. Podía parecer tumultuoso o confuso, porque las dos posiciones estaban expuestas en el mismo debate, y él habilitaba ambas: mientras defendía los valores tradicionales del matrimonio del hombre y la mujer para siempre, también abría un espacio de misericordia evangélica para los que habían fracasado en su matrimonio.

El Sínodo sería el ámbito de discusión, como lo había sido en tiempos de Pedro y Pablo, en la primera asamblea del año 49. Casi veinte siglos después la caja de resonancia del debate era mucho mayor.[412]

---

[410] El vocero vaticano Federico Lombardi afirmó que el llamado telefónico de Francisco era verdadero pero, al no tratarse de una "actividad pública del Papa", dijo que podía ser fuente de "malos entendidos y confusiones", y no debía darse una proyección doctrinaria. Véase www.aciprensa.com, 24 de abril de 2014.

[411] Véase el discurso de Francisco durante la visita *Ad limina* de integrantes de la Conferencia Episcopal de Sudáfrica, w2.vatican.va, 25 de abril de 2014.

[412] El Papa y la Iglesia no afrontaron el "pensamiento del género"

Lo nuevo era que con la posibilidad de la comunión para los divorciados se reiniciaba una polémica clausurada en sínodos anteriores.

En la asamblea de 1980, dedicada a "La misión de la familia cristiana en el mundo contemporáneo", en la que el cardenal Ratzinger había sido designado relator, Juan Pablo II anticipó que no habría cambios pastorales. Entonces, los padres sinodales europeos dieron cuenta de su preocupación por el control de la natalidad, los latinoamericanos expusieron la pobreza como factor de crisis matrimonial, los obispos africanos hablaron sobre la poligamia, y los de la India sobre el matrimonio "interreligioso". El arzobispo estadounidense John Quinn expresó que muchos católicos no aceptan que todos los actos de anticoncepción "tengan una maldad intrínseca", como lo afirmaba la encíclica *Humanae Vitae*, y recibió un fuerte rechazo.[413]

El Sínodo de 1980, en el que los teólogos disidentes no fueron bienvenidos, concluyó con un mensaje pastoral "de amor, confianza y esperanza a las familias cristianas" y de la comunión para los divorciados vueltos a casar no volvió a hablarse sino por declaraciones conjuntas de grupos de sacerdotes, algunas diócesis o iglesias locales o desde márgenes teológicos, como era el caso de Kasper, que persistía en la defensa de la reforma pastoral.

---

como discusión en las asambleas sinodales, una posición que despertó críticas desde el mundo laico y secular. "Francisco piensa que la teoría del género es la ruina de la vida, del amor y de la antropología fundamental. El pensamiento del género se ocupa de las consecuencias sociológicas de las diferencias sexuales y afirma que el sexo no solo es una cuestión biológica sino también una construcción social y cultural. Hoy existe una economía de género, jurisprudencia de género, biología de género, pero la Iglesia no habilita ese debate." Entrevista a Marinella Perroni.

[413] Véase McCormick, Richard A. SJ, "'Humanae Vitae' 25 Years Later", *American. The National Catholic Review*, 17 de julio de 1993.

Con el Pontificado de Francisco, Kasper accedió al primer plano con su bandera del aperturismo. Su contrafigura fue el cardenal Müller.[414]

El purpurado alemán no admitía matices en la doctrina ni entendía que ese fuera el modo de adaptarse a "la realidad del mundo". A lo largo de los siglos, explicaba, las sociedades habían tenido distintas transformaciones pero la doctrina fue inmutable.

> La solicitud por los divorciados vueltos a casar no se debe reducir a la cuestión sobre la posibilidad de recibir la comunión sacramental. Se trata de una pastoral global que procura estar a la altura de las diversas situaciones. Es importante al respecto señalar que además de la comunión sacramental existen otras formas de comunión con Dios. La unión con Dios se alcanza cuando el creyente se dirige a Él con fe, esperanza y amor, en el arrepentimiento y la oración. Dios puede conceder su cercanía y su salvación a los hombres por diversos caminos, aun cuando se encuentran en una situación de vida contradictoria.[415]

Müller concentró el tradicionalismo en el que se alinearon algunos cardenales, entre ellos Carlo Caffarra, Velasio De Paolis, Walter Brandmüller, Thomas Collins, quienes

---

[414] Gerhard Müller era obispo emérito de Ratisbona. Desde allí combatió al movimiento disidente "Somos Iglesia", creado en su diócesis, que proponía el fin del celibato sacerdotal o el sacerdocio para las mujeres. Müller funcionaba como un doble espejo eclesiástico en el que convivían el tradicionalismo y el respeto a la Teología de la Liberación: en los años noventa participó en seminarios del teólogo liberacionista Gustavo Gutiérrez. Müller vivió en una parroquia cercana al lago Titicaca y fue declarado *honoris causa* por la Pontifica Universidad Católica del Perú (PUCP), que sostenía posiciones de rechazo al conservadorismo eclesiástico limeño.

[415] Véase *L'Osservatore Romano*, 23 de octubre de 2013.

condensaron un corpus de entrevistas en el libro *La esperanza de la familia*, publicado en julio de 2014.[416]

La tesis expuesta afirmaba que la Iglesia se estaba dejando enceguecer por el secularismo, y la consecuencia era la confusión creada en la mente de las personas. "En muchos países las relaciones están destrozadas, y esto se aplica también al modelo cristiano de matrimonio y de familia. La verdad sobre el matrimonio y sobre la familia se relativiza. Estas tendencias, lamentablemente, se han trasladado de alguna manera al interior de la Iglesia y entre los obispos, sobre los cuales se está tratando de ejercer presión", explicaba Müller en una entrevista concedida al sitio polaco *Nasz Dziennik*.[417]

El blanco conservador era el cardenal Kasper, pero por encima de él, la crítica llegaba al aperturismo del Papa, aunque no se lo mencionara. Los reformadores hablaban de "cambios en la práctica pastoral" y los conservadores de "modificación de la doctrina".

---

[416] Véase *La esperanza de la familia. Diálogo con el Cardenal Gerhard-Ludwig Müller*, Madrid, Biblioteca de Autores Cristianos, 2014.

[417] Véase www.lastampa.it, 3 de noviembre de 2014. En el libro *La esperanza de la familia*, Müller matiza la imagen de la Iglesia que había brindado Francisco como "un hospital de campaña después de una batalla", para "curar heridas y dar calor a los corazones de los fieles, cercanía, proximidad", como explicó en el reportaje de *La Civiltà Cattolica* de septiembre de 2013. Para Müller era una metáfora, aunque reduccionista: "La Iglesia no es, en sí, un sanatorio: la Iglesia también es la Casa del Padre". Sobre la homosexualidad, por su parte, el cardenal Burke recordaba el Catecismo de la Iglesia Católica, en el número 2358: "Esta inclinación, objetivamente desordenada, constituye para la mayor parte de ellos una prueba. Por eso deben ser acogidos con respeto, compasión y delicadeza —pero advertía—: Las personas homosexuales son llamadas a la castidad, como todos nosotros. Vale siempre la clásica fórmula: no al pecado, brazos abiertos a la persona". Véase www.CNSNews.com, 7 de noviembre de 2014.

La guerra se agigantaba a medida que se acercaba el Sínodo. El cardenal Pell afirmaba que no debía existir brecha entre doctrina y práctica pastoral y para "disipar ilusiones" adelantó que no habría que esperar cambios sustanciales en la pastoral y mucho menos, en la doctrina. La misma posición sostenía el cardenal italiano Scola, relator del Sínodo de 2005. En ese momento había validado las cuatro negativas que signaron el Pontificado de Benedicto XVI: "no" a la eucaristía a los no bautizados; "no" a la ordenación sacerdotal de hombres casados, "no" a la eucaristía a divorciados vueltos a casar y, por último, "no" a la intercomunión entre cristianos de diferentes confesiones, aceptada solo en algunas excepciones. Scola propuso estudiar un "servicio de consultas" en las diócesis para corroborar la validez del vínculo y ampliar las nulidades matrimoniales.[418]

El Sínodo podía implicar un costo alto para el Papa si avanzaba con el reformismo sin consenso. Se podría llegar a un cisma, o provocar el quiebre interno de su Pontificado, entre "renovadores" y "tradicionalistas". Francisco ya había rechazado la posibilidad de conducir una Iglesia partida en el Cónclave de 2005. Pero la resistencia tradicionalista era difícil de reducir. Si el Papa quería podía cambiar el derecho canónico y permitir a los divorciados, después de una penitencia, volver a la comunión. Estaba en su potestad como soberano. Más allá de lo que concluyera el Sínodo, que solo podía aconsejarlo, la palabra final la tenía él. Pero, para el Papa, la importancia de esa asamblea radicaba en el "proceso". Lo consideraba una de las "herencias más preciosas" del Concilio Vaticano II.[419]

---

[418] Sobre el cardenal Pell, véase *Catholic Herald*, 17 de octubre de 2014. Véase también Magister, Sandro, "Scola: cuatro soluciones para los divorciados vueltos a casar", www.chiesa.espresso.repubblica.it, 22 de septiembre de 2014.

[419] En su discurso de conmemoración del 50° aniversario de la institución del Sínodo de Obispos, el Papa afirmó: "Desde el Concilio Vaticano II

Los adversarios de Francisco no eran los conservadores que se expresaban en libros o entrevistas. Eran los que, en silencio, creían que lo que consideraban que era un asedio a la doctrina católica terminaría cuando pasara la "primavera" de su Pontificado. Sus enemigos eran los desestabilizadores internos de la curia, que en la defensa de la pureza doctrinaria, también defendían con mezquindad sus intereses personales, resistían órdenes de transparencia y austeridad en las cuentas, y conservaban en alto el mandato de la "iglesia principesca" que, desde que ellos tenían memoria, siempre había existido en el Vaticano. Francisco era, para ellos, una circunstancia temporal, un pastor rústico devenido en Pontífice, intelectualmente limitado e impedido del virtuosismo teológico. Representaba, de alguna forma, a una iglesia latinoamericana imprecisa y dinámica, poco atenta a los ritos y a la doctrina.[420]

El juego estaba abierto.

La Iglesia debía hacer su propio discernimiento sobre los nuevos desafíos de la familia.

En la apertura del Sínodo Extraordinario, el 4 de octubre de 2015, frente a 183 padres sinodales —61 de ellos eran

---

a la actual Asamblea sinodal sobre la familia, hemos experimentado de manera poco a poco más intensa la necesidad y la belleza de 'caminar juntos'. (...) Una Iglesia sinodal es una Iglesia de la escucha, con la conciencia que escuchar 'es más que oír'. Es una escucha recíproca en la cual cada uno tiene algo que aprender. Pueblo fiel, Colegio Episcopal, Obispo de Roma: uno en escucha de los otros; y todos en escucha del Espíritu Santo, el 'Espíritu de verdad' (Jn 14:17), para conocer lo que Él 'dice a las Iglesias' (Ap 2:7). El Sínodo de los Obispos es el punto de convergencia de este dinamismo de escucha llevado a todos los niveles de la vida de la Iglesia". Véase w2.vatican.va, 17 de octubre de 2015.

[420] Véase entrevista del autor a Andrea Riccardi: "El Papa no se deja manipular por el miedo ni el entorno del Vaticano", *Clarín*, 19 de julio de 2015, y entrevista a Marco Politi.

cardenales—, el Papa llamó a expresar pensamientos claros, sin temores, en especial para aquellos que pensaban distinto a él: "Libertad para decirlo todo... escuchar con humildad y recibir con corazón abierto lo que dicen los hermanos. Con estas dos actitudes se ejerce la sinodalidad".[421]

En el inicio de la asamblea existió cierto malestar. Se prohibió que las intervenciones se hiciesen públicas. Permanecieron como "propiedad exclusiva" del Sínodo. El Papa luego explicaría que era una forma de proteger a los padres sinodales, aunque parecía un oxímoron que un Sínodo que reclamaba libertad de expresión impidiese la difusión de las voces. Los tradicionalistas lo tomaron como un gesto de intolerancia de los "renovadores" que conducían la Secretaría del Sínodo, por decisión de Francisco.[422]

---

[421] Véase w2.vatican.va, 6 de octubre de 2014. El cardenal Lorenzo Baldisseri era el secretario del Sínodo y el arzobispo Bruno Forte, su secretario especial. Baldisseri tenía un carácter de mediador, aunque admitía los cambios en la sociedad en las últimas décadas. "Si negamos esto, nos quedamos anclados 2000 años atrás. El Papa quiere abrir la Iglesia. Hay una puerta que hasta ahora ha estado cerrada." Forte sostenía que el Sínodo no debía brindar "soluciones no abstractas" para los casados en segundas nupcias y, en condiciones precisas, apoyaba "la admisión de la eucaristía". Véase "Il Sinodo chiede la riforma", *La Repubblica*, 13 de octubre de 2014.

[422] El equipo de redacción de la *Relatio Synodi* expresaba, con matices, la línea pastoral de Francisco: los cardenales Peter Erdo (Hungría), Gianfranco Ravasi (Italia) y Donald Wuerl (Estados Unidos) y los arzobispos Carlos Aguiar Retenes (México), Peter Kang U-Il (Corea del Sur), el español Adolfo Nicolás, padre general de los jesuitas y el arzobispo argentino Víctor Manuel Fernández, que había acompañado a Bergoglio en la redacción del documento de Aparecida. Sobre la explicación del Papa, véase su discurso durante el Sínodo de Obispos, 6 de octubre 2014. Sobre la crítica a la no difusión de las intervenciones, véase Ivereigh, Austen, "El sínodo de la familia, ni vencedores ni vencidos", *Nuestra Voz,* 4 de noviembre de 2015.

Para teñir al Sínodo Extraordinario con su propia gramática, el Papa accedió en el día inaugural a la exposición de un matrimonio católico, oriundo de Australia, que relató que en Navidad invitaron a una pareja de amigos que tenía un hijo gay, y este preguntó si podía ir con su pareja. Ellos lo aceptaron. "Las familias modernas tienen vidas caóticas y están llenas de dramas sucios y también merecen ser escuchados", justificaron. Fue el primer testimonio, entre tantos, que planteaban situaciones comunes a la vida secular —divorcios, convivencias, familias ensambladas—, que además de los "no" de la doctrina, requerían respuestas pastorales.

Las intervenciones de los padres sinodales —la oficina de prensa del vaticano entregaba solo algunos extractos de cada una— hablaban de "divorciados", "homosexuales", "simplificación en la nulidad de los matrimonios", con una perspectiva más misericordiosa que de condena. En los intervalos, en salas apartadas o en eventos católicos, las posiciones continuaban encontradas: Burke negaba cambios pastorales y de doctrina y el arzobispo argentino Fernández, una figura que —nadie dudaba— estaba en el corazón y el pensamiento del Papa, decía que en temas de familia la doctrina requería una "profundización". "Si vinimos aquí para repetir lo que siempre hemos dicho, la Iglesia no crece".[423]

Las controversias se pusieron de manifiesto cuando se debía resumir, en un texto borrador, el espíritu de la asamblea en la primera semana de debates. Esta fase de la *Relatio Synodi* contenía una apertura inédita sobre la homosexualidad. El borrador indicaba: "Las personas homosexuales tienen dones y cualidades para ofrecer a la comunidad cris-

---

[423] Véase monseñor Víctor Manuel Fernández, "Hay que atender la realidad de las personas concretas", *AICA*, 8 de octubre de 2014.

tiana. ¿Estamos en grado de recibir a estas personas, garantizándoles un espacio de fraternidad? (...) La Iglesia tiene especial atención hacia los niños que viven con parejas del mismo sexo, reiterando que en primer lugar se deben poner siempre los derechos de los pequeños".

Sobre los divorciados también abría un espacio nuevo: "Las situaciones de los divorciados vueltos a casar requieren naturalmente un discernimiento atento y un acompañamiento lleno de respeto, evitando cualquier actitud que les haga sentirse discriminados. Hacerse cargo de ellos no supone para la comunidad cristiana un debilitamiento de la fe".

Y sobre los que convivían en uniones civiles, el borrador expresaba comprensión: "La Iglesia se dirige con respeto a aquellos que participan en su vida de modo incompleto e imperfecto, apreciando más los valores positivos que custodian que los límites y las faltas".

Estas tres cuestiones —que los tradicionalistas consideraron como una "presión de los renovadores"—, agitaron la paz del Sínodo. Para algunos cardenales era un paso "antidogmático" demasiado largo, una introducción de la "cultura gay", una "agresión al matrimonio entre un hombre y una mujer", y criticaron que la asamblea introdujera una "teología débil" en la pastoral de la Iglesia. Después los párrafos fueron modificados y expuestos a votación para el texto final de la *Relatio Synodi*.

En el párrafo 52 se presentó la homosexualidad como una contradicción con el Plan de Dios, pero concedió un margen de misericordia: "No existe fundamento alguno para asimilar o establecer analogías, ni siquiera remotas, entre las uniones homosexuales y el designio de Dios sobre el matrimonio y la familia. No obstante, los hombres y mujeres con tendencia homosexual deben ser acogidos con respeto y delicadeza".

También se había modificado el borrador sobre los casados en segundas nupcias, con una apertura para "situaciones particulares": "Se reflexionó sobre si es posible que divorciados y vueltos a casar accedan a los sacramentos. (...) Algunos padres han insistido a favor de la disciplina actual. (...) Otros se expresaron por una recepción no generalizada a la misa eucarística, en algunas situaciones particulares y en condiciones bien precisas".

Para las uniones de hecho, se reducía la comprensión y sus "valores positivos", respecto del borrador. "Es importante entrar en diálogo pastoral con tales personas a fin de evidenciar los elementos de su vida que pueden conducir a una mayor apertura al Evangelio del matrimonio en su plenitud."

Aun con los cambios promovidos, los párrafos 52, 53 y 55 —relativos a divorciados, la comunión para los casados en segundas nupcias y los homosexuales— fueron rechazados por el voto tradicionalista y no alcanzaron los dos tercios de la asamblea para poder ser incorporados en la *Relatio Synodi*.[424]

Las propuestas de reforma pastoral fueron resistidas por purpurados de Estados Unidos —incluso los que lo habían elegido como Pontífice en el Cónclave de 2013—, y sobre todo, de África y Europa. Se interpretó que el Papa había sido derrotado, dado que los cambios pastorales habían sido escasos.

Sin embargo, si su estrategia había sido la discusión, la apertura del proceso, la asamblea sinodal había cumplido con su objetivo. El Sínodo no era un "caso cerrado" y el sistema de "goteo" no había finalizado. El Papa había instalado una cultura nueva en el Vaticano —de diálogo y de debate—, sobre cuestiones sensibles al mundo católico, y ese camino continuaba. El Sínodo Extraordinario de 2014

---

[424] El párrafo 52, obtuvo 104 votos a favor y 74 en contra; el párrafo 53, 112 contra 64, y el párrafo 55, 118 sobre 62. El resto de la *Relatio Synodi* fue aprobada por los dos tercios de la asamblea y se publicó en el documento final.

era la primera parte de una estrategia. Era un documento de trabajo, una base indiciaria de posiciones pastorales puestas a discusión en la Iglesia Universal, estimuladas cuidadosamente por el sucesor de Pedro. No se había votado un dictamen definitivo. Quedaba un año para el Sínodo Ordinario 2015 y, aunque un reloj de arena pendía sobre su Pontificado, la suya era una revolución pastoral paciente, que incluso trascendería su Papado. Si el tiempo era superior al espacio —como el Papa promovía—, el proceso estaba abierto y, en un horizonte de la Iglesia, que se mide por décadas e incluso siglos, podría ser irreversible.[425]

Francisco cerró la asamblea sinodal el 18 de octubre de 2014 con palabras de tolerancia y unidad. No rompería la Iglesia para reafirmar los cambios y tampoco abandonaría su voluntad de cambiarla.

> El Sínodo no puso jamás en discusión las verdades fundamentales del sacramento del matrimonio; la indisolubilidad, la unidad, la fidelidad y la procreación, la apertura a la vida. Ahora tenemos un año para madurar las ideas propuestas y encontrar soluciones concretas a tantas dificultades e innumerables desafíos que la familia debe afrontar, a dar respuesta a tanta desazón que circundan y sofocan las familias (...). El deber del Papa es (...) recordar a los pastores que su primer deber es nutrir el rebaño que el Señor les ha confiado y acoger a las ovejas perdidas.[426]

Aun en la admisión de que la asamblea representaba una etapa exploratoria, había marcado un antes y un después en su Pontificado.[427]

---

[425] Entrevista a Carlos Galli.

[426] Véase *La Nación*, 19 de octubre de 2014.

[427] En este sentido se manifestó el analista político del *Corriere della Sera*, Massimo Franco. "La impresión es que ayer se terminó 'un' Papado:

El Papa continuó con su estela en homilías y entrevistas que seguían generando impacto. Sin la excelencia de los teólogos refinados, y con un lenguaje porteño que no dejaba de ser universal, evaluó el Sínodo Extraordinario de 2014 a partir de la realidad del sacramento, las familias y los divorciados. Expresó:

> La familia está "recontrabaqueteada", los jóvenes no se casan. ¿Qué pasa? Después, cuando vienen a casarse, cuando ya están conviviendo, creemos que con tres conferencias los preparamos para el matrimonio. Y eso no basta, porque la gran mayoría no son conscientes de lo que significa el comprometerse para toda la vida (...). ¿Qué quiero decir con esto? Que para un buen número de gente, casarse es un hecho social y lo religioso no aflora. ¿Cómo la Iglesia ayuda en esto? Si no están preparados, ¿les cierra las puertas? (...) Nadie habló de matrimonio homosexual en el Sínodo, no se nos ocurrió. Lo que sí hablamos es sobre una familia que tiene un hijo o una hija homosexual, cómo se lo educa, cómo lo lleva, cómo se ayuda a esa familia a llevar esta situación un poco inédita. (...) No se tocó ningún punto de la doctrina de la Iglesia sobre el matrimonio. Y en el caso de los divorciados y vueltos a casar, nos planteamos ¿qué hacer con ellos, qué puerta se les puede abrir? Y fue una inquietud pastoral ¿entonces le van a dar la comunión? Eso solo no es la solución: la solución es la integración. No están excomulgados, es verdad. Pero no pueden ser padrinos de bautismo, no pueden leer la lectura en la misa, no pueden dar la comunión, no pueden enseñar catequesis, no pueden como siete cosas, tengo la lista ahí.

---

el espectacular, mediático, aclamado por la gente. Y comenzó una nueva fase, que guarda si no el equilibrio, los humores del Cónclave. Y abre un pontificado menos vistoso y más dramático, sufrido: auténtico". Véase Franco, Massimo, "Una nuova fase del Papato", *Corriere della Sera*, 19 de octubre de 2014.

¡Pará! ¡Si yo cuento esto parecerían excomulgados de facto! Entonces, abrir las puertas un poco más...[428]

El Sínodo no había resuelto las interpretaciones abiertas que habían dejado las expresiones del Papa a más de un año y medio de su Pontificado. La presunción era que no bastaba un Sínodo para institucionalizar las reformas pastorales. Quizá ni siquiera dos. Si Francisco decía "¿quién soy yo para juzgar?", ¿qué debía hacer un párroco cuando llegara un gay con su pareja para entrar en comunión con la Iglesia? Si el Papa decía que había que dar el bautismo a todos, ¿qué debía hacer el párroco cuando llegaba un divorciado vuelto a casar y quería bautizar a su nuevo hijo? ¿Debía mandar a los dos afuera de la Iglesia?[429]

Esa "interpretación abierta", en los hechos, representaba a una Iglesia disponible que podía acoger a todos para el encuentro con Jesucristo, porque esa era la señal que llegaba desde Roma, pero el mando de la parroquia, el que administraba los sacramentos y decidía, era del párroco. Y en cada parroquia había uno distinto.

Sínodo Ordinario de 2015: la tensión entre la rigidez de la doctrina y la necesidad de las reformas

La batalla sinodal siguió su curso.

Durante todo el año 2015 se reflejó la tensión entre la letra de la doctrina, que defendían los tradicionalistas, y las necesidades pastorales, que planteaban los reformistas.

---

[428] Véase Piqué, Elisabetta, "El sínodo sobre la familia: Los divorciados vueltos a casar parecen excomulgados", *La Nación*, 7 de diciembre de 2014.

[429] Entrevistas a Fabrizio Mastrofini y a Marianella Perroni.

El cardenal Müller negó que algunas decisiones doctrinales o disciplinarias sobre el matrimonio pudieran quedar delegadas a criterio de las conferencias episcopales locales, como algunas iglesias locales presumían. Les impugnaba cualquier autoridad en cuestiones de doctrina. Müller también advertía que, en la posible separación entre doctrina y pastoral, podría abrirse un cisma. "Hay que estar atentos a la historia de la Iglesia: la reforma protestante comenzó del mismo modo."[430]

Muchas iglesias seguían esa línea. Los sacerdotes británicos reclamaban la defensa de "la doctrina tradicional y la enseñanza moral inmutable de la Iglesia"; la conferencia episcopal polaca explicaba que ningún Papa era el creador de la doctrina de la Iglesia, solo su primer protector, en colaboración con los episcopados.[431]

En el mismo camino, pero con un fundamento doctrinal desarrollado en su libro *Dios o Nada*, el cardenal de Guinea Roberto Sarah, prefecto de la Congregación del Culto Divino, escribió: "Nadie, ni tan siquiera el Papa, puede demoler o cambiar la enseñanza de Cristo. Nadie, ni tan siquiera el Papa, puede oponer la pastoral a la doctrina. Sería rebelarse contra Jesucristo y su enseñanza".[432]

El cardenal Sarah, que algunos imaginaban bien posicionado, junto con el cardenal filipino Luis Tagle, en un futuro Cónclave para la sucesión pontificia, pensaba que los creyentes divorciados o vueltos a casar no representaban un desafío urgente para iglesias de África y Asia, sino que era la obsesión de "ciertas iglesias occidentales que quieren imponer soluciones llamadas 'teológicamente responsables

---

[430] Véanse *Famille Chrétienne*, 26 de marzo de 2015 e *Il Foglio*, 4 de septiembre de 2015.

[431] Véase *Il Foglio*, 27 de marzo 2015.

[432] Véase *Famille Chrétienne*, 23 de marzo de 2015.

y pastoralmente apropiadas', que contradicen de manera radical la enseñanza de Jesús y del magisterio de la Iglesia (...). Mientras los cristianos mueren por su fe y su fidelidad a Jesús, en Occidente algunos hombres de la Iglesia intentan reducir al mínimo las exigencias del Evangelio", planteaba Sarah, en referencia a los cristianos decapitados, fusilados o quemados vivos, que se habían resistido a convertirse al islam, y de otros que habían sido desplazados o perseguidos por el yihadismo en Medio Oriente y África.

En el otro polo, con una sólida argumentación teológica y atendiendo la angustia de fieles que se les impedía comulgar en un segundo matrimonio —pero tampoco eran excomulgados—, la iglesia alemana, en la voz de su titular, el cardenal Reinhard Marx, mantenía la posición de admitirlos, en coincidencia con Kasper, y se reservaba un margen de autonomía eclesial. "El Sínodo no puede prescribir en detalle lo que debemos hacer en Alemania. No somos una filial de Roma", azuzaba.[433]

Entre la tensión de la doctrina y la necesidad de las reformas, Kasper reconocía un "cisma práctico", y lo explicaba con los casos de matrimonios cristianos, "comprometidos con la Iglesia" que no vivían las enseñanzas de la encíclica *Humanae Vitae* sobre métodos anticonceptivos. "La pastoral no puede ir en contra de la doctrina, pero la doctrina no puede ser una afirmación abstracta", resumía.[434]

Pocas semanas antes del Sínodo Ordinario de octubre de 2015, el Papa introdujo una nueva normativa para facilitar los procedimientos de nulidad matrimonial, que reducía los tiempos del juicio canónico, abarataba los costos del proceso y ofrecía una mayor contención pastoral desde lo técnico y emocional. En el fondo, buscaba

---

433 Véase *Il Foglio*, 4 de septiembre 2014.

434 Véase *La Nación*, 6 de noviembre de 2015.

un cambio de mentalidad en la Iglesia frente a los fracasos matrimoniales, sobre la base de la misericordia y el perdón, para que los fieles pudieran recomenzar su vida dentro de ella.[435]

En sus primeras palabras a la asamblea sinodal, el domingo 4 de octubre de 2015, el Papa reiteró las reglas de juego del Sínodo precedente. "Hablar claro y que nadie diga que 'esto no se puede decir'". E invitó a los participantes a rezar juntos.

Sínodo Ordinario: abrir los corazones cerrados

El Sínodo Ordinario se había iniciado con dos sacudones.

El primero sucedió con la confesión pública de Krzysztof Charamsa de su homosexualidad. Charamasa, un sacerdote y teólogo polaco, docente en la Pontificia Universidad Gregoriana de Roma y funcionario de la Congregación para la Doctrina de la Fe, señaló a este dicasterio como "el corazón de una homofobia exacerbada y paranoide en la Iglesia", por su odio a las minorías sexuales. Con su confesión en la víspera del Sínodo, el sacerdote polaco intentó alertar sobre una realidad —la de la homosexualidad en la Iglesia con "tantísimos sacerdotes que no pueden salir del armario"—, y la necesidad de que ese amor homosexual tenga derecho a ser protegido por la sociedad, las leyes y también por la Iglesia, de una forma

[435] El 8 de septiembre de 2015, Francisco firmó dos documentos: *Mitis Iudex Dominus Iesus* y *Mitis et misericors Iesus* que suponen una reforma del Código de Derecho Canónico, tanto de la iglesia latina como de las iglesias orientales, para simplificar y agilizar los procesos de verificación de nulidad matrimonial. Véase www.news.va, 8 de septiembre.

más inclusiva. Charamsa fue destituido de su cargo en la curia romana.[436]

El segundo impacto fue la difusión de una carta de trece cardenales al Papa —luego se aclaró que eran nueve— que dieron a conocer su molestia por la metodología de trabajo de la asamblea sinodal. También se criticaba el documento *Instrumentun Laboris*, que oficiaba como guía del debate, y se expresaba la desconfianza en la composición de la comisión de redacción del Sínodo —seleccionada a criterio del Papa, como en 2014—. La presumían de mayoría "aperturista", con capacidad de desvirtuar el sentido de centenares de modificaciones que irían llegando desde los "círculos menores", para incorporar al texto de la *Relatio Synodi*.

En la apertura de la tercera jornada, el Papa trató el caso. Pidió a la asamblea abandonar "la hermenéutica de la conspiración", porque era "espiritualmente inútil", y reafirmó que en la asamblea no existirían manipulaciones: el proceso sinodal se desarrollaría en plena libertad.[437]

---

[436] La oportunidad de la confesión del sacerdote Charamsa pareció más una crítica al cardenal Müller, su jefe en la Congregación para la Doctrina de la Fe, que al propio Papa. El Vaticano justificó su despido por la oportunidad de su declaración, que calificó como "muy grave y no responsable, porque apunta a someter a la asamblea sinodal a una presión mediática injustificada". En la semana previa al Sínodo, distintas organizaciones homosexuales católicas de la red Global Newwork of Rainbow Catholics participaron de encuentros y manifestaciones en reclamo de un mayor reconocimiento para que los hijos de las parejas no sufran discriminaciones en escuelas y parroquias. Véase *La Nación*, 4 de octubre de 2015.

[437] En realidad, la molestia del Papa fue que la crítica a la metodología del Sínodo llegara una vez que se iniciaran las sesiones, y no en el proceso previo. Entrevista a Marcela Manzini. La carta, que algunos de los firmantes reconocía como de "carácter privado", se publicó

La mecánica del trabajo sinodal se dividía en dos partes. En la primera, durante la asamblea general que se iniciaba a las 9, cada padre exponía en tres minutos exactos sobre un párrafo del instrumento de trabajo, bajo la mirada del Papa, que escuchaba con un aparato de traducción simultánea que sostenía en su oído, pero no intervenía. A media mañana se hacía el *break*. Todos se dirigían a la planta baja de la sala Pablo VI y el Papa tomaba café con los padres sinodales y conversaba con cualquiera que se le acercase. Las jornadas eran maratónicas: podían intervenir hasta veinticinco exposiciones de manera sucesiva, lo cual también generaba confusión, pero las diferencias quedaban a la vista.[438]

---

el 8 de octubre de 2015 en www.vaticaninsider.it, y fue reproducida cuatro días después por Sandro Magister en www.chisaespresso.repubblica.it. Los cardenales que firmaron la carta eran Carlo Caffarra (Bologna), Thomas Collins (Toronto), Timothy Dolan (Nueva York), Willem Eijk (Utrech, Holanda), Peter Erdo (Esztergom-Budapest), Gerhard Müller (Doctrina de la Fe), Wilfrid Napier (Durban, Sudáfrica), George Pell (Sydney), Roberto Sarah (Congregación del Culto Divino), Jorge Urosa Savino (Caracas). La preocupación estaba basada, sobre todo, en que la escritura del texto final quedara al criterio de "la comisión de redacción, que reunía a una mayoría de integrantes 'aperturistas'". En conferencia de prensa y en un artículo en *L'Osservatore Romano,* el vocero Lombardi aclaró que el documento *Instrumentum Laboris* —estructurado en tres bloques de 147 puntos— era el resumen de la evolución del proceso sinodal. La versión reunía las consultas previas, el presínodo, la *Relatio Synodi* de 2014, y las nuevas respuestas al cuestionario de las diócesis, que llegaron en marzo de 2015 desde las conferencias episcopales locales a la Secretaría del Sínodo.

438 El cardenal australiano Mark Coleridge evaluó que "hay temas que están pasando en todas las direcciones y es difícil no solo recordar lo que dijo una persona sino incluso recordar si llegó a hablar. Es un proceso complicado. No creo que lleguemos a un absoluto consenso

Cuando finalizaba la primera parte de la jornada, al mediodía, el Papa volvía a la Casa Santa Marta y por la tarde, a las cuatro, comenzaban las tareas en los trece "círculos menores", un grupo de entre 23 y 30 integrantes compuestos por padres sinodales, auditores, expertos y delegados fraternos que compartían la misma lengua, debatían el *Instrumentun Laboris* y votaban posibles modificaciones en la redacción, que luego se trasladaban a la comisión redactora. Como existían cientos de propuestas de cambios, los miembros debían votar cuáles incorporar para producir el primer borrador del texto del Sínodo.

Los "círculos menores" permitían plantear debates que en las exposiciones de la asamblea general quedaban excluidos. En los "círculos" muchos obispos y cardenales se reconocían incapaces de entender los nuevos modelos de familia —"somos viejos y solteros", se asumían—, en parte porque en los últimos cincuenta años las familias cambiaron más que en los últimos quinientos, y ellos seguían aferrados al modelo de feligreses clásico y respetuoso de la planificación natural de la familia, tal cual lo plantea la *Humanae Vitae*.

El desafío de los aperturistas era explicar a esos padres sinodales que si no empezaban a hablarles a las nuevas familias —o las "familias reales"— se quedarían hablando solos.

---

sobre algunos asuntos más polémicos. La única certeza es que este camino continuará". Véase *Rome Reports*, 19 de octubre de 2015. Una de las posiciones extremas en el Sínodo Ordinario fue la del cardenal Sarah, que comparó al "fanatismo islámico del ISIS" con "las ideologías homosexuales y abortistas occidentales", que amenazaban a las familias como "dos bestias apocalípticas". Véase www.aciprensa.com, 13 de octubre.

Los "círculos menores" representaban el Arca de Noé de la Iglesia porque mezclaban intervenciones culturales diferentes. Los africanos, por ejemplo, sentían alivio con los discursos opuestos a la anticoncepción. Las mujeres católicas de matrimonios interreligiosos de Asia y África debían recibir un trabajo pastoral diferenciado, porque se sentían adúlteras si su esposo musulmán tomaba una segunda mujer y ellas continuaban casadas con él. También el rechazo a la "ideología de género" era sistemático en los "círculos menores", incluso cuando se planteaban cuestiones culturales, y no biológicas, en favor de la equidad, justicia o no violencia, propios del mensaje evangélico.[439]

Las mujeres, religiosas o laicas, rodeadas de eclesiásticos, continuaba con poco espacio dentro de la iglesia, o muy por detrás de ellos.

En las tres semanas que participó en el Sínodo como auditora en un "círculo menor", la periodista e historiadora italiana Lucetta Scaraffia, relató sus experiencias en uno de los "círculos menores":

> Lo que más me impactó en el grupo de cardenales, obispos y sacerdotes que componían la asamblea de los padres sinodales era su ajenidad a las mujeres, su poca familiaridad en el trato con mujeres consideradas inferiores, como las hermanas que suelen servirlos en casa. Naturalmente, no para todos —con alguno de ellos tenía también lazos de amistad precedentes al Sínodo—, pero, por lo que respecta a la inmensa mayoría, la incomodidad en el trato con una mujer como yo era palpable para mí, sobre todo al comienzo. No tenían gestos de la habitual caballerosidad que todavía se encuentra, sobre todo en los hombres que han

[439] Entrevista a Marcela Mazzini.

dejado de ser jóvenes, como ellos. Con suma desenvoltura omitían cederme el paso en las escaleras (...). En los círculos menores, aparte de no votar, no podía proponer modificaciones al texto en discusión y, en teoría, no habría podido siquiera hablar: gentilmente, cada tanto me preguntaban la opinión y yo, reuniendo coraje, comencé a levantar la mano y a hacerme valer un poco. ¡Durante la última reunión pude hasta proponer modificaciones! En síntesis, todo contribuía a hacerme sentir inexistente.

Scaraffia describió sus sensaciones sobre el ambiente eclesiástico en el Sínodo y las claves de la discusión en el artículo "El déficit femenino del Sínodo: la última de la fila".

Frente a mis ojos interesados y asombrados, la Iglesia mundial tomó cuerpo e identidad: es verdad, hay alineamientos entre quienes quieren cambiar alguna cosa y quienes solo quieren defender lo existente, y son claros. Y después hay un sector de inercia que no se alinea, que dice cosas vagas y espera ver cómo va el debate. Los conservadores aseguran a los pobres fieles que seguir las normas no es una carga inhumana porque Dios los ayudará con la gracia. Y hablan con lenguaje florido de la felicidad del matrimonio cristiano, del "canto nupcial", de "Iglesia doméstica", de "evangelio de la familia". En sustancia, de una familia perfecta que no existe, pero de la que está previsto que las parejas invitadas den testimonio con su historia. Tal vez hasta creen en ello. No quisiera estar en su piel. Los progresistas son más diversos entre sí, algunos más audaces hablan hasta de mujeres y de violencia doméstica, y se distinguen porque hablan siempre de misericordia. En cambio, como es natural, las familias perfectas no tienen necesidad de misericordia. Misericordia es la palabra clave del sínodo: en los grupos de trabajo la lucha de los unos es borrar siempre esta palabra del texto, la de los otros, defenderla y multiplicarla. En el fondo, ni siquiera es difícil: me imaginaba una situación teológicamente más compleja, más difícil de descifrar por una externa como yo.[440]

---

[440] Lucetta Scaraffia es directora de "Donne Chiesa Mondo", suplemento mensual de *L'Osservatore Romano.* En otro extracto de su texto sobre la experiencia sinodal desde una perspectiva laica, indicaba: "Poco a poco comprendo que un cambio profundo está en curso: aceptar que el matrimonio es una vocación, así como ha sido considerada siempre la vida religiosa, es un gran paso adelante. Significa reconocer el significado profundo de la encarnación, que ha dado un valor espiritual a lo que se hace con el cuerpo y, por tanto, también a la esfera sexual considerada como camino espiritual, tanto en la castidad como en la vida conyugal. E igualmente importante es la insistencia en la verdadera intención de fe, en la preparación al sacramento: se acabó el tiempo de una adhesión de fachada, de una honorabilidad aparente sin verdadera opción consciente. La gran propuesta de Jesús, para el cual lo único que cuenta es la intención del corazón, se está haciendo praxis real. Y esto significa que estamos dando pasos importantes en la comprensión de su palabra. En las mil polémicas centradas en la doctrina y en la normativa, este nivel no parece existir, pero, si se mira bien, se entrevé y, sin duda, hay un cambio positivo. Durante las largas horas de los debates de la asamblea observo fascinada la elegancia de los padres: todos en 'uniforme de gala', con las túnicas negras fileteadas en violeta o escarlata, con los solideos al tono, algunos con una elaborada muceta, todos con largas filas de botones de su color. Los orientales lucen cofias de terciopelo recamadas en oro y plata, altos sombreros negros o rojos. El más elegante de todos tiene una larga túnica violeta: al final descubriría que se trata de un obispo anglicano. Cada tanto, un dominico, con la túnica blanca, era confundido desde lejos con el Papa, que democráticamente se mezcla con nosotros en la pausa del café. Verdaderamente vienen de todo el mundo, la Iglesia es católica: en general, los obispos que provienen de los países otrora coloniales hablan la lengua de los viejos conquistadores: francés, inglés, portugués. Los que provienen de Europa del Este hablan italiano. Me doy cuenta de cuántos obispos hay en India, en África. Cada uno es un pedazo de historia y de realidad, sea que hablen de sus problemas concretos o se limiten a tiradas teóricas en

En el sínodo se reflejaba la dinámica de una iglesia comprometida con las cuestiones sociales, en alerta por la pobreza, los conflictos que traían las inmigraciones en Europa, la búsqueda para integrar y acompañar a los perseguidos por su fe, los ancianos, los matrimonios interreligiosos, pero con un consistente rechazo a cambios en la moral sexual, aunque, también, con un claro avance en el lenguaje y el tratamiento, para que se evitaran actitudes de discriminación.[441]

---

defensa de la familia. Y así descubro que los más rígidos defensores de la tradición son aquellos que viven en países con realidades más difíciles, como los orientales, los eslavos, los africanos. Y hasta un cardenal europeo. Quien ha conocido las persecuciones del comunismo propone resistir con la misma dureza e intransigencia a las lisonjas de la modernidad; quien vive en países de realidad difícil y sangrienta, donde la misma identidad cristiana está en peligro, piensa que solo la firmeza en las reglas puede ayudar a defender la religión amenazada. Excepto casos raros y muy apreciados por mí, todos hablan un lenguaje autorreferencial, casi siempre incomprensible para quien esté fuera del restringido círculo del clero y de quienes colaboran muy de cerca: afectividad en lugar de sexualidad, natural para decir inmodificable, 'sexualidad madura', 'arte del acompañamiento'... Y casi todos piensan que bastaría hacer buenos cursos de preparación al matrimonio para resolverlo todo, quizá también un poco de catecismo antes del casamiento. En cambio, de la realidad emergen muchas situaciones diversas y complicadas: en particular, el problema de los matrimonios mixtos, que, aunque con modalidades diversas, se encuentra en todo el mundo. Los problemas son muchos y diversos, pero hay uno compartido en todos los casos: la religión católica es la única que prevé la indisolubilidad del matrimonio y, por tanto, los pobres católicos se encuentran a menudo abandonados y en la imposibilidad de volver a casarse. Muchos padres defienden con fiereza a sus familias tradicionales sin pensar que casi siempre se trata de situaciones que penalizan a las mujeres". Véase *Vida Nueva*, 6 de noviembre de 2015.

[441] Según la evaluación de la teóloga Marcela Mazzini, auditora de uno de los "círculos menores", "de los primeros textos del presínodo al Sínodo de 2015 se avanzó mucho. Ya no se habla de 'situaciones irregu-

Como en el Sínodo de 2014, el texto borrador, previo al definitivo, era más abierto y permeable a los cambios pastorales frente a la homosexualidad, la comunión para divorciados vueltos a casar y las "familias heridas". Pero luego fueron rechazados por el voto de la asamblea.

Las modificaciones —se realizaron 1.355 enmiendas— incorporadas a la *Relatio Synodi* funcionaron como un control interno, o una vista previa, que permitía a la asamblea sinodal ir vislumbrando qué documento estaba concibiendo la comisión redactora.

Las observaciones permitieron que los 95 puntos de la *Relatio Synodi* de 2015 se aprobaran completos, a diferencia de la del año anterior, cuando tres puntos no obtuvieron los dos tercios de la mayoría requerida para ser incorporados al texto.

El Sínodo atravesó la constante tensión entre la misericordia y las verdades de la Iglesia como dos dimensiones disociadas, como se había advertido en el tratamiento a las pastorales sociales y a las de familia.

El punto 23 sobre "Migrantes, prófugos y perseguidos", en la que se invitaba a las diócesis a no cerrar los ojos al drama de los que escapan de la guerra y la pobreza, fue aprobado por una mayoría de 253 votos contra 4.

La redacción del párrafo 85, para acompañar a los divorciados vueltos a casar en un camino de "discernimiento pastoral", con un proceso de "examen de conciencia, reflexión y arrepentimiento" —es decir que sea su propia conciencia la que le permita a los divorciados acceder a la comunión—, apenas pudo ser aprobada por un voto (178

---

lares' sino de 'familias heridas'. Creo que se avanzará a una pastoral de la gradualidad, que significa acompañar a cada persona desde el lugar en el que está y avanzar hacia el ideal del Evangelio". Entrevista a Marcela Mazzini.

contra 80), que le permitió alcanzar los dos tercios de la mayoría.[442]

Sobre la homosexualidad, se repitieron las líneas generales del Sínodo Extraordinario de 2014: acoger a los homosexuales con respeto, evitar toda discriminación injusta y no equiparar las uniones homosexuales con el matrimonio, el verdadero Plan de Dios.[443]

En la clausura del Sínodo Ordinario, el 24 de octubre de 2015, el Papa admitió que no se habían encontrado "soluciones exhaustivas a todas las dificultades y dudas" que padecen las familias sino que habían sido expuestas, "a la luz de la fe". Reafirmaba el matrimonio entre un hombre y una mujer, fundado "sobre la unidad y la indisolubilidad", como base "de la sociedad y de la vida humana". Valoraba el Sínodo como una muestra de la "vivacidad" de la iglesia que no temía "sacudir las conciencias anestesiadas o de ensuciarse las manos discutiendo animadamente y con franqueza" sobre la familia. Y presentaba al Evangelio como "una fuente viva de eterna novedad, contra quien quiere 'adoctrinarlo' en piedras muertas para lanzarlas contra los demás".

El Papa entendía que el Sínodo había descubierto "corazones cerrados", había refrescado "corazones resecos" que

---

[442] Para este punto se tomaron como base los criterios de la exhortación apostólica de 1981 *Familiaris Consortio*, de Juan Pablo II, que distinguía las situaciones de los divorciados en nueva unión, para que no fuesen valoradas todas de la misma manera.

[443] En términos generales, sobre la pastoral de familia, en cuestiones de homosexualidad, divorciados vueltos a casar y uniones civiles, los latinoamericanos y los alemanes, canadienses y australianos se mostraron más permeables a un proceso de apertura a la recepción de sacramentos que los africanos —lo rechazaron en bloque—, estadounidenses y polacos. Incluso en los "círculos menores" esta dicotomía fue manifiesta. Entrevista a Marcela Mazzini.

se esconden detrás de las enseñanzas de la Iglesia para juzgar "a veces con superioridad y superficialidad, los casos difíciles y las familias heridas".

> La experiencia del Sínodo también nos ha hecho comprender mejor —dijo el Papa— que los verdaderos defensores de la doctrina no son los que defienden la letra sino el espíritu; no las ideas, sino el hombre; no las fórmulas sino la gratuidad del amor de Dios y de su perdón. Esto no significa en modo alguno disminuir la importancia de las fórmulas, son necesarias; la importancia de las leyes y de los mandamientos divinos, sino exaltar la grandeza del verdadero Dios que no nos trata según nuestros méritos, ni tampoco conforme a nuestras obras, sino únicamente según la generosidad sin límites de su misericordia.

El documento sinodal no tenía carácter magisterial o doctrinal. Era el resultado de un trabajo consultivo de dos años que servía, sobre todo, para establecer en qué lugar está ubicada la Iglesia, considerando su diversidad cultural y teológica, en el proceso de reformas pastorales encaradas por Francisco.

La *Relatio Synodi* quedaba, desde entonces, a criterio del Papa para que sirviera como base de una exhortación apostólica postsinodal o una encíclica, prevista para 2016. Aun en su libertad de disponer de ella o abandonarla, le marcaba un parámetro de la realidad eclesial, de la que no podría desprenderse.

El Sínodo también dejaba en claro las realidades eclesiales contrastadas entre los padres sinodales, con costumbres y conductas de vida que en el Vaticano es difícil que pierdan arraigo.

La primera imagen del Sínodo ya había mostrado el contraste: mientras el Papa llegaba solo y a pie desde su departamento de Casa Santa Marta al Aula Pablo VI, y luego sacaba de su portafolio una carpeta de cartón con el documento de trabajo, otros padres sinodales llegaban al Aula con autos de alta gama y chofer, como lo hacen por costumbre dentro del estado Vaticano.

El Papa describe esos hábitos eclesiales como una "tentación": "La iglesia debe hablar con la verdad y también con el testimonio: el testimonio de la pobreza. Si un creyente habla de la pobreza o de los 'sin techo' y lleva una vida de faraón... esto no se puede hacer".[444]

Apenas concluyó el Sínodo de 2015, dos libros publicados en Italia —*Vía Crucis* de Gianluigi Nuzzi y *Avaricia*, de Fittipaldi—, que reunieron información reservada de las gestiones de transparencia encaradas por Francisco, demostraron que las prácticas curiales trataban de resistir las reformas internas en la Santa Sede. De los documentos internos surgía que los cardenales vivían en pisos de dimensiones superlativas —entre 200 y 500 metros cuadrados—, con gastos indiscriminados, fuera de control; que las cuentas de Pontífices ya fallecidos con cientos de miles de dólares todavía se mantenían activas; que parte del dinero de las donaciones y colectas mundiales —conocido como Óbolo de San Pedro—

[444] La cita del Papa fue tomada de un reportaje a la revista holandesa *Straatniewus*, de los "sin techo" de Utrech, Holanda, publicada después del Sínodo y tres días antes de la aparición de dos libros sobre los gastos en la curia romana. "Nosotros gestionamos este edificio (Casa Santa Marta), pero las cuentas están todas controladas, para evitar la corrupción. Porque existe siempre la corrupción en la vida pública. Sea política o religiosa", dijo. Véase www.aciprensa.com, 6 de noviembre de 2015.

para sostener obras de beneficencia se utilizaba para cubrir el déficit financiero de la curia; que existían alquileres de bienes de la Iglesia que no aparecían en los balances anuales de la Santa Sede; o que se aprovechaba la exención de impuestos internos del Vaticano para productos que luego se revendían al menudo fuera de los muros, en el estado de Italia.

La información que trascendió había sido reunida por la COSEA, creada por el Papa en julio de 2013, recabada en la propia curia romana, que acostumbrada a la connivencia y el silencio para apañar la corrupción, había hecho caer la credibilidad de la Iglesia desde hacía varias décadas, y en poco se parecía al mensaje evangélico de reconversión personal y pastoral por el que había sido designado Francisco.

En un audio que registraba la voz del Papa, en una reunión con los auditores de COSEA, se escuchaba su instrucción en favor de la transparencia, la crítica al dispendio de dinero y al aumento del número de funcionarios, en un Estado donde no existe una "oficina de personal" que los registre.

El Papa también reclamaba que se aclarase el origen de gastos y formas de pago, e instruía que "si una cosa se ha hecho sin un presupuesto, sin autorización, no se paga", como una forma de reclamar la vigilancia de la naturaleza jurídica y la claridad de los contratos, porque, aduce, "en la letra pequeña está la trampa". En la grabación al Papa, se escuchaba:

> Alguno de ustedes me ha recordado un problema por el que hemos perdido más de diez millones con Suiza, por una inversión mal hecha. Además, es bien conocido que son administraciones satelitales (con inversiones no registradas en el presupuesto). Algunos dicasterios tienen dinero por cuenta propia y lo administran privadamente. La casa no está en orden, y es necesario poner un poco de orden en ella. No quiero añadir más ejemplos que nos creen más preocupaciones pero,

hermanos, estamos aquí para resolver todo esto por el bien de la iglesia. Esto me hace pensar en lo que me decía un anciano párroco de Buenos Aires, un sabio que tenía mucho interés por la economía: Si no sabemos custodiar el dinero que se ve, ¿cómo podemos custodiar las almas de los fieles, que no se ven?

El dosier interno sobre los presupuestos y movimientos económicos de la curia, que se empezó a elaborar en junio de 2013, había sido producido por mecanismos de autocontrol requeridos por el Papa Francisco. Pero su difusión retrotrajo al traumático recuerdo del gobierno de Benedicto XVI, con la imagen de una curia romana como una hidra que seguía creciendo por el Vaticano y resistía el paso de los Pontífices que deseaban transformarla. Aquella vez, en 2012, la fuga de noticias desde el escritorio de Benedicto XVI revelaba un corpus de la corrupción en la Santa Sede que permanecía oculto. En este caso, la fuga de información que salía de la propia COSEA corroboraba la búsqueda de transparencia de Francisco en las cuentas vaticanas y el rigor que reclamaba para alcanzarla.

Aun con el aparente intento de mostrar la vulnerabilidad que experimentaba en los primeros meses de su gobierno, la difusión de la voz del Papa en las grabaciones secretas reafirmaba que su discurso privado era el mismo que el público, y que su batalla cultural y económica por las reformas dentro del estado Vaticano eran reales.

El Papa padecía obstáculos y resistencias eclesiásticas, pero intentaba superarlas con la búsqueda de mecanismos eficientes y un norte claro. Su convicción era más determinada que la de Benedicto XVI, que debió abandonar el trono de Pedro, ya sin fuerzas morales frente a lo que había visto y veía cada día.[445]

---

[445] Véase nota del autor en *Clarín*, 20 de diciembre de 2015. Por la filtración de documentos de COSEA, el Vaticano inició una investiga-

Derribar los muros de las religiones

Su Pontificado no quedó paralizado en Roma.

Pocas semanas después del Sínodo y la instalación mediática del *Vatileaks 2*, la Santa Sede anunció un encuentro histórico entre el Papa Francisco y el primado de la Iglesia ortodoxa rusa Kirill, después de casi mil años de división, cuando los jefes de ambas iglesias produjeron el cisma en el cristianismo y se excomulgaron en forma mutua en el 1054.

Hoy Francisco es jefe del catolicismo, con 1200 millones de fieles, y la Iglesia ortodoxa, dividida en 15 patriarcados, contiene espiritualmente a aproximadamente 300 millones de fieles, de los cuales, el más numeroso está regido por el patriarca ruso, con 140 millones.

El encuentro, consumado el 12 de febrero de 2016, se fue enhebrando en negociaciones secretas que involucraron a

---

ción penal sobre monseñor Lucio Vallejo, su secretario Nicola Maio y la abogada Francesca Chaouqui —los tres miembros de la Comisión y los periodistas que publicaron los dos libros con información secreta, Gianluigi Nuzzi y Emiliano Fittipaldi—. En 2013, por decisión de Francisco, se modificó el artículo 116 bis del Código Penal que estableció penas de reclusión a los que tomaran y divulgaran de manera ilegítima documentos que concernían a intereses de la Santa Sede y el estado Vaticano. Sobre la corrupción en el Vaticano, Francisco indicó: "Trece días antes de la muerte de Juan Pablo II, durante el Vía Crucis, el entonces cardenal Ratzinger habló de la suciedad de la Iglesia. Él fue el primero que lo denunció. Después muere Juan Pablo II y Ratzinger, que era decano en la misa 'pro-eligendo Pontífice', habló de lo mismo. Nosotros lo elegimos por esta libertad de decir las cosas. Desde ese tiempo está en el aire en el Vaticano que allí hay corrupción. (...) Para mí es importante (la prensa laica o confesional) porque la denuncia de las injusticias y de las corrupciones es un buen trabajo. La prensa profesional debe decir todo, pero sin caer en los tres pecados más comunes: la desinformación, la calumnia y la difamación". Véase www.romereports.com, 30 de noviembre de 2015.

Raúl Castro, que fue invitado por Putin a Rusia en 2015, y que a su vez invitó a Kirill a una visita en La Habana. La confianza que generó Francisco en La Habana por su mediación en el conflicto con Estados Unidos, hizo factible que Castro —bautizado como católico pero que declaró su carácter de "ateo" al estado cubano en 1976— ofreciera a la isla como sede del acercamiento de la Iglesia cristiana y ortodoxa. Ni Roma ni Moscú eran lugares adecuados para este primer encuentro, sumido en una delicada arquitectura geopolítica por el conflicto bélico en Ucrania.

Mientras la Iglesia ortodoxa rusa, alineada a Putin, apoya a los rebeldes al gobierno ucraniano, la Iglesia grecocatólica de Ucrania, que reconoce la primacía universal del Papa, rechazó la declaración conjunta de Francisco y Kirill, a la que califican de "filo-rusa". El texto, de treinta puntos, llama a las iglesias a abstenerse de participar en la confrontación bélica y de apoyar el desarrollo del conflicto.

La declaración hace causa común por los cristianos, católicos y ortodoxos, perseguidos en Medio Oriente, en una estrategia ecuménica que busca la protección de la comunidad internacional para poner fin al terrorismo yihadista, también defiende a la familia, el matrimonio heterosexual, condena al aborto y a la eutanasia y sostiene, aunque con menor vigor, las preocupaciones por la justicia social y la defensa del medio ambiente, siempre presentes en el discurso de Francisco. La declaración omite referirse a las diferencias doctrinarias entre ambas iglesias; sin embargo, augura que en un "momento determinado por Dios", católicos y ortodoxos se junten en un único Pueblo de Dios. El acercamiento ecuménico en La Habana forma parte de las reformas internas que Francisco propuso para la Iglesia católica en su Papado. La política de tender puentes y derribar muros, también incluye a los muros de las religiones.

Epílogo

Proceso abierto

Francisco inició un Pontificado en el que los procesos de cambios tienen la agenda abierta. No están milimétricamente planificados ni se conoce su conclusión, pero son irreversibles. Son cambios que, desde la cumbre vaticana, demuestran su intención de una Iglesia comprometida por las situaciones reales de los seres humanos, a los que le manifiestan su comprensión y misericordia. Pero el Papa no los promueve desde el sillón del soberano, con los zapatos de cuero rojo, los anillos, la cruz de oro y las estolas bordadas, como símbolos de su sacralidad. Ese estilo de Iglesia, intolerante para la sensibilidad del mundo de hoy, ya no tiene retorno.

Su compromiso por el cambio implica la recuperación de una agenda olvidada, que el Papa considera que son los problemas más urgentes del mundo: los excluidos del mercado, el trabajo esclavo, la trata de personas, el narcotráfico, los inmigrantes, los desplazados por la violencia y las guerras, la vulnerabilidad de los jóvenes y los ancianos.

El Papa reinstaló un discurso esencial de Jesús y el Evangelio, pasado por alto por los líderes globales. Un discurso que, sobre todo, había sido abandonado por la Santa Sede, ahogada en su mundanidad espiritual y en su "narcisismo teológico", como describió en las Congregaciones Generales, en los días previos al Cónclave de 2013. Jesús quiere salir de la Iglesia, dijo Bergoglio ese día frente al Colegio Cardenalicio.

En el futuro, el gobierno de Francisco será recordado por su modo de vivir y testimoniar lo que quiere la Iglesia, por su intención deliberada de intervenir con su propio cuerpo en los conflictos, y por hacer visible la marginalidad y pobreza en el mundo.

Para semejante desafío proyectó su gobierno a las periferias. Evangelizar las periferias. Ese fue su propósito. Pero no desarrolló esa misión desde la imposición militante de los dogmas de fe —como ejercicio del proselitismo católico propio de los movimientos eclesiales—, sino por medio de la inculturación del Evangelio, para llegar a las raíces culturales de los pueblos y encarnarse en ellos.

La inculturación, que es el germen genuino de la Teología del Pueblo, fue su modo de relacionarse allí donde el cristianismo no había llegado o le resultaba difícil acceder, como en el continente asiático, o para presentarse en escenarios complejos por su propio origen latinoamericano, como es la cultura estadounidense o las instituciones del poder mundial.

Ese proceso de inculturación, en el que el cristianismo no espera la llegada del feligrés sino que sale en su búsqueda, le da a la Iglesia una filosofía expansiva y abierta. Una Iglesia en salida, en estado de misión, crea mayor atracción que el proselitismo por la catolización de la sociedad.

Con esta praxis pastoral y su estilo decidido, enérgico, turbulento y con expresiones a veces contradictorias, el Papa obtuvo impacto popular —sus críticos lo calificaron de "populista"—, y se convirtió en una autoridad moral y política capaz de enviar mensajes a los líderes mundiales sobre temas que incomodan o afectan sus intereses, como la economía de mercado, las finanzas, el consumismo o sus alertas sobre el cambio climático para proteger la Tierra.

Francisco, al tercer año de su Pontificado, reposicionó la voz y la influencia de la Iglesia en la geopolítica mundial. Lo hizo con menos atención a las cuestiones doctrinarias o morales, porque cree que su énfasis genera discordia, distrae y bloquea el acceso de los fieles a la Iglesia, que a las denuncias sobre las desigualdades sociales o la tercera guerra mundial "en etapas".

En Buenos Aires, pocos creían que el Papa pudiese tener semejante despliegue de poder político en la Santa Sede.

Bergoglio era, hasta el Cónclave de 2013, un religioso que había vivido alejado del epicentro de la Iglesia Universal; un hombre invisible para el mundo, que estaba a la espera de que le sellaran su formulario de jubilación, y que de modo imprevisto accedió al gobierno de la Iglesia Universal.

El significado pastoral de su misión en el Pontificado llevó unido, de manera indisoluble, a la política.

La política, para el Papa, es una herramienta para la justicia. Un católico no debe prescindir de ella.

El 30 de abril de 2015, en un encuentro en el aula Pablo VI con miles de adolescentes de la Comunidad Vida Cristiana (CVX) de los jesuitas, un joven le preguntó cómo actuar para la construcción de una sociedad más justa y solidaria.

El Papa, que había decidido apartar su discurso, expresó que el camino era la política, considerada por Pablo VI, como "una de las formas más altas de la caridad". "Pero, ¿puede un católico hacer política? ¡Debe! Pero, ¿puede un católico comprometerse en la política? ¡Debe!", se preguntó y respondió. Hacer política, sin dejarse corromper, en busca del bien común, como forma de lucha por una sociedad más justa y solidaria, para contrarrestar el mundo globalizado, que tiene como centro al dinero y descarta todo lo que no sirva "al dios del dinero". Ese fue su mensaje político para los jóvenes formados en la educación ignaciana.

No era un mensaje muy distinto al que había delineado para los movimientos populares de América Latina, nacidos entre las ruinas que había dejado el neoliberalismo en el continente, a los que alentó ejercer su protagonismo en defensa de la dignidad de los desprotegidos por el sistema y en favor de la economía social, como alternativa a la "globalización excluyente".

Este rumbo, que marcó un nuevo registro histórico de la Santa Sede en su visión sobre América Latina, ya había sido vislumbrado por el cardenal Bergoglio con los obispos del continente latinoamericano en la Conferencia de Aparecida de 2007, y lo ratificó y profundizó como Pontífice.

Francisco ejerció el poder de mando cada día de su ministerio. Ya tenía la experiencia. En un principio, entre los jesuitas, después en la iglesia argentina y entre los obispos latinoamericanos. Dirigir la política de la Iglesia desde el Vaticano supuso crear un puente directo con las multitudes en las plazas, renovar la comunión con el "Pueblo de Dios", desprenderse de los estamentos burocráticos intermedios que lo obstaculizaban, y devolverle a la Iglesia un espacio político y social que había perdido en el proceso histórico de las últimas décadas.

El Papa que llegaba "desde el fin del mundo", que señaló el drama humano de las muertes en el mar Mediterráneo y mostró el rostro de las periferias geográficas y existenciales, devolvió la centralidad a la Iglesia en el mundo globalizado o, mejor dicho, con su crítica al mundo globalizado.

Quizá con la expresión "fin del mundo", que instauró él mismo en su primera salida al balcón de la Basílica San Pedro el 13 de marzo de 2013, se partió de un equívoco.

El Papa había crecido y se había formado en una metrópolis del "fin de mundo", Buenos Aires, que, a diferencia de los pequeños poblados de pocos miles de habitantes de Europa central y del este en que crecieron Ratzinger y Wojtyla, le permitió la convivencia y el diálogo ecuménico e interreligioso, que hoy ejerce en su Pontificado, e involucrarse en la lucha frontal contra las mafias que dominan la "esclavitud moderna" y en la protección de sus víctimas, que hoy denuncia de modo global. Tenía el conocimiento previo y lo expresó desde Roma, *urbi et orbi,* de la ciudad para el universo.

En la simpleza de las palabras y humildad de sus actos, y con un mensaje basado en la primacía de la misericordia, el Papa constituyó la plataforma de su comunicación para sus anuncios. Escuchó y supo ser escuchado por el mundo.

Este ímpetu evangelizador con el que intentó sacar a la Iglesia de su asfixia y complacencia generó resistencias intraeclesiales desde distintas esferas. Entre los dogmáticos, por temor a que la evolución de las reformas pastorales afecten la doctrina; en los mundanos, que vieron amenazados sus privilegios económicos y su vida de palacio, y también entre los obispos y cardenales acomodados en el vértice episcopal de sus países, que viven su relación con la Iglesia como un servicio para sí mismos, unidos al poder político local, en provecho de sus beneficios, y alejados de su misión. Para sus críticos, el Pontificado breve, "de cuatro o cinco años", que a veces imagina Francisco ya se hace demasiado largo.

Su impulso por la reforma, que excede la reforma estructural de la curia romana, implica un cambio mental y cultural interno que hoy representa su más difícil desafío en el Vaticano. La tarea le exige permanente control y habilidad política para que no se vea frustrada.

Para el Papa, que se considera un experto en el manejo de los tiempos y la tensión de los contrastes, que intenta abrir y aprovechar los espacios con su intuición y discernimiento, que mide y que sopesa cada acción, cada estrategia, que se define un hombre de proyectos, la reforma de la Iglesia, conforme a los horizontes que se propuso, se gesta cada día que se levanta de su cama antes del amanecer en la habitación 201 de la Casa Santa Marta.

Las reformas no concluirán ni hoy ni mañana, ni este año ni el próximo.

Es un proceso abierto que acaba de empezar.

Marcelo Larraquy
Buenos Aires - Roma - Buenos Aires
Abril de 2013 - Febrero de 2016

Última nota

Agradecimientos

Código Francisco, como ocurrió siempre con el resto de mis libros, comenzó a prepararse en una servilleta. Pero a diferencia de los otros, se inició con el boceto un mapa del mundo en el que intentaba diseñar la geopolítica de Francisco con sus intervenciones puntuales en cada continente.

Aun con los distintos trazados de líneas, sinopsis o descripciones del proyecto, en la evolución de los años, la planificación de la estructura del libro mantuvo su idea original: concentrar en tres capítulos la geopolítica (cómo el Papa piensa el mundo), la biografía (las tensiones y conflictos que atravesó en su formación religiosa y política) y el gobierno interno en el Vaticano (reforma de la curia romana y la discusión sinodal por las reformas pastorales).

Solo se amplió el segundo capítulo, que fue dividido en dos partes: un capítulo de su vida como jesuita y otro de su trayectoria como obispo auxiliar de Buenos Aires a Pontífice.

Fuera del propósito inicial, el libro fue construyendo en sus páginas, casi de manera autónoma, la historia del mundo actual, la del último medio siglo de Argentina, y la de los últimos tres pontificados de la Iglesia, tomando a Jorge Mario Bergoglio como eje narrativo.

Esta idea, que no estaba bosquejada en ningún mapa o sinopsis del proyecto, creo que es la que mejor refleja la esencia de *Código Francisco*.

El libro es la consecuencia de un trabajo de casi tres años y mucha gente me ayudó a investigarlo, pensarlo y escribirlo.

En mis tres viajes a Roma, en 2013, 2014 y 2015, está el corazón del libro. Siempre conté con la generosa disponibilidad de colegas y especialistas que, apenas les enviaba un correo o los llamaba por teléfono, me brindaban su tiempo para la conversación y las reflexiones en sus casas, oficinas o bares. Ninguno se excusó ante un pedido de cita. Ahora recuerdo la expectativa con la que llegaba a cada encuentro, y la gratificación y el entusiasmo con el que me iba.

Los entrevistados, que están citados en las páginas que siguen, fueron imprescindibles para la evolución del proyecto y les dedico mi gratitud y afecto. Sería injusto si mencionara en forma especial a unos sobre otros, porque podría incurrir en el pecado de la omisión.

Aunque quisiera permitirme poner de relieve las horas de conversación con Luis Badilla Morales, director de www.ilsismografo.blogspot.com, en su departamento, ubicado a apenas cien metros de la Casa Santa Marta donde vive Francisco, pero del otro lado del muro. Luis, que hace cuarenta años trabaja en el Vaticano, me transmitió la calidad de sus conocimientos y su riqueza de ideas. Agradezco al periodista Nello Scavo que me haya recomendado verlo.

Del mismo modo que en Italia, quiero retribuir mi agradecimiento a todos los entrevistados que me concedieron su tiempo en Argentina, dispuestos a brindar información, contactos, aclaraciones posteriores y sugerencias de lecturas.

Recurrí a ellos en varias oportunidades a lo largo de estos años, y siempre encontré cordialidad y espíritu de colaboración para el progreso del trabajo. A todos los que están citados en las entrevistas les debo mi reconocimiento.

Como en el caso de Luis Badilla Morales, debo mi especial agradecimiento al doctor en Teología Carlos María Galli, que forma parte de la Comisión Teológica Internacional, por permitirme compartir la profundidad de sus ideas sobre la Teología del Pueblo y el pensamiento de Francisco. También quiero agradecer a la teóloga Marcela Mazzini, que me transmitió sus experiencias en el Sínodo Ordinario de 2015 en el Vaticano.

Este libro también le debe mucho a los padres jesuitas, a los que visité en distintas oportunidades en la Pontificia Universidad Gregoriana de Roma, el Colegio Máximo de San Miguel, el Colegio del Salvador y en el Centro de Investigación y Acción Social (CIAS). Debo dar las gracias a todos ellos. Quiero incluir en esta mención a Gustavo Morello SJ, profesor del Boston College, con el que me comuniqué vía Skype y correos electrónicos; Rafael Velasco SJ, Rodrigo Zarazaga SJ, director del CIAS, Ignacio Pérez del Viso SJ, Juan Carlos Scannone SJ, Humberto Yáñez SJ, Ignacio García-Mata SJ, y al director del Colegio del Salvador, el licenciado Ricardo Moscato, a los que consulté varias veces, lo mismo que a los sacerdotes diocesanos Ignacio Navarro y Gustavo Irrazábal, sobre quienes guardo estima y gratos recuerdos de nuestras conversaciones.

Otra de las personas que ayudó para este libro de manera indispensable fue Gustavo Vera, titular de la Fundación La Alameda y legislador porteño, al que entrevisté en Buenos Aires y Roma, y me permitió trasladar mis mensajes a la Casa Santa Marta. Del mismo modo, agradezco al padre Fabián Pedacchio, que me facilitara el encuentro con Francisco en la Audiencia General.

Debo dar gracias también por cada diálogo al ex embajador Carlos Custer, al director de la revista *Criterio*, José María Poirier, al abogado y profesor Roberto Bosca, al académico inglés Austen Ivereigh, y a otros especialistas que prefirieron no ser mencionados. Todos ellos me proporcionaron valiosa información y puntos de vista. Vaya mi especial afecto también a la memoria de Alicia Oliveira, histórica luchadora por los derechos humanos, que me brindó su honestidad y calidez en cada encuentro. Alicia, la primera persona que entrevisté para este proyecto en un bar de la calle Humahuaca, falleció en noviembre de 2014.

Código Francisco, y también *Recen por él*, que fue su embrión original, le debe mucho a la intuición, las conversaciones y la dedicación de mi editora Ana Laura Pérez. Ana cuidó de cada detalle desde la elaboración hasta la impresión de los dos libros. También le agradezco a Juan Boido, Florencia Ure y Abel Moretti y a todo el equipo de Penguin Random House, casa editorial en la que tengo concentrada mi obra, por el excelente trato personal y profesional que siempre tuvieron conmigo. El mismo agradecimiento corresponde a PRHGE Colombia y PRHGE México, en especial a Cristóbal Pera y Enrique Calderón, quienes decidieron la publicación de *Recen por él* en 2014.

También, quiero reiterar mi agradecimiento a Fernando Soriano, uno de los investigadores más capaces y talentosos de la nueva generación de periodistas, que realizó informes y entrevistas para *Recen por él* con rapidez y profesionalismo. Para este último libro, también conté con la ayuda de Inés Álvarez, que preparó un informe sobre la defensa de la doctrina en el Arzobispado de Bergoglio.

Código Francisco tiene además una deuda afectiva con mis compañeros y ex compañeros de redacción de la Sección de Investigaciones, Zona, del diario *Clarín*, por cada tertulia, Gustavo Sierra, Gerardo "Tato" Young, Claudio Savoia, Pablo Calvo, Alberto Amato, Fabián Bosoer y Lucas Guagnini; con los colegas y amigos que compartimos la experiencia del juego en el Arthur Ashe de Palermo, Ignacio Miri, Santiago Fioriti, Diego Geddes, Nicolás Cassese,

Ezequiel Burgo, Hernán Iglesias Illa, Gustavo Bazzán y Silvio Santamarina. Y con amigos que compartí distintas redacciones y vivencias como Gabriel Piko, Horacio Convertini, Pablo Perantuono, Gonzalo Sánchez, Nicolás Wiñazki y Guido Bilbao, agentes inspiradores de muchas iniciativas. Quiero asimismo abrazar a mis hermanos, mis sobrinos, a mi tía y mis primos, por todos los años en que nos mantuvimos unidos en el encuentro o la distancia.

Mi deuda del corazón la tengo con la memoria de mis padres, que siempre apoyaron cada paso que di (este es el primer libro sin ellos); mis hijos, que desde la cuna vivieron la creación y me acompañaron en cada momento de la vida de este y todos los libros; y con Marina, que me brindó su apoyo, comprensión y dulzura, y con quien compartí miles de horas felices en casa mientras escribía.

A todos ellos van mi corazón y este libro.

FUENTES

Libros

Allen, John L., *Le dieci encicliche di papa Francesco*, Milán, Àncora, 2013.

Álvarez Bolado, Alfonso, *La Compañía de Jesús: misión abierta al futuro*, Bilbao, Salterrae, 1991.

Augias, Corrado, *Los secretos del Vaticano*, Barcelona, Crítica, 2011.

Azcuy, Virginia; Blanco de Di Lascio, Cecilia; Blanco, Pablo (et al.), *Instauremos el Reino del Padre y su justicia. Comentarios a la Evangelii Gaudium*, Buenos Aires, Docencia, 2014.

Barranco, Bernardo, *El evangelio social del obispo Raúl Vera*, México DF, Random House Mondadori, 2014.

Bello, Omar, *El verdadero Francisco*, Buenos Aires, Noticias, 2013.

Beltramo Álvarez, Andrés, *¡Quiero lío!*, Buenos Aires, Hyspamerica, 2014.

Benedetti; Di Paola; Escobar; Ferré (et al.), *Francisco, la alegría que brota del pueblo. Una reflexión compartida de Evangelii Gaudium*, Buenos Aires, Santa María, 2015.

Benedicto XVI, *Luz del mundo, una conversación con Peter Seewald*, Barcelona, Herder, 2010.

Bergoglio, Jorge Mario, *Meditaciones para religiosos,* San Miguel, Diego de Torres, 1982.
—, *La oración*, Buenos Aires, Santa María, 2012.
—, *La patria es un don, la nación una tarea*, Buenos Aires, Claretiana, 2013.
—, *Nosotros como ciudadanos, nosotros como pueblo. Hacia un bicentenario en justicia y solidaridad (2010-2016)*, Buenos Aires, Claretiana, 2014.
Bergoglio, Jorge y Skorka, Abraham, *Sobre el Cielo y la Tierra*, Buenos Aires, Sudamericana, 2010.
Bilbao, Luis, *CIA-Vaticano, Asociación ilícita*, Buenos Aires, Búsqueda, 1989.
Bimbi, Bruno, *Matrimonio igualitario,* Buenos Aires, Planeta, 2010.
Boff, Leonardo, *Francisco de Asís y Francisco de Roma. ¿Una nueva primavera en la Iglesia?*, Buenos Aires, Santa María, 2014.
Bosca, Roberto, *La Iglesia Nacional Peronista*, Buenos Aires, Sudamericana, 1997.
Botana, Natalio, *Poder y hegemonía. El régimen político después de la crisis*, Buenos Aires, Emecé, 2006.
Calabrò, Maria Antonietta, *Le mani della mafia. Finanza e politica tra IOR, Banco Ambrosiano, cosa nostra. La storia continua...*, Milán, Chiarelettere, 2014.
Calabrò, Maria Antonietta y Vecchi, Guido, *I segreti del vaticano,* Milán, Instanbook Corriere della Sera, 2012.
Calveiro, Pilar, *Poder y desaparición*, Buenos Aires, Colihue, 2008.
Cámara, Javier y Pfaffen, Sebastián, *Aquel Francisco*, Córdoba, Raíz de Dos, 2014.
Carriquiry, Guzmán, *Una apuesta por América Latina*, Buenos Aires, Sudamericana, 2005.
Castro, Jorge, *Visión estratégica del Papa Francisco*, Buenos Aires, Distal, 2015.

Clementi, Francesco, *Città del Vaticano. Si governano così*, Bolonia, Il Mulino, 2009.

Crea, Giuseppe; Francis, Leslie; Mastrofini, Fabrizio y Visalli, Domenica, *Le malattie della fede*, Bolonia, Edizioni Dehoniane Bologna, 2014.

Dri, Rubén, *Proceso a la Iglesia argentina*, Buenos Aires, Biblos, 1997.

Eco, Umberto y Martini, Carlo, *En qué creen los que creen*, Buenos Aires, Planeta, 1997.

Escobar, Mario, *Francisco, el primer Papa latinoamericano*, Buenos Aires, Océano, 2013.

Esquivel, Juan Cruz, *Detrás de los muros. La Iglesia católica en tiempos de Alfonsín y Menem (1983-1999)*, Buenos Aires, Universidad Nacional de Quilmes, 2004.

Fares, Diego, *Papa Francisco. La cultura del desencuentro*, Buenos Aires, Edhasa, 2014.

Fazio, Mariano, *Con Papa Francesco, le chiavi del suo pensiero*, Milán, Ares, 2013.

Fernández, Víctor Manuel, *El programa del Papa Francisco. ¿A dónde nos quiere llevar? Una conversación con Paolo Rodari*, Buenos Aires, San Pablo, 2014.

Fernández, Víctor Manuel; Lozano, Jorge; Galli, Carlos María (et al.), *De la Misión Continental (Aparecida 2007) a la Misión Universal (JMJ-Río 2013 y Evangelii Gaudium)*, Buenos Aires, Docencia, 2013.

Francesco (Papa) y Scalfari, Eugenio, *Dialogo tra credenti e non credenti*, Turín, Eianudi, 2013.

Franco, Massimo, *Il Vaticano secondo Francesco*, Milán, Mondadori, 2014.

—, *Imperi Paralleli*, Milán, Mondadori, 2005.

—, *La crisi dell'impero vaticano*, Milán, Mondadori, 2013.

Gaeta, Saverio, *Papa Francesco, la vita e le sfide*, Milán, San Paolo, 2013.

Galeazzi, Giacomo y Pinotti, Ferruccio, *Vaticano massone*, Milán, Piemme, 2013.

Galli, Carlos María, *Dios vive en la ciudad. Hacia una pastoral urbana a la luz de Aparecida*, Buenos Aires, Ágape, 2011.

Galli, Carlos María; Dotro, Graciela y Mitchell, Marcelo, *Seguimos caminando, la peregrinación juvenil a Luján*, Buenos Aires, Ágape/Guadalupe, 2004.

García Bazán, Francisco, *El papado y la historia de la Iglesia*, Buenos Aires, El hilo De Ariadna, 2014.

Genoud, Diego, *Massa. La biografía no autorizada*, Buenos Aires, Sudamericana, 2015.

Ghio, José María, *La Iglesia Católica en la política argentina*, Buenos Aires, Prometeo, 2007.

Giansoldati, Franca, *Il demonio in vaticano. I legionari di Cristo e il caso Maciel*, Milán, Piemme, 2014.

Gratteri, Nicola y Nicaso, Antonio, *Acqua santissima*, Milán, Mondadori, 2013.

Himitian, Evangelina, *Francisco. El Papa de la gente*, Buenos Aires, Aguilar, 2013.

Innocenti, Ennio, *La Santa Sede nella ecclesiologia del Concilio Vaticano II*, Rovigo, Istituto Padano Arti Grafiche, 1977.

Ivereigh, Austen, *El gran reformador. Francisco, retrato de un Papa radical*, Buenos Aires, Ediciones B, 2015.

Jalics, Francisco, *Ejercicios de contemplación*, Buenos Aires, San Pablo, 2009.

—, *El camino de la contemplación*, Buenos Aires Paulinas, 2008.

Kasper, Walter, *El papa Francisco, Revolución de la ternura y el amor*, Santander, Sal Terrae, 2015.

—, *Misericordia*, Brescia, Queriniana, 2013.

Kung, Hans, *¿Tiene salvación la Iglesia?*, Madrid, Trotta, 2013.

La Bella, Gianni, *Arrupe. General de la Compañía de Jesús*, Bilbao, 2007.
Lai, Benny, *Il "mio" Vaticano. Diario tra pontefici e cardinali*, Catanzaro, Rubbettino, 2006.
—, *Finanze vaticane*, Catanzaro, Rubbettino, 2012.
Lanusse, Lucas, *Cristo revolucionario*, Buenos Aires, Vergara, 2007.
Larraquy, Marcelo, *Marcados a fuego*, Buenos Aires, Aguilar, 2009.
—, *Marcados a fuego II. De Perón a Montoneros*, Buenos Aires, Aguilar, 2010.
—, *Marcados a fuego III. Los 70*, Buenos Aires, Aguilar, 2013.
—, *Recen por él*, Buenos Aires, Sudamericana, 2013.
—, *López Rega, el peronismo y la Triple A*, Buenos Aires, Aguilar, 2011.
Lecompte, Bernard, *Secretos del Vaticano*, Buenos Aires, El Ateneo, 2013.
Lida, Miranda, *Monseñor Miguel de Andrea. Obispo y hombre de mundo (1877-1960)*, Buenos Aires, Edhasa, 2013.
Lima, Ariel, *Un abrazo, tres religiones*, Buenos Aires, Claretiana, 2014.
López Quintás, Alfonso, *Romano Guardini, maestro de vida*, Madrid, Palabra, 1998.
Lowney, Chris, *Papa Francisco. Lecciones de liderazgo*, Buenos Aires, Granica, 2013.
Mastrofini, Fabrizio, *Geopolitica della Chiesa cattolica*, Roma, Laterza, 2006.
Maier, Martín, *Pedro Arrupe, testigo y profeta*, Madrid, Sal Terrae, 2007.
Mallimaci, Fortunato, *El mito de la Argentina laica*, Buenos Aires, Capital Intelectual, 2015.
Martín, José Pablo, *Ruptura ideológica del catolicismo argentino. 36 entrevistas entre 1988 y 1992*, Los Pol-

vorines, Universidad Nacional de General Sarmiento, 2013.
Medina, José, *Francisco, el Papa de todos*, Buenos Aires, Bonum, 2013.
Melloni, Alberto, *Quel che resta di Dio*, Turín, Einaudi, 2013.
Metalli, Alver, *Francisco, el Papa y el filósofo Methol Ferré*, Buenos Aires, Biblos, 2013.
Micklethwait, John y Wooldridge, Adrian, *Una nación conservadora*, Buenos Aires, Sudamericana, 2007.
Mignone, Emilio, *Iglesia y dictadura, El papel de la Iglesia a la luz de sus relaciones con el régimen militar*, Buenos Aires, Colihue, 2006.
Morello, Gustavo, Dónde estaba Dios. Católicos y terrorismo de Estado en la Argentina de los setentas, Buenos Aires, Vergara, 2014.
Napoleoni, Loretta, *ISIS. Lo Stato del terrore. Chi sono e cosa vogliono le milizie islamiche che minacciano il mondo*, Milán, Feltrinelli, 2015.
Nazio, Pino, *Il segreto di Emanuela Orlandi*, Roma, Sovera, 2012.
Nuzzi, Gianluigi, *Las cartas secretas de Benedicto XVI*, Buenos Aires, Martínez Roca, 2012.
—, *Vaticano S.p.A*, Milán, Chiaralettere, 2013.
—, *Via Crucis*, Buenos Aires, Planeta, 2015.
Oliva, Lorena, *Cuestión de fe. En qué cree la Argentina del Papa Francisco*, Buenos Aires, Sudamericana, 2015.
Peronaci, Fabrizio y Orlandi, Pietro, *Mia sorella Emanuela*, Milán, Anordest, 2012.
Pinotti, Ferruccio, *La lobby di Dio*, Milán, Mauri Spagnol, 2010.
Piqué, Elisabetta, *Francisco. Vida y revolución*, Buenos Aires, El Ateneo, 2014.

Politi, Marco, *Joseph Ratzinger. Crisi di un Papato*, Roma, Laterza, 2011.

—, *Francesco tra i lupi. Il segreto di una rivoluzione*, Roma, Laterza, 2014.

Porretti, Eduardo, *La nación elegida. El rol de la religión en la política exterior de los Estados Unidos de América*, Entre Ríos, Universidad Nacional del Litoral, 2010.

Premat, Silvina, *Curas villeros, de Mujica al Padre Pepe. Historias de lucha y esperanza*, Buenos Aires, Sudamericana, 2012.

—, *Pepe. El cura de la villa*, Buenos Aires, Sudamericana, 2013.

Puente, Armando Rubén, *La vida oculta de Bergoglio*, Madrid, Libroslibres, 2014.

Riccardi, Andrea, *Giovanni Paolo. II Santo*, Milán, San Paolo, 2014.

—, *La sorpresa del Papa Francisco*, Buenos Aires, Ágape, 2014.

Ricci, Lorenzo y Roothaan, Juan, *Las cartas de la tribulación*, San Miguel, Diego dc Torres, 1987.

Romeo, Enzo, *Come funziona il Vaticano*, Milán, Àncora, 2008.

Rubín, Sergio y Ambrogetti, Francesca, *El jesuita*, Buenos Aires, Vergara, 2010.

Rupnik, Marco Ivan, *Il discernimento*, Roma, Lipa, 2010.

Scavo, Nello, *La lista de Bergoglio*, Buenos Aires, Claretiana, 2013.

—, *I nemici di Francesco*, Milán, Piemme, 2015.

Skorka, Abraham, ¿Hacia un mañana sin fe?, Buenos Aires, Longseller, 2005.

Spadaro, Antonio, *Da Benedetto a Francesco*, Turín, Lindau, 2013.

Svidercoschi, Gian Franco, *Un Papa solo al comando e una Chiesa che a fatica lo segue*, Tau, Todi, 2015.

Tornielli, Andrea y Galeazzi, Giacomo, *Papa Francesco. Questa economia uccide*, Milán, Piemme, 2015.
Tornielli, Andrea, *Jorge Bergoglio. Francisco*, Barcelona, Plaza y Janés, 2013.
Torralba, Fracesc, *La Iglesia en la encrucijada*, Barcelona, Destino, 2013.
Turco, Maurizio; Pontesilli, Carlo y Di Battista, Gabriele, *Paradiso IOR*, Roma, Lit, 2013.
Urdaci, Alfredo, *Benedicto XVI y el último cónclave*, Barcelona, Planeta, 2005.
Valente, Gianni, *Francesco, un Papa dalla fine del mondo*, Bolonia, Emi, 2013.
Valli, Aldo Maria, *Con Francesco a Santa Marta*, Milán, Àncora, 2014.
Vedia, Mariano de, *En el nombre del Papa*, Buenos Aires, Planeta, 2015.
—, *Francisco. El Papa del Pueblo*, Buenos Aires, Planeta, 2013.
Velásquez, César Mauricio y Beltramo Álvarez, Andrés, *De Benedicto a Francisco*, Bogotá, Planeta, 2013.
Verbitsky, Horacio, *El Silencio*, Buenos Aires, Sudamericana, 2005.
—, *Cristo vence (I). La Iglesia en la Argentina. Un siglo de historia política (1884-1983)*, Buenos Aires, Sudamericana, 2007.
—, *Vigilia de las armas (III). Del Cordobazo de 1969 al 23 de marzo de 1976*, Buenos Aires, Sudamericana, 2009.
—, *La mano izquierda de Dios (IV). La última dictadura (1976-1983)*, Buenos Aires, Sudamericana, 2010.
Vian, Giovanni Maria (curador), *Il filo interrotto. Le difficile relazioni fra il Vaticano e la stampa internazionale*, Milán, Mondadori, 2012.
Vidal, José Manuel y Bastante, Jesús, *Francisco, el nuevo Juan XIII*, Bilbao, Desclée de Brouwer, 2013.

Vitali, Dario, *Verso la sinodalità*, Qiqajon, 2014.
Weigel, George, *El coraje de ser católico. Crisis, reforma y futuro de la Iglesia*, Buenos Aires, Emecé, 2003.
Wiltgen, Ralph, *El Rin desemboca en el Tíber. Historia del Concilio Vaticano II*, Madrid, Criterio, 1999.
Woodrow, Alain, *Los jesuitas*, Buenos Aires, Sudamericana/Planeta, 1986.
Wornat, Olga, *Nuestra Santa Madre. Historia pública y privada de la Iglesia católica argentina*, Buenos Aires, Ediciones B, 2002.
Yallop, David, *¿Por voluntad de Dios?*, Buenos Aires, Sudamericana, 1984.
Zanatta, Loris, *Perón y el mito de la Nación Católica*, Buenos Aires, Sudamericana, 1999.
—, *La larga agonía de la nación católica*, Buenos Aires, Sudamericana, 2014.
Zavattiero, Carlotta, *Le lobby del Vaticano*, Milán, Chierelettere, 2013.

Documentos magisteriales

Encíclicas

Centesimus Annus. En el centenario de la Rerum Novarum. 1991. Juan Pablo II.
Caritas in Veritate. Sobre el desarrollo integral en la caridad y en la verdad. 2009. Benedicto XVI.
Lumen fidei. Sobre la fe. 2013. Benedicto XVI y Francisco.
Laudato si'. Sobre el cuidado de la casa común, 2015. Francisco.

Exhortaciones apostólicas

Evangelii Gaudium. Sobre el anuncio del Evangelio en el mundo actual, 2013. Francisco.

Documentos

Equipo de Sacerdotes para las Villas de Emergencia Ciudad Autónoma de Buenos Aires, "La droga en las villas: despenalizada de hecho", 25 de marzo de 2009

—, "Reflexiones sobre la urbanización y el respeto por la cultura villera", 11 de junio de 2007.

Documento conclusivo de la V Conferencia General del Episcopado Latinoamericano y del Caribe (CELAM) en Aparecida (Brasil), Paulinas, Buenos Aires, 2007.

Declaración judicial como testigo del cardenal Jorge Mario Bergoglio en la causa ESMA por el secuestro y la desaparición de los sacerdotes jesuitas Orlando Yorio y Francisco Jalics, 8 de noviembre de 2010. Tribunal constituido en el Arzobispado de Buenos Aires.

Artículos de divulgación en revistas católicas

Celada, José, "Migrante y menor, 'una crisis humanitaria' sin responder", *Vida Nueva*, n° 36, julio de 2014, p. 34.

Estupiñán, Miguel, "Óscar Andrés Rodríguez Maradiaga. Es necesario que el Evangelio entre en la economía", *Vida Nueva*, n° 35, junio de 2014, pp. 8-13.

Gregg, Samuel, "El papa Francisco y el populismo económico", *Criterio*, n° 2417, agosto de 2015, pp. 26-27.

Gotti Tedeschi, Ettore, "What Cardinal Pell Needs to Know", *Catholic Herald*, n° 6692, enero de 2015, p. 16.

Kolvenbach, Peter-Hans, "Los Centros Sociales de la Compañía", *CIAS*, n° 367, Octubre de 1987, pp. 476-486.

Malavia, Miguel Ángel, "Henrique Cymerman, periodista, mediador para la cumbre entre Israel y Palestina en Roma", *Vida Nueva*, n° 34, junio de 2014, pp. 38-39.

Menor, Darío, "Adolfo Nicolás. Sin creatividad, no seremos capaces de acompañar a nadie", *Vida Nueva*, n° 12, junio de 2013, pp. 8-13.

Mirabet, Nicolás, "Víctor Manuel Fernández", *Vida Nueva*, n° 46, noviembre de 2014/, pp. 38-41.

Morello, Gustavo, "Perfil e historia del CIAS", *CIAS*, n° 490, marzo de 2000, pp. 47-55.

Moyano Walkner, Juan Luis, "Los jesuitas en la Argentina: historias y desafíos", *CIAS,* n° 415, agosto de 1992, pp. 329-340.

Pellegrini, Vicente, "Los Derechos Humanos en el Presente Contexto Socio-Político de Argentina", *CIAS*, n° 259, diciembre de 1976.

Pelayo, Antonio, "Francisco ya tiene a su mano derecha", *Vida Nueva,* n° 17, septiembre de 2013, pp. 8-16.

Restrepo, Javier Darío, "Romero, mártir de América", *Vida Nueva,* n° 54, abril de 2015, pp. 8-13.

Rivas, Luis, "Francisco derriba el telón de acero del Caribe", *Vida Nueva,* n°53, marzo de 2015, pp. 12-13.

Spadaro, Antonio, "Los desafíos pastorales", *Criterio,* n° 2410, diciembre de 2014, pp. 18-22.

—, "Viaje de Francisco a Sri Lanka y Filipinas", *Criterio,* n° 2412, marzo de 2015, pp. 24-28.

Vedia, Mariano (de), "Curas villeros, la pastoral de la ternura", *Vida Nueva*, n° 10, mayo de 2013, pp. 8-15.

Von Eyken, Pedro, "Relaciones diplomáticas entre los Estados Unidos y Cuba", *Criterio*, n° 2411, febrero de 2015, p. 13.

Teahan, Madeleine, "How Francis Keeps The Media Onside", *Catholic Herald*, n° 6694, enero de 2015.

West, Ed, "How is Pope Francis Tackling Islamism?", *Catholic Herald*, n° 6693, enero de 2015, p. 12.

Valle, Annachiara, "Pietro Parolin. Il segretario che non ama il potere", *Famiglia Cristiana*, n° 36, septiembre de 2013, pp. 32-33.

Artículos de revistas o sitios especializados

Bergoglio, Jorge Mario, "Fe y Justicia en el Apostolado de los Jesuitas", *CIAS*, nº 254, julio de 1976, pp. 7-10.

—, "Testimonio de la Sangre", *CIAS*, nº 254, julio de 1976, pp. 3-6.

Brienza, Hernán, "El candidato. Biografía no autorizada de Jorge Bergoglio", *Tres Puntos*, 26 de diciembre de 2002, pp. 4-12.

Brunelli, Lucio; Spadaro, Antonio; Melloni, Alberto; Riccardi, Andrea, (et al.), "Le conseguenze di Francesco", *Limes Rivista italiana di geopolitica*, nº 3, marzo de 2014.

Cáceres, Aldo Marcelo, "Tres claves para comprender el pensamiento del Papa Francisco en Lumen Fidei", *Moralia*, nº 141, 2014.

Cacho, Ignacio, "Pedro Arrupe, un general para el cambio", Anuario del Instituto Ignacio de Loyola, nº 13, diciembre de 2006.

Calvo, Pablo, "Mano a mano con el hombre más influyente del mundo. Francisco íntimo", revista *Viva*, *Clarín*, 27 de julio de 2014, pp. 22-34.

Carriquiry Lecour, Guzmán, "Misión de la Iglesia en América Latina, en la hora del pontificado del Papa Francisco a la luz de la exhortación apostólica *Evangelii gaudium*", Forum Libertas, 24 de marzo de 2014.

Carroll, James, "El primer año del Papa radical", *The New Yorker*, 23 de diciembre de 2013.

Casanova, José; Chauprade, Aymeric; Lebec, Eric (et al.), "Geopolítica de la Santa Sede", *La Vanguardia Dossier*, nº 48, septiembre de 2013.

Chaves, María, "¿Y ahora que Habemus Papa cómo seguimos? Trayectorias de lucha por el derecho al aborto en la

Argentina", X Jornadas de Sociología, Facultad de Ciencias Sociales, Universidad de Buenos Aires (UBA), 2013.
Chua-Eoan y Dias, Elizabeth, "Pope Francis, The People's Pope, *Time*, 11 de diciembre de 2013.
Cucchetti, Humberto, "Fideipolítica: los guardianes entre lo religioso y lo político", s/f.
Cuda, Emilce, "Teología y política en el discurso del Papa Francisco", *Nueva Sociedad*, n° 248, noviembre de 2013.
—, "Francisco: entre la Teología de la liberación y la Teología del Pueblo", *Nueva Sociedad*, n° 248, diciembre de 2013.
De Fabris, Mariano, "La Conferencia Episcopal Argentina en tiempos del retorno democrático, 1983-1989. La participación política del actor eclesiástico", *New World*, julio de 2011.
Denaday, Juan Pedro, "Amelia Podetti: una trayectoria olvidada en las Cátedras Nacionales", *Nuevo Mundo*, 29 de agosto de 2013.
Devoto, Fernando, "Verdad histórica y dictaduras: un estudio de caso", Atelier International des Usages Publics du Passé, febrero de 2015.
Domínguez, Fabián, "La comunidad del padre Adur. Nuestra Señora de la Unidad y Jesús Obrero, iglesias perseguidas por la dictadura", Los Polvorines, Universidad Nacional de General Sarmiento, 2013.
Espeche Gil, Víctor, "El Ponticado de Francisco en las relaciones internacionales", Exposición en la Universidad Católica Argentina (UCA), 14 de noviembre de 2013.
Esquivel, Juan Cruz, "Catolicismo y modernidad en Argentina: ¿De la confrontación a la conciliación?", *Estudos de Religiao*, n° 2, julio de 2013.
—, "Francisco en el Vaticano", *Le Monde Diplomatique*, edición 176, febrero de 2014, pp. 4-5.
Felitti, Karina, "Estrategias de comunicación del activismo católico conservador frente al aborto y el matrimonio

igualitario en la Argentina", Instituto Interdisciplinario de Estudios de Género, FFyL-UBA / CONICET, en *Sociedad y Religión*, vol. 21, n° 34-35, Ciudad Autónoma de Buenos Aires, enero-junio de 2011.

Ferrer Benimeli, José, "Viaje y peripecias de los jesuitas expulsos de América", *Revista de Historia Moderna*, n° 15, 1996.

Galli, Carlos María, "Lectura teológica del texto de Evangelii gaudium en el contexto del ministerio pastoral del Papa Francisco", *Cebipetal*, Medellín, n° 158, abril-junio de 2014.

—, "La Pastoral urbana en la iglesia latinoamericana. Memoria histórica, relectura teológica y proyección pastoral", *Revista Teología*, t. XLVII, n° 102, agosto de 2010, pp. 73-129.

—, "Hacia una comunidad regional de naciones en América Latina. Reflexión teológica desde la cultura del encuentro y la integración", III Jornadas Académicas Alberto Methol Ferré, Universidad Nacional de Lomas de Zamora (UNLZ), 2014.

Geddes, Diego y Semán, Pablo, "Besando la tierra de los líos", *Anfibia*, 13 de julio de 2015.

Hernández Pico, "La fe y la justicia en documentos de la Compañía de Jesús", *Diakonía*, abril de 2007.

Jones, Daniel y Vaggione, Juan Marco, "Los vínculos entre religión y política a la luz del debate sobre matrimonio para parejas del mismo sexo en Argentina", *Civitas*, n° 3, septiembre-diciembre de 2012, pp. 522-537.

Llach, Juan José, "Los desafíos de Francisco a la economía contemporánea", Academia Pontificia de Ciencias y Ciencias Sociales de la Santa Sede, 2013.

Mallimaci, Fortunato, "Catolicismo y política en el gobierno de Kirchner", *América Latina Hoy*, n° 41, octubre de 2005, pp. 57-76.

—, "Crisis del catolicismo y un nuevo papado: Bergoglio

antes de ser Francisco y el sueño del papa propio en Argentina", *Estudos de Religiao*, nº 2, julio de 2013.

Martínez Ferrer, Luis, y Acosta Nassar, Ricardo, "Inculturación. Magisterio de la Iglesia y Documentos eclesiásticos", *Promesa,* San José de Costa Rica, 2011, pp. 141-161.

Mele, Francisco, "La Teología del Pueblo en el exilio", *Psicología Crítica,* abril de 2014.

Perrota, Daniel y Larrechea, Enrique, "Alberto Methol Ferré y la geopolítica de la integración", *Cuadernos sobre Relaciones Internacionales, Regionalismo y Desarrollo*, nº 17, enero-junio de 2014.

Pecheny, Mario y Petracci, Mónica, "Derechos humanos y sexualidad en la Argentina", *Horizontes Antropoló*gicos, vol. 12, nº 26, Porto Alegre, julio-diciembre de 2006.

Poirier, José María, "La filosofía de Francisco", *ADN Cultura*, *La Nación*, 24 de mayo de 2013.

—, "Francisco, un papa sin fronteras", *La Nación,* 21 de agosto de 2014.

—, "Con la astucia política de un jesuita", *La Nación*, 3 de julio de 2014.

Pozzi, Pablo y Pérez Cerviño, Ariel, "A mí la mina me odiaba porque decía que yo era nazi", *Cuadernos de la Memoria*, www.elortiba.org.

Prieto, Sol y Lotito, Ornella, "Jóvenes fieles y militantes de la 'pastoral villera' en la Villa 21-24-Zabaleta. Una aproximación sobre la concepción y la relación con el Estado", *Sociedad y Religión*, vol. 22, nº 38, CEIL-CONICET/UBA, Ciudad Autónoma de Buenos Aires, julio-diciembre de 2012.

Quarracino, Antonio, "Posibilidad de una Doctrina Social de la Iglesia hoy", *Stromata,* nº 12, enero-julio de 1989, pp. 97-103.

Roux, Rodolfo de, "La romanización de la Iglesia Católica

en América Latina: una estratégia de larga duración", *Proposicoes*, nº 73, enero de 2014.
Scannone, Juan Carlos, "La teología de la liberación. Caracterización, corrientes, etapas", *Stromata*, nº 38, marzo de 1982.
—, "La filosofía de la liberación: historia, características, vigencia actual", *Teología y Vida*, nº 59, enero de 2009.
—, "El Papa Francisco y la teología del pueblo", *Razón y Fe*, nº 1395, noviembre de 2014.
Somiedo García, Juan Pablo, "La influencia de la geopolítica estadounidense en la Teología de la Liberación latinoamericana en el período 1960-1990", Área de Estudios Estratégicos e Inteligencia, Universidad Autónoma de Madrid, junio de 2014.
Uría, Ignacio, "La estrategia geopolítica de la Iglesia Católica", *Nueva Revista*, nº 147, marzo de 2014.
Uribe, Mónica, "El Papa Francisco y México. La Iglesia Católica en México durante el pontificado de un jesuita argentino: Jorge Mario Bergoglio", *El Cotidiano*, nº 187, septiembre-octubre de 2014.
Yorio, Orlando, "Informe al R.P. Moura, Roma 24 de noviembre de 1977", en archivo del autor.
—, "El acontecimiento argentino como signo teológico", *Revista Bíblica*, año 37, 1975, pp. 61-92.
Yussef, Nabih, "La Iglesia, el Papa y el kirchnerismo", *Contexto Internacional*, nº 37, agosto-noviembre de 2013, pp. 9-14.
Zamagni, Stefano, "How the Global Economy Fosters Human Trafficking", Universidad de Bolonia, Academia Pontifica de Ciencias y Ciencias Sociales de la Santa Sede, 2014.

Suplementos de diarios

"Francisco. El Papa que llegó desde el fin del mundo", suplemento *La Nación*, marzo de 2013.

"Francisco. El personaje del año", *La Nación*, 22 de diciembre de 2013.

"El Papa del fin del mundo", suplemento especial, *Clarín*, 17 de marzo de 2013.

"El Papa en Brasil. Diario de un viaje histórico", *Clarín*, 4 de agosto de 2013.

Entrevistas

Austen Ivereigh, periodista y escritor inglés. Doctor en Teología por la Universidad de Oxford. Entrevistado (vía Skype) en marzo de 2015 y Buenos Aires, abril de 2015.

Luis Badilla Morales, periodista de Radio Vaticana y director de *Il Sismografo*. Entrevistado en Roma, abril-mayo de 2015.

Gustavo Vera, legislador porteño, titular de la Fundación La Alameda. Entrevistado en Roma, 20 de abril de 2014 y Buenos Aires, enero de 2016.

Carlos María Galli, teólogo, miembro de la Comisión Teológica Internacional de la Santa Sede. Entrevistado en Buenos Aires, noviembre de 2015.

John Paul Wauck, doctor en Filosofía y profesor de Comunicación en la Pontificia Universidad de la Santa Cruz. Entrevistado en Roma, mayo de 2015.

Gianni Cardinale, periodista de *Avvenire*. Entrevistado en Roma, mayo de 2015.

Juan Carlos Scannone, sacerdote jesuita, doctor en Teología y referente de la Teología del Pueblo. Entrevistado en Buenos Aires, mayo de 2013.

Roberto Bosca, abogado, miembro del Consejo Argentino para la Libertad Religiosa. Entrevistado en Buenos Aires, abril de 2015.

Mariano Narciso Castex, médico, ex jesuita. Entrevistado en Buenos Aires, julio de 2013.

Graciela Yorio, hermana del sacerdote jesuita Orlando Yorio. Entrevistada en mayo de 2013.

Andrea Gagliarducci, vaticanista italiano. Entrevistado en Roma en mayo de 2015.

Jesús Miñambres, canonista español, profesor de Derecho Patrimonial en la Pontificia Universidad de la Santa Cruz. Entrevistado en Roma, mayo de 2015.

Maria Antonietta Calabrò, periodista del *Corriere della Sera*. Entrevistada en Roma, mayo de 2015.

Lucio Caracciolo, director de la revista de geopolítica italiana *Limes*. Entrevistado en Roma, mayo de 2015.

Matteo Matzuzzi, vaticanista de *Il Foglio*. Entrevistado en Roma, abril de 2015.

Enrique Elías Dupuy, procurador del grupo católico Sodalicio de Vida Cristiana. Entrevistado en Roma, mayo de 2015.

Francesco Mele, psicólogo, ex profesor del Colegio del Salvador. Entrevistado en Roma, abril de 2015.

Domingo Bresci, ex integrante del Movimiento de Sacerdotes para el Tercer Mundo (MSTM). Entrevistado en mayo de 2015.

Tosatti, Marco, vaticanista y escritor italiano. Entrevistado en Roma, abril de 2015.

Alejandro Gauffin, sacerdote jesuita, colaborador de la pastoral de Bergoglio en la parroquia San José de San Miguel. Entrevistado en Buenos Aires, julio de 2013.

Humberto Miguel Yáñez, teólogo jesuita, profesor en la Pontificia Universidad Gregoriana y miembro de la Pontificia Comisión para la Protección de Menores. Entrevistado en Buenos Aires, agosto de 2015.

Ignacio Pérez del Viso, sacerdote jesuita, vicerrector de Teología y Filosofía en el Colegio Máximo de San Miguel. Entrevistado en junio de 2014.

Martín Morales, director del Archivo de la Pontificia Universidad Gregoriana. Entrevistado en Roma, mayo de 2015.

Franca Giansoldati, periodista de *Il Messaggero*. Entrevistada en Roma, mayo de 2015.

Rafael Velasco, sacerdote jesuita, ex rector de la Universidad Católica de Córdoba (UCC). Entrevistado en enero de 2015.

José Ignacio López, periodista especializado en religión. Entrevistado en octubre de 2015.

Ignacio García-Mata, sacerdote jesuita, ex provincial de la Compañía de Jesús (1991-1997). Entrevistado en agosto de 2013.

Gianni Valente, periodista de la Agencia FIDES. Entrevistado en Roma, septiembre de 2013 y abril de 2015.

Ricardo Moscato, rector del Colegio del Salvador. Entrevistado en Buenos Aires, marzo de 2015.

Federico Wals, periodista, ex director de la Oficina de Prensa del Arzobispado de Buenos Aires. Entrevistado en Buenos Aires, agosto de 2013 y febrero de 2014.

Carlos Custer, ex embajador ante la Santa Sede (2004-2007). Entrevistado en julio de 2013 y noviembre de 2014.

Víctor Espeche Gil, ex embajador argentino ante la Santa Sede (2000-2004), entrevistado en abril de 2015.

Eduardo Valdez, ex embajador argentino ante la Santa Sede (2014-2015). Entrevistado en Roma, abril de 2015.

Juan Pablo Cafiero, ex embajador ante la Santa Sede (2008-2014). Entrevistado en Buenos Aires, agosto de 2013 y Roma, febrero de 2014.

Robert Gahl, profesor de Ética en la Pontificia Universidad de la Santa Cruz. Entrevistado en Roma, mayo de 2015.

Andrés Beltramo Álvarez, vaticanista argentino. Entrevistado en Roma, septiembre de 2013 y febrero de 2014.

Leonardo Boff, ex sacerdote franciscano, referente de la Teología de la Liberación. Entrevistado en Buenos Aires, marzo de 2015.

Miguel Ángel La Civita, sacerdote. Entrevistado en Buenos Aires, septiembre de 2013.

Eduardo Lazzari, historiador. Entrevistado en mayo de 2013.

Dino Boffo, periodista italiano, ex director de *Avvenire*. Entrevistado en Roma, septiembre de 2013.

José María Poirier Lannane, director de la revista *Criterio*. Entrevistado en 2014.

Gustavo Morello, sacerdote y jesuita, profesor en Boston College. Entrevista vía Skype (Boston), enero de 2015.

Guzmán Carriquiry Lecour, secretario de la Pontificia Comisión para América Latina. Entrevistado en Roma, septiembre de 2013 y mayo de 2015.

Paolo Rodari, periodista del diario *La Reppublica*. Entrevistado en Roma, septiembre de 2013.

Alberto Fernández, ex jefe de gabinete de Argentina. Entrevistado en noviembre de 2014.

Miguel Mom Debussy, ex sacerdote jesuita y ayudante del provincial Bergoglio. Entrevistado en mayo de 2013.

Fernando Sánchez, diputado porteño, Coalición Cívica. Entrevistado en agosto de 2013.

Guillermo Marconi, coordinador del Observatorio para la Prevención del Narcotráfico en Argentina. Entrevistado en septiembre de 2013 y marzo de 2015.

Gabriela Michetti, vicepresidenta de la Nación. Entrevistada en agosto de 2013.

Andrea Riccardi, historiador y escritor italiano, fundador de la Comunidad de San Egidio. Entrevistado en Buenos Aires, junio de 2015.

Jorge Casaretto, obispo emérito de la diócesis de San Isidro. Entrevistado en octubre de 2015.

Francis Rocca, corresponsal de *The Wall Street Journal*. Entrevistado en Roma, mayo de 2015.

Guillermo Karcher, integrante del equipo de ceremonial de la Santa Sede. Entrevistado en el Vaticano, abril de 2015.

Gustavo Irrazábal, sacerdote y abogado, profesor de Teología en la Universidad Católica Argentina. Entrevistado en abril de 2015.

Stefano Zamagni, economista, escritor y profesor en la Universidad de Bologna. Entrevistado en el Vaticano, abril 2015.

Giacomo Galeazzi, vaticanista de *La Stampa*. Entrevistado en Roma, septiembre de 2013.

Gianluigi Nuzzi, periodista y autor italiano. Entrevistado en Milano, septiembre de 2013.

José Luis "Pepe" Di Paola, cura villero. Entrevistado en agosto de 2013.

Massimo Franco, periodista del *Corriere della Sera* y escritor. Entrevistado en Roma, septiembre de 2013 y abril de 2015.

Sandro Magister, vaticanista de *L'Espresso*. Entrevistado en Roma, abril de 2015.

Francesco Grana, periodista de *Il Fatto Quotidiano*. Entrevistado en Roma, mayo de 2015.

Marina Rubino, teóloga, ex estudiante del Colegio Máximo. Entrevistada en julio de 2013

Fabrizio Mastrofini, periodista de radio vaticana. Entrevistado en Roma, abril de 2015

Marco Politi, vaticanista y escritor italiano. Entrevistado en Roma, abril de 2015.

Ignacio Navarro, sacerdote y escritor. Entrevistado en Buenos Aires, en abril de 2015.

Guillermo Marcó, sacerdote, ex vocero del cardenal Bergoglio en el Arzobispado de Buenos Aires. Entrevistado en Buenos Aires, marzo-abril de 2015.

Rodrigo Zarazaga, sacerdote jesuita, director del Centro de Investigación y Acción Social (CIAS). Entrevistado en agosto de 2013.

Lucas Schaerer, periodista y dirigente de La Alameda. Entrevistado en Buenos Aires, agosto de 2013.

Miriam Elizabeth Namara, vecina de la Villa 21 de Buenos Aires. Entrevistada en julio de 2013.

Cristina Calvo, economista y coordinadora de Cáritas (2000-2009). Entrevistada en octubre de 2014.

Aldo Scotto, sacerdote jesuita, compañero de Jorge Bergoglio desde el noviciado. Entrevistado en junio de 2013.

Luis Consoni, sacerdote diocesano. Entrevistado en abril de 2013.

Gustavo Carrara, cura villero. Entrevistado en junio de 2013.

Allan Deck Figueroa, sacerdote y teólogo jesuita. Profesor de Loyola University en Los Ángeles. Entrevistado en Buenos Aires, junio de 2014.

Marcela Mazzini, teóloga, participante de los "círculos menores" del Sínodo Ordinario de 2015. Entrevistada en Buenos Aires, diciembre de 2015.

Marinella Perroni, teóloga, profesora en el Pontificio Ateneo de San Anselmo. Entrevistada en Roma, mayo de 2015.

María Elena Bergoglio, hermana de Jorge Bergoglio. Entrevistada en agosto de 2013.

Julio Bárbaro, ex miembro de Guardia de Hierro y dirigente justicialista. Entrevistado en agosto de 2013.

Marco Gallo, miembro de la comunidad San Egidio. Entrevistado en Buenos Aires en agosto de 2013.

Salvador Mura, hermano de la Orden jesuita. Entrevistado en Roma, septiembre de 2013.

Giovanni Maria Vian, director de *L'Osservatore Romano.* Entrevistado en Roma, septiembre de 2013.

Alberto Melloni, historiador italiano, profesor de Historia del Cristianismo en la Universidad Roma III. Entrevistado en Roma, septiembre de 2013.

Beatriz Balian de Tagtachian, vicerrectora de la Universidad Católica Argentina (UCA). Entrevistada en noviembre de 2015.

Marcelo Sánchez Sorondo, arzobispo argentino, titular de la Pontificia Comisión de Ciencias y Ciencias Sociales de la Santa Sede. Entrevistado en Buenos Aires, septiembre de 2015.

Abraham Skorka, rector del Seminario Rabínico Latinoamericano en Buenos Aires. Entrevistado en diciembre de 2015.

Francisco José Piñón, ex rector de la Universidad del Salvador (1975-1980). Entrevistado en diciembre de 2015.

Gustavo Sierra, periodista, especialista en Medio Oriente. Entrevistado en noviembre de 2015.

Alicia Oliveira, ex abogada del CELS. Amiga de Bergoglio en los años setenta. Entrevistada en marzo de 2013. Falleció en noviembre de 2014.

Francesco Grana, vaticanista de *Il Fatto Quotidiano.* Entrevistado en Roma, mayo de 2015.

Aldo Carreras, dirigente peronista. Entrevistado en enero de 2014.

ÍNDICE ONOMÁSTICO

ÍNDICE GENERAL

Capítulo 3